3/2018

Für Uca,

Du lebensspürend-

-es allerherzlich-

erschien + Die Kraft

vor Dir | gend |-

Jürgen Piquardt

Complementismus

Lust auf Pflanzenkost

**Pfadefinder zu einer individuell-
ganzheitlichen Ernährung**

1. Auflage 12/ 2o17

ISBN 9783941786059

© 2o17 by G5 NETZ Verlag für nachhaltiges Leben
Alle Rechte vorbehalten
Korrektorat: Wolfgang Becker, Hannover
Lektorat: Alexandra Hauser, München
Satz: Oliver Nöthel, Hannover
Umschlaggestaltung: Sandra Seiffart, Hannover; Oliver
Nöthel , Hannover, Ludmilla Zind, Butzbach
Photos: Anne Blumenthal, Ulli Brülls,Picture Press/Thomas
Neckermann/Brigitte, Anna Piquardt, Hilmar Steppat

Zeichnungen Kochfibel: Karen Ihlow, Labenz
Axel Schebitz †
Zeichnungen „Heile KinderWelt": Mathilda, Johanna, Lillas,
Lanis, Jahli, Olive, Amari, César, Philip
Grafik: Pyramide, Complementismussymbol – Sandra Seiffart

Druck und Bindearbeiten: CPI – Ebner & Spiegel, Ulm
Printed in Germany

Für die Geliebte
Die seit nunmehr 50 Jahren Geliebte hat sich hartnäckig geweigert als gleichwertige Mitautorin öffentlich zu werden. Ohne diesen facettenreichen, streitlustigen, konsequenten, listigen Hauptteil unseres Gemeinschaftswesens Ehepaar Piquardt würde es dieses Buch aber nicht geben. Das möchte ich hier, stolz auf unser gemeinsames Erstreiten meiner Ernährungsposition, mitteilen. Der schöne Ausdruck Widmung ist somit in unserem internen Zusammenleben, Zusammenarbeiten, Zusammengeneießen unpassend. Aber die Hoffnung ist berechtigt, dass ich mich an dieser Stelle unüberlesbar deutlich ausdrücken konnte. Ich freue mich intensiv auf alle weiteren morgendlichen, liebevollen GrünteeDiskussionen.

Für alle nie Aufgebenden unter uns, die immer und immer wieder versuchen, die eigenen Gewohnheiten den eigenen Erkenntnissen anzunähern.

Für die EnkelInnen Oskar und Lola und alle anderen jungen, die Zukunft hoffnungsfroh und verträumt in sich tragenden Mädchen und Jungen.

Amari

Geleitschreiben

Professor Declan Kennedy

Es ist nicht leicht, ein ganzheitliches Buch über die Beziehung zwichen Ernährung und Landwirtschaft zu verfassen. Dieses ist Jürgen Piquardt in dem vorliegenden Buch gelungen. Seine Versuche, ganzheitliche Ansätze zu einer individuell sinnvollen Ernährung von Körper, Geist und seele zu finden, seine Versuche,Pfade sichtbar zu machen, auf denen wir möglichst lange gehen können, ohne zu oft zu stolpern oder gar abzustürzen, Pfade, die auch beim Verirren wieder gefunden werden und immer zuverlässiger zu Zielen führen können, diese Vesuche können hoffnungsfroh stabilisiert werden durch das Aufzeigen ihres umfassend solidarischen Gedankens: Alle gegenwärtig 7 Milliarden Menschen können auf ihren eigenen Pfaden vorankommen, ohne dabei die anderen zu behindern.

Das Landwirtschaften der Zukunft, die bewussteren, rücksichtsvolleren Ernährungsweisen geben die Richtung an: Permakultur und/oder solidarische Landwirtschaft müssen unsere energieintensive, bei Einbeziehung der Zukunftsschäden an der der Natur, den Tieren und unseren Erben, auf keine Weise positiv zu bilanzierende Agrarindustrie ablösen. Fast automatisch wird dieser Wechsel unsere Achtung vor den Lebensmitteln und dadurch unseren "Umgang" mit ihnen steigern. Glückliche Genügsamkeit ist das Ziel.

Immer mehr Lebensinhalt-Suchende ahnen, dass das teure Steigern unserer Gelüste und Ersatzbefriedigungen in gefährliche Sackgassen führt. Ich hoffe, dass die auf eigenwillige Art dargestellen Inhalte einer ganzheitlichen

Ernährung aus europäischer, häufiger noch aus geographisch regionalerer Sicht, eine aufmerksame, kritische, die Zukunft mitgestaltende Leserschaft finden werden. Ohne ein neues Verständnis vom Landwirtschaften, die "Landwirte ohne Grenzen" symbolisieren das auf optimistische Weise, ist die Erde nicht für uns Menschen zu erhalten. Dies sollte uns Ansporn zum Handeln sein.

Ich freue mich, dass der Jürgen Piquardt die gesunde Ernährung des Menschen in Zusammenhang bringt mit dem Respekt vor der Erde, mit der Achtsamkeit auf alle ihre BewohnerInnen, mit dem Wissen, dass nur Nehmen und Geben, nur ein dankbares Miteinander in eine dauerhaft gute Zukunft führen kann.

Steyerberg, im September 2o17
Declan Kennedy

Professor Claus Leitzmann

Kaum ein Thema wird so leidenschaftlich diskutiert und ist so heftig umstritten, wie die gesunde Ernährung. Aufgrund sich fundamental widersprechender Empfehlungen wird es für den interessierten Verbraucher immer schwieriger, sich zuverlässig zu orientieren. Dabei zeigen die wissenschaftlichen Erkenntnisse, dass gerade für den meist bewegungsarmen Wohlstandsbürger eine weitaus überwiegend pflanzliche Kost einer gesunden Ernährung am ehesten entspricht.

Pflanzliche Kost ist der Ausgangspunkt des Autors auf dem Weg durch den Dschungel der Empfehlungen, die von Fachleuten und selbst ernannten Experten sowie der Werbung auf den Verbraucher einprasseln. Er bezeichnet sich als PFADeFINDER und hat den Ehrgeiz, ein Ernährungs-, Gesundheits-, Koch-, Lese-, Streit- und Umweltbuch vorzulegen, mit dem Anspruch, die herausragende Bedeutung einer pflanzlichen Ernährung darzulegen. Das gelingt dem Autor im vollen Maße.

Dieses Buch als ungewöhnlich zu bezeichnen, wäre eine Untertreibung. Mit fröhlicher Unbefangenheit und allen Mitteln will der Autor Lust auf Pflanzenkost wecken. Oder wie er schreibt: Auf Teufel komm raus. Dabei soll es aber nicht teuflisch, sondern redlich, listig, heiter sowie wohlbedacht zugehen und immer ganzheitlich.

Die Ganzheitlichkeit ist der rote Faden des Buches, für die Jürgen Piquardt den Ausdruck Complementismus verwendet. Ursprünglich wurde dieser Begriff für das Bestreben von Menschen nach gegenseitiger Ergänzung, Erfüllung und Vollendung durch ein gemeinsames Leben eingeführt. Der Autor versteht unter Complementismus jedoch den Versuch, den reuelosen Genuss des Einfachen wahrscheinlicher zu machen. Er strebt die

Einheit von umfassender Lebensfreude und ganzheitlicher Gesundheit an. Diesen Versuch dokumentiert er mit vielfältigen Beispielen aus dem realen Leben und wird seinem Bestreben überzeugend gerecht.

Jürgen Piquardt stuft sein Anliegen als kompliziert ein, dabei ist es in seiner Vielfalt lediglich komplex. Er möchte Mut machen, dass wir unter anderem gemeinsam hoffnungs- und freudvoll unser Leben dankbar, bescheiden undstolz meistern; dass wir uns phantasievoll und opferwillig um ein langes Leben auf diesem Planeten bemühen; dass wir die Gemeinsamkeiten, das Verbindende aller Suchenden finden und stärken; und letztlich durch die Vielfalt zum Grundsätzlichen kommen.

Diese anspruchsvollen Ziele scheinen unerreichbar, sind aber für den Autor bei einer entsprechenden Einstellung realisierbar. Seine Anliegen werden in den einzelnen Abschnitten des Buches thematisiert und schlüssig zu verständlichen Erkenntnissen gebündelt. Er beginnt mit unseren frühen Vorfahren, die weitaus überwiegend pflanzliche Kost verzehrt haben und damit die anatomischen und physiologischen Merkmale des Menschen geprägt haben. Seine Bewertung der zahlreichen alternativen Ernährungsformen fallen mehrheitlich positiv aus, da sie überwiegend pflanzlich ausgerichtet sind.

Der Vegetarismus und besonders der Veganismus werden ausführlich diskutiert. Beide Kostformen basieren vorwiegend bzw. ausschließlich auf pflanzliche Kost und bieten gesundheitliche Vorteile, entsprechen gesellschaftlichen Ansprüchen, erfüllen religiöse Gebote, kommen ökologischen Erfordernissen entgegen und berücksichtigen ethische Anliegen. Inzwischen liegen vielerlei wissenschaftliche Studien vor, die die Sinnhaftigkeit dieser Aspekte und damit die Botschaft des Autors stützen.

Jürgen Piquardt fasst seine sogenannten GrundGebote und AnGebote – auch zur Ernährung der Seele – übersichtlich zusammen, die teilweise bereits vor tausenden von Jahren erkannt wurden. Diese werden heute wieder neu entdeckt, aber bisher noch zu zögerlich umgesetzt. So war die ganzheitliche Ernährung durch die Aussage von Hippokrates bereits in der Antike bekannt: Eine einfache Ernährung, ausreichend körperliche Bewegung und Maßhalten in allen Dingen des Lebens ist das beste Rezept, um in Gesundheit alt zu werden.

Die möglichen Folgen der verschiedenen Ernährungsformen auf die Gesundheit von Menschen, Tieren, Pflanzen, Boden, Wasser und Klima werden vom Autor immer wieder erwähnt. Seine Visionen reichen von ganzheitlicher Landwirtschaft, regionalem Lebensmittelhandwerk und dem Mut zum Wandel bis zum ganzheitlichen Genießen und der Liebe zum Leben. Diese sinnreichen Vorstellungen werden bei aufgeschlossenen Menschen auf fruchtbaren Boden fallen.

Die Ausführungen von Jürgen Piquardt lassen sich in drei Aussagen zusammenfassen: Pflanzliche Lebensmittel stellen die optimale Kost für den Menschen dar, sie haben präventive Eigenschaften und ihre Inhaltsstoffe wirken besser als Supplemente. Er legt den Lesern liebevoll und humorvoll nahe, diese potenziellen Vorteile zu nutzen.

Als Zugabe befindet sich ein Buch im Buch, nämlich eine vegane Kochfibel, die mit alltäglichen und saisonalen Rezepten und Menüvorschlägen mit dem Genuss des Einfachen Lust aus Pflanzenkost macht. Diese praktische Ergänzung wird dem umfassenden Anspruch gerecht, dass sich ein ganzheitliches Buchprojekt handelt.

Es ist die erfrischende und motivierende Schreibweise, mit einer scharfsinnigen und anregenden Wortwahl, die das Buch zu einem Lesevergnügen macht. Die vielen zum Text jeweils passend ausgewählten Zitate von klugen Menschen stellen eine anregende Ergänzung dar. Dem Buch wünsche ich eine weite Verbreitung, damit die pflanzliche Kost wegen ihrer nachgewiesenen umfangreichen Vorteile von möglichst vielen Menschen vermehrt zur üblichen Ernährung wird. Der Lesestoff bietet zudem einen Mehrwert, indem er nicht nur trockene Fakten enthält, sondern auf eine unterhaltsame Weise zum Handeln motiviert. Alle die zu ihrem eigenem Wohl beitragen und ihre Lebensqualität verbessern möchten, werden von der Lektüre nachhaltig profitieren.

Viel Erfolg und Freude bei der Umsetzung der leicht verständlichen Empfehlungen für eine pflanzliche nachhaltige Ernährung und eine ganzheitliche Lebensweise wünscht Ihnen

Gießen, im August 2o17
Claus Leitzmann

Inhalt

Teil 2

KARNISMUS / VEGETARISMUS / VEGANISMUS

Teil 3

COMPLEMENTISMUS

VEGANE Kochfibel

Buch im Buch

LUST AUF PFLANZENKOST

Der Genuss des Einfachen

Rezepte

Anhang

Mathilda

Vorwort

Die reinste Form des Wahnsinns ist es, alles beim Alten zu belassen und zu hoffen, dass sich etwas ändert.
Albert Einstein

Wollen hätte ich schon mögen, aber dürfen habe ich mich nicht getraut.
Karl Valentin

Nichts ist stärker als eine Idee, deren Zeit gekommen ist.
Victor Hugo

Nur wer losgeht, ist auf einem Weg.
JP

Durch viele Zitate vermehrt man seinen Anspruch auf Gelehrsamkeit, vermindert aber den auf Originalität, und was ist Gelehrsamkeit gegen Originalität? Man soll sie also nur gebrauchen, wo man fremder Autorität wirklich bedarf.
Arthur Schopenhauer

Lust auf Pflanzenkost möchte ich mit diesem Buch machen. Auf Teufel komm raus. Redlich, listig, heiter, wohlbedacht.

Immer wenn das Erreichen dieses Ziels gefährdet erscheint, durch besserwisserische Aufschreie, durch unwirksames, langweiliges Anklagen, durch platte VorHaltungen, dann lies, liebe Leserin, lieber Leser bitte darüber hinweg, fahre auf irgendeiner Seite wieder wohlwollend und, trotz des sperrigen Themas, frohgemut fort mit der Lektüre.

Sicherlich wirst Du, ich bleibe auf den vielen folgenden Seiten bei dieser Anrede, die nicht achtungslos, salopp gemeint ist, sondern umfassend solidarisch, Teile des Buchinhalts schon anderswo gelesen haben. Abgewandelte Wiederholungen werden, ganz absichtlich, Du könntest ja zu den Typen QuerleserIn oder LeserIn mit selbstbestimmter Reihenfolge gehören, auch hier im Buch zu finden sein. Damit die Entwicklung des Autors beim Schreiben des Buches, immerhin bin ich schon für mich unvorsehbar lange Zeit dabei, deutlich wird, lasse ich dieses Du als Ansprache im letzten Absatz so stehen, obwohl es sich abwechseln wird mit einem umfassend solidarisch gemeinten ‚wir'. So hat sich das beim Schreiben entwickelt. Wir werden uns wandeln müssen. Wir, wir alle gemeinsam, sind jene, die über unsere Freuden, über unser Leid, über unser Fortbestehen bestimmen. Und ich bin kein Besserwisser, wie das aus dem auffordernden ‚Du' herauszulesen wäre, sondern ein ganz intensiv und tief in unserer Gemeinschaft verwurzelter Mitmensch, der kein oben und kein unten mehr kennt und der sich immer genauer bemüht, das Leben jenseits von gut & böse zu begreifen. Und zu beeinflussen.

Also! Dieses Buch wendet sich an uns! Und, wenn es mir in meiner Unbeholfenheit richtiger erscheint, an Dich.

Der Versuch, auch beim Schreiben auf platzsparende Art die Gleichwertigkeit von Frau und Mann zu betonen, kommt mir noch immer zeitgemäß und notwendig vor. Ich hoffe sehr, dass jene LeserInnen, die „Lust auf Pflanzenkost" in 20 Jahren im Antiquariat aufstöbern, manche der von mir fabrizierten Wortungeheuer für überflüssig halten, denn Die meisten aller Demonstrationen sind nur für eingegrenzte Zeiten sinnvoll, sonst sind sie verstaubt oder gar zu Asche geworden. Reagiert also bitte nicht mit Verdruss auf FreundInnen, ZeitgenossInnen, PhilosophInnen, ... und auch nicht auf die angekündigten Wiederholungen.

Ich bin mir deutlich sicher, dass wir uns gemeinsam schönsten Nutzen mit dem Verinnerlichen des Buchinhalts verschaffen können. Sonst hätte ich nicht die letzten 22 Monate fast jeden Vormittag am Schreibtisch gesessen, statt die Olivenbäume zu beschneiden, ihre Früchte zu ernten und das wunderbare Öl pressen zu lassen. Dies ist für anderthalb „Ölzyklen" etwas flüchtig geschehen, aber der kleine Olivenbauer hat viel Verständnis für den engagierten Schreiber aufgebracht und ihn gewähren lassen – schön und hilfreich, wenn die verschiedenen Seelen in meiner Brust im Gleichklang sind.

Ich werde versuchen, so ganzheitlich wie vorsätzlich möglich, Gesundheit, Genuss, Gemeinwohl miteinander zu verbinden. Genießen können und sollten wir das Atmen, das Riechen, das Sehen, das Hören, das Träumen, das Wissen. Und das Essen. Um letzteres wird es vorrangig im Folgenden gehen.

Die Gedanken zur Gesundheit sind nicht beschränkt auf uns 7,2 Milliarden jetzt und uns, so prognostiziert, 1o Milliarden Menschen zur Jahrtausendmitte, sondern sie beziehen ein: Schlachttiere, Nutztiere, Haustiere, „Schädlinge", Kleinstlebewesen, Nutzpflanzen und -bäume, Wildpflanzen und -bäume, Zierpflanzen und -bäume, die Luft für alles Lebendige, „unseren" Planeten inbegriffen, das Wasser für alle Lebewesen und für das Wasser selber, die Nutzböden, die Naturböden, die Erde oben, unten und ganz unten.

Individuelles und gemeinschaftliches Wohlergehen sind nicht unabhängig voneinander. Das soll , leider auch manchmal aufdringlich, erkennbar, nachvollziehbar werden. So sind die Vorsätze.

Leben und leben lassen – so einfach ließe sich das formulieren, wenn das Töten nicht Bestandteil allen Lebens wäre. Die Versuche, das gegenseitige Töten zu verringern, sind eine Voraussetzung für das Wohlbefinden jeder Gemeinschaft, der kleinen wie der großen.

Wenn Du keinen Menschen töten kannst – gut; kannst Du kein Vieh und keine Vögel töten – noch besser; keine Fische und Insekten – noch besser.- Bemühe Dich, soweit wie möglich zu kommen. Grüble nicht, was möglich ist und was nicht. Tu, was Du mit Deinen Kräften zustande bringst. Darauf kommt es an.
Leo Tolstoi

Es wird oft Zitate zu lesen geben. Ich liebe kluge Sprichworte, am meisten jene, die Wege aufzeigen. Etwas weniger jene, die vorrangig unser Verhalten geißeln, wie:

Viele zerbrechen sich den Kopf darüber, wie man die Menschheit ändern könnte, aber keiner denkt daran, sich selbst zu ändern.
Leo Tolstoi

Absichtlich sind beide Zitate vom selben Denker. Wir alle sind vielschichtig. Keine, keiner von uns ist für eine bestimmte Schublade auserkoren.

Die Häufigkeit, mit der DenkerInnen aus der Vergangenheit und Gegenwart zitiert werden, läßt auf die Zuneigung des Autors zu ihnen schließen.

Einstein, Goethe, Kierkegard, Schiller, Schopenhauer.... das sind einige der geachteten und verehrten Lieblinge, deren "Denkkonzentrate" trotzdem auch scheinbar ehrfurchtslose Wandlungen erfahren:

Albert Einstein (1879-1955):
Nichts wird die Chance für das Überleben auf der Erde

so steigern wie der Schritt zur vegetarischen Ernährung.

Einstein heute:
Nichts wird das Glück auf der Erde wahrscheinlicher machen als die Hinwendung zu undoktrinärer, individuell geprägter Pflanzenkost.

Noch eine verspielte, längere Anmerkung, ganz allgemein, zu Zitaten und zu Sprichworten, deren Ursprünge so oft Zitate sind:

Einen Freund, der in einem Brief an mich "den Spiess umgekehrt hat", vom Sprichwort zum neuen Zitat: "Es kommt anders, wenn man denkt", habe ich gefragt, von wem dieses Sprichwortzitat ist. Er hat Folgendes geantwortet: Zu dem Zitat muss ich erst mal scharf überlegen!! ... Ich möchte am liebsten, gemäß Nietzsche sagen, dass es von mir ist! Denn Du kennst sicher die Stelle bei Nietzsche bei der er sagt: "Das Gedächtnis sagt: 'das habe ich getan', der Stolz sagt, 'das kann ich nicht getan haben' endlich gibt das Gedächtnis nach!"

Das würde ich doppelt umkehren: "Mein Stolz sagt, das habe ich mir ausgedacht! Meine Google-Recherche legt nahe, dass es von David Werker stammen könnte, der ein so lautendes Buch geschrieben hat - allerdings erst im Jahr 2013 und ich nutze den Spruch schon wesentlich länger, also könnte ich vermuten, dass er den von mir über viele Wege, die mir unbekannt sind, erhalten hat.

Und so sagt mein Gedächtnis, das muss von mir stammen. Oder es war mal ein Spontispruch aus der Schulzeit. Wie dem auch sei, letztendlich schließt sich mein Glaube und Gedächtnis meinem Stolz an und ich komme zu dem Schluss: Der Spruch ist von mir!" - Aber was du nun als Quelle für dein Buch nutzt, muss ich dir überlassen!

Ganz sicher wird irgendwo in diesem Buch, dann zum zweiten mal, schwarz auf hell-beige geschrieben stehen:

Es kommt anders, wenn man denkt.
Oliver Ihlow

Aus welchem Grund auch immer habe ich Oliver in meiner Antwort ein vespieltes WortPotpourri präsentiert, um damit endgültig meinen letztendlich saloppen Umgang mit Zitaten zu beweisen:
es kommt wie es kommt, oft aber ganz anders
es kommt anders, als man denkt.
es kommt anders, wenn man denkt.
es kommt anders, wenn man ganz anders denkt.
es kommt noch ganz anders, wenn man fühlt und denkt.
es kommt total anders , wenn man anders fühlt und anders denkt
es kommt wie es kommt, oft aber ganz anders.

In diesem Buch wird, trotz oder wegen des letzten Gedankenspiels, durchgängig Mut gemacht, der rote Faden ist absichtlich und unabsichtlich leicht verworren: Das individuelle, ganzheitlich geprägte Verhalten von uns Menschen kann viel, viel mehr bewirken als wir oft, traurig und verzweifelt, vermuten.

Die Colibris, eine noch junge, französische Bewegung zur Gestaltung der Zukunft, deren "Ziehvater" der bescheidene, liebevolle Landwirt und Philosoph Pierre Rabhi (wichtige Werke: Oasen an allen Orten / Glückliche Genügsamkeit) ist, haben eine Fabel als Mutmacher für ihr Handeln in kleinen Gemeinschaften, die der bildhaften Sprache des jetzt fast 8ojährigen Pioniers des alternativen, die Erde achtenden Landwirtschaftens zu danken ist:

Eines Tages, so die Legende, gab es einen riesigen

Waldbrand. Alle Tiere waren entsetzt und sahen hilflos der Katastrophe zu. Nur der kleine Kolibri war damit beschäftigt, unermüdlich ein paar Tropfen Wasser mit seinem Schnabel auf das Feuer zu werfen. Nach einer Weile sagte das Gürteltier, das diese „lächerliche Agitation" ärgerte: „Kolibri! Du bist nicht verrückt? Mit diesem Tropfen wirst Du das Feuer nicht löschen können!" – „Ich weiß, aber ich tue mein Teil", antwortete der kleine Kolibri.

Noch besser gefiele mir die Fabel, wenn die Antwort des kleinen Kolibris gelautet hätte: „Ich tue mein Teil!". Das gäbe dem berechtigten Glauben an Wunder zusätzlich Nahrung:

Der Mensch, der den Berg versetzte, war derselbe, der anfing, kleine Steine wegzutragen.
Chinesisches Sprichwort

Der beste Weg, sich selbst eine Freude zu machen, ist, zu versuchen, einem anderen eine Freude zu bereiten.
Mark Twain

Die reinste Form des Wahnsinns ist es, alles beim Alten zu belassen und zu hoffen, dass sich etwas ändert.
Albert Einstein

Wollen hätte ich schon mögen, aber dürfen habe ich mich nicht getraut.
Karl Valentin

Nichts ist stärker als eine Idee, deren Zeit gekommen ist.
Victor Hugo

Nur wer losgeht, ist auf einem Weg.
JP

Es wäre grober, selbstgefälliger Unfug, der existierenden ErnährungsEmpfehlungsBücher-Armada noch ein weiteres „Flaggschiff" mit dem Segel „nur so weht der Wind" hinzuzufügen, wenn der Inhalt nicht ganz friedfertige, uns moderne Menschen verbindende, aber dennoch kämpferisch Mut machende Gründe hätte.

Die Gründe:
Jede, jeder von uns kann etwas anderes *richtig* machen. Uns fehlt es nicht an Informationen, uns fehlen die *richtigen* Motivationen zum Verändern unserer Lebensweise, die uns nicht freudvoll in Einklang bringt mit unserem Wissen, unseren Ahnungen und Wünschen. Der Complementismus macht viele Angebote, gibt viele Hinweise. Sollten nur einige davon sporadisch oder dauerhaft, daran arbeitet der Complementismus, hoffentlich raffiniert und humorstiftend, umgesetzt werden können, wäre sein Ziel erreicht. „Lassen wir die Kirche im Dorf". Oder stellen wir sie dort wieder auf, religionsfrei restauriert.

Der Complementismus will nichts Neues erfinden. Er möchte beim „Aufarbeiten", beim Umsetzen des jetzigen ErnährungsGesundheitsWissens helfen. Folglich versucht er in beständiger Diskussion die lebendigen Ernährungstheorien zu nutzen. Diese Versuche fallen leicht, denn es gibt phantastisch viele aus der Vergangenheit in die Jetztzeit von heutigen Ernährungsgurus gerettete Regeln zum Thema Ernährung & Gesundheit. Hier einige der wesentlichen Anreger und Vermittler, die alle schon bei der Vorstellung der Ernährungstheorien beschrieben oder erwähnt wurden: Hubert Descamps (Makrobiotik / Hippokrates), Claus Leitzmann (Wissenschaft & moderne Ernährung), T. Collin Cambell (Wissenschaft & Pflanzenkost), Briant Clement (Wissenschaft & Rohkost), Pierre Rabhi (Ernährung von Erde & Tier & Mensch),

Nobuo Shioya (Körper & Seele), Renate Collier (Ernährung & Azidose), Erich Rauch (Kauen & Verdauen) ... Es gibt zudem zielgerichtetes, neuzeitliches Suchen nach gangbaren Wegen in die zu schützende Zukunft der Lebewesen: Steine, Pflanzen, Bäume, Tiere, Menschen. Beispiele: Toni Meier (Umweltschutz & Ernährung), Gery Snyder (Natur & Wildnis), Ute Scheub (Gemüse & Gärtnern & Zukunft / Terra Preta), Masaru Emoto (Wasser & Wunder), David R. Montgomery (Erde & Humus), Sepp Holzer (Natur & Landwirtschaft / Permakultur), Robyn Van Eu (Solidarische Landwirtschaft), A.W. Dänzer (Bio und Nichtbio). Genaueres, Vollständigeres zu Ernährungsautoren der „Neuzeit gibt es auch im „Anhang".

Der Complementismus möchte die Suchenden mit den Wissenden, aber auch mit den „Allesbesserwissenden" versöhnen. Er möchte Mut machen. Er möchte, dass wir gemeinsam hoffnungs- und freudvoll unsere eigenen, nicht endlosen, aber möglichst langen Leben dankbar und bescheiden und stolz meistern, und dass wir uns phantasievoll und opferwillig um ein dauerhaftes, erträumt- endloses Leben auf diesem Planeten bemühen: Nach uns das Paradies und nicht die Sintflut!

Fazit: Der Complementismus möchte den reuelosen Genuss des Einfachen wahrscheinlicher machen. Er strebt die Einheit von umfassender Lebensfreude und ganzheitlicher Gesundheit an.

Teil 1

Ernährungstheorien

Die Ernährung in der Vergangenheit

Vom niederen, ganz urzeitlichen Pflanzenfresser, der so vor ca. 2,5 Millionen Jahren gelebt haben soll, über den höheren, mit Feuer hantierenden Fleischfresser hin zum kultivierten Fleischfeinköstler unserer Tage, so könnte ein von der Fleischindustrie inszeniertes Märchen über die Essgewohnheiten der Spezies Mensch anfangen. Es könnte sogar ein ganzes dickes Märchenbuch zusammenkommen, wenn wir uns vom darwinistischen Fortschrittsfanatismus und von bedauernswerter Profitsucht inspirieren ließen. Vom Niederen zum Höheren, vom Wildkräutereinerlei zu Entrecote, Tournedos Rossini und foie gras. Basta. Von wegen! Nichts mit: Entwicklungspyramide oder mit: Entweder oder! Sondern: Beinahe von ihren Ursprüngen an ist die Spezies Mensch ein Mischköstler gewesen. Es wurde gefuttert, was erreichbar war, was gesammelt werden konnte: Samen, Pflanzen, Wurzeln, Früchte, Pilze, Algen, Eier, Honig, Insekten, Würmer, Schnecken und sonstiges Kleingetier. Vom Nutzen der Naturfeuer, die durch Blitze und Vulkanausbrüche entstanden und dann dauerhaft unterhalten werden mussten, das Feuer durfte nicht ausgehen, bis hin zum Entdecken des Feuersteins und seiner Zündung war es, aus heutiger Sicht, ein unglaublich langer Weg. Das erste Hantieren mit dem Feuer, das Erwärmen und Kochen von Pflanzen hat das Speisenangebot deutlich größer werden lassen. Roh Ungenießbares konnte zum Nahrungsmittel werden.

In der Steinzeit, benannt nach den Steinfaustkeilen, wurden unsere Vorfahren auch zu Jägern. Die Zeit der Sammler, Jäger und Fischer begann. Das ist ca. 800 000 Jahre her, so alt sind die ältesten gefundenen „Waffensteine". Für Treib- und Fallenjagd reichten diese scharfen

Steine aus. Den ersten richtigen Jagdwaffen, Speeren und Schleudern, schreiben unsere Archäologen ein Alter von ca. 300.000 Jahren zu. Erst von da an, also vor rund einem Siebtel der Menschheitsgeschichte, konnte der Anteil tierischer Nahrung deutlich zunehmen.

Bei den ca. 3 Millionen Menschen, die gegenwärtig noch überwiegend ihre Nahrung durch sammeln, jagen und fischen gewinnen, bestimmen die natürlichen Gegebenheiten den Anteil von Pflanze, Tier und Fisch an der Nahrung. So gibt es kleine Volksstämme, die ganz auf den Verzehr von Fleisch und tierischen Erzeugnissen angewiesen sind, wie die Massai in Kenia, andere, bei denen die gesammelten Samen, Wurzeln, Pflanzen, Früchte, Nüsse die Nahrung bestimmen, wie bei den Zo'é. Bei den Innuit liefern die gefangenen Fische die Hauptnahrung. Bei den meisten Indigenen sind Vorgaben der Natur jedoch so, dass gesammelt, gejagt und gefischt wird.

Ganz allgemein: Diese Beobachtungen und die archäologischen Funde lassen den Schluss zu, dass die Menschen sich von dem ernährt haben, was ihre jeweilige Umgebung und ihre Fähigkeiten zuließen. Also: Ohne Wasser keine Fische. Ohne Faustkeil und Falle kein Bär. Eine bewusste Wertung der Speisen setzte vermutlich erst mit dem „Überfluss" ein. Und mit den, auch durch das größer gewordene Gehirn, aufkommenden Fragen nach dem Recht des Menschen, Tiere nicht nur in Notwehr, sondern zum Verzehr zu töten. Zur Moral des Tötens kannst Du von der Seite 138 an Grundsätzliches, Abwägendes, Tröstendes, demütig Machendes lesen.

Die Richtung weisenden Zitate:

Es gehört oft mehr Mut dazu, seine Meinung zu ändern, als ihr treu zu bleiben.
Christian Friedrich Hebbel

Es gibt bereits alle guten Vorsätze, wir brauchen sie nur noch anzuwenden.
Blaise Pascal

Es ist in der Tat notwendig, entweder in aller Öffentlichkeit zu töten oder zuzugeben, dass man sich nicht berechtigt fühlt, zu töten.
Albert Camus

Das Sesshaftwerden steht für die meisten unserer Ahnen deutlich im Zusammenhang mit der Entwicklung von Ackerbau und Viehzucht. Dies begann vor ca. 15 - 10.000 Jahren, also ins Menschheitsgeschichtliche eingeordnet, gestern oder vorgestern.

Immer wieder erfahren wir mit Trauer auf unserem Werdegang, dass jedes Fortschreiten viel Gutes, Richtiges vom Vergangenen verwirft, ausschließt. Mit dem Ackerbau ging der vielfältige Pflanzenspeiseplan verloren, mit der Viehzucht änderte sich, das ist so zu vermuten, die Qualität von Eiern und Fleisch. Manches vom vorbildlich Vergangenen hat sogar das Schicksal ganz aus unseren Köpfen zu verschwinden. Oder, bestenfalls, als verträumte, Hoffnung spendende Vermutung weiterzuleben. Beispiel: Atlantis.

Mit dem Betreiben von Ackerbau und Viehzucht wuchs die Zahl der menschlichen ErdbewohnerInnen deutlich. Einige der Folgen jedoch: Größere Anfälligkeiten für Krankheiten und Epidemien, Hungersnöte, hervorgerufen durch Missernten, Herausbildung sozialer Hierarchien. Auch wurden die Menschen wieder kleiner. Dies Teilergebnis des Recherchierens hat mich sehr betroffen gemacht, weshalb kann ich Dir nicht erklären. Ähnliches gefühlt habe ich, als die Karte der Erde mit den Ursprungsregionen der neolithischen Revolutionen vor mir lag. Nichts zu sehen von den Gebieten der jetzi-

gen Industrienationen: Die von uns als wesentlich ange-
sehenen Entwicklungen der Menschheit haben außerhalb
unseres Erdteils stattgefunden. Vielleicht wird das ja
wieder einmal so sein. Aber vielleicht kommt es auch
anders: Wir EuropäerInnen werden die Vorbilder für eine gesunderhaltende, nicht von der Agrar-, Nahrungs-
und Pharmaindustrie, nicht vom Wirtschaftswachstum
manipulierten Ernährung.

Zurück zum Thema. In der Vergangenheit hat es,
bestimmt von kosmischen Vorgaben, paradiesische Zeiten gegeben: Kein Besitz, kein Hunger, kein Streit, wenige Tagesstunden gefüllt mit „Arbeit", dem Pflücken
von Früchten, Pflanzen und Nüssen. So wie es auch heute noch möglich wäre, auf von den Göttern besonders
beschenkten Inseln, gäbe es nicht die Verführungen der
FORTgeschrittenen. Über die inhaltliche Verwandtschaft
von fort und weg ließe sich gebrauchsphilosophieren,
oder?

Hunger hatte eine solidarische Dimension: alle oder
keiner. Alle beinhaltete vor 800 000 Jahren die Stam-
mesgruppe von vielleicht 50 Menschen. Heute heißt alle,
wenn die Augen nicht verschlossen und alle 7 Sinne genutzt werden, 7.200 000 000 Menschen. Das a l l e nicht
hungern müssten, setzt einen krass-umfassenden Wandel
unseres moralischen Empfindens und Handelns voraus.
Der Wandel unserer Ernährungsgewohnheiten ist dabei
von nicht zu überschätzender Bedeutung. Das intelligente Nutzen der Fortschritte in Wissenschaft und Technik
auch. Aber merken wir uns! Der Fortschritt in unseren
Seelenleben entscheidet über den Nutzen der Fortschritte in Wissenschaft und Technik.

Das, was unsere Urahnen anfangs, vor 2 Millionen
Jahren, gegessen haben, war nur gut gekaut zu genießen.
Durch die Möglichkeit, das Feuer zum Kochen, Garen,
Braten zu nutzen, hatte das Gebiss dann viel leichteres

Spiel. Je intelligenter, je einfallsreicher die Vorfahren beim Auf- und Zubereiten ihrer Nahrung wurden, desto kleiner wurde das Gebiss. Für unsere Frühzeit scheint schlüssig nachgewiesen zu sein, dass die größer werdenden Gehirne einhergehen mit kleiner werdenden Gebissen. Die lange, lange Zeit der großen Gebisse bestimmt sicherlich die Verdauungsvorgänge in Maul, Magen, Darm. Unsere Verdauung scheint angewiesen zu sein auf das Kauen und den den Speichelfluss. Daraus ergibt sich für viele von uns ein Problem: Ein viel zu hoher Anteil der heutigen Speisen kann unzerkaut, schnell verschlungen, so sind unsere miserablen Gewohnheiten, in Magen und Darm gelangen, ohne unmittelbare Schäden anzurichten. Dazu mehr auf Seite 87.

Das Kapitel Vergangenheit abrundende oder aufreibende Sprüche:

Früher war auch die Zukunft viel besser.
Karl Valentin

Das Schönste, was wir erleben können, ist das Geheimnisvolle.
Albert Einstein

Nur wer nicht sucht, ist vor Irrtum sicher.
Albert Einstein

Eine Verbesserung der Bedingungen auf der Welt ist im Wesentlichen nicht von wissenschaftlicher Kenntnis, sondern vielmehr von der Erfüllung humaner Traditionen und Ideale abhängig.
Albert Einstein

Wir werden nicht durch die Erinnerung an unsere Vergangenheit weise, sondern durch die Verantwortung für unsere Zukunft.
Georg Bernard Shaw

Die Ernährungsideologien und Ernährungstheorien

Erst waren die Religionen und dann die Ideologien, oder? Ich werde versuchen, beide nicht durcheinander zu bringen. Das wird vielleicht nicht gut enden, bei der Tendenz zu „Mischstrukturen". So erscheint der gegenwärtige Islam leider als Ideologie mit religiöser Komponente. Und die meisten Zug um Zug entmachteten Religionen unterwerfen sich den von Ideologien geformten jeweiligen Machtverhältnissen. Und sind dadurch kaum mehr als Religion (Wikipedia: ... die gewissenhafte Sorgfalt in der Beachtung von Vorzeichen und Vorschriften) erkennbar.

Aber nun, nach diesem Entschuldigungsversuch, hin zur Reinheit und Sauberkeit der Religionen, hin zu ihren Begründern:

Die zahlreichen Altenheime für heilige Kühe in Indien zeigen auf wunderbare, traumhaft anmutende Weise die Kraft des Glaubens. Der Buddhismus ist eine lebendige, noch immer das Leben der Gläubigen prägende oder zumindest mitprägende Religion. Wohl ca. 4o % der InderInnen sind gegenwärtig, leider mit leicht rückläufiger Tendenz, VegetarierInnen. Ohne den Glauben nicht vorstellbar.

„Du sollst nicht töten!", heißt es in allen Religionen am Anfang: Der Vegetarismus, seine konsequenteste Form, der bewusste Verzicht auf Fleisch von Tier und Fisch, hat tiefe Wurzeln. Aber bald haben die den Religionsgründern folgenden Religions"politiker" listenreich das Gebot gewandelt: Du darfst nur kein Schwein essen. Du darfst nur blutiges Fleisch nicht essen. Du darfst töten und Fleisch verzehren, da die Tiere ja nicht unseresgleichen sind. Usw.

Die selbsternannten Gottesvertretungen waren mächtig. Und über Jahrhunderte, den längsten Teil der Neuzeit, umfassend die Menschenleben bestimmend. Und ganz und gar nicht zimperlich beim Machtausüben. Grundsätzlich Andersdenkende landeten auf dem Scheiterhaufen, wurden getötet. Falls wider Gewohnheit nicht, landeten die Aufmüpfigen im Fegefeuer. Die nicht karnistischen Ernährungsformen hatten es schwer, in unserer neuzeitlichen europäischen Geschichte und den Ideologien. Vom religionsbegründeten, absoluten Rechthaben, die Ernährung betreffend zur ideologischen Rechthaberei. Das klingt wenig hoffnungsfroh. Aber wir leben in einer Zeit, die es uns ermöglicht, jenseits von Religion und Ideologie, unser Seelenheil zu finden. Da ist für jede, jeden von uns etwas Stimmiges, individuell freudvoll Umzusetzendes in der Vielzahl der angebotenen Ernährungsformen zu finden. Bedenken wir beim Suchen:

Wenn Du ein Problem hast, versuche es zu lösen. Kannst Du es nicht lösen, dann mache kein Problem daraus.

Zwei Dinge solltest Du meiden, oh Wanderer: die zwecklosen Wünsche und die übertriebene Kasteiung des Leibes.

Der Weg liegt nicht im Himmel. Der Weg liegt im Herzen.

Du wirst morgen sein, was Du heute denkst.

Es nützt nichts, nur ein guter Mensch zu sein, wenn man nichts tut.
Fünfmal Buddha *(Der Grund: die heiligen Kühe)*

Karnismus

Vergötterung des Fleischs von Tier und Fisch. Das Anrecht auf Fleisch ist vielen KarnistInnen eine heilige Kuh.

Pescetarismus

Kein Fleisch, aber Fisch. Vom Fisch kommt der Name: piscis −lateinisch/ pesce − italienisch.

Flexitarismus

(Samen, Pflanzen und Früchte, Pilze, Milch, Milchprodukte, Eier und „gelegentlich" Fleisch und Fisch − Neologismus: Beste Wortschöpfung des Jahres 2003). Spielarten des Flexitarismus sind: Wochentagsvegetarismus (VegetarierInnen, die einen „Sonntagsbraten" brauchen).

Tageslichtvegetarismus (Hier zur Vollständigkeit aufgeführt, da der Begriff immer wieder auftaucht): Ich kann mir nichts Greifbares darunter vorstellen. Täglicher Ramadan? Aber FlexitaristInnen haben sowieso sehr individuelle Ernährungsverhalten. Beispiel: Nur bestimmte Fleischsorten / nur BIO / nur Wildfisch /... .

Offensichtliche Gefahren: Der geringere Fleischverzehr wird ausgeglichen durch den vermehrten Genuss von Milchprodukten und Eiern. Trotzdem! Die FlexitaristInnen reagieren aktiv auf die konsumierten Katastrophensendungen im Fernsehen. Bei diesen ca. 11% der Bevölkerung in Deutschland haben die Hoffnungen auf bewussteres Ernähren ihre Heimstätten in den Seelen.

Complementismus

Samen, Pflanzen Früchte, Nüsse, Pilze. Und als gelegentliche Ergänzungen Milch, Milchprodukte, Eier, Fleisch von Tier und Fisch. Der Name kommt von Complement (englisch / französisch = Ergänzung. Es ist mein Versuch, einen Neologismus lebendig zu machen, „Pflanzenkost mit Ergänzungen" ist mir schlichtweg zu lang und zu langweilig.

Vegetarismus

Seine vielfältigen Ausprägungen:
Ovo-lacto-Vegetarismus (Samen, Pflanzen, Früchte, Nüsse, Pilze, Eier, Milch und Milchprodukte)
Lacto-Vegetarismus (Samen, Pflanzen, Früchte, Nüsse, Pilze, Milch und Milchprodukte)
Ovo-Vegetarismus (Samen, Pflanzen, Früchte, Nüsse, Pilze, Eier)

Veganismus

Samen, Pflanzen, Früchte, Nüsse, Pilze. Spielarten:
Frutarismus (Samen, Obst, Nüsse − Motiv: Kein Töten von Pflanzen):
Flammerismus (vom Pudding Flammerie / Flummery-englisch kommt der Name. Er könnte die zu verächtlich klingende Bezeichnung Puddingvegetarier ablösen. Wenn Du die Wortschöpfung als guten oder schlechten Scherz bezeichnest, trifft das vielleicht auch zu. Aber Spielereien sollten gestattet sein.)

Um nicht noch weitere Wortneuschöpfungen zu versuchen, werden die Diätideologien ohne „ismus" hier fast so benannt wie sie bekannt geworden sind:

39

Altsteinzeitdiät

Bekannt unter dem irreführenden Namen Steinzeitdiät/Paleodiät: Gemeint ist das Nahrungsangebot der Altsteinzeit, nicht das der Jungsteinzeit. Es werden somit keine Getreide (angebautes), keine Milch von Nutztieren, keine Eier von Nutztieren gegessen. Und, unter anderem, auch keine Oliven und schon gar kein Olivenöl. Diese Vorgabe führt bei mir zu ungläubigen Staunen. Zudem: Wie kommen wir an Nahrungsmittel in Altsteinzeitqualität?

Ayurveda

Alle Achtung! Im positivsten Sinne! Da haben wir es mit der ältesten, noch lebendigen Ernährungslehre zu tun. Die Ursprünge werden auf ein Alter von mindestens 5.000 Jahren geschätzt. Vielleicht kann dies so begründet werden: Ayurveda ist eine ganzheitliche Lebenslehre. Die genauere „Übersetzung": Im Sanskrit heißt Ayus Leben und Veda Wissen. Das Ergebnis aus beidem: Lebensweisheit / Lebenswissenschaft. Die literarischen Fundamente des Ayurveda sind um die christliche Zeitenwende herum von drei der berühmtesten Ärzte aus dem Industal geschrieben worden.

Mich begeistern an der Vorstellung, die ich von dieser Lebenslehre habe, mehrere Ansätze. Es erscheint mir ganzheitlich, schlüssig, ein „lebendiges System" / tolerant: Jeder Mensch ist hier als einmalig anerkannt. Seiner Einmaligkeit entsprechend gibt es einmalige, nur auf ihn zutreffende Lebensregeln, Ernährungsregeln, Therapieformen, die eine gemeinsame, unglaublich vielfältige Basis haben. Nachvollziehbar wird dadurch auch die noch heute lange Ausbildung der Ayurvedalebensberater, der Ärzte ganzheitlicher Prägung: 5,5 Jahre – Doctor of Ayurveda / 8,5 Jahre – Doctor of Medicine / 10,5 Jahre –

Doctor of Philosophy.

Die allgemeinen Ernährungsregeln des Ayurveda:
Im Besonderen überzeugend sind für mich diejenigen allgemeinen Ernährungsregeln, die sich mit dem Wie, Wann und Wo des Essens befassen. Ich führe hier einiges stichpunktartig, hoffentlich neugierig Machendes auf:
Hauptmahlzeit – mittags, bei stärkster Bereitschaft unseres Verdauungssystems / sich nicht völlig satt essen, also nicht überfressen – zwei individuelle Hände voll ist die Regel / vielfältigste Geschmacksrichtung der Nahrung, also auch scharf und bitter, sauer und herb; nicht nur süß und salzig / die nächste Speise erst, wenn die vorhergehende verdaut ist / in Ruhe essen, nur in schönen Ausnahmefällen im Stehen. Niemals, möglichst niemals: nur ganz, ganz selten in Eile / frische, der eigenen Konstitution angepasste Lebensmittel essen. Ganz selbstverständlich: Entsprechend der Jahreszeit und der Örtlichkeit (Region). Bei der nächsten Regel bin ich voller Hemmungen: keine natürlichen Bedürfnisse unterdrücken. Pfurzen, rülpsen, gähnen. Warum ersehnen wir das Bäuerchen des Babys und verabscheuen, wir in Europa, den Rülpser des Erwachsenen?
Nur bei Hunger essen – die wohl wichtigste Regel .
Das Abendessen oder das Frühstück dann ausfallen lassen, wider die Gewohnheit.
Als Zwanzigjähriger habe ich davon geträumt, nach dem Wechsel von Deutschland Ost nach Deutschland Realbrutal in Indien zu leben. Dazu war ich nicht mutig genug. Zwischenzeitlich hat mich das vorwiegend traurig gemacht. Jetzt aus einem umfassend erfüllten, einfachen Leben heraus, bedaure ich doch, dass es für mich unmöglich geworden ist, die indische Lebenswissenschaft zu studieren, die indische Lebensweisheit zu begreifen.

Jedoch ist in mir eine große Dankbarkeit für die Klarheit dessen, was ich von Ayurveda erfassen kann. Das sind vorrangig die Ernährungsregeln. Gefolgt von fast tatenloser Zuneigung zu Yoga, Atem- und „Reinigungs"technik.

Was immer wir selbst tun können, um unsere eigene Gesundheit zu stärken, wirkt besser als das, was andere für uns tun.
David Frawley, Ayurvedaexperte

Es ist nie zu spät. Du bist nie zu alt oder zu krank, um noch einmal von vorne anzufangen.
Bikram Choudhury

Wer will, findet Wege, wer nicht will, findet Gründe.
Götz Werner

Immer wenn wir lachen, stirbt irgendwo ein Problem. Bei der Suche nach dem Autor bin ich auf einen anderen Spruch "gestoßen": Jedes Mal, wenn ein Mensch lacht, fügt er seinem Leben ein paar Tage hinzu.
Curzio Malaparte

Auch aus Steinen, die einem in den Weg gelegt werden, kann man Schönes bauen.
Johann Wolfgang von Goethe

Glaube nicht: Es muss so sein, weil es nie anders war. Unmöglichkeiten sind Ausflüchte für sterile Gehirne. Schaffe Möglichkeiten!
Hedwig Dohm

Rohkosternährung

Die Definition scheint mir, auch wegen der zahlreichen Ideologien dazu, kurz nicht möglich, deshalb hier gleich eine stichwortartige Auflistung von Lebensmitteln, die den am weitesten greifenden Vorstellungen von Rohkost entspricht: Rohe Samen, Pflanzen, Wurzeln / rohes Fleisch (einer der Streitpunkte)/ roher Fisch (ein weiterer Streitpunkt) / essig- und milchsaure Gemüse / „notgedrungen" Erwärmtes: Trockenfrüchte, Trockenfleisch, kaltgepresste Öle, Bienenhonig / Nüsse / Kräuter / Wildkräuter (ideologisch umstritten) Pilze/ Eier (noch ein Streitpunkt)/ Nur noch umstrittene Lebensmittel: Rohmilchkäse und Rohmilchprodukte / auf besondere Art behandelte Fische wie Matjes, Bismarckhering, Lachs und Thunfisch / auf besondere Art behandeltes Fleisch: Carpaccio, Tatar, Schinken. Im Zentrum der Rohkosternährung steht das Blattgemüse. Der allgemeine Warenkorb der allgemeinen RohköstlerInnen ist somit nicht gerade klein und und eingeschränkt. Aber das regelt sich gleich herunter bei der Vorstellung der verschiedenen Rohkosttheorien.

Einiges ist allen „modernen" RohköstlerInnen in ihrer Argumentation gemein:

I – Keine wichtigen „Stoffe" werden zerstört. Beispiele Vitamin C, ungesättigte Fettsäuren, Chlorophyll.

II – Durch das Erhitzen nimmt der Anteil an Giftigem, Zersetztem zu.

III – Nur in der Frischkost ist der volle Wert des jeweiligen Lebensmittels enthalten.

IV – Rohkost ist die dem Menschen seit Anbeginn zugedachte, naturgemäße Nahrung.

Einiges ist aller Kritik an den „Rohkostsekten" gemein:

I – Verglichen mit gegarter Nahrung ist die Verdauung unvollständig. Das begünstigt Blähungen und Mangelerscheinungen. Kurzschluss: Eine Schonkost für Menschen mit nicht intaktem oder kranken Verdauungssystem, vermutlich betrifft das uns alle, auch leider schon die meisten Babys, ist die Rohkost keinesfalls.

II – Die Rohkosternährung entspricht nicht den modernen Hygienevorstellungen. Das klingt nicht unsympathisch, wenn man an die krankmachende Hygienehysterie der Krankenhäuser denkt. Aber trotzdem der Kurzschluss: Da das Desinfizieren vom Erhitzen entfällt, ist größte Sorgfalt beim Lagern und Zubereiten der Speisen notwendig. Besonders im Zusammenhang mit rohem Fleisch und Rohem aus Fluss, See und Meer.

III – Je kleiner der individuelle Warenkorb desto wahrscheinlicher ist der Mangel an verschiedensten, wichtigen Nährstoffen . Kurzschluss: Je phantasiereicher die RohköstlerInnen mit ihrem möglichst vielfältig gefüllten „Warenkorb" umgehen, desto gesünder leben sie.

IV – Es wird mit dem Wort Frischkost leichtfertig forsch-frisch argumentiert. Roh ist nicht automatisch gleich frisch. Ganz im Gegenteil, sollte da keine logistische Meisterleistung vollbracht werden.

Ich brauche jetzt, bevor ich mich tolerant und wohlgemut erneut herantasten kann an Urkost, Instinctotherapie, Fit for life, Lichtkost, Primal Diet, Makrobiotik, Mayr-Diät, Blutgruppendiät, ein paar aufbauende, motivierende Sprüche. Das Ziel des anschließenden Kurzstudiums: Möglichst viel Positives von den erfolgreichsten Rohkostsekten für den Complementismus zu nutzen.

*Es ist ein Gesetz im Leben: Wenn sich eine Tür schließt,
öffnet sich dafü eine andere.*
André Gide

Die Zukunft zeigt sich in uns, lange bevor sie eintritt.
Rainer Maria Rilke

Alle Sorge hat ein Ende, wenn wir einen festen Entschluss gefasst haben.
Cicero

*Die wahren Lebenskünstler sind bereits glücklich, wenn
sie nicht unglücklich sind.*
Jean Anouilh

*Sie möchten gern lachen – aber so tun Sie es doch. Die
Welt ist durchaus nicht zu ernst dazu. Sie ist weder ernst
noch lächerlich, sondern in jedem Kopf und jeder Sekunde, anders, anders, anders.*
Christian Morgenstern

Urkost

Eigenwillige Personen, Persönlichkeiten, sind in unserer
deutlich fremdbestimmten, originalitätsarmen Welt von
so besonderem Wert, dass ich ihnen viel verzeihen kann,
auch wenn sie überhaupt nicht meinen Vorstellungen
vom „guten Menschen" entsprechen.

Franz Konz, der Begründer der Urkost, fünfmal verheiratet, in letzter Ehe wegen sexueller Nötigung sechsundachtzigjährig geschieden, der energiegeladene,
skrupelarme Aufmüpfige gegen fast alle gesellschaftlichen Normen hat viel bewirkt. Und mit seiner Steuerumgehungs-Trickfibel „dem großen Finanz-Konz" sicherlich

nicht nur Negatives bewirkt: Vielleicht wären die realitätsfernen, selbstgefälligen Reglementierungen durch die Finanzbehörden gegenwärtig noch schlimmer als sie für fast alle Steuerpflichtigen in der Vergangenheit schon waren. Eine Auflage von 4,5 Millionen Exemplaren kommt nicht aus dem Nichts. Aber dann hat der große Konz dem Finanz-Konz einen Gesundheits-Konz folgen lassen, der bei unkritischer Befolgung den Selbstbeweihräucherer und Sektengründer – Bund für Gesundheit – zu einem lebensgefährdenden Ratgeber machen kann. Also Achtung! Aber nicht grundsätzliche Verachtung!

Bei Konz hört die gesunde Ernährung des Menschen mit der Nutzung des Feuers, also vor 790.000 Jahren, auf. Vor dem Feuer war das Paradies. Konzkonsequent ist die Lebensmittelpalette: Nur rohes, ungewaschenes Gemüse, nur rohe, ungewaschene Früchte. Ergänzt durch essbare Wildkräuter, Moose, Flechten Seetang usw. Kleinstgetier und Mauwurfshügelerde sind weitere sporadisch zu nutzende Lebensmittel, so die kategorischen „Empfehlungen".

Die Konzsche Urkost ist verquickt mit der Konzschen Gesundheitslehre. Und da ist vieles nachvollziehbarer: Viel Bewegung, möglichst zwei Stunden täglich. Da gibt's auch eine spezielle Gymnastik des BfG / Keine Arztbesuche; keine Medikamente / Die Ablehnung von Impfungen und Pharmakartellen ist nicht unsympathisch und mindestens bedenkenswert / Urschrei und Singen sind Sekteninhalte, die keineswegs abwegig sind.

Als vorübergehende Diät bei schwerer, von Ärzten nicht mehr behandelbarer Krankheit oder um die Willensstärke zu testen oder um sich einmal wie ein Urmensch zu fühlen scheint die stringente Form der Urkost ungefährlich und möglicherweise auch nützlich zu sein. Als dauerhafte Ernährungsform schadet sie ganz bestimmt. Die Schuld wird aber nie bei dem Urkostpapst liegen, sondern immer bei den AnwenderInnen, da die Katechismus- Checkliste nicht erfüllbar ist. Sie besteht aus 13 Fragen und einer Franz Konz verantwortungsfrei machenden Aussage: „Wenn Du eine einzige Frage nicht mit „Ja" beantworten kannst, so weißt Du, warum Du keinen vollständigen Erfolg mit der Urmedizin erzielt hast. Pack Dich also an Deine eigene Nase."

Oder iss mehr Ameisen, füge ich ehrfurchtslos im gleichen Jargon hinzu.

Ideologien sind mächtig: Sie zerstören die hoffnungsvollsten Inhalte.
JP

Ideologie ist ein Synonym für Begrenztheit.
Paul Schübler

Ideologien resultieren aus dem Wunsch, mit dem Denken an ein Ende zu kommen.
Michael Richter

Ideologien reduzieren die Wahrnehmungsfähigkeit und verkleistern die Kapillaren des Glücks.
Peter Horton

Nichts verwirrt die Ideologen so wenig wie Tatsachen.
Walter Ludin

Lichtkost

Kontroverser können die Meinungen nicht sein. Das Licht wird mit dichtem Schatten, mit Verschmutzungen gepeinigt und zum ungenießbaren, todbringenden Nahrungsmittel erniedrigt, obwohl es auch für alle KritikerInnen schattenlos klar ist: Ohne Licht kein Leben.

„Licht, Luft und Leichen", „Den Löffel ganz abgeben",
„Vom Licht ernährt bis in den Tod" so titeln einige AutorInnen, die auf Ideologie ideologisch reagieren.
Wieder einmal ist es unsere Wissenschaftsgläubig-
keit, die uns einem spannenden Inhalt entfremdet, weil
sie sich vorrangig mit dem Widerlegen des Außergewöhnlichen beschäftigt. Dass wir Menschen uns nicht unser ganzes Leben
lang nur vom Licht, nur von feinststofflicher Materie ernähren können, dass wir für unsere Körper, auch für unseren Geist, greifbare Materie benötigen, steht ja nicht im
Widerspruch zum Licht als Lebensmittel, oder? Mir fällt
es bei Sonnenschein leichter, auch im Winter, weniger zu
essen. Ähnliches beobachte ich fast generell, zumindest
bei all' jenen, die gelernt haben, und endlos weiterlernen,
in sich hineinzuhorchen. Und auf das „Gehörte" zu reagieren. LichtkostzauberInnen, Lichtkostheilige, Hunger-
künstlerInnen, Lichtkostscharlatane, ... unsere Geschichte
ist reich an Mythen und Märchen und an Wunschdenken.
Der Hungerstreik als charakterstarkes Druckmittel
belegt am Deutlichsten, dass uns ein Überleben ohne feste Nahrung nur für einige Wochen als möglich erscheint.
Ohne Flüssigkeit zu uns zu nehmen, können wir gar nur
einige Tage leben. Vergleichen wir das mit den Überle-
benskünsten mancher Tiere und fast aller Bäume, müsste
Bescheidenheit eine der Folgen sein. Und Bewunderung
für die Qualitäten anderer Lebewesen. Warum tun wir
uns selbstbeweihräuchernden Obertiere nur so schwer
damit? Warum öffnen wir momentanen Oberobertiere
der westlichen Industrienationen nicht all' unsere noch
erhaltenen, natürlichen Sinne, statt uns darüber zu streiten, ob die Quantenphysik die Lichtnahrungstheorien wi-
derlegt oder bestätigt?

Wer sich nach Licht sehnt, ist nicht lichtlos, denn die Sehnsucht ist schon Licht.
Bettina von Arnim

Unsere Sache ist es, den Funken des Lichts festzuhalten, der aus dem Leben überall da hervorbricht, wo die Ewigkeit die Zeit berührt.
Friedrich Schiller

Bringt Licht den Armen, und bringt Licht noch mehr den Reichen, denn sie brauchen es mehr als die Armen.
Swami Vivekanada

Hör, es klang die Flöte wieder, und die kühlen Brunnen rauschen! Golden weh'n die Töne nieder, stille, stille, laß uns lauschen! Holdes Bitten, mild Verlangen, wie es süß zum Herzen spricht! Durch die Nacht, die dich umfangen, blickt zu mir der Töne Licht!
Clemens von Brentano

Instinctotherapie

Intellekt oder Instinkt. Gibt's da nur das Entwederoder oder auch das Sowohlalsauch? Es scheint, als ließen sich diese beiden menschlichen Eigenschaften nur schwer miteinander verbrüdern. Ich ahne aber, dass die Verquickung von beiden Kontrahenten notwendig, nicht nur erstrebenswert ist. Und für's Weise- und Demütigwerden wohl gar eine Voraussetzung darstellt. Versuchen wir, den Instinkt zu rehabilitieren, ihn nicht den „niederen" Werten für „Primitive" und Tiere zuzuordnen.

Die Instinctotherapie, eine Rohkostideologie, hilft uns nicht unbedingt beim Umsetzen des guten Vorsatzes. Der Instinkt des ideologischen Erfinders und Begründers, Guy-Claude Burger, beschränkt sich auf den Instinkt für Rohes. Burger hält jede Entscheidung für thermisch behandelte Nahrung für eine menschliche, instinktlose Fehlleistung. 1964 hat Burger zu seiner Ernährungsform gefunden, als Reaktion auf einen bei ihm diagnostizierten Krebs. Das ist erwähnenswert, weil jede extreme Krankheitsdiagnose auch extreme Reaktionen rechtfertigt, und sie zusätzlich verständlich und sympathisch machen kann. Ich bin Guy-Claude Burger dankbar. Er hat mir das Gefühl für Instinkt, für die Bedeutung instinktiven Handelns, na, schreibe ich, ohne rot zu werden, wieder geschenkt, zurückgegeben, aus meinen Versenkungen geholt.

Instinkt ist für mich etwas ganz Fundamentales, Wurzelhaftes. Instinktiv entscheide ich mich für eine Schonkost, für eine milde „Ableitungsdiät", für eine meiner geliebten Fastenvarianten. Instinktiv entscheide ich mich ab und an, gegen den Verzehr der im allgemeinen von mir geschätzten und bevorzugten, zumindest mittags, rohen Lebensmittel.

Der Instinkt hat es nicht leicht in unserer modernen Welt. Überall wird gegen ihn angearbeitet. Der Markt entscheidet über das, was wir gut finden, nicht unser Instinkt. Weder Instinkt, noch Intellekt. Wir werden manipuliert, in einem Ausmaße, das uns nicht klar werden darf, sonst würden wir das Leben kaum aushalten können. Mit großer Wahrscheinlichkeit würden wir die Achtung vor uns verlieren: Wir essen keine Tiere, wir essen Fleisch. Wir träumen von Salat und essen Spaghetti Bolognese. Wir haben keinen Hunger, aber wir verschlingen eine halbe Torte.

Tasten wir uns heran, an unsere Instinkte. Tasten wir uns heran an unser Abhandengekommenes.

Geheimnis ist Instinkt der Phantasie.
Bettina von Arnim

Instinkt ist unbewusste Vernunft. Er ist der blinde Führer, der den inneren Weg geht, wo die Vernunft auf sichtbare Markierungen angewiesen ist.
Hans Lohberger

Bildung im zwanzigsten Jahrhundert erfordert vor allem und zunächst die instinktsichere Abwehr überzähliger Informationen.
Hans Kasper

Ich pfeife auf die Intelligenz: Ich wäre durchaus zufrieden, wenn ich viel Instinkt hätte
Jules Renard

Die Kunst muss gegen die Wissenschaft das Gefühl klären, den Instinkt heben, den vollen Lebensgeschmack im Kern der Persönlichkeit immer wieder stärken und stählen.
Carl Hauptmann

Fit for life

Die raffinierte Vermengung von Wahrhaftigem, Modernistischem, Sprüchen, Falschaussagen, Erfolgsdenken kann wunderbar entlastende Fallen stellen: Als ich 1987 das Buch von Hervey und Marilyn Diamand gelesen habe, in den Ferien am Sandstrand von Bormes les Mimosas, habe ich besondere Hochgefühle gehabt: „Das ist es. Einfacher geht's nicht. Genial."

Für diese damaligen Empfindungen bin ich den beiden typischen KalifornierInnen, deshalb vielleicht auch die Gewichtung der Früchte, zu Dank verpflichtet. Und ich muss aufpassen, dass meine heutige Kritik nicht ungerecht beschönigend daherkommt. Trotzdem eine positive Wiederholung vorweg: Die meisten der mir bekannten und mehr oder weniger oberflächlich verinnerlichten Ernährungstheorien haben meine „Position" vielfältiger, ganzheitlicher gemacht, oder – um das weniger stolz und wertfreier zu sagen, mehr oder weniger beeinflusst.

Zum Obst! Dem zentralen Inhalt der Fit for Life-Ideologie. Wo immer und immer wieder auch die Verhimmelung der Früchte herkommen mag, mit der natürlichen Menge an Früchten, in die wir uns zusätzlich mit den anderen Tieren, vor allem mit den Vögeln, zu teilen haben , ist das nicht in Einklang zu bringen. Weder für unsere Urvergangenheit noch für unsere pesitizid-insektizidfrei erträumte Zukunft. Zusätzlich: Das spüren wir ja alle, wenn wir auch nur ein bisschen in unsere Körper hinein-horchen: Die giftfreie, belästigungsfreie Verstoffwechselung in unserem phantastisch – ausgleichenden Verdauungsapparat, ein ganzheitliches Wunder allerhöchsten Grades, weshalb wird die Wissenschaft daran nicht bescheiden, ist nur dauerhaft und freudige Lebensgefühle erzeugend möglich, wenn dieses über kosmische Zeiträume entstandene System nicht umfassender geschädigt ist.

Also! Je gesünder ich bin, je gesünder ich mich ganz tief in meinem Bauchhirn fühle, desto positiver kann Obst in mir wirken. Reifes deutlich leichter und positiver als unreifes, oder künstlich nachgereiftes. Merken wir uns! Obst hat gegenwärtig nicht automatisch etwas mit Natur zu tun. Ganz im Gegenteil! Schauen wir uns um.

Zu den weiteren Fit for Life Ge- oder Verboten:

I - Übergewicht = Verzehr von erwärmter Nahrung . Ich kann mehr Gekochtes als Rohes essen, allein vom Ermüdungseffekt meines Kau- und Schluckapparats her. Das stimmt. Es sagt aber nur etwas über meine Essdisziplin und darüber aus, womit ich das Erwärmte „denaturiere": Mit Industriezucker, Industriefett, Emulgatoren, Sterilisatoren ... Esse ich blanchiertes oder vorsichtig gegartes Gemüse, und Obst, kann es über meine zu mir genommene Nahrungsmenge zu keinem Übergewicht kommen. Unmöglich, dauerhaft soviel Gemüse zu essen.

II - Unsere interne Chemiefabrik! Könnte diese nur jeweils eine Energiequellenart (Eiweiß, Kohlenhydrat, Fett...) angemessen verstoffwechseln, wären wir wohl nicht mehr auf dieser schönen Erde, wegen mangelnder Anpassungsfähigkeit. Aber! 7-11-Gängemenus, und dann auch noch am Abend und bis in die tiefe Nacht hinein, überfordern unseren Verdauungsapparat ganz sicher, sofern er so etwas nicht stolz und von unserem Geist bewundert, als aktivistische Ausnahme kreativ und freudvoll leistet.

III - Der von den Diamonds vorgegebene Ernährungsrhythmus entspricht zwar unseren Wünschen und „Zwängen", Völlerei am Abend, entbehrt aber jeglicher Konsequenz und Logik: Zum rohen Fleisch abends gibt's auch einen Salat .... Weshalb auch immer.

IV - Dass Obst- und Gemüsesäfte den Verzehr von natürlichem Mineralwasser, das aber sowieso verboten ist, überflüssig machen, gehört in eine Argumentationskategorie, zu der mir jeglicher Zugang fehlt. Nein, nicht ganz! Je mehr Lebensmittel ich esse, die einen hohen Flüssigkeitsgehalt haben, das ist ja eh ein Wunder, wie 96% Wasser zur Gurke werden können, desto weniger „Spülwasser" braucht mein Körper. So, meine Empfindung, die deutlich im Widerspruch zu der meiner Geliebten steht, denn sie meint, egal wie viel gebundenes

Wasser wir essen, reines Quellwasser muss trotzdem getrunken werden. Da streiten wir immer wieder einmal „drüber", beim Trinken von grünem Tee am Morgen, meistens dann, wenn ich das bei ihr das Teetrinken abschließende Glas Wasser für mich, zu diesem Zeitpunkt, verweigere.

V - Wir ernähren uns zu „sauer". Ja, ganz sicher. Unsere Körper sind überfordert mit ihrer Aufgabe, das notwendige Säure-Basen-Gleichgewicht, dauerhaft und immer wieder herzustellen. Sie zapfen anfangs nur Haare, Zähne, Fingernägel und die Haut an, um das zu bewerkstelligen. Aber! Obst kann, so scheint es, nur basisch verstoffwechselt werden, wenn der Körper völlig in Einklang mit sich und seiner von der Seele dirigierten Chemiefabrik ist. Also! Durch basisch postuliertes rohes Obst kann ich sauer werden, wenn ich nicht aufpasse: Gut kauen! Nicht immer und zu jeder Zeit, schon gar nicht nachts. Reifes, charakterstarkes, natürliches Obst, so wie es die Vögel mögen. Das sind Mindestvoraussetzungen für eventuelle basische Verdauungsresultate.

Wer ständig glücklich sein will, der muss sich oft verändern.
Konfuzius

Alle Träume können wahr werden, wenn wir den Mut haben, ihnen zu folgen
Walt Disney

Nicht weil die Dinge unerreichbar sind, wagen wir sie nicht. Weil wir sie nicht wagen, bleiben sie unerreichbar.
Lucius Annaeus Seneca

Erfolg ist die Fähigkeit, von einem Misserfolg zum ande-

ren zu gehen, ohne seine Begeisterung zu verlieren.
Winston Churchill

Die schönste Erfahrung , die man machen kann, ist die
Erfahrung des Unbegreiflichen.
Albert Einstein

Trennkost

Trennen und Verbinden. Nur allzuoft verlieren wir dualistische Zusammenhänge aus den Augen, beschränken uns hartnäckig, mit allen Sinnen, auf das Eine oder das Andere. Meistens zu unserem Nachteil. So muss ich jetzt dieses Statement zur Hay'schen Trennkost neu schreiben, weil mir die Geliebte bei der morgendlichen „Grünteediskussion", trotz beträchtlichen Widerstands, erklären konnte, dass ich mich in Kurzschlüssen verheddert habe/hatte. Damit mir das möglichst nicht so umfassend und nicht so schnell wieder geschieht, versuche ich jetzt, bevor die Trennkost zum zweiten Mal angegangen wird, einige Warnsignale zu notieren, hoffentlich zu unserem gemeinsamen Nutzen. Sollte ich die Signale trotzdem beim weiteren Schreiben nicht beachten können oder sogar nicht beachten wollen, dann verzeiht mir, liebe LeserInnen. Wertet die Absicht und weniger die Tat.

Trennen ist spektakulär. Verführerisch. Blindmachend. Erhellend. Schmerzhaft. Befreiend. Trennen kennt die vielfältigsten Resultate, viele davon nicht vorhersehbar, erahnbar. Trennen erscheint charaktervoll, klar. Nicht als Eierei. Trennen führt zu Eiweiß und Eigelb und deren faszinierenden, zauberhaften neuen Eigenschaften.

Das Trennende spielt sich virtuos in den Vordergrund. Beispiel: Vegetarismus *oder* Veganismus. So hieß es lange Zeit kämpferisch. Das Gemeinsame, Verbindende hatte kaum eine Chance. Und immer wieder und überall lauert die Gefahr, dass sich die jeweils nicht übereinstimmenden Argumente in den Vordergrund drängen. Gelingt es jedoch, den anderen Positionen voller Achtung und wohlwollend zu begegnen, können Inhalte eine neue Dimension bekommen. Wieder ein Beispiel, diesmal ein wunderbares: Mein Freund Hilmar Steppat, ein veganer, konsequenter und dennoch liebenswerter Aktivist seit vielen Jahren, hat es mir geschickt: Unter dem Titel „Bio-dyn trifft vegan" ist in der Zeitschrift info3 (info3 ist seit 1976 das Informations- und Streitjournal der Antroposophen und Antroposophinnen. Antroposophie im Dialog – das ist die Headline und Leitlinie der Monatszeitschrift) ein Interview erschienen. Mich hat das Lesen des behutsamen Streitgesprächs beglückt und gestärkt. Die Einleitung des Berichts hier als Zitat:

„Als wir Christian Vagedes, den Vorsitzenden der Veganen Gesellschaft Deutschland, und Martin von Mackensen, Dozent für bio-dynamischen Landbau auf dem Dottelfelder Hof, zu einer Begegnung einluden, waren wir auf ein Streitgespräch gefasst, bei dem es zu vermitteln gelten würde: die Ablehnung jeglicher Landwirtschaft mit Tieren auf der einen, das Festhalten an der Notwendigkeit von Tierhaltung und Schlachtung auf der anderen Seite – mit den dazugehörigen, gegenseitigen Vorwürfen. Was stattdessen an diesem sonnigen Nachmittag in Frankfurt passierte, war etwas anderes: ein respektvolles Aufeinanderzugehen, ein Betonen des Verbindenden gegenüber dem Trennenden und eine spürbare gemeinsame Verantwortung für ein zukünftiges Verhältnis von Tieren und Menschen zum Wohle der ganzen Erde."

Die Gemeinsamkeiten, das Verbindende aller Suchenden zu stärken, aufzuzeigen, ist das Vorwärtstreibende, Motivierende für mich beim Schreiben dieses Streitbuchs. Das Verbindende, Gemeinsame der unterschiedlichen Ernährungstheorien, Ernährungspraktiken zu suchen und zu finden, durch die Vielfalt zum Grundsätzlichen zu kommen – das ist mein kompliziertes Anliegen.

Die grundsätzlichste Frage, im Besonderen auch im Zusammenhang mit unserer Ernährung, ist: Wie kann ich lernen, dass der Respekt, die Achtung vor allem anderen Leben das Tragende, Bestimmende in mir wird? Wieviel Leben darf durch mich, durch mein Verhalten getötet werden, ohne dass meine Seele Schaden nimmt, ohne dass ich seelenlos werde?

Zurück zu meinem zweiten, nun deutlich einfacheren Versuch, das Verbindende, Schlüssige, Überzeugende an der Trennkost zu finden. Häufig wird durch Leid und Krankheit besondere, bewundernswerte Energie erzeugt, um das Leid zu lindern und die Krankheit, eine oft von der Medizin als unheilbar abgestempelte, zu heilen.

Der New Yorker Arzt William Howard Hay diagnostizierte bei sich: Schrumpfniere. Mit der von ihm in der großen Not versuchten und dann weiter entwickelten Trennkost konnte er sich heilen. 1907 veröffentlichte er die Prinzipien der Trennkosttheorie, die im Laufe der Jahrzehnte vielerlei Erweiterungen und Veränderungen erlebt hat. Hay heilte sich mit dem getrennten Verzehr von Kohlehydraten und Eiweißen. Die unterschiedlichen Verdauungsorte , Kohlehydrate können schon im Mund, vor allem bei ausreichendem Kauen und damit gesteigerten Speichelfluss, den Verdauungsprozess beginnen, die Eiweißverwertung startet hingegen erst in unseren Mägen, und die unterschiedlichen Verdauungszeiten , Kohlehydrate verweilen ca. 2-3 Stunden im Magen, mit Eiweißen hat der Magen bis zu 8 Stunden zu tun, machen den getrennten Verzehr deutlich zu einer Entlastungsquelle für unseren gesamten Verdauungsapparat.

Unsere innere Chemiefabrik kann mit Hilfe des Wissens um die Verdauungseigenheiten von Kohlehydraten,

Fetten, Eiweißen *und* Ballaststoffen nachhaltig und nachvollziehbar gesteuert werden. Wir brauchen nur auf den Zusammenhang der jeweiligen Speise und der sich daraus ergebenden gefühlten Sättigungszeit zu achten: Esse ich „raffinierte" Weißmehlnudeln oder -semmeln habe ich spätestens nach zwei Stunden wieder Hunger. Der Speisebrei hat dann den Magen, dessen Füllmenge für unser Hungergefühl verantwortlich ist, schon Richtung Darm verlassen, fast unabhängig von der Nudelmenge. Eine Kalbshaxe beschäftigt meinen Magen mindestens sieben Stunden. Damit daraus kein Argument für massiven Fleischverzehr werden kann, gibt es zum Zusammenhang von Gesundheit und Verzehr von tierischen Produkten ein Extrakapitel.

Einige Trennkost-Ernährungshinweise in Stichworten:

Sie ergeben sich aus dem unterschiedlichen Verdauungsverhalten von Kohlehydraten, Eiweisen und Fetten (KEF), den Ballaststoffen und der Komplexität unserer Lebensmittel.

I – Pflanzliche Eiweiße verursachen eine ähnliche Verdauungszeit wie tierische. Nutzen wir das.

II – Essen wir viel Gemüse, liefert das nicht viel messbare Energie, aber durch die Ballaststoffe, die im Magen aufquellen, verweilt der Speisenbrei länger und das Knurren des Magens tritt später auf.

III – Essen wir abends mehr Kohlenhydrate als Eiweiße und Fette, haben wir einen ruhigeren Schlaf: Der Körper hat früher seinen wohlverdienten Feierabend, den er klugerweise nicht zum Feiern nutzt, ist ja ein merkwürdig, leicht in die Irre führendes Wort: FeierAbend, sondern zum Erholen, Kraftschöpfen. Achtung! Wir sollten unser Abendessen so zusammenstellen, dass kein Hungergefühl entstehen kann, bevor wir tief schlafen, sonst ist der unkontrollierte Spätabend-oder Nachtbesuch des Kühlschranks ziemlich sicher. Was heißt das genauer: Unsere individuellen Gewohnheiten müssen uns leiten: Schlafe ich erst, bei normalen Tagesverlauf, um Mitternacht ein, esse ich vielleicht erst um Achtuhrabends. Gehöre ich zu den FrühzubettgeherInnen wäre das Abendessen zu einer früheren Zeit sinnvoller. Gibt es keine Möglichkeit, die „Hauptmahlzeit" mittags zu haben, dann wäre auch eine frühe Abendessenzeit sinnvoll, denn meine Speisen würden dann ja ziemlich sicher auch fett- und eiweißhaltig sein.

Um es noch ein bisschen komplizierter zu machen: Die meisten unserer Lebensmittel sind nicht das eine oder das andere oder das andere. Alles in allem zu unserem Glück. Wir sollten nur so ungefähr wissen, womit wir uns füttern und befriedigen. Deshalb hier eine unvollständige, als Anregung gedacht, tabellarische Liste.

Vorrangig Kohlehydrate
Getreide, Knollen (Kartoffeln...), Gemüse, Obst
Möglichst wenig verarbeitet! Keine isolierten Kohlenhydrate!

Vorrangig Fette
Tierische Fette: Schmalz, Talg, Butter / Pflanzliche Fette & Öle: Samenöle, Sojaöl, Weizenkeimöl, Nußöle, Olivenöl, Kokosöl
Möglichst wenig tierische Fette! Bei pflanzl. Ölen möglichst Kaltpressungen!

Vorrangig Eiweiße
Tierische Eiweiße in Fleisch, Fisch, Milchprodukten ,

Eiern
Pflanzliche Eiweiße in Bohnen, Kichererbsen, Nüssen

Viel (nicht vorrangig) Ballaststoffe im Vollkorn, in den Pflanzen
Ballaststoffe werden vom menschlichen Dünndarm nicht abgebaut und verwertet. Sie sind für das Sättigungsgefühl und die Arbeit des Verdauungstrakts jedoch von hohem gesundheitlichem Wert!

Auch der Doktor aus New York hat natürlich um die phantastische Vielfalt der natürlichen Lebensmittel gewusst. Und sie entsprechend eingeteilt und gewertet. Doch das Entdecken und Finden bringt es fast gesetzmäßig mit sich, das sich der Horizont erst einmal verengt: „Jetzt hab' ich die Lösung". Der ausreichende Abstand hilft dann der sinnvollen, allerdings häufig auch ernüchternden Einordnung.

Das Wissen um den Sinn des Trennens erleichtert uns Nachfahren der EntdeckerInnen das Verbinden, Zusammenstellen der Speisen, auch ohne, dass wir zu JüngerInnen von William Howard Hay werden müssen, obwohl das nicht die schlechteste Entscheidung für jene von uns wäre, die ohne genaue Vorgaben ihre als gefährlich erkannten Essgewohnheiten nicht geändert bekommen.

Und weil ich das Trennkostkapitel zu gebrauchsphilosophischen Gedanken über Trennen und Verbinden genutzt habe, soll das Verbindende sinngebend die letzten Worte haben . So folgt nun die Aufzählung meiner Totalübereinstimmungen mit den Hay'schen Trennkostregeln: Hoher Gemüseanteil unserer Nahrung / feste tägliche Essen- und Fastenzeiten / Gleichgewicht von Säuren und Basen / Je älter, desto trenniger.

Reifer werden heißt, schärfer trennen und inniger verbinden.
Hugo von Hofmannsthal

Die einfachste Methode des Abnehmens ist- man trennt sich von der Kost.
Gabriella Leone-Ekhardt

Ist das ganze Dasein ein ewiges Trennen und Verbinden, so folgt auch, dass die Menschen im Betrachten des ungeheuren Zustandes auch bald trennen, bald verbinden werden.
Johann Wolfgang von Goethe

Man sollte sich trennen, ehe es zu spät ist.
Manfred Poisel

Der Fortschritt geschieht heute so schnell, dass, während jemand eine Sache für gänzlich undurchführbar erklärt, er von einem anderen unterbrochen wird, der sie schon realisiert hat.
Albert Einstein

Man muss im Ganzen an jemanden glauben, um ihm im Einzelnen wahrhaft Zutrauen zu schenken.
Hugo von Hofmannsthal

Blutgruppendiät

Weil ich traurig machende Erlebnisse mit der Blutgruppendiät des Naturheilkundlers Peter J. D'Adamo, wieder ein Amerikaner, Pioniergeist kann man auch den Nachkommen der irischen Amerikaeroberer nicht absprechen, habe, beginne ich die kritische „Stellungnahme" mit einem heiteren Spruch des Aphoristikers Toni Polster: Ich bin Optimist, sogar meine Blutgruppe ist positiv. Aber nun, lasse ich, ungewohnt hart, meinen Urteilen ihren Lauf, trotz meiner guten Vorsätze, das Verbindende zu suchen! Positiv – was ist damit gemeint beim einfallsreichen naturopathic Doctorate?

Ein Freund, der kurz davor war, den Ursprung seiner „Rheumaanfälle" eventuell bei seiner Fleischbesessenheit zu suchen und nicht mit den Erbanlagen zu begründen: „Das ist in unserer Familie so",– hat zum verhängnisvoll falschen Zeitpunkt ein gut vermarktetes Buch zur Blutgruppendiät in die Hände bekommen. Und dann, mehr als verständlich, wie wir alle dem Rechtfertigen des Bequemen frönen und aufsitzen, die „naturwissenschaftliche" Absolution, die Vergebung aller Fleischfresssünden durch seine richtige Blutgruppe erhalten.

Blutgruppe 0 – nach D'Adamo heißt das: Je mehr Fleisch desto besser. Bitte, kein Tag ohne, denn Blutgruppe 0 verlangt nach den Ernährungsgewohnheiten der Jäger und Sammler danach. Der natürliche Jagdanteil der Nahrung unserer Altvorderen wird dabei nicht einmal regional hinterfragt, was mich „fast sofort" skeptisch gestimmt hat.

Mein Freund lebt nun wieder mit seinen „ererbten" Schmerzattacken, die er schon beinahe losgeworden wäre.

Alle anderen von uns, die mit den „Nachteilen" der Blutgruppen A, B, AB leben müssen, werden die Blutgruppendiät, sofern sie FleischesserInnen sind, verärgert abhaken, obwohl die für sie erdachten Ernährungsbefehle nicht umfassend unsinnig sind, häufiger sogar wie eine sinnvolle Ernährungsfibel erscheinen.

Frau/man macht sicher keinen Fehler, wenn die Nahrungsverträglichkeiten nuanciert an den Blutgruppen und an der Gewöhnungsdauer festgemacht werden. Und so den Speisenplan mitbestimmen. An den Verzehr von vielen Milchprodukten haben wir uns noch immer nicht gewöhnt. Viehzucht und damit Milch und Käse gibt's ja auch erst seit 15.000 Jahren. Und Weißmehl, Auszugsmehl wohl weltweit erst seit ca 100…. Jahren (Der Werdegang der Mühlentechnik kann vieles belegen, die Entlastung der "Mühlenradstiere" ebenso wie die absolute Mineralien- und Ballaststoff"vertreibung. Eine pauschale Bewertung von Technik hilft uns nicht weiter). Vielleicht findet so die rasante Zunahme von Gluten- und Laktoseallergie eine weitere Begründung.

Der Erfolg dieser auf die ersten Blicke hin manche von uns begeisternden Blutgruppen-Theorie lässt sich leicht begründen; und ist langfristiger, leider, garantiert: ca. 20 Millionen „Deutschstämmige" bekommen ihre imaginäre Fleischfreisprechung; jede/jeder Dritte hat die dafür notwendige Blutgruppe 0. Das ist den Preis eines Absolutionsbuches allemal wert, zumal Gewohnheiten nicht nur nicht geändert werden müssen, sondern verstärkt werden dürfen. „Schlaraffenland", was kannst Du noch das Gewissen Freisprechenderes anbieten, zudem schwarz auf weiß?

Nun aber zu wirklich Interessantem und Wichtigem. Möglichst konzentriert zusammengefasst; nach meiner emotionsgeladenen Freundesgeschichte ist das sicherlich auch angebracht:

Die Blutgruppendiät hat durch die Diskussion um die Bedeutung von 0, A, AB und B das Wissen um die unterschiedlichen Eigenschaften der roten Lebenssäfte in unseren Köpfen installieren helfen. Ganz sicher zu unserem Nutzen. Spätestens bei Lebensrettungsversuchen durch Bluttransfusionen ist das Wissen der Blutgruppe von SpenderIn und EmpfängerIn von entscheidender Bedeutung: Die Blutgruppen sind nicht beliebig „vermischbar". Bei falschen Konstellationen kommt es zu „Verklumpungen" mit schneller Todesfolge. Der Entdecker der Blutgruppen, der Wiener Arzt Karl Landsteiner, wird folgerichtig als letztendlicher Verursacher vieler Lebensrettungen jährlich an seinem Geburtstag geehrt. Der 14. Juni ist der Weltblutspendetag.

Aber leider auch hier das ungeliebte Aber: Auch vor dem menschlichen Lebenssaft macht die Industrie nicht ehrfürchtig halt. Der Handel mit Blutplasma ist ein Geschäft. Und ist wie jedes gegenwärtige Geschäft moralisch gefährdet, sobald der Profit die Strategie bestimmt. Mitmenschen mit der Blutgruppe 0 und dem Rhesusfaktor − (negativ) beim Entdecken der Rhesusfaktoren ist wieder ein Amerikaner am Werk: Zusammen mit dem Wiener Arzt entdeckt der Serologe Alexander Salomon Wiener, welch WienerDoppelZufall, 1937 das Rhesussystem − sind im Lebensrettungsdienst besonders gefragte ZeitgenossInnen.

Solltest Du, liebe Leserin, lieber Leser, diese Bedingungen erfüllen (Blutgruppe Null, Rhesusfaktor negativ) dann solltest Du Dich , auch motiviert durch Deine Rettungs- Möglichkeiten, so verhalten, dass Du lange, lange Blut spenden könntest. Eine der Minimal-voraussetzungen: Iss möglichst nur soviel Fleisch wie für Dein Genussempfinden zwingend notwendig ist, trotz der merkwürdigen Freisprechung durch den Unlogiker Peter J. D' Adamo.

Da ich von der Zuneigung einer leider in 2001 verstorbenen, sehr geschätzten, medizinischen Wegweiserin, der ganzheitlichen Azidoseärztin Dr. Renate Collier zur Blutgruppendiät weiß, leider kann ich die charakterstarke Freundin nicht mehr dazu befragen, bitte ich Euch LeserInnen, deutlich vorsichtig mit meinem einseitigen Urteil umzugehen, denn: Sicher sind die mittlerweile bekannten 29 Blutgruppensysteme in vielerlei Hinsicht von hilfreicher Aussagekraft; ganz sicher in den „Händen" einfühlsamer, nicht pauschalierender ÄrztInnen und HeilpraktikerInnen.

Und, um das auch einmal zu sagen: Wissenschaftler stellen nicht nur für Unverständliches die Weichen. Ohne ein Fortschreiten des Wissens hätten unsere Verhaltensfehler, die allerdings auch wieder mit durchs Vertrauen auf's Fortschreiten entstehen, noch verhängnisvollere Auswirkungen.

Blut ist ein ganz besonderer Saft.
Johann Wolfgang von Goethe

Vom starren Blick erstarrt des Menschen Blut.
Johann Wolfgang von Goethe

Was du zu Boden wirfst, es ist nicht Holz allein: kannst du das Blut nicht sehen, das unaufhaltsam quillt aus rauher Rinde, die der Nymphe Leib verhüllt?
Pierre de Ronsard

Wer den Geist nicht verträgt, beruft sich auf's Blut
Heinrich Mann

Hebt die Augen auf und zählt das Häuflein eurer Presser, die nur stark sind durch das Blut, das sie euch aussaugen, und durch eure Arme, die ihr ihnen willenlos leiht.
Georg Büchner

Guter Mut macht gutes Blut.
„Volksmund"

Nichts erfrischt unser Blut so sehr, wie wenn es uns gelungen ist, eine Dummheit zu vermeiden.
Jean de La Bruyère

Makrobiotik

Der Lieblings- und Hauptarzt von einem der wenigen deutschen Universalgenies, der umfassende Gesundheits- und Krankheitsberater von Johann Wolfgang von Goethe, der ganzheitlich gebildete, sonst hätte er kaum ein Freund unseres sicherlich wichtigsten Dichters werden können, Arzt Christoph Wilhelm Hufeland hat 1796 seinem schriftlichen Hauptwerk einen mir noch immer den Atem verschlagenden Titel gegeben: „Makrobiotik oder die Kunst, das menschliche Leben zu verlängern." Meine Achtung vor der Bezeichnung Makrobiotik und dem ihr so innewohnenden Inhalt ist damit abgesichert, obwohl mein im Lauf der vielen Jahre erworbenes vorbehaltloses Einverständnis mit der Endlichkeit des individuellen Lebens mich nicht mehr traurig macht, eher führt es häufiger und häufiger zu Gefühlen, die von Freiheit, Demut, Dankbarkeit bestimmt werden. Gesund bis in die Sterbenszeit hinein, voller schöner Träume bis zum endgültigen Abschied, ein nachwirkend erfülltes Leben, „lebenssatt" – so ließe sich mein Ideal vom Verlassen des Irdischen umschreiben. Makrobiotik ist eine der ältesten „Ernährungslehren" unserer Menschengeschichte. Schon Hippokrates hat den Begriff makrobios verwendet. Makro steht für groß oder lang, biotikos für „das Leben betreffend".

In der zweiten Hälfte des 19. und Anfang des 20. Jahrhunderts wurde die Makrobiotik „ modernisiert". Japaner, ausschließlich Japaner, waren an diesem spannenden Prozess beteiligt. Das ist von großer, wohl sogar entscheidender Bedeutung für den Zugang zu dieser gebrauchsphilosophischen Ernährungslehre. Zu dieser regionalen Ernährungs-lehre. Erst dem französischen Biochemieingenieur Hubert Descamps ist es gelungen, die Makrobiotik ins Westliche zu übersetzen: Die unterschiedliche Konditionierung der Menschen mit ganz unterschiedlichen Verhaltensgeschichten, die unterschiedliche „Konditionierung" verlangt bewegliche Interpretationen von Ernährungs-Verhaltens-Philosophien der Erdregionen, sonst kann bei ihrer stringenten, unmodifizierten Umsetzung mehr Schaden als Nutzen die Folge sein.

Schon das Anliegen des japanischen Makrobiotikstifters, des Militärarzts Sagan Ishizuka, war es, die traditionelle asiatische Lebensweise mit den Erkenntnissen der westlichen Welt zu verbinden. Ein Herkulesunterfangen, an dessen erfolgreicher Umsetzung, auch 150 Jahre nach seinem beeindruckenden Start, und trotz der Descamps noch immer gearbeitet wird.

Zum Trost! Wie langweilig wäre das Leben mit nur schnell lösbaren Rätseln, oder-fast die Hölle – mit überhaupt keinen Rätseln.

Aus heutiger westlicher Sicht haben Stifter Ishizuka und seine wichtigen Jünger und Modernisierer Ohsawa und Kushi viel für die menschliche Gesundheit Nützliches angeregt. Oder wiederbelebt. Hier Beispiele dafür: Die Ernährung ist wesentlich mitbestimmend für Gesundheit und Glück / Die Lebensmittel sollen ganz und möglichst naturbelassen verzehrt werden / Regionale, saisonale Lebensmittel bestimmen die Nahrung / Beim ersten Anzeichen von Sattsein mit dem Essen aufhören. Und das bei sorgfältigem Kauen / Fermentierte Gemüse in den Speiseplan aufnehmen. Das kann Manchen „echten" oder auch angedichteten Mängeln von rein pflanzlicher Ernährung entgegenwirken.

Nun aber auch deutlich zur Kritik, zum für mich Unschlüssigen, zum mir Nichtzugänglichem: Yin und Yang erschließen sich meiner Thüringer Seele nicht wirklich. Salz ja. Zucker nein. Viel und gar nicht – Polarisation ist keine meiner Heimstätten / Kein Obst, wenig Gemüse … das erzeugt Kopfschütteln / Möglichst kein Wasser, keine Flüssigkeit, und das bei schon geringem Gemüseverzehr …da hört selbst das Kopfschütteln auf.

Zurück zum Positiven. Zuerst zum Reis, dem zentralen Lebensmittel der MakrobiotInnen schlechthin: Reis ist ein phantastisches Lebensmittel. Das schreibe ich heute und erinnere mich: Nur geschälten Reis mit Zucker und Zimt konnte ich als Kind freudvoll essen. Der salzige Beilagen-Reis war immer, das war so für mich einige Jahrzehnte. nicht neu bedacht, somit unverrückbar, viel zu flüssig, viel zu gar, viel zu thüringisch. Es hat lange gedauert, bis meine Igittvorurteile in sicheres Genussempfinden mutiert sind. Seine Resistenz gegen Genmanipulation hat mir den Reis zusätzlich noch sympathischer gemacht. An meinen Reiserlebnissen erkenne ich das mir Mögliche: Brei von Milch und geschältem Reis hat seinen Reiz verloren, trotz schönster Kindheitserlebnisse; liebevoll gegarter Vollkornreis hat seinen Platz eingenommen, trotz erbärmlicher Geschmackserlebnisse in den Kinder – und Jugendjahren.

Fortsetzung des Hohelieds: Reis kann im ernsten Krankheitsfall, als zeitlich begrenzte Diät, wieder ins gesündere Leben zurückführen. Das behaupten, leider sehr dogmatisch, die japanischen Makrobiotikgurus. Ihre missionarische Reisbotschaft öffnet wieder, von mir ungewollt, eine Tür zu Widerspruch und Unverständnis, obwohl das nichts an meiner Vorstellung vom begrenzten Wundermittel ändert.

Wenn wir den Inhalt regional ernst nehmen, kann der Reis, jedenfalls nicht jener, der viel Wasser zu seinem Werden braucht, nicht weltweit das wichtigste menschliche Grundfutter sein. Dazu müssen schon Getreide, Kartoffeln, Mais, viele regionale Körnergräser und Gemüse in ihrer unendlichen Vielfalt herhalten. Regionale Vielfalt + überregionale vielfältige Ergänzung, so soll es sein. So wird es im Complementismus erklärend beschrieben.

Mit einem Buchtitel hat dieser Minibeitrag zur Makrobiotik begonnen, mit Buchtiteln soll er begeisternd und
neugierig machend, fast titelselbstredend abgeschlossen
werden: Ishizuka: Theorie der Langlebigkeit (1897) / Ernährung zur Gesundheit (1898) Kushi (Aveline und Mi-
chio – eine wunderbar produktive Einheit von Eheleuten,
einer früher auf Ewigkeit ausgedehnten menschlichen
Beziehung; manchmal schimmert so etwas Schönes noch
Mut machend in unsere Gesellschaft hinein): One Peace-
ful World (1986) – die wunderschöne, Hoffnung spendende Frage, in diesem Buch: Welchen Einfluss haben
Lebensstil und Ernährung auf das friedliche Zusammenleben der Völker? Unsere Versuche, darauf zu antworten, mit handeln zu antworten, die Qualität, die
Ernsthaftigkeit unserer Versuche werden unsere Zukunft
bestimmen. Auch in der Ausweitung der Fragestellung:
Welchen Einfluss haben Lebensstil und Ernährung der
Menschen auf das faire Miteinanderleben aller Lebewesen?

Descamps (Irene und Hubert – wieder eine glückliche Produktionsgemeinschaft): HIPPOKRATES hatte
doch recht. „Deine Nahrung soll dein erstes Heilmittel
sein". Versuchen wir uns, in großer Gemeinschaft, zu
heilen; Wunden haben wir uns und anderen „genug" zu-
gefügt. Und werden das, so ist Leben wohl angelegt,
auch weiterhin zufügen. Eine unserer großen Menschen-
chancen, die uns möglicherweise wesentlich von den anderen Mitlebewesen unterscheidet: Mit viel Umsicht und
Einsicht können wir weniger „brutal" reagieren. Da
schimmert das „Prinzip Hoffnung". Ernst Bloch und seine für Menschen erfassbare Unsterblichkeit bestärken
das Prinzip. Richten wir uns daran auf.

Einen tief berührenden Versuch, auf die wichtigen
Fragen zu antworten, gibt der französische Gemüsebauer
und Philosoph algerischer Abstammung Pierre Rabhi. Er

sucht nach den Wegen, wie wir industriefreier, menschen- und tiernäher auf dem Land und in der Stadt freudvoll unsere Lebensmittel erzeugen können. Glückliche Genügsamkeit ist seine Botschaft. Wiederholung, weil es so zukunftsfroh klingt: Glückliche Genügsamkeit.

Spirituelle Erfahrung ist notwendig, um die tiefere Natur der Dinge zu verstehen, und Wissenschaft ist notwendig zum Überleben. Was wir wirklich brauchen, ist folglich nicht eine Synthese zwischen beidem, sondern ein lebendiger Austausch zwischen mystischer Intuition und wissenschaftlicher Analyse.
Fritjof Capra – gefunden bei Descamps

Ein langes Leben ist vielleicht nicht alles, aber ein gutes Leben ist lang genug
Benjamin Franklin

Wir müssen nichts tun, um unser Leben zu verlängern, sondern müssen nur aufhören, es zu verkürzen.
Kurt Tepperwein

Nur wer alt wird, erhält eine vollständige und angemessene Vorstellung vom Leben, indem er es in seiner Ganzheit und seinem natürlichen Verlauf, besonders aber nicht bloß wie die übrigen von der Eingangs- sondern auch von der Ausgangsseite übersieht.
Arthur Schopenhauer

Es kommt nicht darauf an, wie alt man wird, sondern wie man alt wird.
Ursula Lehr

In der Jugend bald die Vorzüge des Alters gewahr zu werden, im Alter die Vorzüge der Jugend zu erhalten, ist

beides nur ein Glück.
Johann Wolfgang von Goethe

Das Glück besteht darin, zu leben wie alle Welt und doch wie kein anderer zu sein.
Simone de Beauvoir

Fragen können uns oft näher an die Wahrheiten führen als die Antworten darauf
Jürgen Piquardt

Mazdaznan

Zarathustra. Was für ein Name. Für mich hat seit der nachhaltigen Wirkung des Nietzsche-Buchs „Also sprach Zarathustra", das ich als Achtzehnjähriger kritiklos verschlungen habe, die gemunkelten Geschichten um den in Weimar, meiner Heimatstadt, gestorbenen Philosophen Friedrich Nietzsche waren sicherlich noch faszinationssteigernd, der Name des Religionsstifters nichts von seiner Strahlkraft verloren. Ganz im Gegenteil: Mir ist verständlicher geworden, dass es überall auf der göttlichen Erde fast zur gleichen Zeit „regionale" Erklärungsversuche zur Vergänglichkeit des irdischen Lebens gegeben hat. Und unterschiedliche, sicherlich von der jeweiligen Natur, den jeweiligen Lebensweisen mitbestimmte Erlösungsvorschläge, -angebote, -gebote.

Diese zweieinhalb bis dreitausend Jahre lang, so wenig Zeit ist erst vergangen seit des weltweiten Religionsstiftens, haben wir Menschen das Unterschiedliche kultiviert und dabei viel Leid heraufbeschworen, viele Religionskriege geführt.

Besonders wir EuropäerInnen haben keine Gelegenheit ausgelassen, uns gegenseitig abzuschlachten, wegen, so meine heutige Sicht , Religionsnuancen, im Besonderen aber beim Kämpfen um Macht und Reichtum für die jeweiligen Mafias, Mafien, Mafie (Um die richtige Pluralform von Mafia kann etwas kleinkariert gestritten werden, unstrittig ist aber sicher die Vielzahl und die Machtzunahme der mafiosen Verbünde). (Oh, wo hat mich mein Jugendzarathustra hingeführt?) Die Mazdaznan-Lehre ist, salopp geschrieben, ein für NichtasiatInnen reformierter Zarathustrismus. Ihr Begründer hat zwei Namen, die seinen Lebensweg etwas erhellen: Otoman Zar Adusht Ha'nish und, als solcher geboren, Otto Hanisch. Trotz der immer sehr hellen, sauberen Kleidung, die O.Z.Hanish auf Photos trägt, bleiben die biographischen Daten im Grauen, nicht gut Verfolgbaren. Auch das Geburtsjahr ist umstritten: 1844?, 1856?

Viel klarer als die Biografie des Mazdaznan- „Religionsstifters" sind die Ratschläge zur Lebensführung. Vorurteilsarm gelesen und individuell gefiltert kann die Lehre ein Gesundbrunnen für den Körper sein. Beim Akzeptieren der Regeln für Geist und Seele ist erhöhte Vorsicht sinnvoll.

Die Übersetzung der asiatischen Lebenslehren in für EuropäerInnen leicht nachvollziehbare Anregungen, Regeln, Gebote scheint mir in vielerlei Hinsicht gelungen. Überzeugend ist der ganzheitliche Ansatz: Es geht um die Gesundheit, um das Erhalten der Gesundheit, um das Wiedererlangen von Gesundheit. Vom schnellen Beurteilen von Mazdaznan, das ist verführerisch bei allen sektenähnlichen Gemeinschaften, könnten wir uns so befreien: Ganzheitliches Versuchen heißt nicht ganzheitliches Gelingen. Dann wäre die Ganzheit, die angestrebte, leicht zu erlangen. Die Mazdaznan-Lehre kann Dich anregen, Wesentliches, zumindest für die körperliche Gesundheit Wesentliches, selber „in die Hände" zu nehmen und nicht die Medizin als Dauerreparaturwerkstatt für

Dein körperliches Funktionieren verantwortlich zu machen.

Der Complementismus (Siehe ab Seite 171) profitiert von den einfachen, natürlichen Verhaltensregeln der so kompliziert auszusprechenden Ernährungs- und Gesundheitslehre: Masdasnan. Wiederholung: Masdasnan.

Zwei „ heitere" und doch zum Nachdenken anregende Zitate wegen der Mazdaznankörperhygiene zuerst:

Das ist eine Frage der Sauberkeit: Man soll die Meinung wechseln wie das Hemd.
Jules Renard

Alles kann man sauber machen, nur nicht einen schmutzigen Mund.
Volksmund – der Volksmund trifft außergewöhnlich oft ins „Schwarze". Das gefällt mir.

Warum entarten Religionen? Das Regenwasser ist rein. Doch wenn es Dach und Gassen durchlaufen hat, die unsauber sind, so verliert es seine reine Klarheit.
Ramakrishna

Man verdirbt einen Jüngling am sichersten, wenn man ihn anleitet, den Gleichdenkenden höher zu achten als den Andersdenkenden.
Friedrich Nietzsche

Alle Hindernisse und Schwierigkeiten sind Stufen, auf denen wir in die Höhe steigen ...
Friedrich Nietzsche

Alles Gesunde ist milden Gemüts.
Zarathustra

Mayr-Diät

Ohne gesunde Wurzeln kein gesundes, natürliches Leben!
Mit Kunstdünger, Pestiziden, Insektiziden, Genmanipula-
tionen können wir, sehr vorübergehend und oberflächlich,
optische Gesundheit erzeugen. So ist es, ziemlich einleuch-
tend, bei Pflanzen und Bäumen. Und – da bin ich mir durch
das „ Begutachten" meines Lebenswegs und das Beobachten anderer Lebenswege ganz sicher – so ist es auch bei uns
Menschen. Langfristig, das gewünschte lange Leben lang,
ist das Wurzelwerk verantwortlich für unsere Gesundheit,
nicht unsere trickreichen, überheblichen, medizinisch sanktionierten Manipulationen. Unsere Wurzeln sind, wie alle
Wurzeln, phantastische, anpassungsfähige, verwobene Gebilde. Sie sind beständig am Arbeiten, Erholen, Arbeiten,
Erholen ... und irgendwann am natürlichen Ermüden und
Sterben. So der Idealfall. Wir haben die Wahl, unsere Wurzeln zu pflegen, zu vernachlässigen, zu vergiften, zu überfordern. Nur die Wurzelpflege ermöglicht dauerhafte, im
Idealfall lebenslange Gesundheit. Unser, die Fläche eines
Fußballfelds ausfüllendes Gedärm, viel zu kurz und achtungslos Darm genannt, ist unser Wurzelwerk.
   Dr. Franz Xaver Mayr, einem genau beobachtenden
österreichischen Kurarzt, ist die nicht hoch genug anzu-
siedelnde Erkenntnis zu verdanken, dass nur ein immer
wieder sanierter, gepflegter Darm leistungsfähig und gesund bleibt, da fast jeder Mensch dazu neigt, im täglichen
Leben, das unsichtbare, lange Zeit alle Fehler ausglei-
chende Wurzelwerk zu quälen, zu strapazieren und letztendlich zu entmutigen.
   Als Kurarzt hat F.-X.-Mayr, glücklicherweise nahe
liegend, eine Kur, eine kurze Pflege-Diätzeit, maximal

vier Wochen, aus seinen Erkenntnissen entwickelt und keine lebenslängliche, über das Ziel hinausschießende ideologische Verordnung. Großartig an der über 100jährigen Mayr- Kur ist ihre Dynamik: Das Beobachten der PatientInnen durch Mayr und seine SchülerInnen, nicht das doktrinäre Rechthaben, ist vermutlich verantwortlich für das Lebendige, Unverstaubte, Bewegliche an dieser Gesundheit erzeugenden oder Gesundheit bewahrenden, zumindestens bis zum nächsten Jahr, Kur nach F.-X.-Mayr. Selbst dieser gewöhnungsbedürftige Kürzeltitel stört mich nicht, vermutlich weil ich so positive Erfahrungen mit Hilfe des wichtigsten Mayr-Schülers, Dr. Erich Rauch, machen durfte. Von der „Milch-Semmel-Kur" zur milden Ableitungsdiät. Dieser Weg erscheint mir an keiner Erweiterungskreuzung in die Irre zu führen, obwohl uns Milch und Semmel, extremst denaturiert seit der Mayr-Zeit, heute auch umbringen können. Eine spannende Frage: Von welchem Denaturierungsgrad mutiert ein Lebensmittel zum Tötungsmittel, zum Gift?

Ein Guru, ein Lama, was ist das? Ein Mensch zwischen Erde und Himmel, ein Lehrer, ein Vorbild? Dr. Erich Rauch, der extrem liebenswerte und gleichzeitig extrem konsequente, furchteinflößende, seine Erwartungen waren von seinen PatientInnen nur sehr schwer zu erfüllen, Mayr-Schüler war mein Guru. Die Geliebte hat ihn mir zum 55. Geburtstag geschenkt. Ich bin widerwillig ins hintere Österreich, nach Maria Wörth mit dem Zug gefahren und ziemlich glückselig eine Woche später nach Niedersachsen, in's dann gefühlt große Hannover, zurückgekehrt. Bei meinem Guru habe ich Kauen gelernt. Bei ihm habe ich das Einhalten von Pausen gelernt. Bei ihm habe ich meinen bisher einzigen Basenrausch erfahren. Durch ihn habe ich erleben dürfen, dass das Wahre immer das Wahre bleibt, dass Liebe und Treue keine Urteile kennen.

Der Dickdarm ist ein Klärsystem, aber durch Vernach-
lässigung und Missbrauch wird daraus eine Abortgrube.
Royal Society of Medicine, 1922

Die im Zivilisationsdarm massenhaft erzeugten Stoffe
sind so giftig, dass eine kleine Dosis davon genügt, um,
in Form einer Injektion verabreicht, ein Versuchstier zu
töten
Dr. Erich Rauch

Ich bedaure die Menschen, die unheilbar gesund sind.
Marcel Proust

Gesund ist man erst, wenn man wieder alles tun kann,
was einem schadet.
Karl Kraus

Oft ist man erstaunt, dass der gesunde Menschenver-
stand so wenig vom gesunden Leben versteht.
Gerhard Uhlenbruch

Der Dickdarm ist dunkel, feucht und warm – die ideale
Brutstätte für Keime und unfreundliche Bakterien. ....
Die Zeit ist reif, um die Wichtigkeit der Darmsanierung
anzuerkennen, sie aus der Toilettensphäre herauszuneh-
men und ihr die verdiente Aufmerksamkeit zu schenken.
Jason Winter

Gewichtsreduzierungsdiäten

Hinter Ein- und Mehrzahl des griechischen, im 13. Jahrhundert eingedeutschten Wortes Diät (Diaita = Lebens-
einteilung) verbergen sich – Ausnahmen sind leider rar
– von dichtem Geschäftsnebel fehlgeleitete Wünsche
Richtung „sonniges Leben". Diät & Diäten, Einschrän-
kungen von Speis und Trank für bestimmte Zeit nach

festgeschriebenen Regeln, sind in Mode und in Verruf zugleich. An Stammtischen, in Kaffeetantenrunden, in Fitnesscentern, in Zeitschriften.

In Mode sind und bleiben sie wohl, weil Übergewicht, Dickleibigkeit als Folgen unserern Ernährungssünden sich fest etabliert haben in unseren modernen Leben. In Verruf sind sie verdientermaßen immer dann, wenn sei uns Ideale versprechen, die ohne Anstrengung, ohne dauerhafte Änderung der individuellen Gewohnheiten zu haben sind.

Die Verbindung von Kur und Diät kann oft Sinn machen, vor allem dann oder vielleicht auch nur dann, wenn sie freiwillig und möglichst mit Vorfreude angegangen wird. Die Kur kann uns das Einhalten von Diätregeln durch die guten Beispiele/Vorbilder, denen wir begegnen, deutlich erleichtern. Eine Kur im Kurhaus hat bei vielen von uns größere Erfolgschancen als ihr Versuch in den eigenen vier Wänden, wo wir auf Schritt und Tritt, auf Blick um Blick an unsere Gewohnheiten erinnert werden.

Ein Kurangebot allerdings, das nur auf vorübergehenden Gewichtsverlust abzielt ohne ganz allgemein die Gesundheit, die Stärkung des Immunsystems als zentralen Inhalt zu haben, kann maximal als sinngebendes Urlaubs-oder Ferienprogramm angesehen werden. Jojo ist ein reizvolles Spiel. Jojo im Gewichtsaufundab ist ein gefährliches Spiel mit unserer Gesundheit.

Wie immer sich die geschäftigen GewichtsreduzierungsprophetInnen mit immer neuen Prophezeiungen im Portefeuille, oft im monatlichen Zeitschriftenrhytmus, am Leben halten, kann nur mit orientierungsloser Hoffnung der dadurch blind gewordenen BotschaftsempfängerInnen erklärt werden. Noch einmal anders: Das Willkürverbot, keine Banane mehr zu essen, so ähnlich beginnt ein gut vermarktetes Märchen, wird keines meiner Probleme dauerhaft lösen können. „Maßhalten" und/oder immer wieder zurückfinden zum Gesünderen ist eine lebenslange Anstrengung, eine Aufgabe, die uns durch ScharlatanInnen-Aktivismus und unsinnige Heilsversprechnungen ganz sicher nicht leichter gemacht wird.

Wer abnehmen will, sollte den Mund nicht zu voll nehmen.
anonym

Abnehmen beginnt tatsächlich im Kopf – immer wieder montags.
Vera Hinselmann

Den modernen Ablasshandel teilen sich Psychotherapeuten und Diätassistentinnen.
anonym

JoJo-Effekt: Man nimmt ab und zu ab- und ab und zu wieder zu.
Gerhard Uhlenbruck

In 3 Tagen 1oo Kilo abnehmen, kann nur der Zoll.
Ehrhard Horst Bellermann

Diät und Abnehmen wären viel öfter von Erfolg gekrönt, hätte man damit das selbe Mass an Geduld wie beim Zunehmen.
Horst Graf Yoster

Hier etwas ganz Heiteres, zutreffend Gereimtes:

Diäten (unpolitisch)

So manches Menschen Waage bebt,
weil er sich auseinander lebt.
Das Bäuchlein bliebt nicht lange klein,

Baugrube einst, heut` Eigenheim.
Dreistellig Taille und Gewicht,
die Füße sah man lange nicht.
Und auch manch' weiblich Wesen hat
schon so ein Überhangmandat.
Ob „Vollweib", ob „Mann von Format "-
die schöne deutsche Sprache hat
für alle einen Trost bereit.
Erst wenn Du selbst meinst, es ist Zeit,
im Kopf den Schalter umzulegen,
wenig essen, mehr bewegen,
ist's ratsam, diesen Weg zu wählen.
Die Werbung kann ja viel erzahlen:
Ob Pillen, Pülverchen und Tee-
als erstes schlank wird's Portemonnaie.
Und die Kilos, kaum mal nieder,
fröhlich finden sie Dich wieder.

Gabriella Leone-Eckhardt

Chipliste

Dr. Klas Mildenstein, der trotz seiner außergewöhnlich vielen Facharzt"zertifikate" als praktischer Arzt in Hannover, dort haben wir uns kennen und schätzen gelernt, tätig ist, hat, ganz „Praxis orientiert", nach vieljährigem, einfühlsamen ,doch genauen Beobachten seiner PatientInnen ein Ernährungssystem entwickelt, das möglichst dauerhaft von möglichst vielen Menschen erfolgreich befolgt werden kann.

Die Chipliste, und das scheint ihren Erfolg wesentlich mit auszumachen, hat viel individuellen Umsetzungsspielraum. Da kommt keine ,schnellen Gewichtsverlust garantierende , stringente Wunderdiät auf uns zu, sondern lebenslang gültige Ernährungsvorschläge, die durch das fast spielerische Nutzen von Chips präziser und damit leichter umsetzbar werden.

Es geht fast zu wie in einer Spielbank. Ein großer Unterschied: Spielerin und Spieler sind gleichzeitig auch ihre eigenen Croupiers. (Es ist immer wieder beruhigend und auch erheiternd, dass es nicht zu allen auf den Mann bezogenen Bezeichnungen auch eine weibliche, leicht zu formende Variante. gibt. Umgekehrt gilt das gleiche: Eine Hebamme ist eine Hebamme und nur schwerlich ein Entbindungspfleger. Eine Croupière ist kein weiblicher Croupier, sondern etwas ganz anderes. Wiederholung: Ich sehne die Zukunft herbei, die uns in dieser Beziehung reden und schreiben lässt, wie uns der Sinn steht, ohne gleich als Macho oder Tussi beschimpft zu werden.) Sie können sich durch ganzheitlich gesundes Verhalten Chips zusätzlich besorgen, zum Beispiel durch Bewegung.

Ein Chip entspricht 1oo kcal. Alle SpielerInnen haben etwa 2o Chips (Abhängig von Geschlecht, Größe und Statur) zur täglichen Verfügung. Die können schnell verspielt sein : Eine mittelgroße Pizza = 10 Chips. Aber andererseits: 2 mittelgroße Pellkartoffeln = 1 positiver Chip. Die Chips vieldeutig zu machen, in „gesund- oder krankmachende" ist ein genialer Einfall: Chips und Smiles in eins.

Eine mittelgroße Salatgurke verbraucht einen Chip. Wir könnten somit ca. 16kg Gurken (mit Schale, was ja bei Bio-Gurken sinnvoll ist) pro Tag essen, was bildhaft zeigt, dass einseitige Ernährung nicht „das Gelbe vom Ei" sein kann, auch nicht mit gesunden Lebensmitteln.

Die Chipliste schließt Sünden nicht aus. Frau/man muss sie sich aber verdienen. Das ist die Botschaft.

Auch wenn die Chipliste viel mehr leisten kann, als eine Spielanleitung zum Gewichtabnehmen zu sein, so ist sie aber vor allem für alle Übergewichtsgeplagten eine große, erfolgverheißende Chance, zu einem individuell als gesund empfundenen und sich geschmeidig und lustvoll bewegenden Körper zurückzufinden.

Die Chipliste ist in allen Apotheken für € 3,00 zu erstehen. Bei Fragen hilft die homepage vom Chiplistenerfinder Dr. Mildenstein, dem sich vegan ernährenden , doch verheißungsvoll tolerant agierenden Doktor, der sich spielerisch-lächelnd auch so charakterisieren ließe: Ein milder Stein; oder ein Fels in der Brandung des so schwierigen Praxisbetriebs ,in dem GesundbeterInnen und PillenverschreiberInnen erwartet werden.

Diejenigen, die denken , dass sie keine Zeit für körperliche Übungen haben, werden früher oder später Zeit für Krankheiten finden müssen.
Edward Stanley

Wenn ich mal keine smiles mehr verwende musst du dir sorgen machen.
Wer kennt den Autor?

Weigth Watchers

Der „Gesundheitskonzern" weigth watchers („Gewichtsbeobachter") mit weltweit ca. 1.500.000 zahlenden Mitgliedern ist ein an der Börse gehandeltes, ums Überleben kämpfendes Unternehmen.

In wirtschaftliche Schwierigkeiten geraten ist der Konzern vermutlich durch die vielen, vielen DiätberaterInnen, die im Internet fast immer kostenlos, von versteckter oder „zugegebener" Werbung finanziert, ihre Dienste anbieten. Trotzdem: Allein in Deutschland gibt es noch ca 350.000 Mitmenschen, die sich meistens am Samstagmorgen in überschaubar großen Gruppen gegenseitig Mut machen. Dafür zahlen sie € 40,- jeden Monat.

Ob die InternetanbieterInnen ähnlich erfolgreich dauerhaft zum gewünschten Körpergewicht führen können, ist zu bezweifeln; denn die Gruppendynamik der weigth watchers als gecoachte, interessenverschworene Gemeinschaft, ist sicher nicht zu unterschätzen. Und einsam wie im Internet sind die allesamt übergewichtigen Personen mit ihrem Leid auch nicht.

Welchen „übergeordneten" gesundheitlichen Sinn die „internen" Kalorientabellen und Ernährungsregeln haben, ist mir unklar geblieben. Da das Gewicht aber das zentrale Thema ist, werden ganzheitliche Abwägungen vermutlich nur eine Nebenrolle spielen, oder sie erscheinen garnicht im Programm, weil sie den gemeinsamen Gruppennennner gefährden könnten. Eine beruhigende Nachricht gibt es zum Thema Gesundheit aber doch: die weigth watcher-Methode entspricht den Anforderungen der DGE an Gewichtsreduzierungsprogramme. Das ist weit mehr als das , was den meisten Abnehmpropheten zugestanden wird.

Wie man auch immer die weigth watcher Idee einschätzen mag, allein ihr Ansatz, dass da beim Ändern der Ernährungsgewohnheiten nichts von heute auf morgen mit Wundermitteln zu machen ist, lässt sie in einem positiven Licht erscheinen.

Noch positiver zu bewerten wären Gruppenbildungen von Betroffenen, die nichts kosten und die sich dann gegebenenfalls sogar ihre motivierenden und die Interessengemeinschaft stablisierenden Methoden aus dem Internet besorgen. Oder sie treffen sich mit ihren für 3 Euro in der Apotheke gekauften Chiplisten mit gleichwertigen KleininvestiererInnen zum gegenseitigen Stabilisieren. Oder sie haben eigene Ideen, deren Umsetzung in einer Gemeinschaft erfolgversprechender wäre.

Jammern wäre das Letzte! Initiative ist gefragt. Also, legt los, Ihr sehr Übergewichtigen unter uns. Das muss kein Geld kosten. Außer einigen Telefonaten oder kostenlosen Suchanzeigen nach Gleichgesinnten und etwas Kontaktmut ist erst einmal nichts zu investieren.

Falls das nicht geschieht, gibt es keine Berechtigung, eine zwar teure, aber oft dauerhaft zum Ziel führende Methode, die Menschen für mehr als Minuten, Stunden, vielleicht gerade noch für Tage und Wochen froher und glücklicher werden lässt, zu verteufeln, nur weil die Ideengeberin , die Amerikanerin Jean Nidetch, 1963 ein kleines Unternehmen mit ihren erfolgreich verlorenen Pfunden gegründet hat, das frappierend schnell zum Konzern wurde.

Kein Wunder, bei schon vor mehr als 5o Jahren unglaublich vielen schwergewichtigen AmerikanerInnen. Amerika – unser Vorbild, viel zu oft nur noch ein negatives.

Nicht weil es schwer ist, wagen wir es nicht, sondern weil wir es nicht wagen, ist es schwer.
Lucius Annaeus Seneca

Wir sind verantwortlich für das, was wir tun, aber auch für das, was wir nicht tun.
Voltaire

WeigthWatcher-Gruss: „Bleiben Sie mir gewogen!"
Karl-Heinz Karius

Intervalldiäten

Nicht grundlos heißt dies Kapitel nicht Intervalldiät. Es hat das Plural-n angefügt. Wie lang ist ein Intervall? Und wie verändert die Zeitdauer des Intervalls die erwünschte Wirkung? Die Vorschläge oder auch dogmatischen Forderungen an die ElevInnen sind sehr unterschiedlich. Im Besonderen leider auch die Nahrung selber betreffend. Jeder IntervallGuru, jede Intervallschamanin hat eigene Regeln. Vorweg das Positive zu allen Varianten: Sie haben nichts mit jojo zu tun. Sie möchten eine das weitere Leben mitbestimmende Ernährungsform sein. Sie sind so etwas wie dauerhaftes, möglicherweise lebenslanges Teilfasten. Nun aber schnell, sonst verzettele ich mich, zu Intervall (zeitlicher Zwischenraum) länge, Intervallhäufigkeit und den damit verbundenen Aufgaben oder Komplikationen.

Bei krankhaften RundumdieUhresserInnen tendiert die Intervalllänge gegen Null, die Schlafpausen ausgenommen. Bei all jenen, die zwischen ihren 3 Mahlzeiten und vielleicht ebensoviel Zwischenmahlzeiten wirklich nicht naschen, gibt es immerhin Fastenzeiten von einer Stunde und mehr, sowie die nächtliche Schlafpause. Die Intervalldiäten versuchen nun zwischen den Speisenaufnahmen sinnvolle, das Immunsystem stärkende und das Körpergewicht reduzierende Pausen zu verordnen.

Die längsten Intervallzeiten liegen bei 2-3 Tagen. Alles was darüber hinausgeht, gehört in den Bereich des Heilfastens. Und sollte dann schon, bei den Ungeübten unter uns ganz sicher, von Ärztin oder Arzt, von Deiner Naturheilkundlerin oder Deinem Gesundheitsguru, seit kurzem existiert der ganzheitliche Begriff ÖkoPsychoSomatik, betreut werden. Oft ist das konkurrenzlose Zusammenarbeiten von „beiden" das Schönste, Sicherste, Hilfreichste.

Die Häufigkeit der Intervalle hängt mit dem gewünschten Erfolg und mit dem emotionalen Verhältnis zur gewählten IntervallDiät zusammen. Mancheine, mancheiner möchte ja nur auf verlässliche Art und Weise schlanker werden. Dann sind ein paar Monate vielleicht schon ausreichend. Andere haben den ihnen gemäßen, wohltuenden Speisezeitplan fürs ganze weitere Leben gefunden. Wunderbar wäre das ; zusätzlich „abgesegnet" vom Complementismus, sofern dessen andere Inhalte gleichfalls befolgt würden.

Von einer Intervalldiät kann erst die Rede sein, wenn die verzehrfreien Zeiten bewusst bestimmt und eingehalten werden. Oder, und das wäre natürlich und ideal, ganz selbstverständlich gelebt würden, wie das unsere Altvorderen so drauf hatten, meistens allerdings unfreiwillig (gesunde Hungersnöte kamen ja regelmäßig vor, leider aber auch das aushaltbare Maß übersteigende und somit tötende. Immer wieder bestimmt das richtige Maß das Wohlbefinden der Lebewesen).

Wir alle können uns eine zu uns passende Intervalldiät „zusammenbasteln", in erster Linie abhängig von unseren beruflichen und/ oder familiären Vorgaben. Für die Mutter eines Babys, und oft auch den Vater, ist eine große Pause zwischen der kompakten Speisenzeit schwerer durchzustehen als für „zwangfreie" RentnerInnen.

Am besten ist es wohl, wenn ich uns mit einem handfesten Beispiel komme. Ein Freund, der leicht beängstigt bemerken musste, dass er jährlich 1,2 Kilo zunimmt, hat nach einer dauerhaften Methode gesucht, er ist sehr geduldig mit sich, die diese Gewichtszunahmen, in ähnlichem Tempo, also verlässlich, wieder rückgängig machen könnten, ohne dass seine Lebens- und Essfreude ins Minus gerät. Er hat sich so entschieden: Ich esse ganz konsequent nur 8 Stunden am Tag. 16 Stunden hat mein Körper Zeit zum Regenerieren. Das wird meiner Gesundheit gut tun. Und: In den 8 Stunden werde ich niemals soviel essen, wie in den bisherigen 12-16 Stunden. Diesen 8-Stundenrhytmus bekomme ich in mein Berufsleben eingegliedert. Und auch am Wochenende werde ich keine Probleme damit haben müssen. Wenn ich weiss, dass ein Abendessen nicht zu umgehen ist, verzichte ich auf's Frühstück. Das fällt mir am Leichtesten. Am Wochenende leiste ich mir ein spätes Frühstück. Und habe so am Samstag und Sonntag 3 Mahlzeiten, mit einem ziemlich frühen Abendessen.

Diese Disziplin erleichtert mir es auch zusätzlich, auf Zwischenmahlzeiten zu verzichten und Naschattacken nur selten eine Chance zu geben. Ich fühle mich wohl mit dieser Diät. Und gehe auch niemanden damit auf die Nerven. Andere im „Angebot" befindliche Intervalldiäten hätte ich nicht dauerhaft und freudvoll einhalten können. Die gerade moderne 5:2 Diät: 5 Tage Essen, 2 Tage Fasten hätte für mich bedeutet: Jedes Wochenende fasten. Das hätte ich nicht gut ausgehalten; meine FreundInnen auch nicht. Ich glaube, dass Dauerdiäten, eigenwillige Ernährungsformen, mit den sozialen Kontakten harmonieren müssen. Einsamkeit wäre ein zu hoher Preis. Ich fühle mich umfassend wohl mit meiner Diät. Und eigentlich ist ja nur der Name etwas Neues. Zitatende.

Auf die Frage, wie er es mit dem Trinken hält, gab es keine ähnlich konkrete Antwort. Er hat sich so entschieden: Wasser und kalorienfreie Getränke – immer / Vom Kaffee kann ich manchmal in der 16stündigen Fastenzeit nicht lassen. Auch nicht vom Alkohol. Aber alles wird mir bewusster.

Meine naive Vorstellung, die tägliche Fastenzeit zu verkürzen auf 14 oder 12 Stunden, wäre ja sicherlich noch immer eine verlässliche Methode zum Abnehmen, oder? Die Meinung von WissenschaftlerInnen zur Länge dieser täglichen großen Pause wäre interessant. Ich hoffe, dass ich diese bis zur 2.Auflage eingeholt habe, denn die Pausen verdienen unsere umfassende Aufmerksamkeit, auch die der Wissenschaft. Nicht nur als Rand- sondern als ein zentrales Thema.

Es könnte sein und das wäre natürlich wünschenswert, wenn das unsere Menschheitsgeschichte begleitende oder gar mitbestimmende Wechselgeschehen von Tun, Handeln, Essen und Pausen unterschiedlichster Dauer ein wissenschaftliches Fundament bekäme. Einen modernen, wohlklingenden, aus anderen Kulturbereichen entlehnten Namen hat es ja nun bereits: Intervall.

Was keine Pause kennt, ist nicht dauerhaft.
Ovid

Auch die Pause gehört zur Musik.
Stefan Zweig

Besser, ne ordentliche Ruhepause, als ,ne pausenlose Unruhe
Wolfgang Kreiner

Fasten & Teilfasten

Fasten und Teilfasten, letzteres im Besonderen als individuelles Teilfasten, gehören zu den AnGeboten des Complementismus. Also werden sie auch dort, als AnGebot 12, verhandelt (siehe Seite 334) Hier nur das Ultimative: Totalfasten / Heilfasten sollte mit dem Arzt, der Ärztin Deines Vertrauens abgestimmt werden. Längeres Teilfasten auch, sofern es sich um Ernährungsfasten handelt. Bei ernährungsfremden Fastenvarianten, Beispiel: Fernseh- oder Internetfasten, wären eher PsychiaterInnen, besser aber liebe FreundInnen gefragt. Weil ich mir's nicht verkneifen kann, hier vorab das spannende

Thema umkreisende Zitate:

Mit vollem Magen lässt sich leicht vom Fasten reden.
Hieronymus (347-420)

Gelegentliches Fasten ist die beste Heilnahrung.
Ebo Rau

Das neue Fasten: Von allem etwas weniger, in der Summe aber mehr.
Helmut Glaßl

Wenn man spät den Löffel abgeben will, muß man sich immer früh von Messer und Gabel trennen können.
Gerhard Uhlenbruch

Wir sitzen nicht alle in einem Boot, aber wir leben alle auf der Erde.
Wiederum die Frage nach Autor oder Autorin

Gerade weil wir alle in einem Boot sitzen, sollten wir heilfroh darüber sein, dass nicht alle auf unserer Seite stehen.
Ernst Ferstl

Habe meine Ernährung umgestellt. Die Kekse stehen nun links vom Laptop.
anonym *(schade, auch hier konnten die AuslöserInnen der Heiterkeit nicht gefunden werden)*

Glaubt den Schriften nicht, glaubt den Lehrern nicht, glaubt auch nicht mir. Glaubt nur das, was ihr selbst sorgfältig geprüft und als euch selbst und zum Wohle dienend anerkannt habt.
Buddha

Allem kann ich widerstehen, nur der Versuchung nicht.
Oscar Wilde

Teil 2

Karnismus / Vegetarismus / Veganismus

Jahli

2. Welche Motive führen zu welchem Nahrungsmittelwarenkorb?

Tradition, Gewohnheit, Erziehung und mitunter vorsätzlich erworbenes Blindsein gehen den individuell begründeten Motiven voraus. Die Bereitschaft, sich mit dem Einverleibten kritisch auseinanderzusetzen, ist niemals selbstverständlich. Leid hilft häufig, das Leben neu zu bedenken. Nicht weggespritzte, sondern ausgelebte Krankheit ist wohl der wichtigste Motivator zum Ändern der Gewohnheiten. Traditionalismus, Religion, Treue, Gleichheitsprinzip, Geschmacks- und Geruchssinn, Ethik, Gesundheit, Umweltverträglichkeit, Solidarität, Liebe zu Pflanzen, Tieren und Menschen, Spiritualität ... Die Motive zum Beibehalten oder Ändern der Ernährungsgewohnheiten sind vielfältig. Es gibt keine Gründe, und das wäre ja auch wirkungslos und kontraproduktiv, die Mitmenschen nach ihrem Essverhalten zu beurteilen oder gar zu verurteilen. Habe ich „missionarische" Ernährungsinhalte, helfen nur Liebe, Humor und ein vorbildhaft-beneidenswertes, glückliches, von den Göttern oder den kosmischen Schwingungen gesegnetes Leben.

Ich möchte Dir, sofern Du ein Liebhaber, eine Liebhaberin von Fleisch, Fisch, Butter, Käse, Ei, Gemüse, Früchten und Nüssen sein solltest, eine andere Reihenfolge der Lebensmittel empfehlen und diesen Werte- und Handlungswandel begründen.

Als Complementismus habe ich die Absicht, den Wunsch bezeichnet, die MengenSpeisenPyramide auf den Kopf zu stellen. Sollte uns dabei freudvoll schwindelig werden, wie beim freiwilligen RummelKarusselfahren, wäre das wunderbar. Also: Gemüse, Gemüse, Gemüse, Nüsse, Samen, Wurzeln, Früchte, Pilze ... Pyramidenstufe und darauf eine ganz schlanke Pyramidenspitze: Milch, Butter, Käse, Ei, Fisch, Fleisch. Den VegetarierInnen unter der Leserschaft möchte ich, oder muss ich leider sogar, wichtiges Außerachtgelassenes zu bedenken geben. Soweit es, nach meinem Gefühl, hilfreich sein könnte, sich mit den Inhalten der verschiedenen „Ernährungsismen" zu beschäftigen, um die jeweils eigene Position infrage zu stellen oder zu stabilisieren, tue ich das, auch mit Hilfe meiner ZitatlieferantInnen. Mit großer Bewunderung fließen die Ernährungsweisheiten von Ayurveda ein. Viele der Anregungen unserer modernen Ernährungstheorien sind in den Complementismus eingebunden. Ernährung ist ein lebenslanges Übungsterrain für Toleranz. Täglich kommen wir mit Menschen zusammen, die ganz, ganz andere Vorstellungen und Gewohnheiten haben als ich oder Du oder wir. Und wir selber hatten wohl auch schon, und das wäre nicht das Schlechteste, ganz andere Vorstellungen von gesunder, ganzheitlich sinnvoller Ernährung. Vergessen wir das nicht. Üben wir uns in Toleranz, uns und unseren Mitmenschen gegenüber. Mir hilft dabei ein Schwerstsatz von Schopenhauer: "Der Mensch kann wohl tun, was er will, aber er kann nicht wollen, was er will".

Üben wir uns voller Humor in Toleranz!

Absichtliche Teilwiederholung: Ich glaube nicht an die Freiheit des Willens. Schopenhauers oben zitiertes Wort begleitet mich in allen Lebenslagen und versöhnt mich mit den Handlungen der Menschen, auch wenn sie mich schmerzen. Es gibt auch eine Vorstellung von Hölle, in der ausschließlich die Sonne scheint.

Begriffe und Begriffssysteme erhalten ihre Berechtigung nur dadurch, dass sie zum Überschauen von Erlebniskomplexen dienen; eine andere Legitimation gibt es für sie nicht.

Unser Handeln sei getragen von dem stets lebendigen Bewusstsein, dass die Menschen in ihrem Denken, Fühlen und Tun nicht frei sind, sondern ebenso kausal gebunden wie die Gestirne in ihren Bewegungen.

Wer es unternimmt, auf dem Gebiet der Wahrheit und der Erkenntnis als Autorität aufzutreten, scheitert am Gelächter der Götter.

Was ich erstrebe, ist einfach mit meinen schwachen Kräften der Wahrheit und der Gerechtigkeit zu dienen, auf die Gefahr hin, niemand zu gefallen.
Viermal Albert Einstein

2.1. Karnismus

Die Ideologie des Fleischessens hat seit 2001 einen Namen. Karnismus hat die amerikanische Psychologin und kämpferische Veganerin Dr. Melanie Joy die menschliche Ernährung mit vor-, haupt- und nebenrangig Fleisch genannt. *Chili con Carne* oder *Chili sin Carne* oder *Carne sin Chili*. Alles kann lecker (nice) sein, aber nicht für jedefrau/jedermann. Eingefleischte FleischesserInnen jedoch brauchen Fleisch. Morgens, mittags, abends. Basta- Pasta mit Schinken. Vier „N"s symbolisieren bei Melanie Joy die Argumentationen der FleischenthusiastInnen: normally, naturally, necessary, nice.

Normally

Normal ist was alle tun. Normal ist normal. Das Normale hat die schwerfällige, sich erhaltende, moralfreie Eigenschaft, nicht hinterfragt zu werden. Das alles ist in diesem Streit-, Koch-, Lesebuch nun, obwohl es in erster Linie Freude bereiten möchte, beim Lesen und späteren Handeln, nicht zu gewährleisten. Das Normale verliert seine Unschuld, seine Argumentationskraft. Bitte also im krassen Ernstfall, zur eigenen Sicherheit, nicht weiterlesen! – Ganz klein gedruckt ist diese warnende, heitere? Aufforderung.

Normal war in der Menschheitsgeschichte fast ausnahmslos die Mischkost, mit der Tendenz, dass dort, wo es viel zu Jagendes gab, der Fleischverzehr zunahm. Normal war in Regionen, wo nicht Essbares wuchs, nur der Verzehr von Fleisch und später auch von Milch. Normal war für andere Volksstämme, aus welchen Gründen auch immer, die Ernährung nur mit Samen, Pflanzen, Früchten und Nüssen.

Das Normale hat eine regionale und dadurch erhellende Dimension: Bei uns in Europa sind gleich nach Gänsestopfleber, Taube und Fasan die edlen Teile von Lamm und Rind am Begehrtesten. Zumindest bei den von Gourmetjournalen und Fressführern geleiteten FeinschmeckerInnen. Den Indern ist die Kuh heilig. In Asien ist Hundefleisch eine Delikatesse, ein Feiertagsbraten. Bei uns ist der Hund mancheiner/mancheinem der liebste, zärtlich verwöhnte Lebensgefährte. Obwohl es auch in Mitteleuropa Zeiten gab, wo der Verzehr von Hunde- und Katzenfleisch normal war. Und kein Ernährungstabu. In Chemnitz gab es noch 1901 ein Hundeschlachthaus. Roher Tatar vom Hund war in Sachsen zu jener Zeit, die sicherlich nicht barbarischer war als die jetzige, eine begehrte Speise. Froschschenkel, Schnecken, Singvögel sind bei unseren europäischen Nachbarn nach wie vor noch häufig auf den Speisenkarten „besserer" Restaurants zu finden. Völlig normal.

Irgendwo auf der Welt werden Meerschweinchen, Eichhörnchen, Insekten, Maden verzehrt. Nichts, kein Tier, scheint, global betrachtet, vor unserer Fleischgier sicher zu sein. Was also ist normal? Was hier auf der Welt Ekel erzeugt und beim Verzehr unweigerlich zum Kotzen führen würde, ist dort, auf der gleichen Welt, ein Hochgenuss. Aus dem zeitlichen Wechsel und der regionalen Vielfalt des Normalen erwächst, da es sich nicht um starre, unbewegliche Gewohnheiten und Tabus handelt, eine große Hoffnung: Es könnte sein, dass der Verzehr von AgrarIndustriefleisch, zumindest dieser, zum Tabu wird. Es ist nicht unwahrscheinlich, dass meine Enkel, sie sind jetzt gerade aus dem Babyalter heraus, einmal so empfinden und entsprechend handeln werden.

Je schlimmer die Zustände desto größer die Hoffnung.
anonym

Wer nach seiner Überzeugung handelt, und sei sie noch so mangelhaft, kann nie ganz zugrunde gehen, wogegen nichts seelentötender wirkt, als gegen das innere Rechtsgefühl das äußere Recht in Anspruch zu nehmen.
Annette Droste-Hülshoff

Sagen Sie ihm, dass er für die Träume seiner Jugend soll Achtung tragen, wenn er Mann sein wird, nicht öffnen soll dem tötenden Insekte gerühmter besserer Vernunft das Herz der zarten Götterblume.
Friedrich Schiller

Die Welt wird nicht bedroht von den Menschen, die böse sind, sondern von jenen, die das Böse zulassen.
Albert Einstein

Heute meint man, dass wir alle wie alle sein müssen, das wir normaler sein müssen, wie das alle tun, mit diesem pubertären Fortschrittsdenken.
Franziskus I.

Das Schneckentempo ist das normale Tempo jeder Demokratie.
Helmut Schmidt

Die Wahrheiten sind nicht so zählebige Methusalems, wie sich die Menschen einbilden. Eine normal geglaubte Wahrheit lebt – na sagen wir – in der Regel siebzehn bis achtzehn, höchstens zwanzig Jahre.
Henrik Ibsen

Naturally

Ja, Fleisch- und Fischessen ist natürlich. Ebenso natürlich wie das Essen von Pflanzen, Früchten, Nüssen, Samen, Wurzeln, Pilzen. Welcher Nahrungsanteil Fleisch aber ist natürlich, hat eine lange regionale Geschichte, Tradition? Wieviel Fischverzehr ist wo auf der Welt natürlich? Wie natürlich sind das Fleisch und die „Fleischwaren" von unnatürlich ernährten, gemästeten, mit Antibiotika vergifteten, verstümmelten, gequälten Tieren? Wie natürlich ist der widerlich-unsichtbare Industrie-Riesenschlachthof? Wie natürlich sind die genmanipulierten Schlachttiere der jetzigen Tiergenerationen? Sind das im echten Sinne noch natürliche Tiere oder nur Fleischlieferanten, Produkteinheiten, die in der Natur, ihrer einst angestammten Heimat, gar nicht lebensfähig wären, nicht mehr laufen, fliegen und sich ihrer Haut wehren könnten? Was ist natürlich an unseren Gewohnheiten morgens, mittags und abends, und möglicherweise auch noch zwischendurch, Fleisch und Wurst zu essen.

Oder, um andere Ernährungssünden anderer von uns oder auch der gleichen von uns hier erst einmal nur anzudeuten, was ist mit der Natürlichkeit von Weißmehl und Zucker, von Kuchen, Keksen und Schokolade rundumdieuhr? Hat „natürlich" nicht auch etwas damit zu tun, dass wir wissen, was wir essen? Was ist mit der Natürlichkeit von Fastfood und Tiefkühlkost?

Was ist mit der Kuh auf der Wiese, mit dem Kaninchen im Stall? Natürlich oder leicht abzuschüttelnde romantische Vergangenheit? Wie natürlich ist unser modernes Leben, unsere moderne Ernährung? Das Argumentieren mit dem schönen Wort „natürlich" ist im Zusammenhang mit unseren jetzigen Essgewohnheiten Willkür und Manipulation.

Moral predigen ist leicht, Moral begründen schwer.
Arthur Schopenhauer

Wer gegen Tiere grausam ist, kann kein guter Mensch sein.
Arthur Schopenhauer

Natürlich zu sein ist die schwierigste Pose, die man einnehmen kann.
Oscar Wilde

Gegen die tödliche, technische Einfalt steht die lebendige, natürliche Vielfalt.
Franziskus I.

Necessary

„Fleisch ist ein Stück Lebenskraft." „Fleisch liefert das vollwertigste Eiweiß." „Ohne Fleisch gibt es Mangelerscheinungen." „Vitamin B12 ist nur im Fleisch." Also: Fleisch ist notwendig. Je mehr Fleisch desto besser! So denken zumindest die von der westlichen Hochkultur berauschten ChinesInnen von heute. 52 Kilo, vor allem Schweinefleisch, haben sie in 2013 konsumiert. Vor 20, 30 Jahren waren es 2 — 3 Kilogramm. Sind die zusätzlichen 50 Kilo, mit steigender Tendenz, für ChinesInnen notwendig, heutzutage? Was müsste da in den Körpern, ohne dass wir's gemerkt haben, mutiert sein?

Notwendig ist der Mythos vom gesunden Fleisch. Von gesund lebenden Tieren. Das ist notwendig für die Fleischindustrie, die Pharmakonzerne, die Krankheitsindustrie. Für das Wirtschaftswachstum. In einem total reduzierten Umfang ist der Verzehr von Fleisch nicht zwingend notwendig aber sinnvoll, scheint mir: Es gibt Almen, Moore, Prärien, die nur für die „artgerechte" (siehe unter fair) Viehhaltung geeignet sind. Es gibt Hirsche, Rehe, Wildschwei-

ne, die ohne die „Korrektur" durch JägerInnen Bauern weh-
tuende Schäden anrichten können. Das Fleisch der, bis auf
das Töten artentypisch, artgerecht lebenden Tiere würde
für das gelegentliche Fleischessen, so mein unbewiesener
Wunsch, weltweit für all jene, die ab und an einen Braten
brauchen, ausreichen. Auch für die gelegentliche! Brat-
oder Currywurst. Wozu ist denn die Kirmes, das Dorffest
kulinarisch da? Das Problem läge dann in der Behandlung,
Haltung jener Tiere, die wir, so weitere Notwendigkeitsar-
gumente, für die Erzeugung von Milch, Käse und Eiern nutzen.

*Eine neue Art von Denken ist notwendig, wenn die
Menschheit weiterleben will*
Albert Einstein

*Nun glaub ich auf dem rechten Weg zu sein, da ich mich
immerfort als einen Reisenden betrachte, der vielem ent-
sagt, um vieles zu genießen.*
Johann Wolfgang von Goethe

Der Mensch ist gut, nur die Leut' sind schlecht.
Johann Nestroy

Nice – Lecker

Ja, Fleisch kann lecker sein, sehr lecker. Aber Fleisch
kann auch widerlich sein, nicht nur das von der jeweiligen
Gesellschaft stigmatisierte, sondern das Fleisch aller Lebewesen. Dass Fleisch, viel Fleisch, wertvoll und lecker
erscheint, setzt eine permanente, hartnäckige Konditionierung voraus. Das Fleisch kann für viele von uns nur lecker
sein, wenn das Töten ausgeblendet, verdrängt wird. Wir
helfen uns mit dem merkwürdigen Begriff artgerecht, ohne ihn zu hinterfragen. Da das Artgerechte nicht hinter-

fragt wird, hat es das Nichtartgerechte leicht, sich wie artgerecht darzustellen und sich im Verdrängungsgeflecht zu etablieren. Da es das Fleisch durch die gewaltvolle Ideologie des Karnismus zum höchsten emotionalen Stellenwert unter den Nahrungsmitteln gebracht hat, wird es, ist es erst einmal beim Speisenzubereitenden, bei Koch, Köchin, Hausfrau Hobbyköchin, Hobbykoch, besonders liebevoll und sorgfältig bearbeitet. Ganz im Gegensatz zu den „Beilagen". Diese sind in jeder Hinsicht unterprivilegiert. Der Name Beilage ist absolut zutreffend. Die Bezeichnung Sättigungsbeilage ist auch nicht gerade appetitanregend. Sollte der Beilage im teuren Restaurant mehr Aufmerksamkeit geschenkt werden, dann wandelt sie sich zum Gastro-Kunstobjekt: Minigemüse. Es sieht wie gedruckt und wertvoll aus und hat die Aufgabe, durch seinen schönen Anblick das Fleisch noch bedeutender erscheinen zu lassen. Die Fleischportion kann so, durch die Minisättigungsbeilage, noch fulminanter werden.

Wir, Heike und ich und die vielen engagierten KöchInnen, die unser Restaurant „La Provence" in 36 Jahren, davon 28 mit biologischen Lebensmitteln, erlebt hat, wir haben versucht, den „Spieß" umzukehren: Die Gemüse und Saucen standen im Mittelpunkt, die Fleischportion hatte die Größe einer Beilage. Merkwürdigerweise waren wir immer ein sehr gut besuchtes Restaurant. Natürlich haben wir den Spieß nur teilweise umgekehrt: Das Bio-Fleisch, das angemessen teure, wurde ebenbürtig behandelt. Die IdeologievegetarierInnen unter den KöchInnen waren fürs Gemüse zuständig, denn der hier etwas spinnert abgewandelte Volksmund hat häufig recht: Ohne Liebe beim Kochen gibt's nichts Leckeres, positiv Nachklingendes, „Schwingendes" zu essen.

Junge Hähnchen, sanft gebraten, dazu kann man dringend raten.
Wilhelm Busch

Seit der Erfindung der Kochkunst essen die Menschen doppelt so viel wie die Natur verlangt.
Benjamin Franklin

Der Duft eines Pfannkuchen bindet mehr ans Leben als alle philosophischen Argumente
Georg Christoph Lichtenberg

Um keinen Bogen um die massenhaften Auswüchse des Karnismus, symbolisiert im Grillhype der letzten Jahre, zu machen, werden hier platte Sprüche aufgeführt, die stolz auf T-Shirts getragen werden. Selbst die Fleischindustrie würde diese Shirts nicht sponsern, zumindest nicht öffentlich. Diese Shirtträger müssen auch geliebt werden, von uns. Das Leben ist nicht immer einfach. Die Sprüche sind klein gedruckt. Und wirklich nur jene, die in ihrer Nächstenliebe unerschütterlich sind, sollten sie lesen:

Schützt die Blumen. Esst mehr Fleisch. / Salat kann man nicht grillen / Wenn es kein Fleisch mehr gibt, dann esse ich eben Vegetarier.

Ich grille, also bin ich. / Born to grill./ Alles unter 400 Gramm ist Carpaccio. / 7-Gang-Menu: Steak und Sixpack.

Wir müssen unseren Nächsten lieben, entweder weil er gut ist oder damit er gut werde
Augustinos von Hippo

Du liebst die Menschen- das interessiert mich wenig; aber w i e Du sie liebst, das will ich wissen.
Wolfgang Pfleiderer

Zwischenfazit:

Das Essen von Fleisch setzt das Töten von Tieren voraus, soll nicht Aasfleisch, Verwestes gegessen werden. Zu Menschenzeiten in denen der Verzehr von Fleisch überlebensnotwendig war oder unseren Vorfahren lebensnotwendig schien, war eine Rechtfertigung des Tötens moralisch nicht vonnöten. Erst mit dem „Überfluss" ist die Moral gefordert. Das scheint von den Göttern nicht ungerecht angelegt zu sein.

Die Stifter der Weltreligionen, sie lebten alle in einem Jahrtausend rund um den Beginn unserer genauen Zeitrechnung herum, quälte das Töten. Sie verboten, empfahlen, rieten, forderten auf.

Je untierischer, je weniger artgerecht das Fleisch „erzeugt" wird, desto größer wird der Zwang, das Töten zu rechtfertigen, desto größer wird die Notwendigkeit, den Lebens- und Tötungsprozess der Schlachttiere und der Nutztiere auszublenden. Wir machen uns blind, fast jede/fast jeder. Und jede / jeder auf ihre/seine Art. Wir werden zusätzlich geblendet von einer Agrarindustrie, die unsere Gewohnheiten medienpenetrant nutzt.

Fleischessen ist normal. Das ist nicht zu leugnen. Grenzenlos normal, so ist das wohl gegenwärtig. Das besagt nur nichts in Bezug auf die Essgewohnheiten der NichtfleischesserInnen, auch normal? Die Zukunft wird ihre gesunde Normalität finden.

Ohne solch' optimistische Prognose würde ich nicht an diesem Buch schreiben.

Fleischessen ist notwendig. Nein. Nein. Nein. Da braucht es als Beleg nur das fleischlose Leben von gesunden VegetarierInnen, VeganerInnen. Notwendig ist es für den Profit von Agrar-, Nahrungsmittel-, Gesundheits- und Pharmaindustrie; überlebensnotwendig.

Fleischessen ist natürlich. Die Minimalvoraussetzung ist natürliches Fleisch.

Fleisch ist lecker. Ja, aber Gemüse kann genauso lecker oder leckerer sein, wenn es einfallsreich und liebevoll bekocht wird. Leckerer auch für FleischliebhaberInnen.

War uns der Anblick des den Göttern geopferten Stieres ein Gräuel geworden, so wird nun in sauberen, von Wasser durchspülten Schlachthäusern ein tägliches Blutbad der Beobachtung aller derer entzogen, die sich beim Mittagsmahl die bis zur Unkenntlichkeit hergerichteten Leichenteile ermordeter Haustiere wohl schmecken lassen.
Richard Wagner

2.2 Vegetarismus – alles bis auf Totes vom Tier

Aufgrund der menschlichen Mutationen vor ca. 15.000 Jahren, vom Jäger, Fischer und Sammler zum Jäger, Fischer, Sammler, Ackerbauer und Viehzüchter, wäre die rein vegetarische Lebensform durchaus möglich. Die ersten Bereicherungen des Nahrungsangebots waren die Milch von Ziegen und Schafen, viel später auch von den Kühen. Die Domestizierung der Hühner, den späten Nachfolgern von gefederten Dinosauriern, begann vor ca. 8.000 Jahren. Erst von da an gibt's das Hühnerei. Selbst bei den domestizierten Hühnern ist unklar, ob erst das Ei oder das Huhn war. (Diese Anmerkung zum Lächeln. Hoffentlich ist das gelungen. Sonst bitte jetzt.) Huhn und Hahn sind im Laufe dieser kurzen Zeit, kurz verglichen mit der Lebenszeit der Hühnerurahnen, der Dinosaurier (ca. 180 Millionen! Jahre, bis zu ihrem plötzlichen Aussterben, oder aus heutiger Wissenschaftssicht ihrer Wandlung zu Krokodilen und Vögeln, vor 60 Millionen Jahren lebten diese oft riesigen Wirbeltiere sowohl als Pflanzen- als auch als Fleischfresser und immer als Vielfraße), zum weltweit häufigsten Schlacht- und Nutztier avanciert. Was für eine Hühner- und Hahngeschichte! Der stolze Wildhahn, den sich zuvor die Steinzeitmenschen bewundernd an ihre Höhlenwände geritzt hatten, mit dem sich viele Wappen zieren, auch heute noch, ist abgesehen von merkwürdigen Hahnenkämpfern, längst ausgestorben. Das Schicksal seiner Nachfolger ist vorwiegend der Schredder oder der Elektrogrill.

Zeitlich fast parallel zur Entwicklung von Ackerbau und Viehzucht und den damit verbundenen neuen Ernährungsmöglichkeiten, der mitunter aus jetziger, romantischer Sicht fast spielerisch anmutenden Vielfalt im

Einfachen, einer heute als erstrebenswert anzusehenden Interpretation von Ernährungsluxus, kamen die moralischen Bedenken bezüglich des Tötens der Tiere auf, die damals weit mehr als heutzutage als Lebewesen fast gleichen Ranges empfunden wurden: das Töten seinesgleichen. Die Menschenfleischfresserei gehörte noch zur Kultur vieler Volksstämme. Und: Ob nun getötet oder grausam gequält wurde, wie es den meisten Sklaven widerfuhr, noch vor mindestens 151 Jahren, die Sklavenhaltung wurde im Jahre 1865 in den United States abgeschafft und durch modernere Ausbeutungs- und Tötungsmethoden ersetzt – wo sind die fundamentalen Unterschiede? Vielleicht im immer unsichtbarer werden von Quälen und Töten, im geschickten Verdrängen des Ungeheuerlichen in moderne Schlachthöfe, auf moderne Kriegsfelder.

Wiederholung! Alle großen Religionsstifter haben das unnötige Töten von Tieren zum Zwecke der Ernährung zumindest als Hindernis betrachtet, um weise, rein zu werden, um ein glückliches Leben auf der Erde oder dann im Himmel zu führen.

Hier stellvertretend für die, allen Religionsbegründern (Christus, Lao Tse, Mahavira, Mani, Mohammed, Mose, Siddhartha Gautama, Zarathustra) zugeschriebene Haltung zum Töten, die wunderbar ganzheitlichen Aussagen von Siddhartha Gautama Buddha:

Wer vollbewusst unermessliche Güte pflegt, eingedenk der Hinfälligkeit alles Sterblichen, dem lösen sich die irdischen Fesseln. Wer nicht tötet noch töten lässt, nicht Gewalt tut noch Gewalt tun lässt, wer gegen alle Wesen gütig gesinnt ist, hat keine Feindschaft zu fürchten.

Die Wesen mögen alle glücklich leben, und keines möge ein Unheil treffen. Möge unser ganzes Leben Hilfe sein an anderen. Ein jedes Wesen scheuet Qual, und jedem ist sein Leben lieb. Erkenne dich selbst in jedem Sein, und quäle nicht und töte nicht.

Kein Fleisch mehr zu essen bedeutet, in jenen Strom einzutauchen, der ins Nirvana führt.

Die Gedanken zur vegetarischen Ernährung, die sich entwickelnden Bewegungen daraus, bekommen im Jahre 1847 einen ideologischen Überbau, die Vegetarian Society wird in England, dem „modernen" Vorreiterland der fleischfreien Ernährung, gegründet. Theodor Hahn, ein wohl umfassend gebildeter Heilpraktiker und Apotheker, behandelt seine PatientInnen in Deutschland bald darauf mit fleischloser Kost. Immer deutlicher werden die beiden Hauptmotive des „historischen" Vegetarismus: Gesundheit und Moral. Es kommt zu einer Vielzahl von vegetarischen Vereinen/Verbünden, der bekannteste ist der 1867 in Nordhausen gegründete Verein für natürliche Lebensweise. Viele dieser Gruppierungen schließen sich 1892 in Leipzig, nicht weit entfernt vom Chemnitzer Hundeschlachthaus, zum VEBU, Vegetarierbund, zusammen. 1908 gibt's den ersten internationalen Vegetarierkongress. Er findet in Dresden statt. In und in der Umgebung dieser wunderbaren Stadt war Tatar vom Hund noch immer eine Delikatesse.

Gut 100 Jahre später, im Jahre 2015, gibt es das 43. World VegFest. Ganz weit weg von Europa. In den Städten Sydney und Melbourne wird es von der IVU (International Vegetarian Union) veranstaltet. Eine lebendige, weltumfassende Vereinigung ist entstanden. „Proletarier aller Länder vereinigt Euch", hieß es im Kommunistischen Manifest von Marx und Engels. Den VegetarierInnen ist dies viel leiser, ohne menschliches Blut zu vergießen, gelungen. Verlässlich geschätzt sind es gegenwärtig eine Milliarde Menschen, die sich vegetarisch ernähren, davon etwa 8 Millionen in Deutschland.

Der "Hochvegetarismus", so eine der frühen Bezeichnungen für den Veganismus, hat eine aktive, praktizierende Anhängerschaft von gegenwärtig ca. 1,2 Millionen Kindern, Frauen und Männern in unserem Land. Wie hoch der Kinderanteil daran ist, scheint unbekannt zu sein. Sicher scheint zu sein, dass statistisch auf einen sich vegetarisch / vegan ernährenden Mann mindestens vier Frauen kommen. Ich lächle gerade, weil ich mir die Attraktivität „veganer" Männer in den Partnersuchmaschinen für „vegane PartnerInnen" im Internet vorstelle. Das Lächeln wird abgelöst von einer traurighilflosen Stimmung. Ich werde auf den nächsten Seiten, uns, mir und Dir, erklären müssen, so ist leider die reale Welt, weshalb die meisten Motive, die zur vegetarischen Lebensweise geführt haben, nur in der veganen Form, und da auch nur teilweise, zu den ersehnten Resultaten führen können. Der Trost dabei ist, dass sich häufig die „NormalvegetarierInnen" zu VeganerInnen entwickeln. So wie sich gleichermaßen einige VegetarierInnen, scheinbar zurück, das Adjektiv scheinbar wird im Abschnitt „Complementismus" begründet, zu FlexitaristInnen verschieben. Noch ein tröstender Vergleich: Die GfK (Gesellschaft für Konsumforschung) hat im Jahr 1983 etwa 600 000 VegetarierInnen vermutet. Jetzt gibt es allein doppelt so viele VeganerInnen.

Argumente und „Schlag"wörter der VegetarierInnen: Geistig klar durch Pflanzenkost * Vegetarisch leben ist Gottesdienst * Fleischlos gegen den Menschenhunger * Auch Tiere wollen leben * Der Regenwald liebt nur VegetarierInnen * Tiere können vielleicht nicht denken, aber fühlen und leiden * Wir wollen unsere Kinder nicht belügen * Fleischkonsum als Klimakiller * Luft und Land sind güllekrank * Vegetarisch leben ist natürlich * Vegetarisch leben ist gesünder * Fleischkonsum macht aggressiv *

Zum weiteren Mut machen hier einige heiter-widersprüchliche „Hoffnungszitate":

Seien wir realistisch, versuchen wir das Unmögliche.
Che Guevara

Die Hoffnung hilft uns leben.
Johann Wolfgang von Goethe an Charlotte von Stein

Die zweite Ehe ist der Triumph der Hoffnung über die Erfahrung.
Samuel Johnson

Wer von der Hoffnung lebt, wird wenigstens nicht dick.
Tilla Durieux

Wer heut' noch hoffen macht, der lügt. Doch wer die Hoffnung tötet, ist ein Schweinehund.
Wolf Biermann

2.3 Veganismus – alles bis auf Tierisches

Nicht mit den "weicheren" Veganismusvarianten, sondern mit dem konsequenten Veganismus beschäftigen wir uns: Keinerlei tierische Produkte. Das war die Absicht, doch das Nachdenken über Tiere, Menschen- und Erdrechte hat die Vergleiche der Ernährungsweisen in den Mittelpunkt gerückt. So kann sympathisch deutlich werden, welch' wichtige Funktion der Veganismus für die Zukunft haben wird.

Die Motive für die stringente Ablehnung von tierischer Nahrung für uns Menschen sind vielfältig, ebenso vielfältig wie jene der VegetarierInnen für ihre Ernährungsentscheidungen. Die Gewichtung jedoch ist deutlich anders: „Kein Tier soll durch die Art meiner Ernährung getötet werden." Tierrecht und Tierschutz sind das große, die VeganerInnen verbindende Leitthema. Die „egoistischen" Motive: Gesundheit, Religion, Ökonomie, Ästhetik bestimmen nicht die Aura der veganen Bewegung. Erdrecht, Tierrecht, Menschenrecht – die VeganerInnen versuchen, ihr Leben ganzheitlich zu verbinden mit dem Recht aller Lebewesen auf ein natürliches Leben.

Der Veganismus ist der weitergedachte Vegetarismus. Nicht zufällig bekommt auch er seinen Namen in England. Donald Watson gründet 1944 die Vegan Society, nachdem er zuvor mit anderen Namen „experimentiert" hat. Total vegetarian nannte er die strengen VegetarierInnen, die auf Eier und Milchprodukte verzichteten und sich ganz auf vegetable, Gemüse, verpflichteten. Die Wortschöpfung vegan, er setzte die ersten und letzten Buchstaben von vegetarian aneinander, begründete er dann „spielerisch" konsequent: Veganismus beginnt mit Vegetarismus und führt ihn zum logischen Ende. Nicht nur der Verzicht auf den Verzehr tierischer Produkte sondern auch die Ablehnung der Nutzung tierischer Produkte als Dünger, als Kleidung usw. bilden den strengen Katechismus der heutigen VeganerInnen. Vermutlich lebt in Deutschland gegenwärtig, die angegebenen Zahlen gehen je nach „Interessenlage" des Schätzers weit auseinander, ich zähle hier zu den bewusst positiven Schätzern, jede Hundertste weibliche und jede Zweihundertste männliche Person vegan. Die Ausstrahlung, die von den somit etwa 600.000 Menschen ausgeht, die als VerweigerInnen begonnen haben, aber längst selbstbewusst eine eigene, nicht vom Verzicht geprägte Kultur gefunden haben, kann nicht von dieser Zahl präsentiert werden. Die VeganerInnen wirken stark und überzeugend in unsere Gesellschaft hinein. Je mehr das militant Ideologische der Freude am gefundenen Lebensstil dabei weichen kann, desto wirkungsvoller.

Aus gutem Grunde deshalb noch einmal, „Ideologiesprüche", auch zur Warnung vor ihrer Benutzung:

Vegetarier sind Mörder. Im Gegensatz zu Fleischfressern verstecken sie sich nicht einmal hinter selbstverordneter Ignoranz oder kindlicher Dummheit. Sie befriedigen ihr Gewissen durch den Verzicht auf Fleisch, konsumieren aber weiterhin Produkte wie Leder, Wolle, Milch und Käse, die ebenfalls auf den Tod der zur Gewinnung ausgenutzten Tiere hinauslaufen. Veganismus bedeutet Widerstand.
Alexander Kaschte

Zwischen der Ahnungslosigkeit gegenüber den Schandtaten in totalitären Staaten und der Gleichgültigkeit gegen-

über der am Tier begangenen Gemeinheit, die auch in den freien existiert, besteht ein Zusammenhang. Beide leben vom stillen Mittun der Massen bei dem, was ohnehin geschieht.
Max Horkheimer
Mich stört es immer und immer wieder, und störte es auch schon zur modernen Zeit von Horkheimer & Co, dass ich ein Masseteilchen bin, sein sollte. Trotzdem habe ich mich für dieses Zitat entschieden.

Der Holocaust ist nie zu Ende gegangen. Nur die Opfer sind verschieden.
Isaak Bashevis Singer

2.4 Über die Vielfalt unserer Ernährungsmotive

2.4.1 Gesundheitliche Erwägungen – egoistische Motive

Viele Versuchsresultate kleinen, großen und ganz großen Stils belegen, dass eine Ernährung mit den deutschen Durchschnittsmengen von gegenwärtig 240 Eiern, 90 kg Frischmilch-, Sahne- und Joghurtprodukten, 6 kg Butter und 25 kg Käse im Jahr, junge, alte und ganz alte Menschen, VegetarierInnen, FlexitarierInnen einbezogen, zu gesundheitlichen Problemen führt. Ob viel Fleisch oder viele Eier und Milchprodukte scheint in den Studien nur marginale Unterschiede zu machen, zumal davon ausgegangen werden kann, dass die VegetarierInnen einen Teil des Fleisch"verzichts" mit Milch & Co und Eiern ausgleichen. Die Chinastudie (siehe Seiten 112, 225) belegt, dass ein deutlicher gesundheitlicher Nutzen nur entstehen kann, wenn sämtliche tierische Produkte nur in kleinen Mengen oder gar nicht gegessen werden.

Wahrheit ist eine widerliche Arznei; man bleibt lieber krank, ehe man sich entschließt, sie einzunehmen.
August von Kotzebue

Krankheiten befallen uns nicht aus heiterem Himmel, sondern entwickeln sich aus täglichen Sünden wider die Natur. Wenn sich diese gehäuft haben, brechen sie unversehens hervor.
Hippokrates

Ein bisschen Kranksein ist manchmal ganz gesund.
Rudolf Virchow

*Man sollte niemals zu einem Arzt gehen, ohne zu wissen,
was dessen Lieblingsdiagnose ist.*
Henry Fielding

Wunderschön und sicherlich epidemieähnlich sich aus-
breitend wäre also die sichtbare, erlebbare Gewissheit:
Die vegane Lebensweise verlängert das menschliche Leben, macht es heiterer, erfüllter, gesünder. Aus welchen
Gründen aber auch immer: Wir sind trotz überzeugender,
in die Zukunft weisender Beispiele noch weit entfernt davon. Die Götter und Göttinnen müssten ihre Wohlwollen-
füllkrüge bis zum letzten Mitgefühlstropfen über uns
ausschütten, sollte das gelingen. Sie müssten uns vor allem verständlich machen können, was wohl selbst für
GöttInnen eine unglaublich schwierige Aufgabe wäre,
dass uns nur vom ganzheitlichen Empfinden angeregte
Verhaltensweisen in die richtige Richtung bewegen können: „Gesund in die Kiste" / „rüstig mit 100 Jahren" / „je
oller, je doller" / „angstfrei sterben".

Der Lieblingsdichter meiner letzten 4 Jahrzehnte, der
Weimarer Staatsmann, Naturwissenschaftler, Poet und
Heilkundige Johann Wolfgang von Goethe, dem der Leser
in diesem Buch unaufhaltsam häufig begegnet, hat schwere
Krankheiten erleben und ausleben müssen, um zu gesunden,
nach jeder Krankheit auf einer neuen, bewussteren Ebene.
„Höhere Gesundheit" nennt er diesen dialektischen, für ihn
lebensnotwendigen, lebensverlängernden Prozess.

Strahlende Gesundheit ist für den über hundertjähri-
gen japanischen Arzt Nobuo Shioya erreichbar durch die
von ihm entwickelte Methode des rechten Denkens und
Atmens. Umfassend positive Gedanken und viel sauberer
Sauerstoff sind seine wichtigsten Lebensmittel für Seele

und Körper. Erst dann kommt die andere, „normalere"
Ernährung: Naturbelassene, erkennbare Lebensmittel gut
kauen und maßvoll genießen ... das ist der zweite Teil
seiner Glücksbotschaften.
Über die Palette der WunderLebensMittel verfügt der
Amerikaner Dr. Brian Clement. Er hat das von der Roh-
kostpionierin Ann Wigmore entwickelte Hippocrates-Ge-
sundheitprogramm wissenschaftlich „zementiert" und
werbewirksam inszeniert. Viel Lesenswertes und sinnvolle Ernährungsempfehlungen wechseln sich ab mit eigenwilligen, leicht durchschaubaren Lobpreisungen seines
Instituts, zumindest in der deutschen Übersetzung seines
Buchs. Das Hippocratesprogramm führe ich an dieser Stelle an, weil es, klar und deutlich, den gesunderhaltenden
oder gesundmachenden Dreiklang von lebendigen Nahrungsmitteln, Bewegung und positivem Denken ganzheitlich darstellt. Denn: Allein mit veganer Milch, veganer
Wurst, veganen Fertiggerichten ist höhere, strahlende,
große Gesundheit nicht zu haben, nicht für die Menschen,
nicht für die Natur.

Zwischenfazit:
Sollten die VeganerInnen nicht nur die gesünderen Lebensmittel freudvoll verspeisen ,sondern auch möglichst viele
der gesunderhaltenden, lebensverlängernden „Regeln" verinnerlicht und umgesetzt haben, verinnerlichen und umsetzen, ist wissenschaftlich vielfach nachgewiesen, absolut
unstrittig und nicht mit dem taktisch inszenierten Makel
„umstritten" behaftet, dass viele lebensbedrohliche Krankheiten seltener oder gar nicht in ihre Leben hineinwirken.
Beispiele: Bluthochdruck, Angina pectoris, Arteriosklero-
se, Schlaganfälle, Krebs, Diabetes, Alzheimer...

Langfristig gedacht, geplant, geträumt: Im Jahre 2050
sind viele von uns VeganerInnen, mit kleinen ungewollten

Verfehlungen oder bewusst erlebten Ernährungsausnahmen. Die Pharmaindustrie muss bis dahin umgepolt haben, oder sie ist pleite. Darauf muss frau/man nicht verbissen erwartend hinschielen und sich Lebensfreude mit diesen negativen Projizierungen nehmen ... das kommt von „ganz alleine", wenn wir, die weniger manipuliert Fremdbestimmten, viele werden. Kleine WildkräuterbäuerInnen – und DestillateurInnen – begleiten unsere Gesundheitswege. Viel gutes Kraut wächst in 2050 auch in unseren selbstverständlichen BalkonTerrapretaBeeten.

Die Zitate zum Thema starten mit einem Satz aus einem Vorwort, das Dr. T. Collin Campbell, der Verfasser der „China-Studie", für den gerade erwähnten WunderLebensmittelAutor geschrieben hat:

Unsere Ansichten in puncto Ernährung weisen zwar viel Gemeinsamkeiten auf, dennoch sind sie nicht völlig deckungsgleich. Bei dieser Gelegenheit kommt mir die alte Redensart in den Sinn: Wenn zwei in allem einer Meinung sind, hat einer der beiden nicht nachgedacht.
T. Colin

Im Maße liegt die Ordnung. Jedes Zuviel oder Zuwenig setzt anstelle der Gesundheit die Krankheit.
Sebastian Kneipp

Einen Menschen heilen heißt, ihm den verlorenen Mut wiederzugeben.
Phil Bosmans

Jede Krankheit ist heilbar, aber nicht jeder Patient.
Hildegard von Bingen

Es will mir scheinen, als ob ein Kranker leichtsinniger sei, wenn er einen Arzt hat, als wenn er selber seine Gesundheit besorgt.
Friedrich Nietzsche

Höhere Gesundheit folgt der durchlebten, nicht der „weggespritzten" Krankheit.
jp

2.4.2 Abneigung oder Ekel

1/10 der deutschen VegetarierInnen gibt als Hauptmotiv Abneigung oder Ekel an. Diese Negativgefühle werden durch Riechen („Fleisch stinkt!"), durch Sehen (im grandiosen Filmdrama „1900" von Bernardo Bertolucci muss der 10jährige Herrschaftssohn an der Abendtafel Froschschenkel essen, die sein gleichaltriger Freund, ein Gesindesohn, gefangen und stolz als Trophäen um die Stirn gebunden hat. Erbrechen ist die Folge), durch ein Zusammenwirken aller Sinne bestimmt. Nationale, regionale, zeitlich begrenzte oder zeitlich scheinbar unbegrenzte Nahrungsmitteltabus sind in der Mehrzahl deshalb schwer zu erklären: Unser heutiger Ekel vor Hundefleisch, unsere beständige Begeisterung für Grillhähnchen, obwohl wir das ganze Tier sich am Grill drehen sehen.

Für Paul Rozin, einen amerikanischen Psychologen und Ekelexperten, ist der Nahrungsmittelekel die Basis aller Ekelvarianten. Er ist ursprünglich eine Abwehrreaktion, um den Körper vor ungeeigneter Nahrung zu schützen. Die evolutionäre Weiterentwicklung dessen: Ekelgefühle gegenüber Tieren, moralischer Ekel. Die unterschiedlichen Ekelauslöser von Volksstämmen und Nationen sind wahrscheinlich Abgrenzungsmechanismen nach außen. Sie verbinden, im Umkehrschluss, eine Gemeinschaft.

Die Entstehung individuellen Ekels, des grundsätzlichen Ekels vor allen tierischen Nahrungsmitteln setzt, so meine Beobachtungen dazu, leidvolle, traumatische Erlebnisse voraus. Die Folgen sind oft wiederum mit Leid verbunden: Die Liebe zu den „Anderen" wird belastet oder aufgehalten, die Liebe der Anderen, „Normalen" zu mir gerät ins Stocken. Aber! Ich kann und will meinen Ekel nicht für moralische Wertungen und zu Verteufelungen verwenden. Ich möchte meinen Ekel so beherrschen, so kultivieren lernen, dass ich im „Ernstfall" auch den Leidenschaftsfleischgriller liebhaben kann. Denn, das fühle ich: „Den individuellen Ekelgefühlen kann nur Liebe helfen", so ein mir gerade erschienener, imaginärer Idealvegetarier.

Noch einmal zurück: Ekel vor Fleisch entsteht häufig urplötzlich, motivlos, wenn Magenkrebs diagnostiziert wird. Ist das ein später, nicht zu verdrängender Rettungsversuch des Körpers? Oder lässt dieser Zusammenhang wenigstens die Meinung verständlicher werden, dass wir Menschen doch als PflanzenesserInnen auf die Welt kamen? Wir können nicht alle Fragezeichen unserer Gedankenwelt zum Verschwinden bringen. Diese Einsicht ist dem Optimismus förderlich. Und sie hilft uns wohl gleichermaßen, bescheiden und demütig zu werden.

Der größte Sinnengenuss, der gar keine Einmischung von Ekel in sich führt, ist, im gesunden Zustande, Ruhe nach der Arbeit.
Immanuel Kant

Es gibt eine Unbeständigkeit, welche von der Leichtigkeit des Geistes oder seiner Schwäche herkommt, welche ihn alle Meinungen anderer annehmen lässt, und eine andere, mehr entschuldbare, welche aus dem Ekel an den Dingen stammt.
Francois VI. Herzog de La Rochefoucauld

Das Natürliche ist anständig; nur Unnatur ist ekelhaft.
Carmen Sylva

Nun sind wir gewappnet, für ein unglaublich trauriges Zitat. Es wird aufgeführt, um aus all unseren möglichen seelischen Krisen, die sicherlich sehr oft, vor allem in höherem Alter, Folgen der Ernährung sein können, herauszuwachsen, um nichts von unseren Schwierigkeiten, glücklich zu leben, zu verschweigen:

Was ist das Größte, das ihr erleben könnt? Das ist die Stunde der großen Verachtung. Die Stunde, in der euch auch euer Glück zum Ekel wird und ebenso eure Vernunft und eure Tugend.
Friedrich Nietzsche

2.4.3 Ökologische Bedenken

„Umweltschutz mit Messer und Gabel" ist der Titel eines Buches von Toni Meier, einem promovierten Agrar- und Ernährungswissenschaftler. Der Autor versucht, so meine Gefühle beim Studieren und Lesen, ganzheitlich und wissenschaftlich, ein seltener Arbeitsansatz unserer GegenwartswissenschaftlerInnen, die Folgen unserer Ernährungsverhalten aufzuzeigen. Dieses Studierbuch ist mir ein ständiger Begleiter beim Schreiben, mein Nachschlagewerk zu der Beziehung von Ökologie und Ernährung.

Zum Flächenbedarf unserer Lebensmittel schwirren die unterschiedlichsten Zahlen durch die Literatur der ErnährungsideologInnen, bei Toni Meier finden sich folgende Angaben (in m² pro Kilogramm):

Gemüse – 0,5 m²/kg, Obst – 0,9 m²/kg, Milch – 1,4 m²/kg, Getreideprodukte – 1,7 m²/kg, Eier – 3,8 m²/kg, Geflügelfleisch – 6,2 m²/kg, Schweinefleisch – 8,9 m²/kg, Käse, Quark – 9,9 m²/kg, Butter – 20,7 m²/ kg, Rind- und Kalbfleisch – 25,4 m²/kg.

Aus diesen, so gefährlich von anderen Parametern separierten Zahlen für die Flächenargumentation ergibt sich: Sollten wir vorrangig Gemüse, Obst und Getreideprodukte essen, hätten wir sicherlich ausreichend landwirtschaftliche Nutzfläche auf der Erde, um 10 oder 20 Milliarden Menschen ernähren zu können. Sollten wir überwiegend Fleisch von Landtieren, bei Fischen sieht das nur unter diesem Blickwinkel ganz anders aus, und tierische Erzeugnisse essen wollen, würde sich unsere Zukunftsprognose drastisch verändern.

Die ÖkoMotive der VegetarierInnen haben bei einem immer größer werdenden Nahrungsanteil an Gemüse diesbezüglich die schlüssigste Daseinsberechtigung. Im Jahr 2006 wurden für tierische Nahrungsmittel in Deutschland

68% der Gesamtnutzfläche benötigt, nur 32% für pflanzliche Nahrungsmittel. Da gibt's noch wunderbar viel „Spielraum" zum Verändern. Im dritten Teil dieses Buches, im Kapitel 8 zum Complementismus („Die Folgen der verschiedenen Ernährungsverhalten") werden auch andere wichtige Maßstäbe berücksichtigt: Der Wasserbedarf der einzelnen Lebensmittel, der Bodenverbrauch im Ausland, die CO_2 Bilanz, der Abfall … Zum Trösten der VegetarierInnen aber vorweg: Der Flächenbedarf für die Nahrung einer durchschnittlichen Vegetarierin, eines durchschnittlichen Vegetariers ist nach den Berechnungen des vielzitierten Toni Meiers ca. 25% geringer als der von durchschnittlichen AllesesserInnen. Kein Regenwald müsste gerodet, keine Savanne ihrer Natur entfremdet werden.

Minifazit: Das ist mehr als der Tropfen auf den heißen Stein.

Denke nicht nur mit Deinem Kopf. Denke mit Deinem ganzen Körper.
Eckhart Tolle

Die Summe der Teile ist nicht das Ganze.
Lao Tse

Das Ziel und der Zweck aller unserer Handlungen ist entweder die Ganzheit unserer Natur wiederherzustellen oder die Unvollkommenheiten, denen unser Leben unterworfen ist, zu erleichtern.
Vincent von Beauvois

Das Ganze ist nicht gegeben, sondern immer nur aufgegeben.
Immanuel Kant

2.4.4 Ethische Grundhaltungen

Was darf der Mensch anderen Tieren antun, ohne dass seine Seele beschädigt wird? Was dürfen wir anderen Lebewesen antun, ohne dass unsere Seelen unempfindsam werden? Tierhaltung und Tiertöten betrifft das gleichermaßen. Fast gleichermaßen. Wir blenden das Töten weitgehend aus und streiten über die artgerechteste oder überhaupt artgerechte Tierhaltung. Unser Leidensdruck ist wohl so groß, dass wir unser Denkvermögen, auf das wir so unberechtigt stolz sind, ein weiteres Mal nicht nutzen, nicht nur nicht nutzen, sondern: das Wort artgerecht beruhigt, obwohl es pursten Unfug beinhaltet. Wir verbieten uns das Denken.

Schalten wir unsere Gehirne wieder ein, muss uns schnell klar werden, dass die vegetarische Ernährung in wesentlichen Fragestellungen keine uns befreienden Lösungen mehr anbieten kann. Aber, schon wieder dies tröstende und klärende „aber", das falsch verwendet allerdings eine Bremse ist, das Beharren auf tief eingetretenen Standpunkten signalisiert, aber jetzt das Positive in handlungsfrohes Licht setzen möchte, um den VegetarierInnen unter uns das Weiterlesen zu erleichtern: Die vegetarische Ernährungsweise kann wenig bis nichts Positives vom Gewünschten bei Tierhaltung, Töten, Gesundheit für Tier und Mensch bewirken, ein kleines Bisschen bei Beachtung von „Bio", *aber* die Ernährung aller Menschen auf unserem Planeten wird, wegen des geringeren Nahrungsflächenbedarfs, realistischer, der Erhalt der Urwälder und Savannen, der jetzt noch vorhandenen, wird sicherer, die negativen Auswirkungen unserer Lebensstile auf „unseren" Planeten werden kleiner.

Diese Miniauflistung der positiven Wirkungen einer vegetarischen Lebensweise an dieser Stelle ist mir wichtig, denn jetzt kommen erschreckende, ernüchternde Resultate des genaueren „Hinguckens"...

Zu Legehennen und Schredderküken

Jeden Tag ein Ei essen, aus dem Eierbecher, als Flüssigei im Kuchen, in der Sauce, als Eizusatz in Fertiggerichten, das verschafft dem Huhn- und dem Hähnchenküken folgende Aussichten:

I - Du kaufst Eier von Hybridhühnern und mit Eiern von Hybridhühnern erzeugte Lebensmittel.
300 Eier gibt ein Hochleistungshybridhuhn, 2 Jahre kurz. Dann wird es geschlachtet und zum Suppenhuhn. Auf jedes Legehuhnküken kommt ein Hahnküken. Das wird gleich nach der Geburt geschreddert. Dein Konsum von durchschnittlich 240 Eiern jährlich führt somit, alle 2,5 Jahre (2 mal 240 : 2 mal 300 = 0,8 / 2 Jahre : 0,8 = 2,5), muss da Dividiertzeichen rein??? zum Töten von 2 Tieren, eines davon hatte zuvor gar kein Leben. Und das andere ein grässliches.

II - Du kaufst Eier von Hühnern, denen es extrem gut geht, extrem gut nach unseren selbstgefälligen BioAlternativRegeln.
Eine fast natürlich aufwachsende Legehenne legt ca. 6 Jahre lang Eier, jedes Jahr weniger. Im ersten vielleicht 200 und im sechsten vielleicht noch 50, in 6 Jahren also etwa 700 Eier. Du verbrauchst pro Jahr, bei dem jetzigen durchschnittlichen Eierkonsum von 240 pro Jahr die EierJahresproduktion von 2 Legehennen. Nach 6 Jahren werden Deine beiden Hennen zum Suppenhuhn. Oder kämen, gehen wir mal davon aus, dass es so etwas geben könnte, in ein Hühneraltenheim. Die Existenz der beiden Hühner bedingt, dass es auch zwei Hahnküken oder

Hähne gegeben haben musste.

Wozu führt Dein Eierkonsum von „glücklichen" Hühnern?

Im Falle Suppenhuhn und Schreddern des männlichen Kükens: Alle 3 Jahre müssen 2 Tiere für Dich getötet werden. Eines davon hätte ein immerhin 6jähriges und vergleichsweise und nicht artgerechtes, aber glückliches Leben gehabt.
Die männlichen Küken wachsen auf und sterben wie die Legehennenschwestern einen natürlichen Tod im imaginären Hühneraltenheim:
Sollten Henne und Hahn etwa 20 Jahre alt werden, das wäre bei vielen Rassen ziemlich normal, ergäbe sich durch Dich ein Altenheimanteil von: 80 Lebensjahre mal 240 Eier = 19.200 Eier Lebensverzehr. Das ist die Leistung von etwa 27 (19.200 dividiert durch 700) Legehennen, die dann, nach ihrer 6jährigen Legehennenkarriere, noch 14 Jahre im Altenheim bis zum natürlichen Tod ernährt werden müssten. Die 27 dazugehörigen männlichen Küken müssten 20 Jahre im Heim auf ihren natürlichen Tod warten. Die Altenheimkosten müssten auf den Eierpreis aufgeschlagen werden. Ich habe keine Ahnung, was das kosten würde. Ist ja auch nur eine sentimentale, hilflose Fiktion vom Eieressen ohne zu töten.

Fazit:
Wer Eier isst, in welcher Form auch immer, gekocht, gebraten, gequirlt, unsichtbar im Kuchen, unsichtbar und nicht erkennbar in Fastfood, lässt dafür töten.

Im besten Falle haben die Hennen zuvor ein glückliches
− glücklich nenne ich alles, was entfernt vom TierAgrarindustrieLeben ist, das ist nicht, ganz sicher nicht zynisch

gemeint, sondern optimistisch-hilflos – Leben gehabt. Den männlichen Küken könnte die in eine etwas frohere Zukunft weisende Landwirteinitiative „Bruderhahn" (Informationen dazu im Anhang unter Bruderhahn) für einige Monate auch ein gleichglückliches Leben zugesichert werden.

Sollte sich Dein Eierkonsum minimieren lassen, vielleicht auf 3 Eier in der Woche dann gäbe es das Frühstücksei nur am Sonntag, die anderen Eier wanderten in Kuchen und andere Speisen, dann würde sich das Töten durch das Ändern Deiner Essgewohnheiten in etwa halbieren. Viel mehr kannst Du als EsserIn von sichtbaren und unsichtbaren Hühnereiern nicht tun. Nur ohne Eierverzehr tötest Du keine Henne. Und kein Hahnküken, oder, im „Idealfall", keinen Bruderhahn.

Zu Kalb und Kuh; zu Milch und Käse

Solltest Du täglich einen Viertelliter Milch, Sahne, Molke, Joghurt und vielleicht hundert Gramm Käse verzehren, alles unterhalb des durchschnittlichen „Prokopfverbrauchs" angesetzt, hätte das ungefähr diese Folgen:

I - Du verzehrst Nahrungsmittel, deren Ursprung die Milch von Hybridhochleistungskühen ist.
Die Hybridmilchkuh wird mit maximal 6 Jahren im Schlachthof per Bolzenschuss getötet und dann, nach härtestem Sklavinnenleben mit kaputtem Euter, vergifteten Innereien und sonstiger Produktionsmasse ausgeschlachtet. Nur als Rekordvorzeigemilchkuh lebt sie vielleicht etwas länger. Geschlachtet werden sie alle. Es gibt kein Entrinnen. Keine hat außerhalb Indiens die Chance, zur heiligen Kuh zu werden.
In ihrem artungerechten kurzen Leben, eine Kuh hat

eine natürliche Lebensdauer von 30 - 50 Jahren, bringt die Hybridkuh, die Produktionseinheit Nr. 2007, 4 Kälber zur Welt und produziert ca. 30.000 Liter Milch. Eine Wiese hat sie nie gesehen, mit keinem ihrer Kinder hat sie auch nur einen Tag zusammengelebt. Bis auf 4 mal 8 Wochen war sie seit ihrer ersten Geschlechtsreife immer gleichzeitig schwanger und Milchlieferant. Ein solcher Lebensverlauf hat sich gerechnet, für den Besitzer der Produktionseinheit Nr. 2007. Was ergibt sich: Für das Erzeugen von 100 g Kuhkäse werden 400 g − 1.400 g Milch benötigt. Wir gehen beim Berechnen unseres Milchverbrauchs von einer durchschnittlichen MenschenLebenserwartung in Mitteleuropa von ungefähr 80 Jahren und einem gleichfalls durchschnittlichen Milchbedarf pro 100 g Käse aus:

Milch: 0,25 Liter mal 365 Tage mal 80 Lebensjahre = 7.300 Liter

Käse: 0,8 Liter mal 365 Tage mal 80 Lebensjahre = 23.360 Liter

Für Deinen MilchKäseLebensverzehr wird all das, was man *einer* Hochleistungsmilchkuh in ihrer maximal 6jährigen Lebenszeit abverlangt, benötigt. Von den 4 geborenen Kuhkindern werden mindestens 2, die männlichen, zum Mastkalb. Sie brauchen nicht so lange zu leben wie die Mutterkuh: nach 20 − 24 Wochen werden sie mit einem Nutzungsgewicht von 150 kg geschlachtet. Sie haben dann ca. 2 % ihrer natürlichen Lebenserwartung von 20 Jahren ausschließlich in der Mastfabrik gestanden, auf neuerdings 3 Quadratmetern, die „Wohnfläche" wurde brüsselerhöht.

II - Der Idealfall: Du verzehrst Lebensmittel, die auf Demeterbauernhöfen erarbeitet wurden.

Demeter – welch ein großer Name für einen Bauernverbund. Die olympische Göttin Demeter war verantwortlich für die Fruchtbarkeit im umfassendsten Sinne, für die Fruchtbarkeit von Saat, Getreide, Jahreszeiten. Sie war verantwortlich für die Fruchtbarkeit der Erde. Ihre Kosenamen deuten auf ihre Bedeutung hin: Gerstenmutter, Weise der Erde, Überfluss, die Grünende, Weise des Meeres ... Vielleicht beginnt deshalb das Logo des anthroposophisch ausgerichteten, 1928 gegründeten Bauernverbands demeter mit einem kleinen, bescheidenen „d".

Um in der Darstellung möglichst sachlich zu bleiben, meine Zuneigung zu den charakterstarken bäuerlichen Vereinigungen ist groß, trotz meiner gleichfalls großen Abneigung aller Vereinsmeierei und den damit verbundenen bürokratischen Querelen gegenüber, habe ich demeter, ich schreibe das weiterhin liebevoll klein, einen Fragenkatalog geschickt: Wie alt werden Milchkühe bei demeter? Wie weit sind die zugelassenen Entfernungen zum Schlachthof? Ist Anbindung erlaubt? Wie lange bleibt das Kalb bei der Mutterkuh? Welche Milchleistung darf einer Kuh abverlangt werden? Wieviel Platz hat eine Kuh im Stall? In welchem zeitlichen Abstand zur letzten Schwangerschaft wird die Kuh wieder gedeckt? Wie viele Tage im Jahr kann die Kuh in der Natur sein? Ich habe um schnelle Antwort gebeten. Und wirklich postinternetwendend kam ein ausführlicherer Brief, der mich nicht blindlings frohgemut gemacht hat, aber doch optimistisch, dass es sich bei demeter um eine lebendige, diskussionsoffene Gemeinschaft handelt.

So wird, ein wichtiges Signal für menschliche Tierliebe, die „muttergebundene" Aufzucht der Kälber, von einigen demeter-Betrieben, die so rindgerechter handeln, als bindend für alle MitgliederInnen, kämpferisch angestrebt. Bisher ist das Verhalten der Mutterkuh und dem gerade geborenen Kalb nicht umfassend besser als bei industrieller Tierhaltung: Das Kalb bleibt nur einige Tage, mehr als einige Minuten ist das trotzdem, bei der Mutter. Immerhin bekommt es danach aber für einige Zeit die Muttermilch im Tränkeimer angeboten, statt nur einen unnatürlichen Wachstumscocktail in das nach der Mutter schreiende Kalbsköpfchen eingetrichtert zu bekommen.

Machen wir uns nichts vor! Sollten wir nicht bereit sein, für Fleisch und tierische Erzeugnisse deutlich mehr Geld auszugeben als bisher, sind glückliche Tierleben, zu unserer Motivation übertreibe ich mit dieser Kennzeichnung bis hin zur Unwahrheit, nicht zu finanzieren. Die nationalen Anbauverbände versuchen auf ihren tiergerechteren Wegen, dies ist wieder eine falsche aber uns anspornende Beschreibung, zu bleiben, trotz der maßlos verdünnten 0815-Bedingungen zum Erlangen des europäischen Sechseckbiosiegels.

Nur mit unserer Hilfe ist das möglich: Wir essen weniger tierische Lebensmittel und zahlen mehr dafür. Das bilanziert sich wie folgt beim doppelten Preis und einer Reduzierung des Anteils von Milch, Butter und Käse auf ein Drittel:

1/3 (reduzierter Verzehr) mal 2 (doppelter Preis, aber wertvollere Erzeugnisse) + Preis für den Gemüsemehrverzehr + ruhigeres Seelenleben + gesünderer Körper ~ (ähnlich) bisherige Ausgaben + „Gewissensbisse"+ Gesundheitsschäden. Kein schlechter Handel, oder?

Für Vergangenheit und Gegenwart gilt noch für demeter positiv anzumerken, in Stichworten: demeter-Kühe haben Hörner. Das schmerzhafte, übliche Verstümmeln der Tiere ist verboten. Ein wunderbarer „Nebeneffekt" des Respekts vor der und Liebe zu der Natur: Kühe mit Hörnern geben vollwertigere Milch. Die Begründung dieses scheinbar so dahingeworfenen Satzes ist nachzulesen bei Sepp Holzer. Demeter-Kühe können in Anbindung gehalten werden, aber nicht nur: regelmäßiger Auslauf und Weidegang ist Pflicht. Da der Stallmist wertvoller Dünger ist, die Rinder bekommen nur Bio-Futter zu fressen, der vorbeugende Einsatz von Antibiotika und Hormonen ist tabu, sorgt die Kacke der Rinder für das Wachsen von unbelastetem Getreide, Gemüse und Obst. Der Zusammenhang von veganen Lebensmitteln und Stallmistdünger wird in diesem Buch nicht behandelt werden können. Dazu fehlen dem Autor schlüssige Informationen und der bäuerliche Sachverstand. Funktioniert Landwirtschaft ohne Stallmist im notwendig großen Ausmaß? Das ist eine Schlüsselfrage für sinnvolle Ernährung in der Zukunft. Angst, Stress, Durst und Schmerzen werden auch in den letzten Lebensstunden der Tiere vermieden, sofern die BrüsselGesetzgeber nicht mit immer mehr Reglementierungen zum Schlachten produzieren.

All dies wird sinngebend erwähnt, weil es im Zusammenhang mit dem Töten nichts fundamental Hoffnungsfrohes zu berichten gibt: Demeter-Kühe dürfen ungefähr ein halbes Jahr länger leben als konventionell gehaltene Tiere. Demeter-Milchkühen werden ca. 30 % weniger Milch abverlangt. Das tut nicht nur der Gesundheit des Euters gut. Bevor die Ferse verbal zur Kuh mutiert, das geschieht im Alter von ca. 15 Monaten mit der Geburt eines Kalbs, hat sie eine deutlich längere und in jedem Fall tiergemäßere Jugend verbracht, aber dann bekommt sie auch jedes Jahr ein Kalb, wovon die Hälfte, wie sollte es anders sein, männlicher Nachwuchs ist. Auch dieser wird im Normalfall gemästet und nach wenigen Monaten geschlachtet.

Kaufst Du und verzehrst Du demeter-Lebensmittel von Rindern in der gleichen Menge wie andere konventionelle Nahrungsmittel, ändert sich nichts an der „Tötungsbilanz": Es müssen ähnlich viele Tiere für Dich getötet werden. Nur durch geringeren oder gar keinen Verzehr von tierischen Lebensmitteln kannst Du auch bei demeter-Tierhaltung das Töten verringern. Aber, und das ist jetzt ein ganz wichtiges aber: Die Tiere haben gelebt. Sie waren nicht die Produktionseinheiten 2007k und 3014b, sondern hießen Elfi und Gerda. Trotz alledem müssen jetzt wieder Hoffnungssprüche helfen:

Es ist besser ein einziges Licht anzuzünden, als die Dunkelheit zu verfluchen.
Konfuzius

Die Hoffnungslosigkeit ist schon die vorweggenommene Niederlage.
Karl Jaspers

Wir dürfen jetzt nur nicht den Sand in den Kopf stecken.
Lothar Matthäus

Es gibt überall Blumen für den, der sie sehen will.
Henri Matisse

Wer nichts waget, der darf nichts hoffen.
Friedrich Schiller

Untergangspropheten, die vom Pessimismus leben – und gar nicht schlecht – empfinden jede Art von Zuversicht zwangsläufig als Existenzbedrohung.
Bob Hope

Zu Zieglein und Ziege; zu Lamm und Schaf

Ziegleins und Lämmer, eigenwillige Ziegenherden, friedliche Schafherden ... ganz verzichten möchte ich auf diese Anblicke nicht. Aber wieder gilt: Keine Ziegen- oder Schafsjogurt ohne „überflüssige" männliche Ziegleins und Lämmer. Was tun? Ein Schafbock könnte sich immerhin durch seine Wolle nützlich machen, aber wie teuer müsste die dann sein? Töten oder Tierheime! Bei den eventuellen „Schafbocktierheimen" lassen sich Phantasie und Optimismus nicht gut in meinem Kopf vereinen. Mit dem Töten, nach einem angemessen langen Leben, mit der Willkür der BestimmerInnen darüber, habe ich etwas weniger Probleme, nur: Angemessen lang, was heißt das? Ganz eindeutig: Milchlamm ade!

Es gibt Böden, ganze von HangWiesen geprägte Landschaften, die für den Ackerbau ungeeignet sind. Schafe und Ziegen fühlen sich dort jedoch oft schafswohl. Die genügsamen Schafe und die Feinschmeckerziegen können auch für unsere Baumkulturen düngend und „Ordnung schaffend" agieren. Unterschätzen wir diesen natürlichen Säuberungs- und Düngungsprozess nicht. (Unsere Olivenhaine sind leider zu klein und zu weit entfernt, dass sich ein „Schafherdenbesitzer" wirklich für sie interessieren könnte. Wir beneiden − ich werde nicht müde, den positiven Neid zu betonen: er kann unser Miteinander auf schöne Weise beeinflussen − unsere Nachbarn um ihre leichtere Erreichbarkeit für die Herde.)

Wieder kommt mir der überzeugende Politikslogan der Grünen in den Sinn: 100% fair, bis 2050! Wie erlernen wir Fairness den Tieren, auch allen Nutztieren gegenüber? Vielleicht mit: Augen auf im Straßenverkehr: Die Viehtransporte Richtung Schlachthof sind ja nicht unsichtbar. Lassen wir uns berühren. Informieren wir uns: Lammfleisch aus den Bergen um Sisteron herum, das preissteigernd als Sisteronlamm verkauft wird, muss dort ja nur geschlachtet werden. Also werden die Lämmer aus allen Gegenden in die französischen Voralpen gekarrt, um dort, betrügerisch geadelt, geschlachtet zu werden. Immer wieder gibt es Gründe für überschaubare ErzeugerInnen-HändlerInnenketten. Verinnerlichen wir das und handeln wir dann entsprechend.

Viele von uns vertragen Jogurt und Käse aus Schafsmilch deutlich besser als die gleichen Produkte aus Kuhmilch. Was könnte daraus abgeleitet werden? Laktose ist nicht gleich Laktose, oder? Über den Milchzuckeranteil, der ist bei Kuh- und Schafsmilch ähnlich, lässt sich das nicht begründen. Welche Rätsel warten da auf uns? Vielleicht sind sie unlösbar, sofern die Resultate bequem sein sollen? Vielleicht gäbe es weniger Laktoseallergien bei moderatem und vielfältigerem Verzehr von Milchprodukten? Eine der Voraussetzungen des moderaten Verzehrs: Essen wir nicht überwiegend Fertiggerichte, denn fast in allen ist Trockenmilchpulver enthalten. Sojalebensmittel können uns helfen, weniger Milch von Tieren zu essen, aber Achtung! Verwenden wir ähnlich phantasielos Soja allüberall, lassen die Sojaunverträglichkeiten sicher auch nicht lange auf sich warten. Je weniger die Lebensmittel verändert, manipuliert, gestresst werden, desto gesunder sind sie. Auf Schafsmilch, Ziegenkäse und Lammfleisch bezogen heißt das im Besonderen, die Tiere wurden fair behandelt und stressarm geschlachtet.

Mach's einfach! Im doppelten Sinne
Axel Haitzer

Die Nichtzusammenarbeit mit dem Schlechten gehört ebenso zu unseren Pflichten wie die Zusammenarbeit mit dem Guten.
Gandhi

Souverän ist nicht, wer viel hat, sondern wenig braucht.
Niko Paech

2.4.5 Menschenrechtsethik – Hunger in der Welt

Oh, Ihr VeganerInnen unter den LeserInnen, aufgepasst, nur allzu oft leistet frau/man das Eine auf Kosten des Anderen: Der fundamentale Einsatz für das Wohlergehen der Tiere darf nicht „finanziert" werden mit der fundamentalen Verachtung jener Menschen, die das nicht tun können oder nicht wollen. Und die dafür sicherlich anderswo Gutes tun. Vielleicht könnten jene AllesesserInnen, die keine Klamotten auf ihrer Haut dulden, die von Kindersklaven zusammengenäht wurden, die für ihre Baumwollshirts faire Preise bezahlen, die sich aufopferungsvoll für die Umsetzung des International Bill of Human Rights der Vereinten Nationen einsetzen, euch VeganerInnen auch, ähnlich berechtigt oder unberechtigt, verachten, beschämen, hilflos machen, oder? Die TierrechtlerInnen sollten auch MenschenrechtlerInnen sein, so schwer das auch sein mag, gerade dann, wenn frau/man mit Tieren zusammenlebt und deren Eigenschaften jenen der Mitmenschen vorzieht.

Gleiches Recht für alle! Das sagt sich und schreibt sich so einfach dahin. Seit wann gibt es dazu Gesetze? Und ab wann könnte das einmal so sein? Gesetze zum Menschenrecht brauchen wir keine neuen, aber Einsichten, dass wir diese im Realfall auch wirklich wollen, und „Instrumente", die uns beim Verwirklichen helfen. Noch für den sonst sehr geschätzten Aristoteles waren manche Menschen, und das war zu seiner Zeit die Mehrheit, von Natur aus Sklaven und Unterworfene. Ein weiter Weg also, von ihm bis zu unseren heutigen, regionalen Menschenrechtsabkommen. In der Region Europa ist dies die Konvention zum Schutze der Menschenrechte und Grundfreiheiten. Ein schwieriger Weg, mit immer wieder neuen Hindernissen, und Löchern, auch riesigen Schlupflöchern und vorübergehend in die Irre führenden Umwegen.

Vielen DenkerInnen, gerade in den letzten, leichter nach-vollziehbaren 500 Jahren, ist es zu danken, dass aus dem jeweils ungerecht Erlebten das allgemein Gerechtere, weniger Willkürliche erarbeitet wurde. Je weiter wir uns vom Leben in kleinen Volksstämmen entfernt haben, desto notwendiger wurde dies auch. Ob in 50-Millionenstädten die erkämpften Menschenrechte überhaupt eine Chance haben können, ist eine der wenigen Fragen, die nicht nur voller Optimismus und Zuversicht hier geäußert wird. Aber doch! Helfen könnten: Solidarische Landwirtschaft. Vegane Landwirtschaft. Terra preta. Gemüsekisten. Gärtnern auf Balkonen und Dächern. Solidarität statt Hierarchie. Zurück zur Natur. Auf zeitgemäße Weise.

Ich bin für die Rechte der Tiere genauso wie für die Menschenrechte. Denn das erst macht den ganzen Menschen aus.
Abraham Lincoln

Die Menschenrechte beginnen, wo die Vorurteile enden.
Marquis de La Fayette (1757-1834)

Seid Menschen, so werden Euch die Menschenrechte von selbst zufallen.
Novalis

Der Mensch mache sich nur irgendeine würdige Gewohnheit zu eigen, an der er sich die Lust in heiteren Tagen erhöhen und in trüben Tagen aufrichten kann. Er gewöhne sich z.B. täglich in der Bibel oder im Homer zu lesen, oder Medaillen oder schöne Bilder zu schauen, oder gute Musik zu hören. Aber es muss etwas Treffliches, Würdiges sein, damit ihm stets und in jeder Lage der Respekt dafür bleibe.
Johann Wolfgang von Goethe

Hunger in der Welt

Jede/jeder achte von uns selbst aufs tierische Siegerpodest Gestellten ist unterernährt, leidet unter chronischem Hunger. Bei welchen anderen Tieren ist dieses Verhältnis schlimmer? Sind diese Spezies dann überhaupt lebensfähig? Alle drei Sekunden stirbt ein Mensch den Hungertod. In den „Entwicklungsländern" ist jedes vierte Kind untergewichtig. Soll das wunderbar optimistische Wort Solidarität einen Ursinn haben, dann müsste es sich an den Hungernden ausrichten.

Wir, die Menschen der ersten Welt, geben vor zu wissen, wo es lang gehen kann ins erstrebte Schlaraffenland. Wie wir diese Überheblichkeit, diesmal innerhalb der Spezies Mensch, erklären, uns und den „Niederen", ist eine frappierende Gesellschaftsleistung: Im unantastbaren Vorreiterimperium USA hatten im Jahre 2005, für andere Jahre habe ich nichts gefunden, es gibt jedoch keinen Grund, diese Zahlen für andere Jahre zu bezweifeln, 35 Millionen AmerikanerInnen Schwierigkeiten, sich zu ernähren. Allein in New York haben 3 Millionen Menschen nicht genug Geld, um ausreichend Lebensmittel zu kaufen. Suppenküchen müssen herhalten. Hilfen von jenen, die auch nicht viel haben und sich bewundernswert engagieren. Oder von jenen, die diese Zustände mit herbeigeführt haben und nun systemerhaltende Samariterdienste leisten.

Auch wenn es erst einmal wie ein Widerspruch klingt: Die rapide Zunahme an krankhaft Fettleibigen, von den Vereinigten AmerikanerInnen sind im Moment 30% viel zu dick für ein glückliches Leben, hat etwas mit dem Hunger zu tun, zu allererst mit dem Hunger nach einem anerkannten, ausgefüllten Leben, zu dem fundamental auch die Arbeit gehört.

Wie schafft nun die vegetarische Ernährungsweise den Hunger auf der Welt ab?
Ich habe nichts unmittelbar Erklärendes finden können. Der geringere Flächenbedarf für die vegetarische Ernährung könnte durch die damit verbundene, mögliche Stärkung der eigenständigen Landwirtschaft in der „dritten" Welt Elend und Hunger verringern helfen. Dass die weggeworfene Menge an Lebensmitteln, allein in den Industrienationen, ausreichen würde, um den Hunger aller zu stillen, scheint nachgewiesen zu sein. Ein Hoffnungsschimmer für alle, die sich bewusster, solidarischer ernähren. Hilfe zur Selbsthilfe ist ein weiterer Ansatz. Beides bedingt keine vegetarische Lebensweise. Jedoch ist die Hoffnung groß, dass im Besonderen die Vegetarier und VeganerInnen offen für Argumente und bereit sind, sich daran zu orientieren. Und zu handeln.

Die Weltwirtschaft könnte problemlos 12 Milliarden Menschen ernähren. Das heißt, ein Kind, das heute an Hunger stirbt, wird ermordet.
Jean Ziegler

Hunderte von Millionen Tonnen Nahrungsmitteln auf einem Planeten zu verbrennen, wo alle fünf Sekunden ein Kind verhungert, ist ein Verbrechen gegen die Menschlichkeit.
Jean Ziegler

Wer satt ist, wird nie einen Hungrigen verstehen.
Volksmund

Wir leben in einer verrückten Welt: Menschen sterben vor Hunger, aber Schoßhündchen gehen an Verfettung ein.
Norman Mailer

Ein hungernder Mensch ist kein freier Mensch.
Adlai Ewing Stevensen

Durch die unnatürliche Kost wird der Hunger nur gesteigert.
Bernhard von Clairvaux

2.4.6 Erdrechtsethik – Maßhalten und Demut

Den Mitmenschen, den Tieren, den Pflanzen und Bäumen, den Steinen, den Böden können wir Leid zufügen und das Leben erschweren, wir können möglicherweise das Leben von uns Menschen auf dem kleinen Planeten Erde ausrotten, wir können vielen anderen Lebewesen das Weiterleben unmöglich machen, eventuell können wir Menschen auch das sechste, totale Artensterben auf der Erde verursachen. Aber irgendwann wird neues Leben entstehen können auf diesem kleinen Planeten, völlig unabhängig von unseren überheblichen oder demütigen Meinungen dazu. Die Erde lebt durch kosmische Zusammenhänge. Der Kosmos ist durch unser menschliches Handeln nicht zu irritieren. Nicht einmal der Erde sind wir wirklich wichtig. An welcher Stelle da die Götter stehen und einzugreifen versuchen, das wissen oder ahnen auch nur diese selber. Wir jetzigen ErdbewohnerInnen haben die unermesslich schwierige aber auch wunderschöne Aufgabe, die Erde möglichst so zu erhalten wie sie sich uns anbietet, damit auch unsere Kinder und Kindeskinderkinder sich auf ihr ein lebenswertes Leben gestalten können. Die Vielfalt von Fauna und Flora in allen Weltregionen zu gewährleisten, nicht die Verursacher des Aussterbens von täglich (!) etwa 100 Pflanzen- und Tierarten zu sein – das ist wohl die Grundaufgabe, denn wir haben ja keinerlei Ahnung davon, wie das Eine, das Andere und das in unermesslicher natürlicher Vielfalt sich zum Vorteilhaften wie zum Verhängnisvollen für uns auswirken kann. Wenn ich oft freud- und hoffnungsvoll die Worte Ganzheit und Ganzheitlichkeit gebrauche, dann bezieht sich das auf unseren menschlichen Horizont. Nur auf ihn. Die kosmische Ganzheit wird uns möglicherweise erahnbar, wenn wir ihr Begreifen und Erklären nicht für menschenmöglich halten. Das unfassbare, kosmische Geschenk kleiner Planet Erde gibt uns so die Energie, sein Verhalten nicht dauerhaft zu unserem menschlichen Schaden zu beeinflussen.

Du sollst nicht töten! Das ist zwar nur das 5. Gebot unserer christlichen Heilslehre, an Eindeutigkeit ist es jedoch nicht zu übertreffen. Wie es uns gelingen konnte, dieses Gebot löchrig und beliebig auslegbar zu machen, ist schwer erklärbar. In Religionskriegen wurden die jeweils Andersgläubigen, fast alle mit dem 5. Gebot Belastete, niedergemetzelt. Und fast von der Religionsgeburt an wurde aus dem Opferlamm ein Festschmaus. Es ist gegenwärtig nicht zu erkennen, dass die Kirchenoberen das 5. Gebot auf alle Lebewesen ausdehnen, so wie es wohl von Christus gemeint war. Aber es gibt viele Christgläubige, die versuchen, sich nach diesem schwer einzuhaltenden Gebot zu richten. Es tut mir weh, aufgeschrieben zu haben, dass eine vegetarische Ernährung bei der Gebotserfüllung nicht hilfreich sein kann. Das macht das Leben, erst einmal, nicht einfacher. Nur im noch immer fernen Indien führten und führen die alten Lebenslehren zu konsequentem Verhalten. Die heiligen Kühe und die geschätzten 3000 Kuhaltenheime sind ein für uns kaum nachvollziehbarer Beleg für eine Lebensweise, die zumindest einer Unterart aus der Familie der Hornträger eine Seele zugesteht.

Wo holen wir uns denn nun Mut?

Und Gott sprach: Sehet da, ich habe Euch gegeben alle Pflanzen, die Samen bringen, auf der ganzen Erde, und alle Bäume mit Früchten, die Samen bringen, zu eurer Speise
Bibel (Altes Testament - Erstes Buch Mose)

Ich bitte dich nicht, mich zu verschonen, wenn du in Not bist, sondern nur, wenn du frevelhafte Begierde hast. Tö-

te mich, um zu essen, aber morde mich nicht, um besser
zu essen.
Cicero

Lebewesen persönlich töten, sie durch andere töten las-
sen und zum Töten ermutigen, sind die drei Hauptformen
gewalttätigen Tötens. Als schuldig werden auch diejeni-
gen bezeichnet, die Fleisch kaufen, essen oder kochen.
Hinduismus

Wage es, weise zu sein! Höre auf, Tiere zu töten.
Horaz

Die Gründe dafür, dass wir Menschen Götter brauchen,
haben sich nicht geändert, nicht dadurch, dass seit Galilei
die Erde keine Scheibe ist, nicht dadurch, dass es seit
1677 Bakterien, die wohl ersten Lebewesen bei der Mit-
gestaltung der Erde, für uns gibt. (Einer der mittelalterli-
chen Allrounder, Antoni van Leeuwenhoek, entdeckte
diese Kleinstlebewesen. Robert Koch fand 1882 die Tu-
berkuloseerreger. Louis Pasteur entwickelte Methoden,
sich vor Mikroorganismen zu schützen. Pasteurisieren und
Impfungen sind Folgen seiner Forschungen. Aber erst seit
kurzer Zeit wissen wir, dass es positive, negative und op-
portunistische Mikroben gibt. Ihr Gleichgewicht entscheidet über gesund oder krank. Der Japaner Teruo Higa hat
die phantastische Welt der Kleinstlebewesen in den 80er
Jahren des letzten Jahrhunderts mit einem in die Zukunft
weisenden Produkt, den Effektiven Mikroorganismen be-
reichert.) Dass wir seit Albert Einstein Atome spalten
können und dass wir den Ergebnissen der Forschung oft
nicht moralisch gewachsen sind, dass wir mit Raumflügen
und Raumsonden die „unmittelbare" Umgebung der Erde
ein bisschen ertasten können, hat nichts geändert, ganz im
Gegenteil: Das Universum ist unendlicher, unbegreifbarer

geworden und dies tröstend Unbegreifbare nennen wir, abhängig von unserer Tradition und Erziehung und vielleicht auch Selbstfindung, Gott oder Kosmos oder Natur oder eben Universum.

Allein die Bereitschaft, das menschliche Beschränktsein anzuerkennen, kann das irdische Leben „ahndungsvoll" locker und heiter und naturnah machen („Nur wer strebend sich bemüht, den können wir erlösen"?).

Ich will nicht töten. Dieses Motiv vieler VegetarierInnen gilt für die VeganerInnen ganz umfassend. Vielleicht muss es, um glaubwürdig und ansteckend zu sein, durch ein Eigenschaftswort ergänzt werden: Ich will nicht bewusst töten. Dass wir beständig töten müssen, um das Gleichgewicht, um Gesundheit zu erhalten oder zu erzeugen, lehren uns die Billionen Mikroorganismen, die in unserem Körper agieren: Je gesünder wir leben, desto „friedfertiger" die Auseinandersetzung von positiven und negativen kleinsten LebensgefährtInnen.

Die VeganerInnen als WegweiserInnen, als HoffnungsträgerInnen, den Erhalt der Art Mensch betreffend! Ja,ganz klar:

Im Jahr 2014 ist in England das Buch *Climatic Change* erschienen. Ihm sind die Zahlen für die Kohlendioxydemissionen der verschiedenen Ernährungstypen entnommen: Die VielfleischesserInnen, das sind jene, die mehr als 100 g Fleisch pro Tag oder mehr als 35 kg im Jahr essen, erzeugen jede/jeder Einzelne, mindestens 2,65 Tonnen Kohlendioxyd im Jahr. Die Ernährung der durchschnittlichen VeganerInnen führt zu einer Emission von 1,05 Tonnen. Die Differenz ist ungefähr so groß wie der Kohlendioxydausstoß eines Kleinwagens mit einer Fahrleistung von 15.000 km jährlich. Sage also keine/keiner, individuelle Ernährungsweisen könnten nichts mit Klimaschutz zu tun haben. Noch einmal noch deutlicher: Sollten wir alle unseren durchschnittlichen Fleischverzehr, die anderen tierischen

Produkte blieben dabei noch unberücksichtigt, von ca. 60-70 kg pro Jahr auf vielleicht 15 kg reduzieren, dann hätte dies einen Effekt für die Umwelt wie die Kohlendioxyderzeugung sämtlicher unserer PKWs. Wau!

Zu dem viel geringeren Flächenbedarf der veganen Ernährungsweise: Die Zahlen der „verlässlichen" statistischen Quellen schwanken erheblich. Es ist auch deutlich schwer, den durchschnittlichen Mehrverzehr von VeganerInnen von Gemüse, Nüssen, Obst, Algen ins richtige Verhältnis zu den Gewohnheiten der AllesesserInnen zu setzen. Die unterste Zahl, die ich finden konnte: Ca. 800 m² Ackerfläche pro Jahr benötigt eine durchschnittliche Veganerin weniger. Beim Veganer ist es noch etwas mehr. Grund: Allesesserinnen, vom mittleren Alter an, essen schon deutlich mehr Gemüse als die gleichalten Allesesser. Solche Zahlen gibt die forschende Statistik her. Die richtigen Fragen können Statistik sensationell lebendig werden lassen.

Raum für alle hat die Erde.
Friedrich Schiller

Aus Erde sind wir gemacht. Zu Erde werden wir wieder. Auch für die Erde ein Trost.
Aus Arabien

Die Poesie der Erde endet nie.
John Keats

Es ist kaum zu glauben, dass sich in einer Zeit, in der sich augenscheinlich alles ums Geld dreht, die Erde sich immer noch um die Sonne dreht.
Ernst Ferstl

Da also wohnen wir – am Rande der Milchstraße: galaktische Provinz; ausgestoßen und hingewürfelt.
Manfred Poisel

Erdrechtsethik konkret: Die Landwirtschaft der Zukunft

Wie sind 200.000.000 kg Pestizide, die wir jedes Jahr allein in der Europäischen Union (weltweit hat der Pestizidmarkt einen Umfang von ca. 38.000.000.000 €, seit 1950 hat sich der Einsatz um 6 000 Prozent gesteigert, also versechzigfacht. China ist der neue Weltmeister bei Produktion und Einsatz) – mit Gasmasken scheinbar geschützt – auf den Äckern verteilen, wie sind Kunstdünger im jährlichen Handelswert von 230.000.000.000 € (wieder ist China der Weltmeister: 350 kg pro ha und Jahr), mit denen wir die immer ausgelaugteren Böden gerade noch überlisten können, aus unserer Welt zu schaffen, ohne dass wir bei Nichtanwendung dieser einstigen Zaubermittel den Hungertod sterben? Wie ist der Regenwald zu retten, den wir wegen unserer fehlgeleiteten Genussgefühle skrupellos und wissentlich unwiederbringlich alle 10 Jahre ziemlich genau um die Fläche Deutschlands (357.000 km2) verringern? In welchem Umfang können uns die bewussteren Ernährungsweisen helfen, rücksichtsvoller mit der dünnen „fruchtbaren" Erdschicht, dem Humus, umzugehen? Gibt es eine Chance für eine ganz umfassend gedachte, weltweite vegane Landwirtschaft? Und wäre das überhaupt sinnvoll? Wie kann die Landwirtschaft der Zukunft aussehen?

Es gibt, diese Erkenntnisse stabilisieren den Zukunftsoptimismus, deutliche Wegweiser zu einem anderen rücksichtsvollen, liebevollen Umgang mit der uns ernährenden Erdkrume. Die durch die Fleischbesessenheit verursachten

Hungersnöte erzwingen, so der verheerende Kurzschluss, eine weitere Steigerung des Einsatzes von Pflanzenvernichtungsmitteln und Kunstdünger, der Konzern Syngenta jubelt stellvertretend: Jahresgewinne! Mehr als eine Milliarde Euro! So konzentriert sich die Macht. Die Alternativen zu immer mächtigeren Traktoren, zu genmanipulierten Samen, zur neuen Pestizidhysterie sind wunderbar vielfältig und bunt. Terra Preta (Schwarze Indianererde – Mischung aus Holz- und Pflanzenkohle, menschlichen Fäkalien, Dung und Kompost) ist im gleichen Maße wie Permakultur (permanent agriculture – dauerhafte Landwirtschaft, der Name wurde von den australischen Pionieren der Permakultur Bill Mollison und David Holmgren 1978 erstmals in einer gemeinsamen Publikation verwendet) zum Inbegriff der Alternativen zur jetzigen IrrwegLandwirtschaft geworden. Das Permakultur-Konzept wurde durch unsere Vorfahren – einige recht entfernt – ermöglicht. Eine entwickelte Permakultur ist ein Vermächtnis für die Nachwelt. Einige Buchtitel hierzu führe ich bereits an dieser Stelle auf (ansonsten siehe Anhang), weil sie phantastisch aussagekräftig sind. Und weil sich, ein ganz wichtiger Grund, der Autor dieses Buchs zu konzentrieren hat auf seine Vorstellung von ganzheitlich vernünftiger Ernährung für möglichst viele Mitmenschen.

Ute Scheub, Haiko Pieplow, Hans-Peter Schmidt: Terra Preta. Die schwarze Revolution aus dem Regenwald. * Mit Klimagärtnern die Welt retten und gesunde Lebensmittel produzieren. Ein Paradies zum Selbermachen. Verlag: oekom. * Bill Mollison, David Holmgren: Permakultur – Landwirtschaft und Siedlungen in Harmonie mit der Natur. Verlag: Pala-Verlag. * Gerald Dunst: Kompostierung – Anleitung für Hausgarten, den bäuerlichen und kommunalen Bereich. (Die Kunst der Kompostierung besteht zu 10% aus Wissen, zu 90% aber aus Erfahrung) Verlag: Leopold Stocker. * Sepp Holzer: Sepp Holzers Permakultur.

Verlag: Leopold Stocker. Pierre Rabhi (Verlagsankündigung: „In seiner Streitschrift plädiert er für das rebellische Prinzip der Mäßigung als Protest gegen die Überflussgesellschaft und Möglichkeit zur mündigen Selbstbefreiung."): Glückliche Genügsamkeit. Verlag: Matthes & Seitz.

Zu einer der anfangs gestellten Fragen, aber nun doch noch ein sich aufdrängender Kommentar. Die Frage: Ist vegane Landwirtschaft nur eine Fiktion oder hat sie „das Zeug" zum Machbaren in großem, aber auch allernatürlichsten Stil?

„Das Zeug" ist Scheiße, vor allem menschliche. Warum soll der menschliche Kot nicht das leisten können, was wir dem Kuh-, Schaf-, Pferdemist seit einigen tausend Jahren zu danken haben: fruchtbare Böden. Unsere Fäkalien als Dünger der Zukunft. Nicht mehr das Verseuchen von Flüssen und Meeren mit unseren giftigen Ausscheidungen, sondern das Verkompostieren unseres pestizid- und kunstdüngerfreien Kots gemeinsam mit dem jährlichen Abfall der Laubbäume. Möglich ist das allemal. Die Zukunft gehört der geruchlosen Trockentoilette! Leben wir so, dass wir als Erwachsene und nicht nur als Kleinkind stolz auf das „große Geschäft" sein können. Von der Menge her könnten wir so leicht auf den Mist von Weideschafen und Almkühen und Reitpferden verzichten. Die Frage ist dann nur, ob wir wirklich ohne die Wegekameraden unserer Obertiervergangenheit leben können und wollen.

Landwirtschaft ist was für ganz Mutige, für die, welche die Herausforderung lieben, eigentlich für die Starken in unserer Gesellschaft.
Gerd Sonnleitner
(Er war im Jahr 2001 Dinosaurier des Jahres, trotz dieses schönen, in eine ganz andere Zukunft weisenden Satzes)

Die Zivilisation geht ihrem Ende zu, wenn die Landwirtschaft aufhört, eine Lebensform zu sein und zur Industrie wird.
Nicolas Davila

Je komplexer ein System ist, und damit ein höheres Ganzes darstellt, desto einfacher sind seine Regeln!
Frederic Vester

Philip

2.4.7 Tierrechtsethik – Grundsätzliches, Manipuliertes, Hoffnungsfrohes

Wie „funktioniert" die Versorgung von 10 Milliarden Menschen mit Nahrungsmitteln, ohne dabei Tiere töten zu müssen? Wie ist der Hunger aus unserer Welt zu schaffen, ohne ihn einzutauschen gegen frühes körperliches und seelisches Siechtum, verursacht durch denaturierte, seelenlose Industrienahrung? Wie ist die Vielfalt neuer Gestaltungsmöglichkeiten unserer Leben, wie wir sie gerade im Bewusstkleinen berauschend schön und zum Schwindligwerden erfinderisch erleben, durch optimistische, zeitgemäße, ganzheitlich erfundene Turbos zu beschleunigen und durch Hacke, Gabel und Rechen gleichermaßen in der Tradition zu verankern? Wie können die VeganerInnen helfen, uns allen einen fairen Umgang mit den Tieren, vorrangig den Nutz- und Schlachttieren, nahe zu bringen? Ist das Hundertprozentige das die bessere Zukunft schneller Gestaltende, Erzeugende oder das schneller mehrheitsfähige Niedrigprozentige? Kann es eine Tierrechtsethik geben, die uns alle verbinden und leiten kann, ohne dass das Wesentliche auf der Strecke bleibt?

Ganz sicher ist: Die VeganerInnen sind dabei, sich in Toleranz zu üben, vorerst vor allem den Tieren zuliebe. Sie sind pragmatischer, gesprächsbereiter, verständnisvoller geworden, ohne ihre individuellen Lebensweisen zu beschädigen. Das wird bald begriffen werden und in die Gesellschaft hineinwirken können. Guter Wille, allumfassendes Wohlwollen sind notwendig beim Auseinandersetzen mit einer unserer größten Herausforderungen: Wie verhalten wir uns fair, respektvoll anderen Lebewesen gegenüber? Fairer und respektvoller als bisher – das muss möglich werden. Noch brachialer, ausgeblendeter, blinder darf es nicht werden.

100 % faire Tierhaltung war der anspruchsvolle Titel

einer Podiumsdiskussion der Bundesgrünen im Juni letzten Jahres (2016) in Hannover. In der niedersächsischen Hauptstadt deshalb, weil der Landwirtschafts- und Umweltminister Niedersachsens der Bündnisgrüne Christian Meyer ist. Er agiert so, fast so, wie die Forderungen an die Regierenden formuliert wurden aus der früheren grünen Oppositionshaltung heraus. Das ist beeindruckend und stimmt – absichtliche Wiederholung – hoffnungsfroh: Ganz so fremdbestimmt von in Jahrhunderten zusammengeschweißten Schraubstockgesetzen sind die PolitikerInnen, grandios belegt durch diesen mutigen niedersächsischen Minister, doch nicht.

Fast gesetzmäßig gilt: Je kleiner der Hoheitsraum, desto größer der Handlungsspielraum. Der kleinste Hoheitsraum ist die Einzelperson, samt ihrer Aura. Hier könnte, im Idealfall, die aktuelle Fremdbestimmung eines ausgereiften Menschen vernachlässigbar gering sein. Solch mündige BürgerInnen sind gefragt, wenn es um so schwierige Inhalte wie Tierrecht, Menschenrecht, Erdrecht geht. Und bedenken wir immer beim Beurteilen unserer gewählten VolksvertreterInnen: So frei wie wir sind sie nicht einmal in ihrer privaten Sphäre. In keinem Falle können wir von ihnen mehr verlangen als von uns selbst.

Zurück zum kleinen Kongress. Die Ernsthaftigkeit mit der gestritten und gesucht wurde, *gemeinsam* „konventionelle" und bio-zertifizierte Bauern, Vermarkter unterschiedlichster Größenordnungen, Tierflüsterer, VeganphilosophInnen, TierethikforscherInnen, VerbraucherberaterInnen, TierärztInnnen und TierpsychologInnen, PolitikerInnen mit dem Erfahrungsschatz von 2-3 „Generationen", hat, so habe ich das für mich interpretiert und in mir weitergetrieben, zu größerer Klarheit geführt. Das Klarere in Stichworten:

Das Wort artgerecht entzweit oder entvielfacht uns. Artgerecht – das war ein wohlgemeinter und wohlverdienter Ansatz. Gestimmt hat er zu keiner Zeit, denn: Artgerecht ist nur die Freiheit. Das Wort artgerecht ist, ganz sicher in Verbindung mit der „modernen" Tierhaltung unbrauchbar geworden, weil es ernsthafte Diskussionen um bessere Nutz-und Schlachttierleben unnötig belastet. Soviel Argumentationsblindheit und menschliche Willkür darf nicht mehr sein. Aber dennoch: Was für eine domestizierte Tierart natürlich, artgerecht ist, das müssen wir wissen und nutzen. Wie könnten wir uns sonst fair verhalten?

Fair – was ist damit gemeint, im Zusammenhang mit dem Aufziehen, Nutzen und Schlachten von Tieren? 100% fair – was soll das bedeuten? Fange ich mit dem Einfacheren an: 100% fair kann nur bedeuten, dass alle Nutz-und Schlachttiere, 100% von ihnen, nach noch zu findenden Fairnessregeln leben und sterben können. Was aber nun ist fair, worauf kann sich die Gesellschaft mehrheitlich, also politisch und dann auch praktisch umsetzbar, verständigen? Sind die bisher fairsten Regeln, die sich ein ErzeugerInnenverbund, die sich demeter gegeben hat, zu wenig oder überschreiten sie schon das vorerst Umsetzbare?

Fair – geht es da um die Diskussion „maximal 100 km bis zum Schlachthof oder Abschaffen der IndustrieSchlachthöfe"? Geht es um das Unterlassen jeglicher Verstümmelungen, Beschneidungen, Zudröhnungen oder nur um einige? Und welche neuen Quälereien könnten wir uns stattdessen ausdenken und praktizieren? Geht es darum, dass sich die Tiere wirklich bewegen können, auch im Freien oder nur um modifizierte Quadratmeter"besatz"-Zahlen? Geht es auch um die Lebensfreude, die Tiere empfinden können, vielleicht als wirklich einzig uns „Freisprechendes" fürs spätere Töten? Stellvertretend ein Beispiel für das gerade Gemeinte: Die Schweine suhlen sich „liebend" gerne, und „sehen dann aus wie ein Schwein". Sie haben vielerlei Gründe dafür, aber halt auch nachweisbar Freude daran. Solche Freuden müssen wir den Tieren ermöglichen, aus vielerlei, nicht nur das spätere Töten entschuldbarer machenden Gründen.

Je fairer wir unsere Schlacht- und Nutztiere behandeln, mit ihnen leben, desto teurer wird ihr Fleisch, desto teurer werden Milch und Eier. Unsere Essgewohnheiten bekommen allein dadurch sehr viel mehr als nur einen leichten Korrekturansatz. Aber keine Bange! Es ist vorgesorgt, für das Genussempfinden: Es gibt viele Gemüse, ich schreibe das jetzt im Juli, in der industriell hochgeputschten Grillmode (Der teuerste Grill! das billigste Fleisch!), die gegrillt phantastisch schmecken. Nach kurzer Umgewöhnungsphase.

Das französische Parlament hat im Januar 2015 ihren code civil, auch noch immer code napoléon genannt, erweitert: „Tiere sind mit Empfindsamkeit ausgestattete Lebewesen." Das wussten die Franzosen und die Französinnen schon lange, genau wie wir Deutschen auch. Nun ist es aber Gesetz. Und die Franzosen, länger daran gewöhnt als wir, nutzen die Gesetze. Das ist von unserem, im Grundgesetz verankerten Tierschutzrecht nicht zu behaupten, denn dort steht im §1: Niemand darf einem Tier ohne vernünftigen Grund Schmerzen, Leiden oder Schaden zufügen. Der vernünftige Grund wird in Absatz 2 kommentiert: Er liegt vor, wenn er als triftig, einsichtig und von einem schutzwürdigen Interesse anzuerkennen ist und wenn er unter den konkreten Umständen schwerer wiegt als das Interesse des Tieres an seiner Unversehrtheit und an seinem Wohlbefinden. Wo könnte das schutzwürdige Interesse liegen? Bei der Erzeugung von noch mehr billigem, medikamenten- und pesitizidverseuchtem Fleisch, bei dem durch den maßlosen Verzehr tierischer Produkte verfrühten Zugriff der Gesundheitsindustrie auf privates und gesellschaftliches Vermögen, beim Absichern der Agrarindustrieprofite? Un-

abhängig von diesem polemischen Satz: Wo ist das schutzwürdige Menscheninteresse, das es rechtfertigen könnte,
Tieren Schmerzen, Leiden und Schaden zuzufügen? Das
Vermeiden von „Flurschäden" durch Wildschweine, Rehe
usw. – ok. Das Töten von Holzböcken, Ameisen, Mücken
usw – ok, falls uns nichts Schonenderes einfällt. Was aber
noch?

Auch nur halbwegs zu Ende gedacht: Wir verletzen
mit dem Verzehr von konventionellen tierischen Produkten tagtäglich, fast stündlich unser Grundgesetz, denn
ohne unseren enormen, die ErzeugerInnen absichernden
Verzehr von Fleisch, Wurst, Milch, Butter und Käse
würde nur ein Bruchteil an tierischen Produkten für den
Export produziert. Nähmen wir unser Grundgesetz, auf
das wir zu Recht stolz sind, ernst, müssten wir alle, bis
auf die VeganerInnen, angeklagt und verurteilt werden.
Die sinnvolle Mindeststrafe: Kein Produktverzehr von
nicht fair gehaltenen Tieren, lebens-, generationenlang.

In 20 Jahren, also im Jahre 2036, möchten die Bündnisgrünen ihr Ziel erreicht haben: 100% faire Tierhaltung. Sollten sie das Thema ähnlich ernsthaft,
kontinuierlich, mutig und einfallsreich verfolgen wie da-
zumal den Atomausstieg, dann müsste es möglich sein,
dass das tägliche Gesetzesbrechen aufhört. Verglichen
mit der jetzigen Aufgabe war der Atomausstieg eine klare Sache: entweder – oder. So klar äußern sich zum Thema Tierhaltung und Töten nur die VeganerInnen, nicht
im Jahre 2036, sondern schon gestern und heute. Ihre
Meinung, ihr Hineinwirken in die Gesellschaft, ihr Auf-
decken von Missständen, ihre Unnachgiebigkeit, ihr Er-
findungsgeist, ihre Kochtalente sind notwendig, damit
fair sich umfassend an Fairness orientiert: anständiges
Verhalten, gerechte und ehrliche Haltung, klare, von allen Beteiligten akzeptierte Spielregeln.

Die philosophischen Dimensionen, die unser Thema

Tierrechtsethik hat, verwirren mich mehr als dass sie mir helfen könnten. Leider ist auch zu vermuten, dass wir Obertiere mehr „wissenschaftlich" als von unseren Gefühlen bestimmt entscheiden, wem wir Fühlen, Denken, Erinnern zutrauen. Ob wir in der Wirbeltierhierarchie an willkürlicher oder „wissenschaftlich belegter" Stelle „Halt!" rufen, scheint mir unerheblich zu sein. Ob wir Unterschiede zwischen Austern und Heringen im Kontext von Empfindungen aufbauen, scheint mir genauso unerheblich zu sein. Mehr beschäftigen mich Inhalte wie Fisch- und Vogelschwarm, Bienenvolk. Oder das Altern und Verderben von Bucheckern, nach weltweit ähnlichem Rhythmus. Oder wie die Bäume miteinander umgehen oder gegeneinander agieren müssen, die Schnelllebigen, die Langlebigen, die Widerstandsfähigen, ohne dass sie sich voneinander entfernen können. Oder wie die Pflanzen auf Liebe reagieren, wie die Steine aus unterschiedlichsten Entstehungszeiten unterschiedliche Empfindungen haben, wie das Wasser als fast Urquelle des Lebens, aus unserer menschlichen Sicht, lebendig und tot und trotzdem existent und für uns, unabhängig von seinem Lebendigsein, lebensnotwendig ist, wie es auf Informationen reagiert, Mozart oder Hass, das alles interessiert meine Seele. Unsere Fehlleistungen begründende, philosophische Spekulationen haben kaum eine Chance bei mir, die tiefempfundene Willkür dabei entspricht nicht meinem Naturell. Ich möchte auch nicht mehr die Spekulationen anderer zu meinen eigenen machen. Irgendwann im Leben wird jedes Lebewesen zum eigenen Philosophen. So sollte es sein.

Der Mammutbaum wird 6.000 Jahre alt, der Olivenbaum mindestens 1.500. Welche Lebenserfahrung lernen wir von ihnen. Ich versuche das. Und wenn ich Glück habe, nehmen sie mich als Lehrling auf, nicht immer, aber immer häufiger.

Mit jedem Rätsel, das wir, bei der schon sehr beschränkten Fragestellung, lösen, tun sich neue Rätsel auf. Genießen wir das Unerklärliche, das Unendliche.

Die Zitate sind – hoffentlich – so gleichwertig unterschiedlich, dass sie das Aufeinanderzugehen von uns so scheinbar Unterschiedlichen weiter erhellen, verbinden und zukunftsfroher machen können. Und deshalb sind es wiederum viele.

Eine der blamabelsten Angelegenheiten der menschlichen Entwicklung ist es, dass das Wort „Tierschutz" überhaupt geschaffen werden musste.
Theodor Heuss

Alle Heiligen und Ehrwürdigen in der Vergangenheit, in der Gegenwart und in der Zukunft, sie alle sagen so: Kein Wesen darf man töten, noch misshandeln, noch beschimpfen, noch verfolgen. Das ist das reine, ewig beständige Religionsgebot, das von den Weisen, die die Welt verstehen, verkündet wird.
Mahavira ‚Religionsstifter –Jainismus

Nicht eine milde Form der Schlachtung, sondern ihre Beseitigung soll man anstreben. Je mehr man das Schlachten „human" zu gestalten sucht, desto mehr stärkt man die Sache der Metzgerei selbst. Ein wirklich konsequenter Standpunkt des Tierschutzes wird erst dann gewonnen sein, wenn die Menschheit sich entschlossen haben wird, das Töten und Essen der Tiere aufzugeben.
Maximilian von Sachsen

Mit einem kurzen Schweifwedeln kann ein Hund mehr Gefühl ausdrücken, als mancher Mensch mit stundenlangem Gerede.
Satchmo

Solange Menschen denken, dass Tiere nicht fühlen, müssen Tiere fühlen, dass Menschen nicht denken.
anonym

Nach manchem Gespräch mit Menschen hat man den Wunsch, einen Hund zu streicheln, einem Affen zuzulächeln und vor einem Elefanten den Hut zu ziehen
Maxim Gorki

Was ist der Mensch ohne Tiere. Wären alle Tiere fort, so stürbe der Mensch an großer Einsamkeit des Geistes.
Häuptling der Suquamisch- und Duwamisch-Indianer

Tierrechtliche Gründe

Sowohl den Tierrechts- als auch den Tierschutzbewegungen geht es um eine den Tieren gemäßere Behandlung durch uns Obertiere. Die Tierrechtsforderungen können für besonders „empfindsame" Lebewesen, wie Delfine, Elefanten, Graupapageien, Menschenaffen weit darüber hinausgehen: Das Recht auf Selbstbestimmung wird gefordert. Solch extreme Meinungen haben sicher Sinn, denn sie zeigen unser Hauptproblem auf: Wir sind die Eigentümer der Tiere, wir können fast tun und lassen, was wir wollen: Liebkosen, verwöhnen und begraben oder quälen und morden. Was da in unseren Seelen vorgeht, wenn Schnuff und Mimi zur Familie gehören und ihr Futter die zermahlenen Knochen und die kranken Innereien der Produktionseinheit 2007a sind, ahnen wohl nicht einmal die Götter. Wir schützen die Hunde, Katzen und Papageien aufopferungsvoll in Tierheimen, viele Menschen engagieren sich im Tierschutz und ernähren sich trotzdem nicht nur von Pflanzen, Nüssen und Samen .Wir, die engagierten TierschützerInnen, ernähren uns nicht einmal alle von biologisch kontrollierten tierischen Lebensmitteln, was auch nur ein bisschen Tierrecht bewirken könnte, aber immerhin unseren guten Willen und unser Erkennen der bedrückenden Problematik anzeigen würde.

In Deutschland werden 30.000.000 – dreißig Millionen – Haustiere gehalten. Könnte die daraus vermutete Liebesmenge nicht alle anderen Kreaturen anteilig treffen, wenigstens jene, denen wir Leidensfähigkeit, Gefühl und „Lebensplanung" nicht absprechen können? Manchmal erzeugen die Resultate von wissenschaftlicher Arbeit Anregungen zum Ändern unserer Gesellschaftsmoral, auch wenn sie mit Versuchsratten und Versuchskaninchen erzielt wurden. Immer wieder verstricken wir uns in einem Netz von Widersprüchen und Hoffnungsschimmern. Auch zu unserem Glück: Niemand ist der Teufel und erst recht keiner der liebe Gott.

Eine harte Aussage! Die tierrechtlichen Motivationen der VegetarierInnen können nur geringfügig helfen, das Leid der Nutztiere zu verringern, Voraussetzung für überhaupt ein positives Resultat sind Verzehr von BioLebensmitteln und ein Engagement im Tierschutz. Haustiere müssten vorwiegend oder gar ausschließlich vegan ernährt werden. Vielleicht lassen sich mit Hilfe von Mizi und Hundilein, ihrer Ernährung, unserer Zuwendung zu ihnen, ihrem ökologischen Fußabdruck Einsichten gewinnen, Klarheiten schaffen? Deshalb füge ich, das war so zunächst nicht vorgesehen, nun ein Kapitel an: Romantische Motive. Die menschliche Liebe zu Hund & Katze.

Es gibt keinen objektiven Grund für die Annahme, dass menschliche Interessen wichtiger seien als tierische.
Bertrand Russell

Im Gegensatz zur Solidarität, die horizontal und gleich-

berechtigt ausgeübt wird, praktiziert die Barmherzigkeit
von oben nach unten, demütigt die Empfänger und än-
dert nie auch nur ein bisschen die Machtverhältnisse.
Eduardo Galeano

Die Liebe zum Hund sagst du, o Mensch, sei Sünde. Der
Hund ist treu im Sturm, der Mensch nicht mal im Winde.
Konrad Adenauer

Vielleicht stünde es besser um die Welt, wenn die Men-
schen Maulkörbe und die Tiere Gesetze bekämen.
George Bernard Shaw

Niemand begeht einen größeren Fehler, als derjenige,
der nichts tut, nur weil er meint, dass er wenig tun könn-
te ....
anonym (unbekannt; namenlos?)

Wenn irgendwo Unrecht geschieht, ist die Gerechtigkeit
überall in Gefahr.
Martin Luther King

Romantische Motive: Die menschliche Liebe zu Tieren – Problematik: „Hund und Katze"

Ich war lange Zeit unsicher, ob ich mich an dieses Thema
heranwage, weil ich vermutete, dass da schwer auszuhal-
tende Erkenntnisse für uns Hunde- und KatzenhalterInnen
auftauchen könnten. Jetzt da das Buch geschrieben ist und
ich leider nun auch weiß, dass die Haustierhaltung in diesem Ausmaß nicht zu vermutende Verhaltensabgründe offenbart, habe ich die Chance zum Verdrängen und
Weglassen verspielt.

Allein die Zahlen und ihre Entwicklungen haben es
in sich: 30 Millionen Haustiere in Deutschland. Tendenz

deutlich steigend. Die wichtigsten und größten Nahrungsmittelverzehrer: Haus- und Schoßkatzen (13 Millionen), Haus- und Schoßhunde (8 Millionen). Das Haus wird hier als Kennzeichnung aufgeführt, da die Anzahl der Wachhunde und „Maus"katzen vernachlässigbar klein geworden ist. Jahresumsatz mit Hund & Katze = 5 Milliarden Euro. Zuwachsraten bei Edelfutter („Lebensmittelqualität") 10% und mehr. In jedem zweiten Haushalt lebt mindestens ein Haustier. Je kleiner die Wohngemeinschaft desto höher der Prozentsatz. Sollte die folgende kleingedruckte Rechnung nicht fundamental fehlerhaft sein, wären die nächsten erschütternden Sätze gegenwärtige Realität. Ziellos verstimmt füge ich hinzu: Mit wiederum steigender Tendenz.

An unsere in Deutschland „verwöhnten" Hunde und Katzen wird so viel Fleisch verfüttert wie an 1/12 aller Durchschnittsdeutschen (Das sind 5.600.000.000 – 5,6 Milliarden kg), also ca. 460 Millionen Kilo. Sollten wir Menschen unseren Fleischkonsum auf ungefähr 10 – 15 kg jährlich, das wären die obersten Werte für ComplementerInnen, senken, müssten für unsere Lieblinge halb so viele Tiere geschlachtet werden wie für alle "BundesbürgerInnen", sofern sich die Ernährung von Hund und Katze nicht auch drastisch ändern würde.

Die Rechnung!

Annahmen:
Kalorienverbrauch einer Durchschnittskatze ca. 300 kcal täglich, die Hälfte dieser Kalorien aus tierischer Nahrung, das entspricht ca. 80 g täglich. Die Hälfte davon in „Lebensmittelqualität" = 4 g.

Kalorienverbrauch eines Durchschnittshundes ca. 800 kcal täglich. Die Hälfte dieser Kalorien aus tierischer Nahrung, das entspricht ca. 200 g täglich. Die Hälfte da-

157

von in „Lebensmittelqualität" = 100 g.
Durchschnittsverzehr von uns in Deutschland lebenden Menschen: 70 kg jährlich – täglich ca. 200 g (Nur Totes vom Tier. Die "Erzeugnisse " von Nutztieren sind dabei unberücksichtigt).

Schlussfolgerungen:
Zwei Durchschnittshunde fressen so viel Fleisch wie ein Durchschnittsmensch. Eine Durchschnittskatze ein Fünftel des viel zu hohen Konsums der modernen Menschen.

Auch wenn wir davon ausgehen, dass ein noch größerer Teil der tierischen Nahrung als die angenommenen 50 % für den menschlichen Verzehr nicht in Frage kommt (Sehnen, Gedärme, usw.) und dass ein Teil der Tiernahrung Fleisch mit abgelaufenem Haltbarkeitsdatum oder Verbrauchsdatum ist, ergäbe sich ein ähnlich bestürzendes Resultat.

Wichtige Fragen! Und Ansätze für Antworten:
Wie können wir Menschen uns miteinander besser und inniger vertragen, damit wir den Trost durch einen eigenen Hund und eine eigene Katze nicht brauchen? Vielleicht könnte der Besuch beim eine Katze „besitzenden" Nachbarn oder einer einen Hund beschmusenden Nachbarin ausreichen? Welch' vielschichtige Kontaktmöglichkeiten. Wie können wir dem Wahn, dass unseren Haustieren, weil sie ja unsere Lieblinge sind, nur das „Beste" angeboten werden darf, um deren „Liebe" nicht zu gefährden, widerstehen? Die Entwicklung zur FleischEdelnahrung hin ist beängstigend, auch im Zusammenhang mit unserer kleingedruckten Rechnung. Sie entspricht, und das macht bedrückend hilflos, der Zuckerverführungen unserer Kinder. Was ist die richtige Nahrung für Hund und Katze? Wie weit ist die für den

Wolf notwendige Nahrung von der des domestizierten Hundes entfernt? Schwedische Wissenschaftler haben ein Verdauungsenzym bei den Hunden entdeckt, das eigentlich nur bei Pflanzenfressern vorkommt. Der Verdauungstrakt des Hundes, leider nicht auch der einer Katze, hat deutliche Merkmale der Allesfresser, so äußert sich immerhin „ein Teil" der Wissenschaft. Was kann das für den Fressnapf bedeuten? Könnten Hund und Katze auch vorrangig vegan ernährt werden, ohne Reduzierung von Lebenszeit und Lebensfreude, oder gar mit einem Zugewinn? Diese Frage wird hier nur andeutungsweise und in Stichworten nachgegangen:

a) Hunde lassen sich einfacher, siehe oben, auf vegane Ernährung umstellen, oder noch leichter, von vornherein vegan ernähren.

b) Sollte die Nahrung sorgfältig mit Taurin und L-Carnitin ergänzt werden, deutet vieles darauf hin, dass eine fleischlose oder stark fleischreduzierte Nahrung zu stabilerer Gesundheit führt. Ein typisches Beispiel dafür ist die Gicht, unter der viele ältere fleischlastig ernährte Hunde leiden. Außer der medikamentösen Behandlung sollen die Betroffenen von ihren HalterInnen zumindestens für Wochen mit Getreide und Gemüse ernährt werden, so die Empfehlung der meisten TierärztInnen. Nur ganz sture VerstandausschalterInnen werden die Parallele zum homo sapiens der Moderne nicht erkennen können.

c) Die Umstellung der Katzen ist schwieriger. Sie braucht Geduld und die Zuversicht der BesitzerInnen, dass sie das Richtige tun. Die auch in Deutschland größte Tierrechtsorganisation PETA (People fort he Ethical Treatment of

Animals) kann viele Hinweise geben.

d) In keinem Fall sollten Hunde- und KatzenhalterInnen einfach darauf los experimentieren. Es gibt viele sinnvolle, erprobte vegane Ernährungsformen. Die Fundamentalregel: Das Mischungsverhältnis fast unmerklich bis zum gewünschten Resultat verändern. Das gewünschte Resultat ist unter vielerlei Blickwinkeln, so wird das ja durchgängig in diesem Buch „vorgetragen", im Idealfall eine vegane Ernährung, zumindest aus menschlicher Sicht. Wie HausHund und SchmuseKatze das beurteilen, muss dabei ganz hinterrangig sein. Leider. Warum leider? Eine Katze, die keine Mäuse fangen kann und darf, ein Hund, der nicht jagen kann und darf, lebt halt doch weit entfernt von den Gewohnheiten seiner Ahnen. Das gewünschte Resultat aus der Sicht der ComplementerInnen ist einfach zu formulieren: Die Ernährung der Haustiere soll kein zusätzliches Schlachten von Tieren zur Folge haben, und das heißt ganz klar: Die von uns ComplementerInnen aus natürlichen oder nur reglementierten, unerklärlichen Gründen nicht zu verzehrenden Tierteile können und sollen unseren tierischen LebenskameradInnen gleichfalls oder sogar gesteigert freudvolle Nahrung in besonderen Situationen sein. Oder, kleiner Wandel zu uns, ihnen täglich kleine Freuden bereiten. Aber im Klartext: Je weniger tierische Produkte wir ComplementerInnen essen, desto veganer wird auch der Inhalt der Fressnäpfe von Hund & Katze, sofern wir nicht weiterhin Kälber, Rinder, Hühner, Schafe extra für unsere Lieblinge schlachten wollen.

Wie gehen wir mit der Verführung um, die Haustiere unseren Gewohnheiten gemäß ähnlich krankmachend zu ernähren wie uns? Mit Snacks, mit Belohnerlis, mit süchtig Machendem? Die Kleintierpraxen nehmen rasant zu, nicht, weil hohe Einkommen der KleintierärztInnen prognostiziert werden, sondern weil in Veterinärämtern Stellen gestrichen werden, weil durch die Konzentration auf Großschlachthöfe weniger Veterinäre benötigt werden, weil durch die Spezialisierung der Großbauern auf eine Tierart ihr Wissen um spezielle Tierkrankheiten steigt und seltener ein Arzt zu Hilfe geholt werden muss, weil man die Brachialmedikamente ja kennt. Und ähnlich wie HumanmedizinerInnen müssen die TierärztInnen das meiste Geld mit Apparatemedizin verdienen. Es gibt kaum noch Unterschiede, die Tierkrankheiten ähneln immer intensiver den Menschenkrankheiten. Verwunderlich ist das nicht, oder? Ganz brutal ausgedrückt: Versuche mit Ratten und Mäusen wären in vielerlei Hinsicht überflüssig, sofern die Diagnosen von Kleintierärzten gesammelt und ausgewertet würden.

Nur eine von vielen möglichen erschreckenden Schlussfolgerungen:
Für die jetzige durchschnittliche Ernährung eines Durchschnittshunds werden jährlich ca. 300 m2 Land benötigt. Da wegen unserer abstrusen menschlichen Fleischernährung die vorhandene Nutzfläche nicht ausreicht, heißt das: ca. 300 m2 Urwald werden für die Ernährung eines Hundes gerodet. Bei 8 Millionen deutschen Hunden ergibt das eine Fläche von 2.4 Milliarden m2 = 240.000 ha. Um ein Bild mit dieser Zahl zu verbinden: 2.400 bäuerliche Betriebe mit einer Nutzfläche von jeweils 100 ha würden nur für die Haushunde arbeiten.

Der Deutsche Tierschutzbund begrüßt die Entwicklung, dass sich immer mehr Menschen für weniger Tierleid und eine bewusste vegane oder vegetarische Lebensweise entscheiden und somit ein Zeichen für mehr Tier- und Umweltschutz setzen. Denn ein konsequenter Tierschutz lehnt das Töten und Quälen aller Tiere ab.

Deutscher Tierschutzbund *(Leider werden auch hier die "Auswirkungen" auf die Tiere von veganer und vegetarischer Ernährungsweise durcheinander gebracht.)*

Gib dem Menschen einen Hund und seine Seele wird gesund.
Hildegard von Bingen

Für die Welt bist Du irgendjemand. Für irgendjemand bist Du die Welt.
Erich Fried

Alles Wissen, die Gesamtheit aller Fragen und aller Antworten, ist in den Hunden enthalten.
Franz Kafka

Dein Hund ist als Hund eine Katastrophe, aber als Mensch unersetzlich.
Johannes Rau

Problematik „Bienen"

"More than honey" ist der Titel eines kritischen, alarmierend-aufweckenden Films. Ich war hilflos und wütend nach den zwei bestürzend spannenden Stunden: Was glauben wir, tun zu können, immer wieder, und immer wieder wider besseres Wissen? Wir Menschen als Herrscher über Pflanzen und Tiere! Und vielleicht auch noch über „Mutter Erde" und „Urgroßvater Kosmos". Eine phantasielose und gefährliche Grundposition, gespeist von Fortschrittsglauben und Wachstumsfanatismus. Wir züchten und kreuzen und manipulieren, meistens aus Profitgier, mitunter aber auch aus verständlicheren Gründen: Der Wunsch des brasilianischen Agrarministers, die brasilianischen Bienen auf "europäischen" Ertragsstandard zu bringen, pro

Bienenvolk also 50 kg statt 20 kg jährlich, klingt ja nicht anmaßend, oder? Und dieser Wunsch ist auch von eifrigen Genetikern erfüllt worden. Doch mit welchen „Nebeneffekten"? 500 Menschen sterben nun jährlich in Brasilien an den Attacken der gezüchteten „Killerbienen". Und wer weiß wie viele bald überall auf der Welt? Was bilden wir uns ein?

Albert Einstein wird ein Zitat zugeordnet, das völlig dem Wesen aller großen WissenschaftlerInnen widerspricht, weil sie sich niemals als die Löser der großen Welträtsel darstellen. Sie wissen, dass schon die Lösungen kleinerer Rätsel gefährlich genug für uns sein können. Zum Zitat:

"Wenn die Biene einmal von der Welt verschwindet, hat der Mensch nur noch 4 Jahre zu leben."
(Albert Einstein "zugeschrieben")

Was bilden wir uns ein?

Der Missbrauch weiser Menschen kann unsere Hoffnungsquellen auf eine heilere Welt versiegen lassen: Hüten wir uns davor, die bewunderten Menschen ideologisch zu nutzen. Hüten wir uns vor den Schwarz-Weiss-Szenarien. Niemals hätte Albert Einstein einen solch' platten, anmaßenden, selbstgefälligen Satz ausgesprochen.

Sollte es einmal keine der uns nützlichen Bienenarten mehr geben, würde die Menschheit nicht aussterben. Nicht deshalb. Das Leben würde ärmer werden, viel ärmer. So wie dies Tag für Tag durch das Abholzen von Regenwald geschieht. Unwiederbringlich. 300mal die Größe des Markusplatzes von Venedig, „des schönsten und größten Festsaals von Europa" (Napoléon Bonaparte). So unheimlich groß ist die Waldfläche, die wir Stunde für

Stunde vernichten. Niemand weiß genau, was wir damit für andere Lebewesen bewirken. Die Vermutung liegt aber nahe, dass sich viele der ErdbewohnerInnen besser auf die vom Menschen herbeigeführten Änderungen einstellen können als die Spezies Mensch selber. Die von der UN angegebene Zahl 132 für das Verschwinden von Arten täglich ist eine ähnlich überhebliche und unsinnige Angabe wie jene aus dem gefälschten Einsteinzitat.

Werden wir bescheidener und demütiger. Und weniger vordergründig listig: Die Bienen mit aufgepeppten Zuckerwasser zu füttern und ihnen dafür ihr natürliches, mit Bienenfleiß erarbeitetes Lebensmittel zu klauen, bleibt auf lange Sicht nicht ungestraft. Warum verspeisen wir nicht ausschließlich diesen "hochwertigen" Honigersatz? Für die Bienen ist er gut genug, sagen wir. Wundern wir uns nicht, wenn diese grandios organisierten Lebewesen die Geduld mit uns verlieren sollten. Irgendwann einmal.

Es wäre ganz einfach: Wir lassen dem Bienenvolk seinen Wintervorrat und "ernten" nur den Rest. Der "Rest" hängt davon ab, wie geschickt die ImkerInnen "ihren" Bienenvölkern ergiebige Futterquellen erschließen. Erfahrene ImkerInnen wissen, wie sie das "bewerkstelligen". Allerdings: Der Honig würde dadurch teurer. Ja und: Es wäre leicht, das zu verkraften: Essen wir weniger von diesem dann ganz hochwertigen Lebenselexier. Doch Achtung! Ersetzen wir das Weniger an wertvollem Honig nicht durch ein Mehr an raffiniertem Rübenzucker, denn: Jede Zuckerart ist eine Droge. Gehen wir achtsam mit ihr um; auch achtsam und liebevoll mit den Bienenvölkern.

Kriege führen auch die Ameisen, Staaten haben auch die Bienen, Reichtümer sammeln auch die Hamster.
Herrmann Hesse

Die geschäftige Biene hat keine Zeit, sich zu sorgen.
William Blake

Landwirte in Kenia bauen Bienenstöcke um ihre Felder.
Das Summen der Bienen hält die Elefanten davon ab, die
Felder zu zertrampeln.
anonym

Wenn eine fremde Macht, ein Volk ermahnt, die eigene
Nationalität zu vergessen, so ist das kein Ausfluss von
Internationalismus, sondern dient nur dem Zweck, die
Fremdherrschaft zu verewigen.
Friedrich Engels

Problematik „Pferde"

Der Zentaur, der Pferdemensch, das leibhaftige Einswerden von Mensch und Tier, soll uns trösten und weiterhelfen und uns daran hindern, mit Seelenspeeren auf die Pferdebesessenen zu schießen oder – ähnlich verhängnisvoll – sie bedenkenlos zu bewundern.

Wir leben nicht mehr in der Welt von Ackergaul und Postkutschenpferd. Wir leben in der luxuriösen Welt von" Freizeit"- und Sportpferd. In dieser Tatsache versteckt sich ein moralisches Problem. Nur noch jedes 100ste Pferd ist bei uns in Deutschland, in "zurückgebliebenen" Ländern ist das glücklicherweise noch deutlich anders, ein landwirtschaftliches Nutztier. Auch wenn wir den von den 1.000.000 Pferden, die gegenwärtig in Deutschland grasen, springen und galoppieren, produzierten Pferdemist mit einbeziehen, lässt sich das schwer positiv-zukunftsweisend interpretieren, auch wenn wir den großen seelischen Nutzen, den die Pferde-Mensch-Beziehung haben kann, mit einbeziehen, oder?

"Die Pferdehaltung" und alles, was damit in Verbindung gebracht werden kann, boomt. 4mal mehr Pferde als vor 40 Jahren werden beschmust, liebevoll gestriegelt, aber auch brachial auf Erfolg getrimmt. Versuchen

wir uns an einer Gedankenkette:
Eine "Faustregel oder Daumenregel" sagt: 1 ha Flächenbedarf je Pferd, davon1/2 ha Winterheu, 1/2 ha Weide.
Bei einer Million "Freizeit- und Sportpferden" stehen 1 000 000 ha Land nicht für die landwirtschaftliche Nutzung zur Verfügung. Bei der jetzigen Acker-, Dauerkulturen-, Grünlandfläche in Deutschland von 17 Millionen ha, sind das rund 6 Prozent! Diese Zahl kann erschüttern.
Selbst bei dem durchschnittlichen Ernährungsverhalten in Deutschland, und das kann nicht oft genug als ressourcenverschwenderisch bezeichnet werden, könnten bei dem durchschnittlichen Flächenbedarf dafür von ca. 2.100 Quadratmetern, also knapp einem Viertelhektar, mindestens 4 Millionen Menschen auf diesem „Niveau" und vielleicht 10 Millionen Menschen bei einer veganen Lebensweise ernährt werden. Allein in Deutschland.

Weshalb diese Zahlen"spiele"?

1 - Muss es wirklich sein, dass sich nur anderthalb Pferde"besitzerInnen" ein Pferd teilen (Wieder ein Rückgriff auf die Statistik)?
Könnten es nicht 3 oder 4 oder noch mehr Pferde-LiebhaberInnen sein, die gemeinsam ein Pferd "besitzen"?

2 - Allein die Tatsache, dass die Pferde vegan ernährt werden, verhindert nicht, dass die hochgerechneten weltweiten Folgen, etwas mit Töten zu tun haben, mit dem Vernichten von Regenwald, mit dem Verdrängen der natürlichen, angestammten Lebensweisen in den neuen "Kolonialländern".
Die Änderung der Ernährungsweise kann uns helfen, die Schuldgefühle loszuwerden oder einzuschränken: Überzeugt eine Pferdebesitzerin sich und ca. 9 ihrer FreundInnen von

der veganen Lebensweise, wäre die Bilanz ausgeglichen: Der Ernährungs-Flächenbedarf der VeganerInnen liegt bei etwa 1.000 m², somit ist er ca. 1.000 m² geringer als der vom statistischen Durchschnittskonsumenten. Durch 10mal Umstellung auf vegane Ernährung wäre der Hektar fürs Pferd auf schönste Weise "erwirtschaftet".

Es ist wunderbar, wie wir unsere Leidenschaften schuldfreier machen und damit umfassend genießen können.

Die Gedanken über Pferdefleisch, Pferdemetzgereien "Schlachtfohlen", unserer Besessenheit an Geschmackskitzeln unsere Gedanken zur Zukunft der Pferde sind bestimmt von Sorge und, nun doch einmal so geäußert, kämpferischer Bereitschaft, die Schlimmsten von ihnen nicht Realität werden zu lassen. Die Gedanken zu unserem jetzigen Verhalten den größten tierischen LebensgefährtInnen gegenüber werden aber auch bestimmt von Hoffnung: So wie wir gegenwärtig noch mit den meisten unserer Pferde leben, sollten wir in der Zukunft mit unseren Schlacht- und Nutztieren leben, voller Zuneigung, voller Rücksichtnahme auf die jeweiligen natürlichen Bedürfnisse. Fair ist das Schlüsselwort dafür. Nur faires Verhalten minimiert die Schuld des Tötens von Tieren. Hatte das Tier ein relativ glückliches Leben, vergleichbar mit unseren menschlichen Möglichkeiten, dürfen wir es auch, falls die Kraft und das Geld zur Pflege im "Tieraltenheim" nicht reichen sollten, für unseren Verzehr töten. Nur dann. Das ist die Position der ComplementerInnen. Gehen wir dieses grundsätzliche Thema, das wesentlich unsere seelische Gesundheit mitbestimmt, kämpferisch an. Nicht militant und verachtend, aber kämpferisch.

Kämpferisch müssen wir uns der Agrarindustrie gegenüber ganz sicher verhalten.

Hier ein weiteres Beispiel dafür : „Der Gedanke an eine Schlachtpferdeproduktion in großem Maßstab erscheint unserer Kultur fremd, ist unter den Bedingungen anderer Länder aber durchaus sinnvoll und auch moralisch vertretbar." - so steht es - skrupellos oder naiv formuliert - auf der Internetseite: www.pferd-und-fleisch.de.

Es gibt, vorerst nur in Rumänien und Bulgarien, Bilder von eng aneinander gepferchten Schlachtfohlen, ähnlich den Bildern, die wir aus unserer IndustrieTierhaltung kennen. Seien wir achtsam! Handeln wir. Sollten wir auf Pferdefleisch nicht verzichten können, suchen wir nach einem Pferdemetzger mit Moral. Die gibt es noch. Diese schlachten nur ältere Tiere und "kranke" Fohlen. Vielleicht kann uns die grausame Mutierung vom Pferdemenschen zu Schlachtermensch & Opfertier schneller die Augen öffnen als die "gewohnten" FernSehBilder von Huhn, Schaf, Schwein und Kuh?

Aufs hohe Ross setzen sich meistens diejenigen, die nicht reiten können.
Friedl Beutelrock

Ein Pferd ohne Reiter ist immer ein Pferd. Ein Reiter ohne Pferd nur ein Mensch.
Stanislaw Jercy Lec

Brauner, komm!
Komm mein großer Brauner, komm,
trag mich in die Weiten
Horch: Das Leben ist zu kurz,
lass uns reiten! Reiten!
Siehst du dort das Stoppelfeld,
seine kahlen Weiten?
Trage mich hinüber schnell!
Lass uns schneller reiten!
Denn der Herbst färbt schon das Laub,

schnell vergeh'n die Zeiten.
Ach, das Leben ist zu kurz
Brauner komm, wir reiten!
Lilo Gerstenberg

Von allen Tieren ist das Pferd der beste Freund des In-
dianers.
Brave Buffalo

César

Teil 3

Complementismus

Johanna

Pfadefinder zu einer individuell-ganzheitlichen Ernährung

Ist das Fernziel für alle Menschen, bis auf die Eskimos und ähnlich Sonderplatzierte auf Mutter Erde, die vegane Ernährung oder ist es eine Lebensweise, die dem Verzehr tierischer Lebensmittel noch einen Anteil lässt? Dem Complementismus ist die Beantwortung dieser Frage vorerst nicht wichtig. Wichtig ist, dass viele individuelle Pfade gefunden werden, den Verzehr tierischer Produkte vom Mittelpunkt an den Rand zu rücken, freudvoll und ohne Genussverluste.

Wer heute zu den lebensfrohen, heiteren, nicht hartnäckig missionierenden VeganerInnen zählt, könnte ein Vorbild sein, vor allem dann, wenn sie/er zu jenen Mitmenschen gehörte, die versuchen, das Leben im Ganzen zu begreifen, die keinen Andersdenkenden und Andershandelnden missachten, die bescheiden und voller Liebe sind.

Vorbild können, und vielleicht noch wirksamer, jene sein, die ganz anders leben, aber tatkräftig offen sind für sinnvolle Ernährungsformen. Eine kurze Geschichte soll hoffnungsfroh demonstrieren, was gemeint ist: FreundInnen, die vom Entstehen dieses Buch wissen, haben mir ein Büchlein und eine Nachricht geschickt, mit dem lieben Zusatz:" Vielleicht interessiert dich das"? Was war geschehen? Der Direktor des Fleischmuseums in Böblingen hatte zu der Veranstaltung Lange Gemüsenacht eingeladen. Erst wurde das Buch Gemüseheilige – Eine Geschichte des veganen Lebens vorgestellt und diskutiert, anschließend wurde zu einer essbaren veganen Kunstinstallation geladen, ins Fleischmuseum Böblingen.

Aus solchen Ereignissen entwickelt sich die Kraft zum Verändern der Gewohnheiten.

Grundgebote des Complementismus

1 - Wir atmen tief! Wir atmen bewusst!
2 - Wir bewegen Körper, Seele und Geist!
3 - Wir ruhen ausreichend! Und schlafen zur richtigen Zeit!
4 - Wir leben mit Licht und mit Schatten!

1 - Wir atmen tief! Wir atmen bewusst!

Babys reagieren natürlich. Atemzug um Atemzug, Stunde um Stunde. Tag um Tag. Danach wird ihnen das Natürliche abtrainiert. Überwiegend zu ihrem Schaden. Welche Erziehungsumstände dafür verantwortlich sind, dass mindestens jedes zweite erwachsen gewordene, ehemalige Baby nicht mehr natürlich, wie alle Neugeborenen mit dem Bauch atmet, sondern mit der Brust, nicht mehr tief und weit, sondern flach und eng, ist mir nicht bekannt. Ist es überhaupt bekannt? Falls ja, sollte dies Wissen in dem Verhaltenskodex für werdende Eltern an vorderer Stelle seinen Platz finden, denn die Bauchatmung versorgt uns viel effektiver mit dem Fundamentallebensmittel Sauerstoff.

Falls Du zu den Fehlgeleiteten gehören solltest, lerne mit dem Bauch zu atmen. Mit ihm kannst Du in alle Deine Körpergegenden hinein einatmen, alle Deine Zellen mit dem Lebensmittel Nummer 1 versorgen. Die BewohnerInnen anderer Erdteile, insbesondere die von buddhistischen Lebensregeln geprägten, sind beseelt vom richtigen Atmen. Bei uns haftet dem Atmen etwas viel zu Selbstverständliches, nicht Beachtenswertes an. „Nun hol' erstmal tief Luft!" Dieser meist bös' gemeinte Ratschlag, der mehr die Aufforderung „halt die Klappe!" etwas höflicher umschreibt, hat einen sinnvollen Inhalt. Tief „durch" atmen beruhigt. Durchatmen meint dabei gleichermaßen das Einatmen und das Ausatmen. Wie so oft ist es J.W. von Goethe, der zu einem Inhalt das Treffendste und Poetischste mitteilen kann: „Im Atemholen sind zweierlei Gnaden, die Luft einziehen, sich ihrer entladen". Die Gnade des freien Atmens müssten alle zeitweise Asthma-, Heuschnupfen-, Allergiegeplagten in ihren gesunden Zeiten dankbarst erfahren. Dazu noch einmal Goethe im ganzheitlich-vielfältigen Zusammenhang: „Frei atmen macht das Leben nicht allein."

Möglichst viele unserer im glücklichen Falle ungefähr 700 Millionen (700.000.000) freien Atemzüge, das entspricht einer 80-jährigen, lungengesunden Lebensdauer, sollten uns mit der individuell bestmöglichen Luft versorgen: Waldluft, Seeluft sind die natürlichsten, saubersten Luftquellen, aber auch Park-, Garten-, Balkonluft sind nicht zu verachtende höherwertige Grundenergiequellen verglichen mit der Luft im Straßenverkehr, in der Metro, in klimatisierten Räumen, in industrieverseuchten Gebieten. „Nun halt mal die Luft an" könnte dann der richtige, wenn auch wiederum hilflos gemeinte Ratschlag sein. Aber wie nun gezielt für längere Zeit die Luft anhalten? Ohne Sauerstoff können wir, welche Qualität, die ihn transportierenden Luft auch immer hat, nur einige Minuten leben.

Nutzen wir jede Gelegenheit, uns mit der jeweils saubereren Luft zu versorgen.

Vielleicht ist das Rätsel um die hohe Lebenserwartung von in bestimmten naturbelassenen Erdregionen beheimateten Mitmenschen mit Hilfe der Luft zu lösen? Bemühen wir uns um freies Atmen in sauberer Luft. Für uns allesamt und für alle Zukünfte.

Das gelingt so selten und ist so köstlich, einmal wieder dort hinzuschwingen und die klare Morgenluft der ersten Jugend zu atmen und noch einmal für Augenblicke, die Welt so zu sehen, wie sie uns aus Gottes Händen kam und wie wir alle sie in Kinderzeiten gesehen haben, da in uns selber das Wunder der Kraft und der Schönheit sich entfaltete.
Hermann Hesse

Der wesentliche Bestandteil richtiger taoistischer Atemtechnik, der von jedem Anfänger verstanden werden muss, ist die ganz besondere Weise, den Atem zu lenken. Die eingeatmete Luft wird nicht nur in die Lunge, sondern tief in den Unterleib geführt
Da Liu, Tao der Gesundheit.

Wir brauchen die Demokratie wie die Luft zum Atmen.
M.S. Gorbatschow

Wenn Du aufgebracht bist, tue und sage nichts. Atme ein und aus, bis Du ruhig genug bist.
Thich Nhart Hanh

2 - Wir bewegen Körper, Seele und Geist!

Gäbe es kein Fahrrad, mit ihm erkundet er freud- und maßvoll die Welt, würde sich einer meiner Hauptfreunde kaum bewegen, kaum bewegen müssen. Was heißt kaum: Er kennt sich blind in seiner Wohnung aus, er schlägt gern die Beine übereinander, er reibt sich die Hände, bis sie warm sind, niemals aber, weil er einen Dritten übers Ohr gehauen hat, er schlägt sich sowieso nicht mit schnellen Fäusten und Körpertäuschungen, nur seine, nur von ihm so empfundenen Unvollkommenheiten bewegen ihn heftig. Sein Bauch bewegt sich beim Atmen, seine Ohren beim Zuhören, seine Arme bei der Arbeit mit Löffel, Gabel, und Messer und beim Umblättern der Buchseiten, sein ganzer Körper bewegt sich beim ansteckenden Lachen, die Seelengegend ,die Mundwinkel, die Augen bewegen sich beim Lächeln – von wegen also – kaum Bewegung.

Noch eine andere Form der Bewegung hat er sich beispielhaft zu Eigen gemacht: Der Dichter Ernst Freiherr von Feuchtersleben beschreibt diese selten gewordene Bewegungsform so:
„Wahre Ruhe ist nicht Mangel an Bewegung. Sie ist Gleichgewicht der Bewegung."
Mit welchen Maßen werden die richtigen Bewegungsmengen und –arten gemessen? Welche Bewegungsempfehlungen führen zu wirklichen Körperaktivitäten? „Sei aktiver!" / „Beweg Dich!" / „Nimm' Dir ein Beispiel an …!" – Nein, so ist keine Lust auf laufen, springen, tanzen, klettern, turnen zu entfachen. Spielerisch sollte es zugehen. Listenreich. Die KindergärtnerInnen, die LehrerInnen, die BewegungsbegeisterInnen, nicht jedoch in erster Linie die ehrgeizigen, leistungsorientierten SportlehrerIn-

nen sind gefragt. Nur wenigen wird beim Selektieren wirklich geholfen. Zu viele bleiben auf der Strecke, weil sie im Sportunterricht von einer Niederlage in die andere getaumelt wurden. Ausgeknockt. Statt individuell nach Bewegungsbegabungen und Bewegungswünschen gefördert. So wenig wie der Fernsehkoch zum Kochen bewegt, so wenig bringt der Leistungssportler die frühzeitig und dauerhaft Besiegten zum Spazierengehen, zum Dauerlaufen, zum Bergwandern. Gefragt sind all' jene, die sich leicht und wohlgelaunt vorbildlich bewegen, vor allem bei den Alltagsaktivitäten. Gebraucht werden jene, die sich über jeden Zugewinn an Bewegung bei anderen freuen können. Das sind die MutmacherInnen, die vergessen machen können, dass man wie ein nasser Sack verzweifelt am Hochreck gehangen hat, ausgelacht und gehänselt.

Jede Bewegung, und sei sie noch so „bescheiden", ist besser als keine Bewegung.

Was für den einen nur der Marathon leisten kann, schafft ein anderer schon mit seinem Hundespaziergang. Wo bei dem einen eine Platzierung, eine Urkunde, eine Medaille her muss, genügt einer anderen schon der Stolz auf sich und ihre lockerer und schmerzloser gewordenen Allerweltsbewegungen. Alle positiven Empfindungen sind lebenserhaltend und somit über jede Fremdbeurteilung erhaben.

Wer sich dauerhaft zu wenig bewegt, lebt gefährlich. Krankheiten des Herzens (Arteriesklerose, Herzinfarkt), Bluthochdruck, Schlaganfall, Thrombosen, Fettleibigkeit und ihre Folgeerscheinungen, wie Diabetes und Asthma … können die Folgen sein. Also bewegen wir uns, wir die von Computer, Fernseher, Auto, fehlender körperlicher Arbeit geprägten Menschen. Als Erwachsener sollten wir mindestens 5 mal 3o Minuten in der Woche unseren Körper in Schwung bringen, „geringfügig körperlich aktiv sein", so heißt das „offiziell". Gekoppelt mit möglichst umfangreichen Alltagsaktivitäten (Einkaufengehen statt Bringdienst / Treppensteigen statt Fahrstuhl / Radfahren statt Autofahren / stehen statt sitzen) sollte das ausreichen. Aber die Lust auf weitere Bewegung kann genauso schnell auftauchen und Dich nicht mehr verlassen wie die Lust auf Pflanzenkost nach überraschend kurzem „Trainieren".

Deshalb hier nun eine Bewegungsangebotsliste mit der Bitte: Such' Dir was aus: Gärtnern (auch auf dem Balkon oder frag' einen Gartenbesitzer, ob Du ihm helfen kannst oder schließ' Dich einer Gruppe der „solidarischen Landwirtschaft" (siehe Anhang) an. Wandern in Wäldern, in den Bergen, an Seen, an Meeren. Aber auch der Park liefert den Zweiklang von sauberer Luft und Bewegung. Bummeln oder spazieren zu einer sich bald so benannten Lieblingsbank. Hier hättest Du dann den Dreiklang: Luft & Bewegung & Ruhe. Handwerkern. Trau' Dir was zu. Morgengymnastik. Das geht sogar noch im Bett. Bewegung in „Gesellschaft": Ballspiele, Federball, Kegeln, Bowling, Aerobic, Tanzen. Bewegung & Ruhe: Yoga, Kinderspiele, nicht nur zur Geburtstagsfeier: Sackhüpfen, „Eierlaufen", Stelzenlaufen, Hula hoop, murmeln, „Haschemann", „Abwerfen". Gymnastik und Muskelstärkung mit dem Theraband. Und nun die obligaten „…" weil mir erst einmal die Einfallpuste ausgegangen ist.

Nein, doch nicht! Denn ich möchte Dich noch von meinem LieblingsSpielSport überzeugen: Die Provenzalen und seit etwa drei Jahrzehnten auch die Provenzalinnen spielen Boule. Dieser faszinierende, facettenreiche Spielsport, auch Petanque (ped tanco – auf altprovenzalisch, übersetzt: mit den Füßen auf dem Boden) genannt, vor allem so, wenn es um den Sport geht, immerhin gibt es mittlerweile ca. 600.000 organisierte PetanquespielerInnen weltweit. Und, vorsichtig geschätzt, 200.000.000

FreizeitboulespielerInnen. Vielleicht bald einen mehr, falls ich Dich neugierig genug aufs gesellige, alle Generationen verbindende, fast kostenlose Spiel mit den Metallkugeln machen kann. Mühelos kannst Du zwei, drei Stunden Boule spielen ohne zu merken, wie viel Du Dich dabei bewegt hast, wie die Tagesprobleme durch die „Denkpause" geerdet wurden. Gerade Aktivbewegungs-AnfängerInnen können ihre Körper nicht durch falschgeleiteten Ehrgeiz und Ungeduld überfordern.

Damit die Bouleinfektion sicherer wirkt, der Hinweis aufs Internet: www.Boulefestival.de. Dort findest Du auch die Spielregeln. Noch eine Bitte! Kaufe Dir nicht gleich Deine lebenslangen drei Kugeln, die zwischen € 60 und € 250 kosten können. Mehr brauchst Du aber nie! mehr zu investieren, ausgenommen vielleicht den Vereinsbeitrag und die Lizenz, falls Du zum Petanquespieler, zur Petanquespielerin werden solltest. Zurück zum Kaufen: Besorgt euch vernünftige Freizeitkugeln: 12 Stück / 4 mal 3 unterschiedlich gemusterte. Dann könnt ihr wunderbar regelgerecht und freudvoll auf einem Parkweg die Kugeln werfen. Bonne chance! Allez les Boules!

Zu unserer Natur gehört Bewegung; die vollkommene Ruhe ist der Tod.
Blaise Pascal

Ich habe mich überzeugt, dass nur raue Bewegung und wechselvolles Geschick einen nach allen Seiten hin tüchtigen Charakter hervorbringen können. Darum lobe hoch Ebbe und Flut, Freude und Leid, Glück und Elend.
Gottfried Keller

Manche Menschen sitzen lebenslänglich, ohne dazu verurteilt zu sein.
Gerhard Uhlenbruck

Luft und Bewegung sind die eigentlichen geheimen Sanitätsräte .
Theodor Fontane

Wenn die Bewegung zum Prinzip wird, kommt man prinzipiell nicht an.
anonym

Auch wer zurückgeht, kommt nicht immer vorwärts
Anke Maggauer-Kirsche

Nur wer losgeht, ist auf dem Weg.
jp

3 - Wir ruhen ausreichend! Und schlafen zur richtigen Zeit!

Schlafe mein Prinzchen, schlaf ein … / Haidschi bumbai-
dschi …./ Guter Mond, du gehst so stille …. / Gute
Nacht, Freunde … noch ein letztes Glas im Stehen … /
Guten Abend, gute Nacht … / Denk' ich an Deutschland
in der Nacht, dann bin ich um den Schlaf gebracht … /
Weiss nicht mehr weiter … kann nicht mehr schlafen … /
schlaflos: fliegen … / ….

Nun habe ich versucht, der Hilflosigkeit, die mein
Fühlen und Denken zum Lebensmitgestalter Schlaf be-
herrscht, mit gutem Schlaf beizukommen. Drei Tage war
Schreibpause. Doch die wunderbare Brücke: Ruhiger,
tiefer Schlaf, die von ratlos nach hoffnungsfroh führt,
und fast immer begehbar, erträumbar ist, war nicht ausreichend tragfähig. „Da sitz' ich nun, ich armer Tor …."
Was macht es so schwer, allgemeine Regeln zu vermitteln, die zu gesundem, tiefem Schlaf führen? Weshalb
reichen dem einen fünf Stunden unbewusste Ordnungs-
kraft, Aufziehen der Menschenuhr, und dem anderen
kaum neun Stunden? Gewinnen wir Zeit mit dem Schlaf
oder vergeuden wir wesentliche Teile unserer Leben?
Retten, freuen wir uns auf die Nachtlagerzeit, auch auf
den schlaflosen, bewusst aktiven Anteil oder fürchten
wir uns vor der Nacht?

Ich versuche, trotz unserer so unterschiedlichen Lebenssituationen, fundierte Anregungen zu formulieren, die
tiefen, erholsamen, wohligen, lebensschöpfenden Schlaf
wahrscheinlicher werden lassen:

I - Versuchen wir, zur gleichen Zeit und unterstützt von
Ritualen ins Bett „zu gehen"! Rituale könnten sein: Auf-

sagen von Sprüchen, Mantras, Gebeten, bewusste Pause zwischen Fernsehfinish und Nachtruhe, vielleicht angefüllt mit dem Planen des nächsten Tages beim Trinken einer KräuterSchlafDroge, langes Zähneputzen. Das Positive des Tages in sich betonen. Mein Vater hat mir von seiner Haupteinschlaf"tablette" berichtet, die ich versuche, mir auch zu beschaffen: „Junge", so nannte er mich sein Leben lang, „ich kann nur gut schlafen, wenn ich tagsüber jemanden eine Freude bereitet habe. Falls das einmal nicht gelingen sollte, schreibe ich vor dem Zubettgehen noch einige Postkarten".

II – Esen wir abends möglichst nicht unsere Hauptmahlzeit. Falls es nicht anders umsetzbar sein sollte, richten wir es so ein, dass viel Zeit bleibt bis wir uns hinlegen. Kauen wir abends besonders gut. Rohes noch besser. Sollte uns das noch nicht möglich sein, essen wir das gesunde Rohe mittags.

III – Wie man sich bettet, so liegt man. Unsere Schlafräume, unsere Schlafstellen sollten liebevoll, uns gemäß und nicht nach modischen „Befehlen" gestaltet sein. Sollten wir nicht gut schlafen, nur dann, stellen wir unsere Betten vielleicht einmal um. Ist Dein Schlafanzug wirklich bequem? Vielleicht schläfst Du auch lieber und besser nackend? Probieren wir es aus.

IV – Versuchen wir, ohne Schlaftabletten zu leben. Natürliche Beruhigungsmittel gibt es viele, vielleicht haben wir das für uns Bestimmte noch nicht gefunden. Suchen wir weiter. Werden wir nicht zum Opfer der Schlafindustrie (ca. 10 000 000 000 Euro Umsatz allein in Deutschland). Sie agiert genauso raffiniert wie alle auf Wachstum programmierten Industriezweige.

V - Im Schlafraum sollte es ruhig und dunkel und „spannungsfrei" sein.

VI – Atme bewusst tief und ruhig in Deinen Bauch. Zähle die Atemzüge. Du wirst im besten Falle, nicht weit kommen. Gute Nacht!

Besonders aber gebe man dem Gehirn das zu seiner Reflexion nötige, volle Maß des Schlafes; denn der Schlaf ist für den ganzen Menschen, was das Aufziehen für die Uhr.
Arthur Schopenhauer

Gut schläft, wer gar nicht merkt, dass er schlecht schläft.
Publius Syrus

Bei genügsamer Kost wird die Nachtruhe nicht verkürzt.
Demokrit

Meine Zeit teile ich so ein: Die eine Hälfte verschlafe ich, die andere verträume ich. Wenn ich schlafe, so träume ich nie. Das wäre Sünde. Schlafen ist die höchste Genialität.
Sören Kierkegard

Schlaf und Hoffnung sind die beiden Beruhigungsmittel, welche die Natur der Menschheit gab, um ihr die Mühseligkeiten, welche sie erfährt, erträglich zu machen.
Friedrich der Große

Je weniger die Leute davon wissen, wie Würste und Gesetze gemacht werden, desto besser schlafen sie.
Otto von Bismarck

Na super, aus Versehen Tagescreme benutzt, jetzt bin ich wieder die ganze Nacht wach.
anonym

Es heißt nicht mehr Schlaf, sondern herbeigesehnter Zustand völliger Entspannung ohne Denkhintergrund.
anonym

Dass wir nicht noch kränker und sehr viel verrückter als ohnehin schon sind, verdanken wir ausschließlich der größten Segnung der Natur – dem Schlaf.
Thomas Henry Huxley

4 - Wir leben mit Licht und Schatten!

Leben wir mit Licht und Schatten, mit Ebbe und Flut, mit Höhen und Tiefen, mit Gesundheit und Krankheit. Hadern wir nicht mit dem Schicksal.

Holen wir das Wissen, die Ahnungen und Erfahrungen unserer Ahnen aus den Versenkungen, in die sie geraten sind, weil ihnen die Makel des Nichtbeweisbaren, des Unwissenschaftlichen aufgedrückt wurden. Abgestempelt. Wertlos. Unbeweisbare Tatsachen! Welch' grauenhafte Botschaft für den Wissenschaftsglauben, welch' Trost, welche Aufmunterung für all jene unter uns, die sich um ein ganzheitliches „Weltbild" bemühen.

Der Mondkalender, der Mond und die Fruchtbarkeit, die Mondregeln für die LandwirtInnen, die besten Zeiten zum Säen, zum Gebären, zum Ernten, zum Operieren, individuelle Sonnen- zeichen und Mondphasen, die Sonne im Herzen ... Schätze, die neu gefunden werden müssen, mit Hilfe ihrer Anweisungen, Regeln, die uns die Weisen der Vergangenheit in Schriften hinterlassen haben. Die mündliche Überlieferung, das Aufwachsen mit den unbeweisbaren Tatsachen können nur noch ganz wenige von uns erleben; beneidenswerte Mitmenschen.

Unsere Dichter haben Sonne, Mond und Sterne unauslöschbar schön bewundert und besungen. Hier zwei rührende, dauerhaft tröstende Strophen, die wir, „modern" ausgedrückt, auch als kräftespendende Mantras (Heilige Verse) verinnerlichen und uns aufsagen können:

Hab Sonne im Herzen ...
Hab Sonne im Herzen
ob's stürmt oder schneit.
Ob der Himmel voll Wolken,

die Erde voll Streit!
Cäsar Flaischlen (Das Geburtstagsgedicht hat 5 Strophen)

Der Mond ist aufgegangen:
Seht ihr den Mond dort stehen?
Er ist nur halb zu sehen,
Und ist doch rund und schön!
So sind wohl manche Sachen,
die wir getrost belachen,
Weil unsre Augen sie nicht sehn.
Matthias Claudius (Abendlied – die 3. von 7 Strophen)

Zum weiteren Bedenken und Erfühlen der ewigen Lebensrätsel gibt es vielfältigste Sprüche.

Ach! Könnten wir doch auf einen Stuhl steigen und unser Ohr fest an den Mond pressen! Was er uns nicht alles sagen würde!
Jules Renard

Die Sonne ist die Universalarznei aus der Himmelsapotheke.
August von Kotzebue

Niemals gehe ich im Mondschein spazieren, niemals, dass mir nicht der Gedanke an meine Verstorbenen begegnete, dass nicht das Gefühl von Tod, von Zukunft über mich käme.
Johann Wolfgang von Goethe

Erfolg ist wie ein scheues Reh. Der Wind muss stimmen, die Witterung, die Sterne, der Mond.
Franz Beckenbauer

Auf Bergen ist früher Licht und Eis als unten.
Jean Paul

Die Flut von Information und Unterhaltung kennt keine Ebbe.
W.T Küstenmacher (Vielleicht ist das die Begründung für viele unserer, früher nicht gekannten, Krankheiten?)

Von oben herab muss reformiert werden, wenn nicht von unten heraus revolutioniert werden soll.
Karl Julius Weber (Viele, kleine friedliche Revolutionen i n uns sind nun gefragt, nicht mehr die großen, meistens blutig-skrupellosen.)

Der wichtigste Gedanke auf dem Gipfel gilt dem Weg nach unten.
Reinhold Messmer

Sie ist wiedergefunden.
Was? Die Ewigkeit.
Es ist das Meer verbunden
Mit der Sonne in eins.
Arthur Rimbaud

Licht findet seine Farbenfülle erst im Widerstand der Wolken.
Rabindranath Tagore

AnGebote zur Ernährung des Körpers

Die AnGebote möchten uns helfen. Sie haben das Ziel, uns weiter zu bestärken. Stärke, Mut und Vertrauen brauchen wir auch, denn: Das Ändern von Gewohnheiten ist eines der schwierigsten Unterfangen überhaupt. Wir wehren uns leidenschaftlich, einfallsreich, bockig.

Ich hoffe, dass die im Folgenden häufig aus der Schreibschatulle geholten Ausrufezeichen wie aufmunternde Signale verstanden werden. Auch die sich noch stärker aufdrängende direkte Ansprache ist, nach nunmehr 189 Seiten „Gemeinsamkeit", möglicherweise, da schon zur akzeptierten oder gar liebgewordenen Gewohnheit geworden, leichter auszuhalten. Ich werde versuchen, häufiger das solidarische „wir" als das besserwisserisch, oberlehrerhaft anmutende „Du" zu verwenden, aber manchmal führt die ganz direkte Ansprache wohl eher zum Ziel, dem Ändern unserer, Deiner Gewohnheiten.

Unsere Gewohnheiten haben die wunderbarsten, vielfältigsten, unglaublichsten Wurzeln: Erbe, Tradition, Umwelt und unsere naturbedingte Einzigartigkeit, sollten wir nicht zu den eineiigen Zwillingen gehören. Daraus ist leicht zu schlussfolgern: Jeder, jedem fällt eine andere Gewohnheitsänderung leichter. Oder ist gar nicht machbar. Trösten wir uns: Der scheinbar fehlerlose ist nicht der sympathischste Mitmensch. Versuchen wir uns an dem, was wir schaffen können. Das allerdings ist mehr, viel mehr, als wir vermuten, wenn wir ernsthaft! und vorsätzlich! und voll freudigem Mut ans Gewohnheitsverändern gehen. Lassen wir uns aber nicht „total" verrücken, verrückt machen, denn:

„Wer allzu viel bedenkt, wird wenig leisten".
Friedrich Schiller

Der Weg zur Hölle ist mit guten Vorsätzen gepflastert, nicht mit schlechten.
George Bernard Shaw

Die Gewohnheit ist die zweite Natur.
Cicero

Nichts bedarf so sehr der Reform wie die Gewohnheiten der Mitmenschen.
Mark Twain

Es ist in vielen Dingen eine schlimme Sache um die Gewohnheit. Sie macht, dass man Unrecht für Recht, und Irrtum für Wahrheit hält.
Georg Christoph Lichtenberg

Den 1o Geboten Gottes setzt der Teufel 1ooo Sonderangebote entgegen.
Hans-Jürgen Quadbeck-Seeger

Vieles wäre einfacher, wenn in der Bibel nicht von 1o Geboten, sondern von 1o Vorschlägen die Rede wäre.
Karl-Heinz Karius

I - Wir genießen!

Der Genuss des Einfachen erschwert Frust, Völlerei und Siechtum.

Haben wir keine Scheu! Genießen wir! Genießen wir das Leben! Falls Du's noch nicht kannst, versuche es: Wir sind nicht auf der Welt, um „unsere Pflicht zu tun", sondern um möglichst viel Freude zu haben, nicht auf Kosten anderer Lebewesen, sondern am Liebsten in Gemeinschaft und am Sichersten ganz in uns selber. Der Genuss des Einfachen, Naturbelassenen bewirkt dauerhafte Gesundheit. Dauerhaftes Konsumieren der Genussmittel behindert lebenslange Gesundheit. Ohne spätere Reue zu genießen – das ist ein erstrebenswertes Ziel.

Höchstgenuss, Genuss in „vollen Zügen", absoluter, exklusiver Genuss – das sind Genussvarianten, die individuell verdienten, erarbeiteten oder glücklich zugefallenen Seltenheitswert haben sollten, vielleicht an Rituale, Fest-und Feiertage, Tradition gebunden?

Isoliertes, ängstliches, panisches, nicht ganzheitlich geerdetes Gesundheitsdenken und -handeln kann schnell zu unerwünschten Resultaten führen, wird der Genuss dabei ausgeblendet oder hintenan gestellt. Beispiel: „Du isst das jetzt! Das ist gesund. Hör' auf zu heulen. Das sind nur ein paar Bissen. Also schnell." – „Nein ich mag das nicht!" – Du isst das jetzt, verdammt noch mal!" Niemals können so runtergewürgte gesunde Lebensmittel gesund wirken, basisch verstoffwechselt werden. Gesund ist Essen dauerhaft nur, wenn es schmeckt. Speisen sind keine bittere Medizin. Aber freudiges, genussorientiertes Speisen gesunder Lebensmittel kann Medizin weitgehend überflüssig machen. Der Genuss von Bitterem ganz besonders. Noch komplizierter wird es nun aber nicht mehr. Dieser Satz zum Trost.

Wahrhaft genießen heißt nachhaltig geniessen. Der wahre Genuss führt nicht zu Schuldgefühlen. Die fünf großen Gs: Genuss, Gesundheit, Geselligkeit, Gemeinwohl, Ganzheit führen in ihrem Ineinanderwirken zu dem, was der Complementismus mit dem scheinbar oberflächlichen Wortinhalt von Genuss meint. Die Geselligkeit kann und muss nicht immer in diesem 5G-Pakt vertreten sein. Doch wir Menschen sind nicht nur Gewohnheits- sondern auch Gemeinschaftstiere. Davor rettet auch kein selbsternannter OberObertierstatus.

Wer nicht genießt, ist ungenießbar.
Konstantin Wecker

Die meisten Menschen hasten so sehr nach Genuss, dass sie an ihm vorbeirennen.
Sören Kierkegaard

Ich schwärme für einfache Genüsse. Sie sind die letzte Zuflucht der Komplizierten.
Oscar Wilde

Nicht alles, was Genuss bereitet ist auch wohltuend, aber alles, was wohltuend ist, bereitet auch Genuss.
Pythagoras

Auch im Genuss soll stets die Weisheit führen.
Voltaire

Überfluss verdirbt den Genuss.
anonym

II - Wir achten die Tradition!

Wir erkennen unser Erbe, die guten und die schlechten Gewohnheiten.

Die AsiatInnen, ein Drittel der Menschheit, würden lachen, im besten Falle, bekämen sie zum Frühstück unsere geliebten WeißmehlButterMarmeladenBrötchen vorgesetzt. Die ChinesInnen essen als erstes, sofern sie sich das leisten können, mit Hackfleisch gefüllte Maultaschen, die BewohnerInnen Indiens ReisPresstaler, die kanadischen Indianer Eichelbrot. Entsetzen, Ekel, Erbrechen wären europäische Reaktionen auf Speisenkarten, die Rattenleber, Hundefilet und gegrillte Heuschrecken anböten. Was dem einen der schwarze Tee ist, ist der ganz anderen der Mate-Tee, der Muckefuck (Mocca faux), der Expresso. Bisher haben, glücklicherweise, nur McDonalds und Coca Cola alle Menschen eingefangen.

Erdballumfassende Tradition, Traditionen der Völker, Familientradition – wie sind / werden wir geprägt von Konventionen, Sitten, Gebräuchen, Unternehmens- und Konzernpolitik? Selbstbestimmung und Manipulation – welche Gewichtung der Antipoden führt zu einem erfüllten Leben? Ist die Revolte in der Jugend Voraussetzung für das Begreifen und freudvolle Übernehmen der guten Gewohnheiten unserer Altvorderen? Vollzieht sich Evolution im Kraftfeld zwischen Tradition und Moderne? Es scheint so zu sein!

Das individuell übernommene, weitergeführte, gewandelte Alte, das dauerhafte Ineinanderwirken von Selbst- und „freiwilliger" Fremdbestimmung, entscheidet über Glück und Weisewerden, über das Gelingen des

Lebens. Über das Sichtbarwerden des Einzelnen, sichtbar für sich und für die „anderen". Richtig angeleitet und ermutigt zu werden, sich richtig weiter, dem eigenen Ich gemäß, anzuleiten und zu ermutigen, weder von den Traditionen unkritisch vereinnahmt, noch von der Moderne blindlings besessen, so könnte das Leben gelingen.

Was ist nun mit dem Marmeladenbrötchen? Könnte es nicht auch was Gesundes am Morgen sein, und nicht gleich eine süße Säuredröhnung (Siehe AnGebot 6)? Was ist mit den Erblasten und den Erbgeschenken? Wie lerne ich, die einen zu minimieren und die anderen zu maximieren? Ohne Arbeit scheint kein Entwöhnen und Neugewöhnen möglich.

Deshalb hier nun einige ArbeitsAngebote:

I – Liste deine schlechten Gewohnheiten auf (Schlechte Gewohnheiten sind jene, die dir langfristig schaden, dich angepasst, blass und krank machen)! Ordne sie nach dem vermuteten VeränderungsSchwierigkeitsgrad. Versuche dich zuerst an den oben stehenden, am leichtesten veränderbaren „Mängeln". Übernehmen wir uns dabei nicht, denn Verdruss und Frust helfen nicht weiter.

II – Liste deine guten Gewohnheiten auf (Gute Gewohnheiten sind jene, die dir langfristig nützen, dich heiter werden lassen, erkennbarer und gesünder machen.). Vergiss keine! Sei ein bisschen stolz auf Dich. Versuche, alle zu steigern. Doch tun wir des Guten nicht zu viel und versuchen wir uns nicht an einem fehlerlosen Leben, sofern wir uns wünschen, dass uns die Mitmenschen weiterhin als einen der ihren schätzen und liebhaben.

III – Liste gute Gewohnheiten auf, die dir erstrebenswert erscheinen. Habe dabei nur dich im Auge, im Sinn. Denn:

Was dem Schmied gut tut, bringt den Schneider um. Hüten wir uns vor bösem Neid und Nach"äfferei".

Da der zentrale Inhalt des Complementismus die Ernährung ist, hänge ich noch einige leicht umzusetzende Tipps zum Ändern der schädlichen Gewohnheiten an; in Stichworten:

- Fernsehen ohne süße Beihilfen! Falls doch geknabbert werden muss, dann Kräutergewürztes oder geringst Gesalzenes. Nicht den Zuckerteufel mit dem Salzbelzebub vertreiben. Nüsse? Kaufe nur noch Nüsse mit Schale. Und einen Nussknacker.

- Der Kühlschrank wird zwei Stunden vor dem Zubettgehen geschlossen. Und erst zur Frühstückszeit wieder geöffnet.

– Kaffee wird ohne Zucker getrunken! Oder ich reduziere von 3 Stücken auf 2 pro Tasse, von 2 Stücken auf eins. Das ergäbe bei 4 Tassen täglich eine Minimierung deines Jahreszuckerverzehrs um ca. 4! kg. Wau! Also: Eine Handbewegung weniger pro Tasse !

- Tradition: Freitags Fisch, sonntags Fleisch. Moderne: jeder Wochentag ist möglich, aber wiederum möglichst jeweils nur einer.

– „Einrichtung" von Kühlschrank und Speisekammer: die gesünderen Lebensmittel sind für Augen und Hände schnell erreichbar. Die Ungesünderen sind nicht schlaftrunken und blindlings greifbar.

Tradition ist die Weitergabe des Feuers und nicht die Anbetung der Asche.
Gustav Mahler

Wer heute versucht, etwas Bewahrenswertes zu bewahren, der muss schon fast ein Revolutionär sein.
Erhard Eppler

Alles Alte, soweit es Anspruch darauf hat, sollen wir lie-
ben, aber für das Neue sollen wir recht eigentlich leben.
Theodor Fontane

Trost für Traditionalisten: Das Neue kann der Anfang ei-
ner langen Tradition werden.
Walter Ludin

Ich schaffe nichts Neues, sondern folge nur den Überlie-
ferungen.
Konfuzius

Wer Tradition unbedacht übernimmt, ist eher denkfaul
als treu.
Walter Ludin

An einem jungen Menschen ist es in intellektueller und
auch in moralischer Hinsicht ein schlechtes Zeichen, wenn
er in Tun und Treiben der Menschen sich recht früh zu-
rechtzufinden weiß.
Arthur Schopenhauer

Du kannst Dich nur dort entwickeln, wo Du den Kreis-
lauf Deiner Gewohnheiten nachhaltig unterbrichst.
Gunter König

III - Lernen wir kauen!

Nur im Mund nehmen wir Einfluss.

Saugen, lutschen, kauen, schlingen – auf unterschiedlichste Weise können wir die unterschiedlichste Nahrung in unseren Mündern, mit und ohne Zähnen, bearbeiten, bevor wir sie, voller Gottvertrauen, mit oder ohne Phantasie, in die Speise"röhre" auf ihren langen, verschlungenen, unsichtbaren, phantastischen Verdauungsweg schicken. Das Baby wird an die Brust gelegt und saugt. Sauggeschwindigkeit und Futtermenge regeln sich auf natürlichste Weise. Die ersten Ernährungsprobleme können entstehen, falls die Mutterquelle nicht ausreichen sollte und so die Natur durch die Babyflasche ersetzt werden muss. Entscheidet nun schon das geschwindigkeitsmanipulierende Loch im Nuckel über spätere Essgewohnheiten? Wie lange wird genuckelt? Und von wann an kaut das Kleinkind? Lernt es überhaupt noch kauen, oder bekommt es überhaupt nichts „Richtiges" mehr zum Beißen und zum Kauen? Je industriepürierter, desto besser?

Eine Kauschule sollte hinführen zum freudvollen, stolzen Benutzen der schmerzhaft gewachsenen Milchzähne. Kauen muss Spaß machen. Die Kauergebnisse müssen lecker sein. Kauen muss sich lohnen. Den Einsichten, weshalb wir Menschen Schneide- und Kauzähne haben, weshalb es ein Kinder – und ein Erwachsenengebiss gibt, weshalb alles Denaturierte nur den ZahnärztInnen nutzt, weshalb unsere menschlichen Kauwerkzeuge vermuten lassen, dass wir *mehr* PflanzenfresserInnen als FleischfresserInnen sind, sollten Taten folgen! Leiten

wir die Kinder, die Enkelkinder spielerisch zum Kauen an.
Aber nicht so: „Schling" nicht!" „Nasch' nicht!" „Setz
dich!" „Kleckere nicht!"

Zur dauerhaften Stabilisierung von Kauen statt
Schlingen noch einige Argumente (Veranschaulichungen
/ Beweismittel / Begründungen):
  – GutkauerInnen brauchen weniger Nahrung. Be-
gründung! Der Speisenbrei kommt langsamer in den
Magen. Das Gefühl, ich bin jetzt satt, der volle Magen
sendet es nach ca. 15 Minuten Verweildauer der Nah-
rung in ihm, hat eine größere Chance, zum richtigen
Zeitpunkt zu erscheinen.
  – GutkauerInnen sparen somit Geld. Dies könnte in
bessere, natürlichere Lebensmittel investiert werden.
  – GutkauerInnen verbrauchen weniger Ackerfläche!
In diesem Zusammenhang eine polemische Frage: Wie
ändert sich die Flächenbilanz, falls ein Veganer sehr
schlecht kaut und eine Vegetarierin oder ComplementerInnen „menschengemäß"?
  – Das Einspeicheln ist die „Zündung" für alle weiteren Stoffwechselvorgänge. Ein geschmeidiger Spreisen-
brei ist viel, viel leichter aufschlüsselbar. Das bewusste
Einspeicheln signalisiert dem Körper unsere Liebe zu
ihm, unser Verständnis für seine wunderbare Arbeit.
  – Folgendes kann ich nur als Angelesenes aufführen,
ich bin nicht so weit, dass ich es empfinden kann: Kauen
fördert den Lymphefluss, ist Zahn- und Zahnfleischpfle-
ge, hilft dem Durchbluten, hilft der Serotoninausschüt-
tung.
  – Unsere Kauergebnisse geben uns Hinweise auf die
Qualität unserer Speisen: Nur Naturbelassenes, Gesundes wird durchs Kauen leckerer. Fastfood können wir
nicht gut kauen. Aber besonders leicht schlingen.

Wir machen, immer wieder ist das so, den Heranwachsenden das Lernen leichter, wenn wir heitere, selbstverständliche Vorbilder hergeben. Also! Lernen *wir* kauen. Die folgende MiniKaufibel könnte uns behilflich dabei sein. Trösten wir uns immer wieder mit weisen, scheinbaren Widersprüchen: Das Einfache ist das Schwerste (fast jeder Volksmund). Das Wesentliche ist einfach (Jiddi Krishnamurti). Das Einfache ist das Wesentliche (Alle PhilosophInnen) ...

Kleine Kaufibel oder KauABC-Buch für alle Altersklassen

I Schlucke nur geschmeidigen Speisebrei und Flüssiges. Voraussetzung: Du musst den festen Bissen 30-50 mal kauen.

II Je fester die Nahrung, desto einfacher das Kauen. Trainiere mit Scheiben von hartem Brot. oder „klassisch"und „anspruchsvoll": Backe Dir Dinkelfladen. Und schneide den mindestens zwei Tage alten Fladen in zwiebackdicke Scheiben.

III Lass' dich nicht ablenken beim Kautraining. Es verlangt hohe Konzentration. Sonst ist der Bissen weggeschluckt, bevor er zum „basischen Brei „ werden konnte. Aber keine Bange! Unser Körper ist allumfassend genial, somit auch unsere „Kauorgane". Die Schlundschleimhäute agieren bald wie Schrankenwärter: sauren, also noch nicht gut gekauten,basisch eingespeichelten Speisenbrei, schicken sie zurück in den vorderen Mundraum

IV Versuche, auch die flüssige Nahrung zu kauen. Eine altchinesische Aufmunterung dazu: Was du isst, sollst du trinken, was du trinkst, sollst du essen. Die echten WeingenießerInnen haben einen Lernvorteil: Sie erschmecken den kleinen Weinschluck durch schlürfen, kauen, „schwenken".

V Lege dir nicht so viel wie gewohnt auf den Teller: Die große Essensmenge macht dich undiszipliniert. Positive Motivation: Gut kauen spart Nahrung. Und somit auch Geld. Denn: Das Sättigungsgefühl erreicht dich, bevor du „pappe-satt, übervoll" bist. Unglaublicher, aber trotzdem sicherer Nebeneffekt: Nach und nach bekommt dein Körper die dir gemäße Wohlfühlform. Dauerhaft.

VI Kleine Bissen und Schlucke erleichtern das immer freudvoller werdende Kauen. Und machen es viel effektiver. Simple Begründung dafür: zwei halbgroße Bissen 30 mal gekaut liefern so viel Speichel wie der große Bissen ungefähr 60 mal gekaut. Ein Argument, oder?

VII Fülle Löffel und Gabel erst neu, wenn der Speisebrei geschluckt ist. Das stoppt die Gier. Gerade zu Beginn deiner Mahl (Wikipedia: Tätigkeit in einer Mühle oder einem Mahlwerk) -zeit.

VIII Steigere den Anteil an fester und roher Nahrung. Du schaffst so längere Kauzeiten. Und ein Optimum an Speichelfluss.

IX Freue Dich, immer wieder und wieder und dankbar, dass du genug zum Kauen hast. Und geh' schon allein deshalb sorgfältig mit dem KauGut um.

X Alles, was nach dem sorgfältigen Kauen im Mundraum bleibt, schlucke nicht widerwillig oder anstandshalber herunter: Spucke es aus! Wie auch immer.

Am Besten ist es, leicht nachvollziehbar, oder ?wenn nichts übrigbleiben muss.

XI Dein sorgfältiges Kauen hilft Deiner Haushaltskasse, rettet den Regenwald, lindert den Hunger anderer. Gutes Kauen hat im allerbesten Sinne ganzheitliche Folgen.Bissen für Bissen.

XII Stabilisiere das richtige Kauen mit Hilfe der richtigen, also der natürlichen, unverfälschten Lebensmittel, denn nur der Zugewinn an Genuss lässt Dich dauerhaft eine perfekte Kauerin, ein perfekter Kauer sein.

Wer hastig isst und hastig trinkt, verkürzt sich selbst das Leben.
Sprichwort- Tschechoslowakei

Er war ein durch und durch methodischer Mensch: Das Mittagessen kaute er auf der rechten, das Abendessen auf der linken Seite.
Jules Renard

Wer alles schlucken will, wird schlecht verdauen.
Sprichwort in Frankreich

Viele Menschen haben das Essen verlernt. Sie können nur noch schlucken.
Paul Bocuse

IV - Wir essen und trinken einfach und ausgewogen!

Der Mensch lebt im 21. Jahrhundert der Neuzeit und im zweieinhalbmillionensechzehnten Jahr seiner vermuteten Geburt vorwiegend von McDonalds & Burger King & Co. Der Instinkt für regionale, individuell guttuende, gesunde Ernährung ist ihm, mehrheitlich, mit großem Werbeaufwand und beeindruckenden Geschäftsideen ausgetrieben worden. Beim liebevollen „Austragen" des Babys und seinem „Großziehen" mit Muttermilch kehrt er häufig – noch! – beglückend natürlich zurück. Aber was geschieht dann beim Ernähren des Kindes? Nudeln mit Tomatensauce, Pommes, Pizza, Mars- und sonstige ruhigstellende und Liebe ersetzende Suchtriegel, FerreroListGenussmittel-SpielGemische aus einem immerhin originell geführten Familienkonzern und die Regale füllende Weißmehl-Zuckerkreationen, egal ob bio oder nicht – zuverlässig krankmachend. Das war's.

Mir erzählte die Leiterin der Osnabrücker Uni-Mensen von einem Studenten-Dankschreiben: „Ohne das Mensaessen hätte ich wohl nie erfahren, wie vielfältig tatsächliches Essen, nicht nur das der Fernsehshows, sein kann. Ich bin hier Kartoffeln und Kartoffelbrei, Reis und Hirse, Möhren und Steckrübe begegnet. Erstmals. Die Entdeckung einer neuen Ernährungswelt."

Mündige BürgerInnen sollten auch mündige EsserInnen sein. Oder werden. Burger, Pizza und Nudeln sind unverdientermaßen die alleinigen Erbinnen der Muttermilch. Eine vielfältige, abwechslungsreiche, zeitgemäße, Erbanlage und Alter berücksichtigende, saisonal ausgerichtete Ernährung ist nötig, wollen wir freudvoll und

weitgehend chronisch-gebrechenlos alt werden. Die Vielfalt hat nichts mit dem heillosen, hilflosmachenden, aufgeschwatzten, modischen Durcheinander der industriellen SpeisenerfinderInnen zu tun, nichts mit Pernod-Cola, Oliven-Artischocken-Schokolade, Latte-Macchiato-Früchte-Yoghurt ...
Unser sensationell vieles verzeihende Verdauungs"apparat" sollte nicht dauerhaft auf Hochtouren und mit Überstunden arbeiten müssen. Helfen wir ihm. Und damit ganz umfassend uns und unserem Wohlbefinden, denn Körper und Seele sind untrennbar, ganz sicher mindestens so lange wie wir lebendig sind.

Die AnGebote hier:

I Nichts gegen Nudeln! Aber muss das siebenmal in der Woche sein? Und dann auch noch die zum Dickwerden geborene Weissmehlvariante. Wie wäre es zur reizvollen Abwechslung mit Vollkornnudeln, die gibt's auch aus Dinkel und Buchweizen. Und: Die LebensmittelerfinderInnen entwickeln ja nicht nur absolut Überflüssiges: Erbsen-, Linsen-, Qinoanudeln ... die sind allemal einen Wohlschmeckversuch wert. Und gesünder allemal. Meine Lieblingsnudeln sind aus Mais. Da besteht nun bei mir eine einfältig machende Wiederholungsgefahr, allerdings eine weitgehend ungefährliche, zum Lächeln anregende.

II Vielfalt hat nichts mit Durcheinander zu tun. Diese Wiederholung ist absichtlich! Es scheint mir so, als könnten wir das nicht oft genug zu lesen bekommen. Das DurcheinanderPrassen sollte das Vorrecht der Festtage sein. Das Durcheinanderessen sollten wir als Ernährungsverhalten in „Schwäche"perioden. akzeptieren. Zur Sicherheit führe ich einfache Erklärungen für das vielsinnige Wort Periode auf: Zeitraum, Zeitintervall, Zeitabschnitt, Zeitphase. Je kürzer desto besser.

III Noch einmal zum Durcheinander: Trinke viel Wasser! Doch möglichst nicht zum Essen, sondern zwischendurch. Weshalb? Die Magensäure, die zum Aufschließen Deiner mit einiger Wahrscheinlichkeit nicht optimal gekauten Nahrung stressig zu tun hat, möchte das nicht verdünnt tun. Trotzdem gilt: Solltest Du kein Wasser zwischendurch trinken, Dich noch nicht daran gewöhnt haben, dann sind die das Essen begleitenden Wasserschlucke allemal sinnvoller als gar kein Wasserkonsum. Nur zur hastigen Herunterspülung sollten sie generell nicht genutzt werden. Alles ein bisschen kompliziert, oder? Albert Einstein hilft uns, heiter und tiefsinnig: „Mache die Dinge so einfach wie möglich. Aber nicht einfacher."

Das Größte und Wunderbarste ist das Einfachste.
Walter Rathenau

Das Ideal der Einfachheit macht das Leben in der modernen Gesellschaft noch schwieriger.
Vincent van Gogh

Schwarzes Brot bedeutet nicht Mangel und grobe Kleidung nicht Nacktheit.ʹ
Sprichwort aus Lettland

Wem genug zu wenig ist, dem ist nichts genug.
Epikur

Viele würden gern ein einfacheres Leben führen, wenn der Weg dahin nicht so kompliziert wäre.
Justus Jonas

Einfachheit in der Wahl der Nahrung fördert die körper-
liche Gesundheit, Einfachheit im Umgang mit den Men-
schen den Seelenfrieden.
Jacques-Henri Bernadin de Saint-Pierre

V - Pflegen wir den guten Hunger, den guten Appetit!

5-3 Mahlzeiten müssten ausreichen. Noch besser wären 3-2.

Warum essen wir fast Tag und Nacht, rund um die Uhr? Wer hat uns das beigebracht? Und wann? Haben wir das Warten verlernt? Wissen wir im alltäglichen Leben nicht mehr was Vorfreude ist? Was ist mit dem guten Hunger geschehen? Verhindert der massiv verdrängte Welthunger, der Hungertod von täglich 12.000 Kindern, die Schuld der reichen Länder an der Armut der „dritten" Welt die Entwicklung des guten Hungers, des guten Appetits?

Es existiert kein wirkungsvollerer Appetitanreger und –verderber zugleich als der Hunger. Die ErnährungswissenschaftlerInnen streiten, die AllgemeinmedizinerInnen sind hilflos bis ignorant: Die Themen Mahlzeiten, tägliches Teilfasten, der gute Hunger kommen bei ihnen nicht vor. Aber auch da gibt es Entwicklungen, die hoffnungsfroher stimmen. Die DGE – Deutsche Gesellschaft für Ernährung – vertritt in ihren 10 Ernährungsregeln eine andere Position als die ihr immer wieder zugeschriebene. Das Naschen zwischendurch, außerhalb der 5 empfohlenen GemüseObstMahlzeiten, wird nun deutlich zu den Ernährungssünden gezählt.

Haben sich unsere Altvorderen fundamental geirrt? Was ist mit den Esstraditionen? Frühstück, Jausen, Siesta, Vesper, Mittag- und Abendessen, Festessen, petit-déjeuner (Kleines Fastenbrechen), déjeuner (Fastenbrechen), Dinner, Bankett … wirklich alles von gestern, unzeitgemäß? Brauchen unsere Verdauungsdrüsen keine Pausen? Ist unser so wunderbar großmütiger Verdauungsapparat auf Arbeit rund um die Uhr und das unser Leben lang eingestellt? Sind die Essenszeiten von Babys und Kleinkindern auch sinnvoll für die Jugendlichen, Erwachsenen und Alten? Welche Ess-, Mahlzeiten sind in welcher Lebenslage praktikabel? Wie und nach wem richte ich sie aus? Kann ich meinen ständigen Kampf mit der Waage anders als durch Aufgabe beenden?

Es ist sicher der Mühe wert, zu versuchen, einige dieser Fragen für dich/uns zu beantworten, nicht einfürallemal, sondern bei veränderter „Lebenslage" erneut.

Meine Schulpausenbrote habe ich geliebt. Die Konzentration vor der „großen Pause" war im Besonderen dahin, wenn ich wusste: Es ist Leberwurst oder Jagdwurst auf dem Brot, und nicht Vati, sondern Mutti hatte die Brote geschmiert. Dann war unter der Wurst noch ein bisschen Butter. Und: Das Brot war frisch. Vaters Frühstücksstullen waren immer von drei Tage altem Brot, mindestens drei Tage altem. Ein die Kindheit begleitender Streit der Eltern: Frisches oder altes Brot .Ein Streit, den ich immer liebevoller erinnere. Und der mir beim Begreifen hilft: Alles zu seiner Zeit! Brot esse ich nur noch ganz selten ganz frisch. Ausnahme: Baguette. Aber das essen wir sowieso wie ein Genussmittel: selten. Ansonsten genieße ich das Altgewordene. Nur, weil mein Verdauungsapparat mir deutlich seine größere Bekömmlichkeit signalisiert? Nein. Ich habe riesiges Genießerglück, es schmeckt mir jetzt besser − welche schönen, kleinen Wunder können Körper und Geist gemeinsam vollbringen! Zurück zur Kindheit. Rechne ich den Nachmittagsapfel dazu, den es von September bis März/April gab, dann gab's in der Kindheit fünf Mahlzeiten: ein gehetztes Minifrühstück, die wichtigen, geliebten Pausenbrote, ein einfaches, warmes Mittagessen (plat du jour) und das gesellige Abend"brot": alle waren daheim, die Eltern, die Geschwister. Erinnere ich die Kindheit genau, waren die Wartezeiten an den endlos langen Kindertagen, trotz der 4- maligen Unterbrechung, lästig, dafür die Vorfreude meistens groß. Jetzt, einige Jahrzehnte nach der Kindheit, reichen zweieinhalb Mahlzeiten aus. Ruhiges, konzentriertes, dankbares Essen ist zur Gewohnheit geworden, ist fast zur Gewohnheit geworden. Am Einfachsten ist unser jetziges Ernährungs"programm" einzuhalten, wenn wir körperlich arbeiten, weit weg von den Futtertrögen. Am schwersten wird es, nach den gewollten, ersehnten und vor allem nach den ungewollten Ausnahmen. Ganz geschickt hat die Ausnahme die Eigenschaft zur Regel zu mutieren. Also aufgepasst, nach Fest- und Feier -, nach Ausnahmetagen.

Die Tipps hier:

I – Schau, aus gutem Grund, nach beim Angebot II: Achte die Tradition! Und auch bei der Intervalldiät.

II – Versuche, dir Lebensumstände zu schaffen, die in den gewünschten Ernährungspausen, Speisen für Augen, Ohren und Nase unerreichbar werden lassen. Vielleicht muss nachts auch der Tastsinn einbezogen werden.

III – Kultiviere die Vorfreude!

Manche halten es für besser, nach dem Essen zu suchen, als nach dem Appetit.
Sprichwort Irland

Wenig kostet der Hunger, viel ein verwöhnter Gaumen.
Lucius Annaeus Seneca

Um hunderttausend Mann auf Totschlag auszuschicken dafür habt ihr Geld genug. Nicht aber für zehntausend Hungrige.
Voltaire

Wir sitzen zusammen, der Tisch ist gedeckt, wir wünschen uns allen, dass es gut schmeckt.
Tischgebet

VI - Wir ernähren uns bewusst basisch!

Ein ausgeglichenes Säure-Basen-Verhältnis ist der Gesundbrunnen schlechthin.

Der wikipedia-Artikel „Basische Ernährung" hat mich sauer gemacht, fast „stocksauer". Ungläubig habe ich ihn ein zweites Mal gelesen und mich vergewissert, dass er wirklich bei dem von mir geschätzten, lebendigen Lexikon erschienen ist. Ich zitiere: Die hessische Verbraucherzentrale bezeichnet basische Ernährung und entsprechende Nahrungsergänzungsmittel als überflüssig. In ihrer Stellungnahme heißt es: „Die natürlichen Puffersysteme des Körpers, eine ausgewogene Ernährung mit reichlich Gemüse und Obst, mäßig tierischen Lebensmitteln, viel Trinken sowie Bewegung schützen ausreichend vor Übersäuerung". Ins Verständliche übersetzt heißt das in etwa: Wer sich ohne Vorsätze vorwiegend basisch ernährt, macht die vorsätzliche und im Besonderen die ideologisch daherkommende basische Ernährung überflüssig. Ja, super. Aber wo sind die Mitmenschen, die sich selbstverständlich wie unsere Altvordern ernähren?

Die hessische Verbraucherzentrale und unsere wissenschaftliche Medizin, gehen von einem Menschentyp aus, dem gegenwärtig maximal 5% der deutschen Bevölkerung, also ungefähr jede, jeder 20. von uns, entspricht. Der noch „nicht regierungsfähigen Basenfraktion" gehören an: Ein Teil der VeganerInnen (In keinem Falle aber die Zucker-,Weißmehl- und PuddingAktivistInnen), ein Teil der VegetarierInnen (jene, die die Fleischenthaltsamkeit nicht mit Eiern und Käse „ausgeglichen" haben), wenige der FlexitaristInnen, viele der MakrobiotInnen, der MazdaznananhängerInnen, der Ayurvedabelehrten und möglicherweise bald eine große Zahl der diesen An-Geboten folgenden ComplementerInnen.

Unterstützend könnte dabei sogar die DGE – Deutsche Gesellschaft für Ernährung – wirken, sollte sie noch deutlich intensiver und klarer den eingeschlagenen Weg fortsetzen, wie zum Beispiel bei der „sensationellen" Fleischkonsumempfehlung: 15 kg statt 90 kg pro Jahr, und das Märchen vom gesunden Gegenwartsdeutschen nicht weiter als Grundlage der Resumées nutzen: Eine Übersäuerung des Körpers ist beim Gesunden nicht zu befürchten, da Puffersysteme den Säure-Basen-Spiegel im Blut und im Gewebe konstant halten. Aber vielleicht ist wiederum wikipedia Schuld mit einem aus dem vernünftigen Kontext herausgerissenen Zitat. Offene verständnisvolle Diskurse markieren die Zukunftspfade. So könnten die mit der DEG konkurrierenden GesundheitsberaterInnen des UGB weiter stimulierend wirken. Vielleicht auch deshalb: Das U steht für unabhängig.

Zur Erinnerung noch einmal einige Fakten zum Konsum der „gesunden" (darunter 60% übergewichtige Männer und über 40 % Frauen mit einem Gewicht jenseits der gültigen Normen. Leider ist zusätzlich zu vermuten, dass diese Zahlen schnell an Aktualität verlieren) deutschen DurchschnittsbürgerInnen: In den Jahresverzehr von ca. 650 kg, knapp 2 kg pro Tag (das ist nur zu erreichen über die 30% Nichtgegessenes, im Kühlschrank verdorbenes, Verfallsdatum überschritten, siehe besonders AnGebot 13 - Da unterschiedliche Statistiken und Empfehlungsquellen von mir genutzt werden, und es eine meiner kaum zu korrigierenden Eigenheiten ist,damit salopp umzugehen, haben die Angaben eine gewissen "Bandbreite" im Buch. Ich entschuldige mich dafür), teilen sich

Getreide (das meiste davon als Weißmehl in Form von Brot und Nudeln) 90 kg (Empfehlung DGE: 73 kg / mit Vollkornhinweisen!!!)
Reis (geschält) und **Kartoffeln** 70 kg? (Empfehlung DGE: 73 kg)
Zucker 50 kg (eine Zuckerempfehlungen der DGE habe ich zu meiner Freude nicht finden können)
Gemüse 91 kg (Empfehlung DGE: 146 kg)
Obst 70 kg (Empfehlung DGE 91 kg)
Fleisch 90 kg (Empfehlung DGE 15,6 kg!)
Fisch 16 kg (Empfehlung DGE 8 kg)
Milch-und Milcherzeugnisse 134 kg (Empfehlung DGE 91 kg)
Öle &Fette 20 kg (Empfehlung DGE ,9,3 kg)
Eier 210 Stück (Empfehlung DGE 156 Stück).

Schlussfolgerung: Nach den Gesundheitsempfehlungen der DGE ernähren sich die Deutschen zu sauer (Zucker / Fleisch / die meisten Milcherzeugnisse / Eier) und zu basenarm (Gemüse). Die Qualität der Nahrungsmittel und deren Auswirkungen auf sauer oder basisch sind dabei noch außeracht gelassen.

Große Frage! Wo hat die mysteriöse Mutation vom Ungesunden zum Gesunden ihren Ursprung? Liegt es vorrangig daran, dass mit der Erzeugung und Vermarktung sauermachender Lebensmittel der größere, der viel größere Profit zu erzielen ist? Wo kämen die Ernährungs-, die Genussmittelindustrie hin, ernährten wir uns vorrangig von Gemüse? Muss der Markt funktionieren, das Wachstum garantiert sein, koste es, was es wolle? Auch die Gesundheit?

Die Zuordnung und Wertung der Lebens- und Genussmittel entwickelte der schwedische Biochemiker Ragnar Berg im ersten Drittel des zwanzigsten Jahrhunderts. Der Vater der basischen Ernährung ist jedoch Hippokrates mit seiner Erklärung von Krankheit: Fehlerhafte Mischung der Körpersäfte.

Die umfangreiche, teilweise widersprüchliche Literatur zum Basenranking führt zu einer bescheidenen Gruppenzuordnung:

Stark basisch: Oliven (vor allem die reifen), die meisten bitteren Gemüse (bitter macht lustig), Trockenfrüchte (Spitzenreiter: Feigen)

Leicht basisch: Gemüse (wenige Ausnahmen: Rosenkohl), Obst (rohes Obst: sofern der Verdauungstrakt optimal funktioniert; gedämpftes Obst immer) kaltgepresste Öle

Neutral und leicht sauer: Nüsse, Vollkorngetreide, Hülsenfrüchte

Sauer: Tierische Produkte (alle, bis auf Joghurt?)

Stark sauer: Genussmittel, Weißmehl, Zucker

Gute Regeln müssen Ausnahmen aushalten: So werden Artischocken und Aprikosen anders verstoffwechselt als ihre Artgenossen. Doch keine Sorge: Der Körper braucht auch g u t e Säuren, oder überhaupt Säuren. Daraus folgt: Eine Verteufelung der Säuren führt nicht zum Ziel Gesundheit. Das richtige Verhältnis von Säuren und Basen macht es. Ideal scheint: 30% Säuren / 70% Basen. In keinem Falle umgekehrt wie bei den oben gekennzeichneten, statistischen DurchschnittsverbraucherInnen, es sei denn …

Wegen des ganzheitlichen Anspruchs dieses Buchs und zum Trost für die bisher! Sauren unter uns, folgt eine zweite Aufstellung:

Stark basisch: Lachen, Lächeln, Freude

Basisch: Wohlwollen, Bewegung, Optimismus

Sauer: Gleichgültigkeit, Dauerfernsehen & Co

Stocksauer: Missgunst, Pessimismus, Dauerverzweiflung

Empfehlungen

I – Fressen wir nicht alles in uns hinein. Das wäre ätzend, also sauer.

II – Basisch macht lustig. Bange vor einem Basenrausch ist überflüssig. Den werden wir nicht bekommen können, jedenfalls nicht mit unserer angestammten Kost. Möglicherweise während einer längeren Basenkur? Aber "so etwas" gehen wir ja nicht ohne Kurkontrolleure an.

III - Kurtag basisch. Sollten wir einen Kurtag pro Woche schaffen, wären viele Sünden verziehen. Sollte es uns nur einmal im Monat gelingen, wäre noch immer viel gewonnen. Denn: Unsere Körper „funktionieren" besser, wenn sie sich nicht alleingelassen fühlen. Jeder Versuch wird positiv vermerkt. Auch der abgebrochene. Also: „ Was kann mir schon geschehen (Fortsetzung :... du weißt, ich liebe das Leben..." es gibt auch großartige Schlagertexte ... Vicky Leandros 1975)?"

Kurtag Basisch:
Zum Procedere: Du setzt am Abend vor dem Kurtag ein extrem bitteres Gebräu an: ½ Teelöffel voll Bittersalz mit 1/8 Liter Wasser. Kurz vor dem Trinken am frühen Morgen verlängerst Du dieses Abführmittel auf ¼ Liter. Und dann: Augen zu und Geschmackssinn abgeschaltet

– Du trinkst in schnellen Zügen, am besten alles auf einmal. Es wird Dich schütteln. Nachgespült wird mit einem großen Glas Wasser, angereichert mit einem Mineralstoffgemisch. Dazu berätst Du Dich sinnvollerweise mit HeilpraktikerIn oder Arztin/Arzt.

Zum Frühstück: Pellkartoffeln mit einem Pflanzenöl erster Pressung. Vielleicht etwas Kräutersalz oder Pfeffer.

Zum Mittag: Wiederum Pellkartoffeln und gegartes Gemüse und Obst (Möhren, Rote Bete, Broccoli, Apfel, Birne...) mit Deinem Lieblingsöl

Zum Nachmittag: getrocknete Feigen (noch besser kauen, als die vorherigen Gänge)

Zum Abend: Eine pürierte Suppe aus den Gemüseresten. Vielleicht einige Maisscheiben dazu. Zwischendurch: Viel Wasser und Kräutertee. Bei kaum aushaltbaren, guten Hunger auch Gemüsebrühe.

Falls Du kein Kartoffelfan bist, nimm stattdessen Reis (ungeschälten!!!)

IV- Gewöhne Dich an milchsauer eingelegtes Gemüse. Auch anstelle der süßen Knabbereien. Geh unter „milchsauer" ins Internet oder frag Deine Groß- oder Urgroßmutter. Oder schlag nach im Sonderkapitel "Fermentierte Gemüse...."

Steigerungen: sauer macht lustig, bitter macht lustiger, basisch macht am lustigsten.
jp

Manchmal kann man nicht einmal traurig sein, so sauer ist man.
Volksmund

Ausnahmsweise die Angabe des Autors zuerst und mit Lebensdaten: Robert Boyle (1627-1691)
Säuren wandeln blaue Pflanzenfarben in Rot um. Alkalien wandeln Pflanzenfarben in Grün um. Die von Säuren hervorgerufenen Farben können mit Alkalien wieder in die ursprüngliche Farbe zurückverwandelt werden. Ebenso können die von Alkalien erzeugten Farben durch Säuren zurückverwandelt werden.

Ich hasse es, wenn ich sauer bin und mich dann jemand zum Lachen bringt.
anonym

VII - Verdienen wir uns den kleinen Rausch!

Behindern wir die großen! Enthaltsamkeit ist angesagt: tage- oder auch wochenlang.

Zu jeder Tages- und Nachtzeit stellt die Sucht ihre vielfältigen, oft maskierten, scheinbar harmlosen Fallen auf, verführt sie mit jahrtausendalter Erfahrung, ist sich ihrer faszinierenden, berauschenden, auf Dauer krankmachenden Wirkung sicher. Sogar in der Sprache verstellt sie sich auf in die Irre führende Art: Sucht kommt nicht von suchen, sondern von siechen, dahinsiechen, kranksein. Raffinierte sprachliche Verdrehungen fördern das Bagatellisieren: Sehnsucht. Danach könnte ich süchtig werden. Ich versuche, mich mit einer einfachen Definition von den „Verniedlichungen" abzugrenzen:

„Durch Abhängigkeit bedingter Missbrauch": Missbrauch wovon? Kartoffeln kann ich kaum missbrauchen, es sei denn durch ein zu mächtiges Bauernfrühstück: mehr Eier als Kartoffeln. Und dann vielleicht auch noch unsachgemäß schwarz gebraten. Aus dieser Anmerkung geht vielleicht hervor, dass ich zurückhaltend mit Eiern verwöhnte, sorgfältig angebräunte „Bratkartoffeln" liebe. Früher jeden zweiten Tag. Heute einmal im Monat. Maximal.

Fast alles Geistige, Seelische, Körperliche, jedwede Nahrung lässt sich missbrauchen und hat Potenzial für gefährliche Abhängigkeit. Der Spielautomat, das Internet, die Arbeit, der Sex, das Misstrauen, die Angst können ähnlich existenzgefährdende, vernichtende Suchtqualität haben wie die fast allen vertrauten rauscherzeugenden

Drogen (auch die sanktionierten von Drogerie und Apotheke) und „Lebensmittel": So ist die Adelung des Zuckers zum Lebensmittel ein bedrückendes Indiz für die uns manipulierende Macht der modernen, also unsichtbaren Zuckerbarone.

Jede, jeder von uns ist auf eine besondere, individuelle Art suchtgefährdet. Je ausgeglichener, geerdeter die Einzel-, Gemeinschafts-, Volksseele, desto geringer die Suchtanfälligkeit. Je gesünder die Familien-, die Volksgewohnheiten, desto geringer die Suchtgefahr. Vorrangig entsteht Sucht auf dem Nährboden von übersäuertem Zellgewebe und verletzter Seele. Je gesünder die Ernährung, je positiver die Gedanken und Gefühle, desto chancenloser ist die Sucht.

Was ist nun mit Nutella, Zuckerwürfeln, Stevia & Complicen, Coca Cola, Marlboro, Elektrozigaretten, espresso, Koks, Schokolade, Torte, Bier, Wein, Redbull , Whisky & Co? Gehört alles auf den Scheiterhaufen entarteter Gewohnheiten und Verführungen? Nein! Das muss nicht so sein. Bei charakterstarker Sorgfalt , bei individuell ganz unterschiedlich „verkraftbaren" und „gegönnten„ Drogenmengen müssen Rausch & Genuss & Gesundheit sich nicht widersprechen.

Aber, aber, aber: Die Regelmäßigkeit, die Veränderung der Drogenmenge, der Umfang der Drogenpalette entscheiden über die Zuordnung zu „nicht ungesund" oder sogar gesund (ein Glas Rotwein am Abend soll wohl tatsächlich lebensverlängernd wirken können, glaubt man dem Volksmund und der Statistik. Gleiches gilt möglicherweise auch für den einmal wöchentlich herbeigesehnten Kaffeeklatsch) , zu giftig und tödlich.

Glauben wir unseren Beobachtungen und den medizinischen Erkenntnissen so ist bei jeder,bei jedem von uns die Gefahr nicht auszuschließen, dass wir in einem krank machenden Umfang süchtig werden können. Der

Fingerzeig auf andere kann das Problem eher vertuschen als aus der Welt bringen. Wiederum die Beobachtung lässt vermuten, dass die FingerzeigerInnen selbst in größeren Schwierigkeiten sind. Sollten wir merken, dass die Droge lebensbestimmend wird, dass ein Leben ohne sie, auch bei größter Anstrengung nicht möglich ist, dann müssen wir uns helfen lassen, am Verlässlichsten wohl von auf ähnliche Art Leidenden und Hilfesuchenden, in einer uns tröstenden, stabilisierenden Gemeinschaft (Weiterführendes im Anhang). Pausen, drogenfreie Lebensphasen müssen möglich sein; nicht nur verbal sondern tatsächlich. Die Drogenmenge darf nicht beständig zunehmen; Mogeleien und Selbstbetrug müssen chancenlos bleiben, trotz artistischer Raffinesse. Die Gewissensbisse müssen aushaltbar bleiben, sonst wird's ganz gefährlich. Die Freude am Drogengenuss muss stärker als das Schuldgefühl sein. Der Körper darf durch den Drogenverzehr nicht seine natürliche „Bestimmung" verlieren.

Bei wem alle diese "Bedingungen" zutreffen, der ist wohl suchtfrei. Wenn er nicht dauerhaft leichtsinnig werden sollte, aus welchen Gründen auch immer, gilt das lebenslang. Aber eine wichtige Wiederholung. Es ist nicht nur meine eigene Leistung, die mich vor jedweder, krankmachenden Sucht bewahrt, sondern auch eine genetische Vorgabe. Ein weiteres aber: Nehmen wir das möglicherweise genetisch Programmierte nicht zur Rechtfertigung für unser tief im Inneren erkanntes Fehlverhalten.

Dieses Kapitel über Rausch & Sucht & „Kultivierung" von beiden wird deshalb deutlich umfassender als andere „Randthemen" behandelt, weil es kein Randthema ist. Auch nicht für den Autor: Es strengt mich an, das empfinde ich, mich zu konzentrieren und ehrlich zu sein.

Da geht es mir nicht anders als vielen von uns. Wirklich trösten kann mich das solidarische "Bescheidenheits"Phänomen, das in der Statistik Underreporting (Mindermeldung / Falscherklärung) genannt wird , nicht. Die Diskrepanz zwischen DeutschlandGesamtverbräuchen und der Summe der Verzehrangaben ist erheblich. Da Alkohol ja nicht verdirbt oder volle Flaschen entsorgt werden, sind die gefundenen Angaben sehr aufschlussreich: Angegeben werden 46% des Bierkonsums, 61% des Wein-und Sektkonsums und 26% des Spirituosenkonsums. Was muss geschlussfolgert werden? Wir spielen uns und anderen ein dauerhaftes Schauspiel vor, wenig bedacht bis sehr wohl bedacht und "eintrainiert". Der tatsächliche Weinkonsum triftet am Geringsten ins Verdrängungsdunkel, bei den Spirituosen sind es hingegen 3/4 des Getrunkenen,an die wir uns nicht erinnern mögen. Vielleicht können die Zahlen zusätzlich aussagen, dass die durchschnittlichen WeintrinkerInnen die diszipliniertesten und damit "schuldfreisten" AlkoholkonsumentInnen sind.

Mein Hauptgesundheitsberater in meiner bundesdeutschen, sehr schwierigen Selbstfindungsphase im deutschen „Westen" zwischen 1961 und 1980, ich hatte ja den Auftrag von meiner großen Schwester, den Westen sozialistisch zu machen, was mir ja nachweislich nicht einmal ansatzweise gelungen ist, hat mir sehr geholfen, mit dem Versuch, Signale des Körpers richtig zu deuten und sie nicht auf teufelkommraus von heute auf morgen vergessen zu machen: Ein Körpersignal ist ein Körpersignal. Wird es unterdrückt, schaltet der Körper von gelb auf orange und dann auf rot, also chronische Beschwerden, oder noch Schlimmeres.

Das war seine Botschaft. Er hat sie geschickt, vielleicht auf Dauer leicht deprimiert durch die mangelhafte Umsetzung seiner Klientel, versucht, zu prakizeren: Es gab selten Rezepte, meistens Hinweise zum Verändern der Gewohnheiten. Ich denke gerne an ihn zurück. Was den Alkohol betrifft, gab es vielleicht eine gefährliche Freisprechung: „2-3 Gläser Rotwein pro Tag schaden nicht, sondern sind eher lebensverlängernd, lebensverlängernd im besten Sinne." Das war seine, für ihn notwendige, mich erleichternde Realität. Wo ist das richtige Maß? Wie und von wem wird es vorggegeben? Wer entscheidet die Glasgröße, wer über voll oder randvoll?

„Ich weiss, sie tranken heimlich Wein und predigten öffentlich Wasser", Heinrich Heine. Oh, was bleibt da nicht alles im gesellschaftlich akzeptierten Dunklen bei unseren HauptEuropaDrogen?

Dazu einige, nicht ganz einfach zu erklärende oder gar „positiv" zu bewertende Schlussfolgerungen, hergeleitet vom durchschnittlichen Alkoholkonsum aller deutschen BürgerInnen (ca. 12 Liter Alkohol jährlich). Ich habe keine Zahlen in irgendeiner Alkoholstatistik gefunden, in denen die vermuteten NichtalkoholtrinkerInnen oder ausschließlich Festtagserheiterten, berücksichtigt würden. Ca. 15 Liter Alkohol jährlich nehme ich deshalb als Durchschnittskonsum aller mit einer gewissen Regelmäßigkeit alkoholische Getränke konsumierenden BundesbürgerInnen an, Weinbrandbohnen & Co nicht einbezogen. Die kleine , aber aufschlussreiche , bildhafte Umrechnung: 15 Liter Alkohol entsprechen: 300 L Bier oder 120 L Wein. Wieviele von uns müssen nach der Einschätzung der WHO (Da dies Buch auch wie ein Nachschlagewerk oder ein Lesepuzzle genutzt werden kann,gibt es häufiger Wiederholungen, vor allem bei Abkürzungen: WHO = World Health Organization = WeltGesundheitsOrganisation = Koordinationsbehörde der UN für das internationale, öffentliche Gesundheitswesen), die einen Alkoholkonsum bis ca 6 L reinen Alkohol für "vertretbar" risikovoll hält, leider den

Risiko"gruppen" (riskant (Männer mehr als 4og täglich; Frauen mehr als 20g täglich), gefährlich (mehr als - da müßten die Grßerzeichen eingesetzt werden, die ich auf meiner Schreibmaschine nicht finde - 60 g / 40g) ,hochgefährlich (mehr als 120g/80g)) zugerechnet werden.

Der lebenslange, letztendlich erfolgreiche, trotz des Drogentods der Ehefrau und der des Sohnes, die beide Opfer der "häuslichen Gepflogenheiten" wurden, innere "Kampf" , das "Aufbäumen" gegen die erkannte Suchtgefahr, die vom geliebten Wein ausging, die fast traumwandlerische Sicherheit, mit Hilfe der selbst"verschuldeten" Krankheiten zu gesunden, weiser zu werden, das richtige Maß zu finden, lassen mich Johann Wolfgang von Goethe als einen hoffnungspendenden "Vorleber" bewundern. "Der heilkundige Dichter", so der Titel der phantastischen GoetheBiographie des Schweizer Kardiologen Frank Nager ,hat sich in den letzten Jahren auch mit den geliebten Kuraufenthalten in Karlsbad, mit dem gezielten Suchen und Annehmen von Hilfe, auf vorbildliche Weise zu heilen gewusst.

Es ist nicht zwingend, über Probleme zu reden, aber es ist zwingend, zu handeln. Das gilt so ganz sicher für viele von uns.

Ich zitiere aus einem Aufsatz, den ich im Jahre 2008 geschrieben habe. Der Entschluss zu diesem Zitat ist mir schwer gefallen. Aber schließlich hat das Gefühl obsiegt, dass ich mich noch nicht   deutlich gemacht habe, und damit die Chance verpassen könnte, mich - und andere - aufzufordern, zu verpflichten und zu trösten.

Ich hatte meine KlassenkameradInnen der Klasse 12B3 der Schilleroberschule in Weimar zum Jubiläum "50 Jahre Abitur" angeregt, Klassenaufsätze zu schreiben, zum Thema " Der Einfluss der politischen "Systeme", kurz gekennzeichnet durch die Himmelsrichtungen Ost und West auf unsere Leben. Diese 24 so unterschiedlichen Spezialbiographien aus der Nachkriegsgeneration, sind als Klassenbuch erschienen. Zum Jubiläum 1o Jahre später wird es hoffentlich zu einer Neuauflage mit weiterführenden Kommentaren kommen,denn: Mehr und mehr hat sich gezeigt, dass es zu wenige autehentische Lebenserklärungen der Nachkriegsgeneration gibt, jenseits von Anklage und Rechthaben.

"... Ohne Alkohol hätte ich Heike nicht kennengelernt. Ohne Alkohol hätte ich nicht so weit ausgeholt. Ohne Alkohol wären die Jugendträume der Sachlichkeit geopfert.. - Ohne Alkohol gäbe es keine grundsätzliche Dauergefahr, ohne Alkohol würde mein Gedächtnis genauer arbeiten. - Ohne Alkohol wäre mein Leben nicht mein Leben ... Vollräusche sind längst Erinnerung.Einer der letzten geschah mir um Annas (Tochter) Geburt herum. Das soll ganz und gar nicht selbstgefällige Entwarnung signalisieren. Meine Droge beherrsche ich noch immer nicht (jetzt , 9 Jahre später, etwas besser). Dieser wohl lebenslange Kampf und seine Ergebnisse ... entscheiden deutlich mit darüber, ob das Leben zum Ende positiv zu bilanzieren sein wird..."

Aufforderungen und Tipps

I - Trainieren wir uns Gedächtnis, beim Addieren des getrunkenen Alkohols.

II - 1,2 alkoholfreie Tage pro Woche sollten es mindestens sein. Planen wir sie ein.

III - Animieren wir andere nicht zum Alkoholkonsum. Das höfliche, den Gast entlastende "Nachschenken" ist nur sehr bedingt und nur in Ausnahmefällen eine gute Sitte. Jede,jeder soll sein Mass selbst bestimmen und verantworten. (Goethe hatte oft bei Gesellschaften, vor allem zur Selbstkontrolle, seine eigene Flasche. Mich hat diese Information gerührt.)

IV - Kaufen wir den Wein nicht nach seinem Alkoholgehalt, der ja zwischen 11 und 15% liegen kann, sondern nach seinem Wohlgeschmack.

V - Der Alkoholgehalt der Biere ist sehr unterschiedlich. Und leider kommen Biersorten in Mode, die jenseits von 6 % liegen. Beachten wir das.

VI - Gewöhnen wir uns daran, dass der "Schlummertrunk" auch ein Kräuter"tee" sein kann.

Jugend sei Rausch ohne Wein, Alter Wein ohne Rausch.
Sprichwort in Deutschland

Damit es Kunst gibt, damit es irgend ein ästhetisches Thun und Schauen gibt, dazu ist eine physiologische Vorbedingung unerlässlich: der Rausch.
Friedrich Nietzsche

Was sind die Orgien des Bacchus gegen die Räusche dessen, der sich zügellos der Enthaltsamkeit ergibt.
Karl Kraus

Wenn der Kater vor dem Rausch käme, tränken wir weniger
Theodor Fontane

VIII - Gemüse sind unsere Hauptnahrungsmittel!

Tierische Produkte gehören zu den möglichst vielfältigen Complements (Ergänzungen).

Wie groß dürfen Teile vom Ganzen sein, damit sie als Ergänzung bezeichnet werden können? Wie groß darf der Anteil tierischer Lebensmittel an unserer Ernährung sein, damit die gewünschten Ziele nicht gefährdet werden, damit Schlacht- und Nutztiere „fair behandelt" werden, damit der Welthunger kein Thema mehr sein muss, damit die Gesundheit der Natur nicht weiter geschädigt wird, damit das unnatürliche Artensterben aufhört, damit wir Menschen schuldfreier, friedlicher und glücklicher werden und gesünder leben?

Das Missionieren, das Ideologisieren, die Rechthaberei, das Nichtnachlinksnachrechtsgucken erschwert den Lernwilligen, Wissbegierigen unter uns oft den Zugang zu einer im tiefen Grunde akzeptierten Botschaft.

Ein Beispiel: Die China-Studie (The China Study), die als Buch und als Film deutlich beachtet, diskutiert wurde, hätte, bescheidener und weniger 120prozentig vorgetragen, ein wirklich großer, nämlich die Ernährungsgewohnheiten von sehr vielen Mitmenschen ändernder, Erfolg werden können. So aber haben Übertreibungen es den KritikerInnen leicht gemacht, diese mich beeindruckende, unerschütterlich-überzeugende Arbeit von Vater und Sohn Campbell zu beanstanden, ihr den Stempel „umstritten" aufzudrücken, ganz im Sinne und zum Nutzen der Nahrungsmittelindustrie.

Die China-Studie ist ein großangelegter Versuch, um

den Zusammenhang von Ernährung und Gesundheit zu klären. Wie so oft, war das Leid eines Menschen der Auslöser: 1973 gab der an Krebs erkrankte chinesische Ministerpräsiden Tschou En-lai einen Gesundheitsatlas spektakulären Ausmasses in Auftrag. Er starb 1976, noch bevor 1983 ein großer internationaler Stab von WissenschaftlerInnen unter Leitung von Colin Campbell daran ging, die erstellten Daten der regionalen Ernährungsgewohnheiten „auszuwerten".

An ihrem Ergebnis unumstritten ist, dass eine Ernährung mit vorrangig pflanzlicher Kost das Risiko an Krebs, „am Herzen" zu erkranken deutlich senkt. Umstritten ist die Schlussfolgerung, dass eine rein pflanzliche Kost diese Erkrankungen ausschließt. So „schießt" auch der Untertitel der deutschen Ausgabe „Die wissenschaftliche Begründung für eine vegane Ernährungsweise" mit seiner suggerierenden Ausschließlichkeit über das berechtigte Fazit hinaus.

Gefährden wir nicht durch unbeweisbare Rückschlüsse und Übertreibungen die Wirkungsmöglichkeiten der Erkenntnisse! Um die Gefahr zu verringern, hier eine deutliche Aufforderung: Bitte den Film ansehen! Und vielleicht auch das Buch lesen. Sollte beim privaten Kinobesuch, den Film gibt's als DVD, über die amerikanistischen Übertreibungen weggehört und weggesehen werden, könnte und müsste die Folge eine überwiegend pflanzliche Ernährung, eine Entglorifizierung von tierischem Eiweiss sein, stabilisiert durch die Erkenntnis, dass Wahrheiten jenseits von politischen „Leitlinien" unser Handeln verändern müssen. Ausreden fürs Handeln gibt es dann auch nicht mehr für die ideologisch Wissenschaftsgläubigen, denn die wesentlichen Schlussfolgerungen von „Gabel statt Skalpell" sind „unumstritten"!

Es gibt nur einen einzigen Grund, warum ein

Mensch auf die unnütze Seite des Lebens abbiegt: Die Furcht vor einer Niederlage auf der nützlichen Seite. Den Mut, auf der nützlichen Seite vorwärts zu gehen, können natürlich nur diejenigen aufbringen, die sich als Teil des Ganzen betrachten, die auf dieser Erde, in dieser Menschheit heimisch sind. Alfred Adler. Meiner Seelennatur entspräche diese Weisheit widerspruchsloser würde für natürlich vermutlich stehen. Denn die Hoffnung muss überall hingelangen können.

Zurück zum Kapitelanfang: Wir gross dürfen Teile von Ganzen sein, damit sie als Ergänzungen (Complements) bezeichnet werden dürfen/können? Welche Lebensmittel sind die Gesellschafter "CO und KG" von der Haupt"gesellschaft" Gemüse? Welche ordnen wir der HauptGesellschaft zu und welche gehören eher zu den kleineren, aber notwendigen Compagnions? Und welche zu den "letztendlich" überflüssigen?

Welchen Maßstab legen wir an? Finden wir mit der prozentualen Aufschlüsselung der notwendig zuzuführenden Energie zum Ziel, das wir ganzheitlich im Sinn haben, oder orientieren wir uns, weil's viel einfacher erscheint, an Mengenangaben, hochgerechnet auf's Jahr?

Ist das sinnlose Erbsenzählerei, wenn es um die individuell sinnvollste Ernährung geht und nicht um die Schlussfolgerungen aus unserem Durchschnittsverhalten ? Was machen Wir?

Stelle ich mir jene Glücklichen vor, die vor allem die Seele richtig ernähren, dann hätten wir hier, unter dem einseitigen Blickwinkel" körperliche Gesundheit des Menschen" andere Zahlen aufzuführen. Das sollten wir beim Lesen, das sollten wir immer im Gemüt haben: Schuldgefühle helfen uns nicht weiter!

Sehr gerne hätte ich mich in der Lage gefühlt, hier eine beeindruckende, allesklärende Ernährungspyramide für die ComplementerInnen zu erstellen. Aber wie Ihr auf der Coverklappe sehen könnt, ist mir das nicht gelungen, obwohl es von EssEmpfehlungspyramiden fast so viele gibt wie von den bewundernswerten Steingrabstätten einer vergangenen Kultur.

Die zuletzt von mir betrachtete Lebensmittelpyramide, ein Ernährungsbauplan für das Jahr 2050 vom WWF (World Wide Fund For Nature), habe ich, trotz der geschätzten Absichten dieser betriebsamen schweizer Stiftung, nicht im gleichen Masse annehmen können, schon garnicht bei näherer Betrachtung der Bausteine. Zu einem davon: 25! Prozent tierische Produkte im Jahre 2050, zwar vor allem von Nutztieren. Als Zielvorstellung. Ist das abgestimmt mit den Pandas, den schönen Symbolen des WWF?

So ähnlich ist es mir fast immer gegangen, nach anfangs doch beträchtlicher Fascination. Beim Ertasten einer ganzheitlich sinnvollen Lebensmittelzusammenstellung für uns MitteleuropäerInnen haben sie mir aber dennoch helfen können, diese "kompromisslos-klaren", von Ideologien gezeichneten Pyramiden.

Ganz verzichten möchte ich deshalb nicht auf die vereinfachende, bildhafte Dynamik,die dieser Form innewohlt. Sie ist mir sogar so wichtig gewesen, dass ich einen WerbeKlappenPlatz dafür genutzt habe, für eine optimistische, doch nicht auf den ersten Blick durchschaubare Stufenpyramide. Deshalb wird sie begründet, Stufe für Stufe, oder Etage für Etage.

Starten wir mit dem zweiten "Fundament", mit GEMÜSE und HÜLSENFRÜCHTE

1 - Gemüse und Hülsenfrüchte

Um die Hülsenfrüchte aus ihrer merkwürdigen gegenwärtigen Bedeutungslosigkeit,nur bei den VeganerInnen unter uns leben Bohnen, Erbsen, Lupinen, Kichererbsen, Sojabohnen & Co nicht gänzlich im Schatten von Tomate & Gurke, heraus zu "katapultieren", sind sie zusammen mit dem Gemüse aufgeführt. Bei Keniaböhnchen und Zuckerschoten wird das manchen Gourmets einleuchten. Gemeint ist dieser Zusammenhang hier aber nicht. Es geht nicht um das Dekorieren von Fleischbergen mit Minigemüse, Böhnchen und Babyschoten, sondern um die Wiederentdeckung der Hülsenfrüchte als Lebensmittel, als wichtiger Eiweisslieferant, der somit der Vergötterung von tierischem Eiweiss seine intellektuelle Basis entziehen könnte. Die Hülsenfrüchte sind die schmackhaften Haupteiweisslieferanten der ComplementerInnen. Nur das "Zusammenspiel" von Leguminosen und Algen (siehe Algen und Pilze) kann weltweit der Argumentation *"ohne tierische Nahrung ist die Ernährung des Menschen nicht möglich"* seine Überzeugungskraft nehmen. Lernen wir die Hülsenfrüchte in ihrer Vielfalt zu lieben! In der Kochfibel gibt es , auch deshalb, zahlreiche Kochanregungen.

Hülsenfrüchte haben immer Saison, abgesehen von den schon erwähnten Zuckerschoten. Sie sind getrocknet ganzjährig in immer ähnlicher Qualität zu kaufen. Ganz anders ist's beim Gemüse.

Gemüse sollte frisch sein, nicht nur der grüne Salat. Frisch oder schonend oder belebend konserviert (siehe Sauerkraut). Die "klassischen" Adjektive (Eigenschaftswörter) saisonal, regional, bio und fair sollten für Gemüse möglichst alle zutreffen. Für jenes Gemüse, welches wir frohgelaunt in unseren Einkaufskörben in die Küchen tragen oder das wir außerhaus verspeisen. Letzteres ist leider noch massiv, so will ich das realistisch ausdrücken, unter den Blickwinkeln *Genuss, Gesundheit, Wohlfühlen* entfernt von dem was wünschenswert und auch möglich wäre, weil uns allzu oft noch ideologische Rechtfertigungen für Mängel einfallen, vor allem den Genuss betreffend.

Zu unserer Stufenpyramide und seiner ersten Etage : Wie hoch und stark sollte die Etage " Gemüse und Hülsenfrüchte" sein? Wie finden wir zu einer sinnvollen undschönen Ernährungsarchitektur?

Die dem Complementismus am nächsten kommende zu verzehrende Gemüsemenge pro Tag habe ich beim UGB (Verband für Unabhängige GesundheitsBeratung e.v.) gefunden: 5oog ist die Empfehlung pro Erwachsenen und Tag, hochgerechnet auf's Jahr sind das 182,5 kg, also rund 27% der uns durchschnittlich statistisch zugeordneten Lebensmittelmenge.

Von den durchschnittlichen 650 kg jährlichen Nahrungsmittelverzehr, der Verzehr der CarnistInnen liegt darunter, jener der VeganerInnen logischerweise darüber, werden, ca. 80 kg (Die Angaben schwanken erheblich, je nach Interessenlage. Ich halte mich an meine Statistikbibel "Umweltschutz mit Messer und Gabel" von Toni Meier) leichtfertig weggeworfen und weitere, aber noch unklarere Menge fallen den komplizierten Wegen von den ErzeugerInnen zu den VerbraucherInnen zum Opfer. Bei letzteren ist kaum noch etwas im industriealisierten Europa zu retten, das ist mehr ein Problem bei den Naturvölkern. Bei den Speisen, die uns verderben oder phantasielos nicht aufgegessen werden , können wir aber phantastisch viel leisten, jede, jeder von uns. Meier schätzt die realisitsch einzusparende Lebensmittelmenge auf ca 50 kg , also 7,5 Prozent. Ich höre in diesem Zusammenhang immer wieder den Ruf nach der Politik, völlig unverständlich dieses Ansinnen. Na vielleicht nicht ganz: Im Kindergarten, in der Schule könnte die Achtung vor der Nahrung beigebracht werden. Und natürlich auch in den staatlichen und kommunalen Kantinen und Mensen. Aber grundsätzlich gilt: Wir, jede/jeder von uns, müssen uns wandeln. Vielleicht so: *Das große Fressen und das große Wegschmeissen sind vorbei. Das große Besinnen und das große Maßhalten begleiten uns in die Zukunft.*

Nehme ich unsere Essgewohnheiten, die von Heike und mir, zum Maßstab des Complementismus, dann würde der durchschnittliche Verzehr von Gemüse und Hülsenfrüchten bei geschätzten 43% liegen. Die in der Stufenpyramide eingetragenen 36% kommen mir somit leicht erfüllbar und Hoffnung erzeugend sinnvoll vor. Also!

Also ist mein kürzeste Motivationskürzel, es besagt meistens: auf geht's, versuchen wir es, das schaffen wir!

Damit wir uns häufiger besinnen oder neu verinnerlichen, wann die Gemüse in unseren Regionen reif sind und gegessen werden wollen,beim Spargel und teilweise auch bei den Erdbeeren wissen wir das noch, wurde die hintere Buchklappe als GemüseSaisonKalender gestaltet. Zum Einüben sind nur unsere Großregionen nach folgender" Leiter" angegeben: Deutschland, Europa, andere Erdteile. Näheres zur Sinnhaftigkeit vom regionalen Lebensmitteleinkauf siehe bitte unter AnGebot 1o.

Zur mächtig großen Besinnungsaufgabe für regionales Gemüse hier ein BelegZitat aus dem Spiegel , unserer ÜberheblichkeitsLehrFibel: *... befreit von den Fesseln der saisonalen, regionalen Küche ...* Ein Satirejournal könnte das nicht besser formulieren. Also noch einmal: das stand nicht im Le Canard sondern im Spiegel 2o17.

Ein Drittel Gemüse und Hülsenfrüchte ist auch deshalb leicht ohne Genussverlust und ohne die Gefahr von Langeweile möglich, weil es so grandios viel Unterschiedliches gibt, sogar unabhängig vom, unsere Aufmerksamkeit verdienenden, Thema *Alte Sorten.* Hier eine anregende, unvollständige, die Sinne berauschende Auflistung:

I - Blattgemüse und Salate:Chicoree,Endivie, grüner Salat, Mangold, Sauerampfer, Spinat, Weinblätter

II - Zwiebelfamilie: Knoblauch, Porree, Schalotten, Zwiebeln (Frühlingszwiebel, weiße, gelbe, rote Zwiebel, Gemüsezwiebel, Winterzwiebel)

III - Stielgemüse: Bleichsellerie, Fenchel, Kardone, Mangold, Meerkohl, Spargel

IV - Wurzelfamilie:Batate, Karotte, Rote Bete, Möhre, Pastinake, Schwarzwurzel (schwarz- oder weißschalig), Sellerie, Steckrübe,Teltower Rübchen, längliche weße Rübe, Topinambur

Kohlfamilie: Blumenkohl, Broccoli (grün, violett), Chinakohl, Grünkohl, Kohlrabi, Rosenkohl, Rotkohl, Weisskohl (früh und spät)

Bunte Fruchtgemüse: Weiße, violette Aubergine, Gurke (Gemüse-, Salat- und Gewürzgurke) Gelbe, rote , grüne Paprika, gelbe, rote, rotviolette Tomaten, rote und purfarbene Fleischtomate

Kürbiswunder: Butternutkürbis, Bischofsmütze, Eierkürbis, Feigenblattkürbis ,Gartenkürbis, Gelber Zentner, Halloweenkürbis, Hokkaidokürbis, Muskatkürbis, Zucchini (Namen gibt es in wunderbarer regionaler Vielfalt, insbesondere für den krummhalsigen Gartenkürbis)

Distelliebling: Artischocke

Hülsenfrüchte: Dicke ,grüne,weiße Bohnen, Schnittbohnen, Wachsbohnen,Erbsen, Zuckererbsen, Erdnüsse, Kichererbsen, Tellerlinsen, gelbe, rote, grün-schwarze, schwarze Linsen, Berglinsen, weiße und blaue Lupinen, Sojabohnen

Bei dem gerade abgeschlossenen Versuch, alle mir bekannten und vertrauten Gemüse aufzulisten, ist mir vor

Reichtum an Geschmackserinnerungen und an zukünftige Geschmackserlebnisse schwindelig geworden. Oh, wie schön... Unsere Koch-, unsere Zubereitungs-, unsere Auswahl-, unsere Mischungsmöglichkeiten sind nicht erfüllbar vielfältig, jedenfalls nicht in einem einzigen KöchInnenleben. So etwas auch nur andeutungsweise Ähnliches kann uns das Fleisch von Tieren nicht bescheeren. Da haben die meisten von uns ja sowieso nur wenige Kriterien: zart, zäh, blutig; und vor allem: gegrillt. Bei der Wurst wird's schon vielfältiger, aber wir haben keine Ahnung mehr, was uns die Fleischindustrie da "unterbrät", da braucht es schon, einen vertrauensvollen Schlachter, kennst Du einen? Beim Käse nähern wir uns der Gemüsevielfalt wohl in allererster Linie wegen der wunderbar, den Regionen eigenen Methoden wie aus der Milch von Kühen, Ziegen und Schafen früher Käse gemacht wurde, und auch teilweise noch wird, früher vor allem für den Winter.

Vielleicht ist die Käsevielfalt und die oft noch handwerkliche Erzeugung vom Käse und unser Bild, das wir von den schweizer Voralpenkühen haben ein Grund, weshalb wir vom Käse "so schwer lassen können". Und somit viel zu viel davon essen.

Entdecken wir die geschmackliche Vielfalt, die so genussbringend sein kann, von Gemüse und Hülsenfrüchten. Allein mit dieser Genussorientierung könnten wir mehr bewirken als mit dem Verzicht aufs Überallhinfahren mit den eigenen vielen PS. Noch besser wäre natürlich beides: Mehr Gemüse! Weniger PS. Genießen wir die Gemüsevielfalt, am allerallerbesten und sinnvollsten, wenn sie saisonal, regional, bio und fair auf unseren Tellern landet.

Also!

Alles ist gut, wie es aus den Händen der Natur kommt.
Johann Wolfgang von Goethe

Um die besten Ergebnisse zu erzielen, müssen Sie mit Ihrem Gemüse sprechen.
Prinz Charles

Da gehst du frische Gemüse für das Wochenende einkaufen, kommst nach Hause und Zack hat jemand deine Einkaufstüte vertauscht. Wieder nur Kekse!
anonym

II Vegane Genuß- und Gesundheitsoptimierer

Da sind wir noch einmal bei einer fast grundsätzlichen Frage: Muss es neue Namen, Bezeichnungen geben oder reichen Zusätze aus? Bei der "Sammelbezeichnung" Milch, obwohl bei uns ja damit ohne Zusatz Kuhmilch und nicht Schafs-, Ziegen- oder Pferdemilch gemeint ist , kommen uns die veganen Varianten wie Mandelmilch, Hafermilch, Reismilch normaler vor als beim Benutzen des Sammelbegriffs Wurst. Tofufrikadelle und "Lupinenschinken"? Da lohnt es sich schon, nach neuen Namen Ausschau zu halten, oder? Gerade fällt mir dazu ein, dass dieses Buch sich im Untertitel als Pfadefinder bezeichnet. Und in diese Richtung gesehen, scheinen "Namen" nebensächlich zu sein, vor allem dann, wenn wir lernen , uns wohlwollend zu verständigen.

Lebensmittelchemie hin oder her, die ziemlich schnelle Entwicklung von geschmacklich fast immer vollwertigen Alternativen zu tierischen Produkten ist faszinierend. Und gefährlich zugleich! Um dem Gefährlichen aus dem Wege zu gehen, besteht die Aufgabe, Mandelmilch & Co selbst zu produzieren oder/und die Zutatenlisten der leider dann meist industriell erzeugten Lebensmittel genau zu studieren.

Die ComplementerInnen haben es da deutlich einfacher als die VeganerInnen. Ihnen geht es vielleicht? nur um ein grundsätzliches Akzeptieren: Wenn schon Tiere ihr Leben für uns Menschen sehr frühzeitig willkürlich beendet bekommen, getötet werden, dann darf sich von ihnen auch ein bißchen davon in/auf manchem Kuchen wiederfinden, oder? Die glasierte Erdbeertorte wird durch Gelatine, ein Produkt aus Schweine- oder Rinderschwarten, Schweine- oder Rinderknochen, den Häuten von beiden unserer großen Schlachttiere und 2% Zusatzstoffen, was immer das sein mag, herbeigeführt. Beeinträchtigt diese Vorstellung den Genuss des Kuchens? Falls ja: Es gibt vielerlei raffinierte Methoden, den Kuchen ähnlich lecker, und durch die Gewissheit, dass nichts vom Tier in meinem Stück Kuchen ist, vielleicht auch deutlich leckerer zu machen. Die Hilfsmittel: Seidentofu, Johannesbrotkernmehl, Leinsaat, Maisstärke, Stärke aus Sojamehl, Agar Agar (Aus Algen, dazu später), Alginat (auch ein Algenprodukt), Carageen (Wieder sind Algen dabei: Rotalgen), Guarkernmehl (aus den Samen der Guarpflanze), Sago (aus Kartoffelstärke oder aus der Sagopalme), Xanthan (Da sind Bakterien das Wichtigste) ... Alle diese EU zugelassenen Gelierer sind in den Zutatenlisten bei den E-Nummern aufgeführt. Alles nicht ganz einfach, drum hier zum Trost eine Wiederholung: Alle gewünschten Verdickungs-, Gelierresultate sind mit veganen "Nahrungszusatzstoffen" zu erzielen.

In der Kochfibel gibts praktische Anregungen. Also: Was müssen wir wissen und was ganz verinnerlichen? Was dürfen wir ausblenden? Was müssen wir vielleicht sogar ausblenden und weit wegschieben, um ausreichend Freude am Leben zu haben?

Vielleicht kann uns die sicherlich immer noch unvollständige Auflistung der Gelatinepräsenz eine Entscheidungshilfe sein. Ich führe diese hier auf und nicht bei den tierischen Complementen, weil es in diesem Kapitel um die veganen Alternativen zu allem Tierischen geht: Gummibärchen, Lakritze, Schokoküsse, Götterspeise, Schlagsahne, Pfefferminzbonbons, Weihnachtskonfekt, in vielen Fleisch- ,Fisch- und Wurstwaren wie Sülzen und Aspiken, in Brausetabletten. Es gibt Gelatinekapseln für Nahrungsergänzungsmittel und Medikamente, Schönungsmittel in allen nicht naturtrüben Fruchsäften, Schönungsmittel in Wein und Essig.... und natürlich in der glasierten Erdbeertorte, die hier stellvertretend für alle glasierten Torten und Sahnetorten steht. Da hilft nur tief durchatmen. Und dann die Schlüsse daraus ziehen. Das gilt auch für die VegetarierInnen unter uns, denn Gelatine ist präsenter als auch viele der gut informierten AnhängerInnen von "Nichts vom toten Tier" vermuten.

Für den Complementismus stellt sich zusätzlich die Frage, ob der angestrebte, viel geringere Verzehr von tierischen Produkten, zudem aus fairer Tierhaltung, ausreicht, um die "benötigte" Gelatinemenge zu erzeugen? Ich vermute: Nein. Die Konsequenz: Wir ComplementerInnen sollten lernen, die veganen Alternativen zu nutzen und immer vollständiger zu machen, und zu immer höheren Genussempfindungen zu führen. Da gibt es viel zu lernen. Einige der veganen Kochbücher, jene, die sich mit dem oft komplizierten Entdecken von Alternativen beschäftigen, sollten uns helfen können.

Jetzt beim Schreiben habe ich das Gefühl, die Gelatine, dieses genial in Jahrhunderten entwickelte Geliermittel könnte die VegetarierInnen mit den ComplementerInnen versöhnen und den ComplementerInnen die Entscheidungen der VeganerInnen, auch die häufig militant formulierten, verständlicher machen. Faire Gelatine als soziales Verbindungs- und Enthärtungsmittel und nicht nur eins zum Versteifen, zum Gelieren. Was wir so alles denken und fühlen können?! Pflanzen und ihre Früchte und Samen öffnen der Phantasie der KöchInnen, ob Azubi/ne oder Profi mehr Möglichkeiten als wir uns mit Fleisch, Wurst und Eiern vorstellen konnten. Und die sind schon riesig vielfältig. Um das Nutzen der Vielfalt und um den Einfallsreichtum der KöchInnen noch intensiver anzuregen, gibt es ein Sonderkapitel zu Soja und Lupine. Es ist verblüffend, was die als Viehfutter abgestempelte Lupine für die unmittelbare menschliche Ernährung leisten kann.

Zur Stufenpyramide und den Prozenten:

Bei den statistischen, in Deutschland lebenden, DurchschnittsbürgerInnen wird der Verzehr von veganen Milchprodukten nicht ausgewiesen. Er findet nicht statt. Die immer größer werdende Palette pflanzlicher Produkte ist aber nicht nur ein Vorteil. Sie erschwert den Neu"EinsteigerInnen" in die pflanzliche Ernährung massiv die Orientierung: Wie soll wichtig von unwichtig getrennt werden? Ich neige ja sowieso dazu, überflüssige Kombinationen und Produktneuheiten der Lebensmittelindustrie nicht sonderlich zu wertschätzen, weil sie die KöchInnen bequem und träge machen können oder gar entmündigen und weil sie die Lebensmittelhaushaltskasse unsinnig aber deutlich belasten. Und weil sie die Speisenkammer unüberschaubar machen, was zu vielen verdorbenen Lebensmitteln führt und und und ...
Aber die veganen "Milchprodukte" haben auch viel zu leisten. Sie sollen , zumindestens auf mittlere Sicht, den Genuss, den Wohlgeschmack garantieren, ein geschmackliches Äquivalent zu Milch, Sahne, Jogurth, Käse, Eiern und allem Toten von den Tieren sein: 15 Gewichtsprozente hat der Complementismus ihnen zugeordnet, willkürlich, vielleicht zu verringern zugunsten von Gemüse, Pilzen und Algen, vielleicht zu erhöhen

zulasten der tierischen Produkte. Die Zielrichtung ist: ein möglichst am Natürlichen, Einfachen orientierter Veganismus.

VIII Getreide und Gräser

Überall auf der Welt haben die gesammelten Samen von wildwachsenden Gräsern unsere Vorfahren auf die "Spur" gebracht: Man entdeckte, dass verlorene Samen an der "Fallstelle" zu Pflanzen werden können. Vom Verstehen des Zufalls bis zum gezielten Nutzen der Entdeckung wird es schnell gegangen sein. So reagieren wohl alle Lebewesen. Warum nicht auch die Menschen? Ca 10.000 Jahre liegen die ersten bewußten, gezielten Aussaaten zurück, fast überall auf der Welt: In Asien waren es Reis und Weizen, die die Bevölkerungszahlen explodieren ließen, in Europa Weizen und Gerste, in Afrika und Vorderasien die Hirse, in Amerika der Mais ... Endlich gab es Lebensmittel, die zu Bevorraten waren, eine der phantastischen Eigenschaften vom Getreide.

Und so blieb ganz lange und ganz sinnvoll das Getreide das Hauptlebensmittel der Menschheit. Der Reis kann das noch heute leisten, weil er als ganzes Korn gegessen wird, sofern ihm nicht, in gefährlicher Ausschließlichkeit, seine Schale entfernt wird.

Wir, Heike und ich, essen , die Umstellungszeit war kürzer als bei Nudeln, dies wunderbare Getreide nur noch als volles Korn, vielerlei Sorten nach vielerlei Garmethoden. Mitunter leisten wir uns auch schwarzen Wildreis. Bei ihm ist fast noch die Nähe zu den Indianern zu spüren, die ihn "einst "als Lebensmittel entdeckt haben. Manchmal "würzen" wir mit diesen Grassamen die anderen liebgewordenen Reisarten, dann ist seine Nutzung besonders effektiv, und preiswert dazu.

"Trockenbrot macht Wangen rot." Ich, einer aus der

Nachkriegsgeneration (Nachkriegszeit meint die fast 7 Jahrzehnte nach dem letzten großen europäischen Krieg, aber auch jene fast 7 Jahrzehnte in denen Krieg immer selbstverständlicher und zu einem Wohlstandsgaranten in der westlichen Welt wurde, mit der teuflischen Gefahr für alle nicht unmittelbar Beteiligten verbunden, die Augen beliebig schließen und aufmachen zu können) habe unsere Thüringer Brotsorten geliebt, auch die kompakten weißen DDR-Brötchen, die für sich alleine ein Lebensmittel waren und nicht in erster Linie eine aufgeblähte Wohlstandsunterlage für Butter, Wurst und Käse. Die DDR-Brötchen hatten auch in Westberlin LiebhaberInnen. In der Vormauerzeit kostete ein vom Staat subventionierte DDR Brötchen 5 Pfennige, bei einem Wechselkurs von 1:5 bezahlten die WestberlinernInnen dann einen Westfennig für ein Brötchen. Ein in vielerlei Hinsicht teuflicher Sachverhalt, der durch den Mauerbau anschaulich wurde.

Das Brotholen als Bub war eine Verführung besonderer Art: Fast nie hat der Dreipfünder den Tausendschritteweg vom großartigen Bäcker mit noch privater Back-und Verkaufslizenz in unsere Brotschublade unbeschädigt überstanden. Die frische, knusprige Brothaut war viel, viel zu lecker. Welch wunderbaren Erinnerungen, trotz der unterschiedlichsten Bestrafungen durch die Eltern.

Nicht, dass es heutzutage kein wohlschmeckendes, charakterstarkes Brot mehr gibt. Doch leider ist es mehr die Ausnahme als die Regel und das Artensterben macht auch keinen ehrfürchtigen Bogen um das Hauptnahrungsmittel einiger Jahrhunderte. Selbst das Backhandwerk ist vom Aussterben bedroht und muss behutsam, aber schnell, wiederbelebt werden. Oh, diese Nahrungsmittelnivellierungsindustrie!

Und da ich gerade beim Meckern und Beschweren

bin: Es müßte eine Weissmehlsteuer geben, eine deftige. Vielleicht bekämen wir einige der modernen Krankheiten aufgehalten: Dickleibigkeit und Glutenunverträglichkeit haben sicher deutlich etwas mit dem ausschließlichen Verzehr von Weißmehlprodukten zu tun.

Schützen kann uns sicherlich auch eine Ausweitung des Speisenplans. Weg von der Dreieinigkeit Pizza, Spaghetti und Hamburger. Unterstützen wir mit unserer Neugier und unserem Wunsch nach vielfältigem gesunden Essen, die kleinen Handwerks"betriebe", die in den Metropolen, vorerst dort, Pionierarbeit leisten. Beispiel: Nudelparadiese. Nudeln aus Linsen, Erbsen, Mais, Buchweizen sind dort die gleichwertigen Gespielinnen von Spaghetti & Co. Genießen wir all das, was der Einfallsreichtum in der Menscheitsgeschichte angestiftet hat, auch Glas- und Reisnudeln. Genießen wir die Vielfalt und nur ab und an die Einfalt.

Damit uns das noch leichter fällt, hier auch eine Auflistung von Getreide und Produkten aus denen wir Breie zubereiten und unsere Brote und auch unsere Kuchen backen können: Die weltweit 5 häufigsten kultivierten "Gräser": Weizen, Mais, Reis, Gerste (Heitere? und erklärende Anmerkung zum Ranglistenplatz: Für 100 Liter Bier werden ca 20 kg Gerste benötigt,Die Bezeichnung Gerstensaft ist also nicht aus der Luft gegriffen), Hirse. Sie gibts in verschieden gemahlenen oder geschroteten Versionen: Couscous, Schrot von Mais und Weizen, Gries von Mais und Weizen, Graupen, Bulgur, beim Reis spielt dann sogar die Herkunftsgegend eine deutliche Geschmacksrolle. Und was gibts "sonst" noch: Roggen, Amaranth, Quinoa, Buchweizen, Hafer als Korn, Mehl und Flocke ... Nutzen wir diesen Reichtum. Dann würde vielleicht auch die Gerste ihren Rang verlieren?

Der Complementismus stellt sich eine Vielfalt von Teigwaren gepaart mit einer noch größeren von Gemüse vor. Statt 5 Wurst- und Käsebrote am Abend jetzt 4 Brote mit Radieschen, Gurke, Tomate und wohlschmeckenden Gemüsecremes und -pasten und nur eine Brotscheibe mit Wurst oder Käse, im Wechsel. Noch besser wäre: Eine Restesuppe am Abend, auch mit den nicht gegessenen Mittagsnudeln und dazu vielleicht 1, 2 Brotscheiben nach obigen Muster. In der Kochfibel gibt's weitere undoktrinäre Verführungsversuche.

Kurz zu den "vergebenen" Prozenten: Gegenwärtig essen die statistischen DurchschnittsbewohnerInnen Deutschlands noch mehr Getreideprodukte als Gemüse, ausgenommen die VegetarierInnen und die VeganerInnen. Die Empfehlung des UGB geht auch deutlich in diese Richtung. Die Prozentevergabe des Complementismus hat mit unseren modernen, ernährungsbedingten Krankheiten zu tun. Und, ganz wesentlich, etwas mit der leichten Zubereitung vom Gemüse.

Freude wird jedes mal dein Abendbrot sein, wenn du den Tag nützlich zugebracht hast.
Thomas a Kempis

Wer trocken Brot mit Lust genießt, dem wird es gut bekommen.
Wer Sorgen hat und Braten isst, dem wird das Mahl nich frommen
anonym

Das Brot der anderen hat sieben Krusten.
Sprichwort

IV Obst – frisch, getrocknet, gedämpft, gegart, gepresst

Meine Liebe zu den Früchtebäumen, meine Liebe zum Obst ist gefährlich groß. Sie entspricht, so meine Gefühle und Reaktionen des Körpers, nicht der Gesundheit meiner Körperwurzeln, meines Gedärms. Ich will das nicht begreifen und nicht danach handeln, obwohl ich es weiß. Und, deshalb erwähne ich das hier so vehement: Frisches Obst ist nur dann ein gesundes Lebensmittel, wenn wir es gut verdauen können. Also: je gesünder der Darm, desto mehr frisches Obst kann ich genießen. Aber nun der Trost für alle ObstliebhaberInnen: Getrocknetes, gegartes, gedämpftes Obst, in dieser Reihenfolge, ist sehr viel leichter zu verdauen, vor allem dann, wenn wir es auch ausgiebig und sorgfältig gekaut haben. Das gelingt uns beim Trockenobst am allerleichtesten und fällt uns beim gepressten Obst, bei Smoothy& Co am schwersten. Zu der momentanen Gemüse- und Obst-Safthysterie folgt gleich ein längerer Extraabsatz.

Obst direkt vom Baum, so wie's die Vögel tun .. was für ein paradiesisches Erlebnis kann das sein. Vor allem dann, wenn wir nicht fragen müssen: "Wann ist hier denn das letzte Mal gespritzt worden? Ist das Gilft schon verflogen?"

Wir sollten möglichst viele unserer Obstgelüste mit einem Besuch beim Obstbauern verbinden. Wenn wir Glück haben dürfen wir selber ernten. Und das dann auch noch zu einem günstigeren Preis als beim Einkauf im Hofladen. Suchen wir nach Möglichkeiten! Wozu sonst gibt es das Internet?

Oh, diese unsäglich nivellierende, Geschmacksvielfalt und Geschmacksintensität vernichtende Einteilung in Handelsklassen. "Exemplare, welche die Anforderungen an die Handelsklassen nicht erfüllen, werden aussortiert und anderweitig verwertet!" Erinnert uns dieser QualitätsklassenDefinitionssatz , die Früchte können EXTRA, KLASSE I und KLASSE II und minderwertig sein, nicht an irgendetwas? Aussortieren ist ein grundsätzliches Thema unserer Misserfolgsgesellschaft, oder? Wer bestimmt da die Regeln? Eine atemraubende Frage.

Den Vögeln schmecken die Früchte mit individuellen Merkmalen am besten. Ich kann das sehr gut nachvollziehen: die von ihnen angezapften Früchte pflücke und esse ich am liebsten. So weit muss es ja und kann es ja auch nicht bei jeder und jedem von uns gehen, aber 3! Handelsklassen und alles andere ist minderwertig ... da muss erst einmal Schreibpause sein. Ich symbolisiere das durch 3 Leerzeilen.

Ich liebe die Obstbaumblüte und die Blüten von Sträuchern und die Blüten der Olivenbäume, der Linden, der Kakteen. Alle Blüten. Und erlebe als kleiner, bescheidener Bauer, wie es nur einem geringen Teil der Blüten gelingt, mit Hilfe des Winds, der Insekten, der Bienen sich auf den Weg zu machen, Früchte zu werden.

Und sie alle sind dann etwas ganz Besonderes. Jede Frucht. Und dann gibt es unter ihnen wunderschöne, von allen anderen bewunderte; vermehrt dann, wenn wir die Bäume, die Natur entscheiden lassen. Mischen wir Menschen uns zu früh, zu intensiv ein, ist das Ergebnis deprimierend: eine Frucht wie die andere. Fast jeder Mensch dem Nachbarn ähnlicher und ähnlicher. Wollen wir das wirklich? "Ich bin Handelsklasse II, aber habe viele hinter mir gelassen, verdrängt." Liegt da der Sinn des Lebens?

Die Schreibpause war wohl nicht lang genug. Aber nun! Zurück zum Obst. Zweiter Anlauf.

Es gibt ja nicht nur Handelsklassen, sondern auch

andere, teilweise aufschlussreichere, und zu mehr Optimismus aufmunternde Kriterien:

Heimisches Obst statt Importobst, auch Flugobst genannt / Obst aus biologischemAnbau oder auch noch integrierter und nachhaltiger Obstanbau statt Obst der Agrarindustre / Bauern- oder Edelobst statt genormten Handelsobst.

Und dann gibt es noch ganz sinnige Bezeichnungen, die uns ObstesserInnen aufklären: Saftobst, Einmachobst und dann, ganz unnatürlich auch Industrieobst für Lebensmittelzusatzstoffe, Farbstoffe, Geliermittel usw. Kleinere Obsthandwerksbetriebe werden sich vermehrt dieser Obsthilfsmittel annehmen undverantwortlich mit diesen Obstnutzungen umgehen. Das wird so kommen können, wenn wir aufmerksame ObsteinkäuferInnen werden.

In der Stufenpyramide bekommt das Obst, genau wie die Kartoffelprodukte Stufe 3 zugeordnet. Die geringen Prozente vom Obst, inclusive "Nektar", Säften, Confitüren ..., die der Complementismus zu vergeben bereit ist, werden viele der LeserInnen verwundern. Es wurde jedoch schon eingangs versucht, die kritische Meinung zum Obst zu begründen. Als Teilwiederholung: Die Gründe sind nicht beim ungespritzten BioObst zu suchen, sondern bei unserem zumeist überstrapazierten und erlahmten Darmtrakt. Vielleicht kann die Statistik unsere Obstmeinung stützen. Die DurchschnittsbürgerInnen essen sehr viel mehr Obst als von der Deutschen Gesellschaft für Ernährung (DGE) und vor allem von den unabhängigen ErnährungsberaterInnen (UGB) empfohlen wird. Beim Gemüse ist es umgekehrt. Und bei Fleisch und Eiern ja sowieso. Verstehen wir uns aber richtig: Der regelmäßige Nachmittags Apfel ist allemal besser als der regelmäßige Schokoriegel. So wie eine Scheibe Melone sinnvoller ist als ein Brötchen mit StachelbeerMarmelade. Immer wieder sind es Verhältnismäßigkeiten und Übertreibungen, die über Sinn und Unsinn miteintscheiden.

Aber alles ist in Bewegung, in und bei uns. Sollte unser Wurzelwerk seine ganze Lebenskraft wiedererlangen, könnten wir auch mehr Obst essen. Kann das ein Anreiz sein, für einige oder gar viele von uns?

Ich fürchte, unsere allzu sorgfältige Erziehung liefert nur Zwergobst.
Georg Christoph Lichtenberg

Der glänzendste Apfel kann den größten Wurm beherbergen
jp

Heute nur noch etwas Obst! Ein Glas Rotwein.
anonym

V Kartoffeln

Oh, die Kartoffel! Ohne die Missernten von ihr in den Jahren 1845-1852 in Irland, würde Amerika vielleicht noch vorwiegend von IndianerInnen bewohnt, und nicht von den irischen "EobererInnen", die so dem Hungertod entkommen konnten. Wäre ja nicht das Schlechteste, gerade in der jetzigen Zeit. Das zweite Ausrufezeichen! Gäbe es Kartoffeln nur so viel wie Trüffel, oder gäbe es Trüffel soviel wie Kartoffeln, in beiden Fällen wären die Kartoffeln die Geliebten, Bevorzugten. Ihr feiner Geschmack, ihre Wandlungsfähigkeit: Salzkartoffel, Pellkartoffel, Ofenkartoffel, Puffer, Brei und seit einigen Jahrzehnten als Pommes frites „, wie könnten die Trüffel damit konkurrieren? Bestärkt wird dieser Gedanke durch die teuersten Kartoffeln auf dem Erdball. Auf der französischen "Kolonieinsel Noirmoutier wird die Kartoffelsorte "La Bonnotte" liebevoll und nach strengen Regeln angebaut. Feinschmeckerpreis: € 500 pro Kilo. Es gibt halt von dieser mit Seetang gedünkten Frühjahrskartoffel jedes Jahr nur 40 Tonnen. Wäre die

Ernte noch geringer, würden schnell Trüffelpreise erreicht. Wir haben die sehr ungeschickte Angewohnheit, das Seltene zu bewundern und das Häufige zu verachten. Ich liebe Speisen, die aus Kartoffeln und Gemüse bestehen. Pellkartoffeln mit Gurkengemüse, Kartoffelbrei und Zwiebelgemüse ... größer kann der Essgenuss nicht sein, natürlich nur unter den Voraussetzungen: natürliche Lebensmittel + liebevolles *und* sorgfältig-geschicktes-sachgemäßes Kochen. Das Äquivalent zur Kartoffel ist in Asien der Reis. Reis, der wohl auch als alleiniges Lebensmittel der Kartoffel überlegen ist, vielleicht vergleichbar mit unserer europäischen Überlebensstrategie "Brot und Wasser". Brot und Reis haben noch mehr grundsätzlich Gemeinsames: Sie sind aus Getreide oder sie sind das Getreide.deshalb ist der Reis in der Stufenpyramide beim Getreide zu finden. Er erhöht die Stufenhöhe um ca 2 % mit steigender Tendenz.

Viele meiner FreundInnen ziehen, bis auf Pommes, den Reis der Kartoffel vor. Warum nicht? Wenn es sich bewusst und vermehrt um Vollkornreis aus unseren europäischen Nachbarländern handelt. Je geringer die Transportwege desto besser, sofern die Erzeugerbedingungen natürlich bleiben. Reisanbau in sehr wasserarmen Gegenden wäre wenig erfolgreich, und fast so verwerflich wie Golfplätze in der Provence.

Schon seit Jahrhunderten wird Reis auch in Europa angebaut, sonst gäbe es nicht die immer wieder publizierten 1oo.ooo Sorten, sondern deutlich weniger. Italien,Frankreich und Spanien sind die wichtigsen europäischen Anbauländer. Versuchen wir unseren Vollkornreis von unseren Nachbarn zu bekommen, aber Achtung! Angaben wie Reis aus Italien sind nicht geschützt. Der braucht dort nur eingetütet worden zu sein, ohne das die bewusste Irreführung bestraft würde.

Es folgt eine Auflistung von Kartoffelsorten und ihrer Eigenschaften. Kartoffelsorten:

Zu den Prozenten und der Stufenpyramide: Der Complementismus wünscht sich eine Kartoffelrenaissance in Europa, ganz besonders in deutschen Landen. Dieser Wunsch begründet den Pyramidenplatz. Ca. 70 kg Kartoffeln sollten es mindestens sein Das wären ca 11% des ProKopfverzehrs in KG und geschätzte 6.5% des Energiebedarfs (kcal). Großes Ausrufezeichen! Gemeint ist der Nettoverzehr, also ohne Schale, denn die Schale kann ja nur bei BIOKartoffeln mitgegessen werden. Somit können nur ca jede/jeder Zehnte, bis jetzt jede/jeder Zehnte von uns so ein leckeres Gericht wie RosmarinOfenKartoffeln mit selbst gemachten Ketchup genießen.

Wenn Du Liebe hast, spielt es keine Rolle, ob du Kathedralen baust oder in der Küche Kartoffeln schälst.
Dante Alighieri

Vor lauter Globalisierung und Computerisierung dürfen die schönen Dinge des Lebens wie Kartoffeln oder Eintopf kochen nicht zu kurz kommen.
Angela Merkel

Lasst uns den Mut haben, die heißesten Kartoffeln in großer Fairness anzupacken.
Angelika Merkel

Wenn du Kartoffeln oder Spargel isst, schmeckst du den Sand der Felder und den Wurzelsegen, des Himmels Hitze und den großen Regen, die kalten Wässer und den warmen Mist.
Carl Zuckmayer

VI Pflanzenöle; Nüsse

Obwohl der Verzehr von Olivenöl , alle BewohnerInnen Deutschlands zusammengenommen, also inclusive der bei uns lebenden SpanierInnen, ItalienerInnen, GriechInnen, nur einen sehr knappen Liter pro Jahr ausmacht und damit bei 1% des Durchschnittsverzehrs von Pflanzenölen liegt, beginnt der provenzalische Olivenkleinbauer dieses Öl- und Nüssekapitel mit einem der Lieblingsöle der FeinschmeckerInnen auf der ganzen Welt. Der Olivenbauer und Bewunderer der Olivenbäume bittet Euch um Verständnis dafür. Ein ganz bißchen wird dies gestützt, durch die erhebliche und dauerhafte Zunahme dieses minimalen Anteils. In einigen Jahren werden wir vielleicht schon 2 Liter für unsere Vinaigrettes und zum Abschmecken von Pasta und Gemüsepotpourris nutzen. Rechnen wir den hoffentlich zunehmenden Verzehr der Ölfrüchte und deren Pasten, Tapenaden genannt, hinzu, hätten wir schon einiges vom angehimmelten mediteranen Lebensstil verinnerlicht.

Aber Achtung, übertreiben wir es nicht. Die Lebensmittel des Olivenbaums werden nicht "um die Ecke" erzeugt, sondern vorrangig in Spanien, Italien und Griechenland. Und wir ComplementerInnen haben den Vorsatz, uns möglichst mit regionalen Lebensmitteln zu ernähren. Wägen wir immer wieder ab, welchen Anteil Lebensmittel von weit her haben sollten und manchmal auch haben müssen. Achten wir darauf, welche Folgen es für die Bauern in anderen Ländern und Erdteilen hat, wenn wir ihre Produkte auf Kosten unserer heimischen verzehren. Bleiben wir dem Rapsöl und dem Sonnenblumenöl treu, nicht nur wegen der Farbenpracht auf dem Lande. Die Farben von Raps, Sonnenblumen, Mohn und Lavendel sind nur selten in einer Landschaft zu finden. Genießen wir , was wir daheim haben, genießen wir, was wir im Urlaub erleben dürfen. Das gehört zusammen!

Versuchen wir, das scheint sinnvoller, unseren Verzehr von Palmöl (17%), Palmkernöl (6%) und Kokosnussöl (6%) zu verringern, zu Gunsten des Olivenöls. Das hätte weitreichende positive Folgen für die Erde, für die BäuerInnen (unter anderem würde es die Agrarindustrie in den Erzeugerländern schwächen und den BäuerInnen helfen) und für unsere Gesundheit, denn das ist unbestreitbar, kaltgepresstes, sorgfältig erzeugtes Olivenöl, dessen Ursprung nachvollziehbar ist, kann uns helfen, gesund alt werden zu können.

Knapp 2/3 unseres Verzehrs von pflanzlichen Ölen, der hoffentlich noch zunimmt zu Lasten der tierischen Fette, ist dem Raps zuzuordnen, der sich in Deutschland "sauwohl" fühlt. Aber wieder haben wir aufmerksam zu sein! Hybridraps erobert den Markt. Wenn wir nicht aufpassen, d.h. konkret, wenn wir nicht Produkte von/mit den samenfesten Sorten denen von/mit Hybridraps vorziehen, ist das wichtige Saatgut bald nur noch in den Händen von Wenigen. Und wenige nach oben hin heißt immer Zuwachs an Macht und Manipulationskraft. Und da es fast wie ein Gesetz erscheint: Machtzuwachs=Moralverlust müssen wir aufpassen, aber nicht durch die Verachtung von Mitmenschen, die da irgendwie hineingekommen sind, sondern durch unser konsequentes, dauerhaftes Reagieren in das System hinein.

Verzeiht, aber ich werde nicht müde, mir und immer wieder mir und auch Euch zu sagen: Ich/wir entscheide(n), sofern wir uns solidarisieren! Nur dann scheint dauerhaft das Verweigern von Fernseh- und Zeitungsanordnungen heiter und freudvoll möglich. Alleine ist das kaum zu schaffen. Und Spaß und Freude , auch das werde ich nicht müde, zu "verkünden", müssen in die Mittelpunkte unserer Leben gerückt werden.

Zu Nüssen wurde schon einiges gesagt.. Unter anderem: Der Nussknacker sollte wieder ein immer verfügbares Gerät in jedem Haushalt sein, am sinnvollsten auf dem Fernsehtisch. Wir knacken die Nüsse, die wir essen, selber. Die meisten davon. Das hilft uns, weniger von diesen energiegeladenen Wundertaten der Natur zu essen. Auch in Deutschland gibt es auf den Walnussbaumanbau spezialisierte bäuerliche Betriebe. Vor allem in Baden. Ganz allgemein gilt: Überall wo Wein wächst und wo es feucht genug ist, gedeihen auch Walnussbäume. Achten wir auf das Angebot von kleineren Betrieben, die meistens auch Walnussöl anbieten. Ein wunderbares Öl, das allerdings schnell ranzig werden kann. Also: Nur kleine Mengen kaufen. Aber das reguliert sich meistens schon über den Preis.

Wenn die deutschen Nüsse ausverkauft sind, können uns die Grenobler Nüsse an den Winterabenden unterhalten oder den ganzjährigen Frühstücksbrei nahrhafter und interessanter machen. Zur "Regionalkunde": Die französischen Alpen liegen deutlich näher an Deutschland als Kalifornien. Oft haben wir die Wahl. Denken wir daran.

Zu den anderen Baum- oder Strauchfrüchten, die wir den Nüssen zuordnen: In Deutschland können wir Bucheckern, Haselnüsse und Kastanien ernten. In anderen Teilen der Welt wachsen: Cashew-,Erd-, Kokos- und Paranüsse, Mandeln und Pistazien und als unbestrittene Nußkönigin, die Macadamianuss.

Wir, Heike und ich, nutzen die gesamte Nussvielfalt: 2-3 Sorten finden sich immer in unserem Frühstücksbrei, der dadurch sehr energiereich wird und leicht bis zum Mittagessen vorhält, ohne Zwischenmahlzeiten, sofern wir nicht an einer Schale mit Oliven vorbeikommen, die unvorsichtigerweise auf dem Küchentisch stehen geblieben ist.

Als Nusspotpourri liefern die Nüsse so ziemlich alles, was wir an Vitaminen benötigen, vor allem auch die

B-Vitamine und Folsäure. Unsere Altvorderen haben diese Eigenschaften im Kosenamen Studentenfutter oder im leicht verflucht klingenden Ausdruck "Pfaffenfutter " zusammengefasst. Aber Achtung! Bis auf die Kokosnuss und die Maronen sind die Nüsse fettreich, was nicht zu dem Achtungszeichen führt, denn wir brauchen ja hochwertige Fette, sondern der damit zwangsläufig verbundene hohe Energiegehalt ist es, der uns bewegen sollte,Maß zu halten: 1oog "Nüsse " haben zwischen 55o und 75o kcal. 1/4 bis 1/3 unseres Energietagesbedarfs wäre dann schon erreicht.

Trotz meines Vorsatzes, nicht zuviel über die Gesundheit und Freude spendenden Lebensmittel zu schreiben, die ihren Ursprung beim naturphilosophischen HauptLehrmeister, dem Olivenbaum ,haben, komme ich noch einmal zurück, ganz kurz, sonst könnte dieses Buch auch 1.oo1 Seite bekommen, auf das Olivenöl: Die GriechInnen verzehren immer weniger von ihrem 2. Lebenselexier, das erste ist wohl der Wein, so wunderbar besungen: *Griechischer Wein is so wie das Blut der Erde*. Der Grund: Sie können es sich nicht mehr leisten. Öle anderer Pflanzen sind viel einfacher zu produzieren und können ganz andere Hektarerträge vorweisen. Unser Raps ist ein Beispiel dafür. Ganz extrem ist's beim Palmöl. Also ändern die GriechInnen ihre 8.ooo Jahre alten und bewährten Gewohnheiten.

Immer wieder verlang die Globalisierung uns neue Orientierungen ab. Was nützt dem einen, was schadet gleichzeitig dem anderen ? Welchen Preis sind wir innerlich bereit, für die globale Vernetzung zu bezahlen, wenn sie nicht ähnlich Positives wie die Europäische Gemeinschaft vorzuweisen hat: Kein Krieg mehr untereinander. Vielleicht kann der symbolische Friedensbaum uns helfen ?

Griechisches Olivenöl müsste bei uns teurer werden.

Die Not der GriechInnen dürfte nicht zum totalen Ausnutzen führen.

Ein ganz anderes, doch ganz wichtiges Argument: Wir müssen das so aufwendig erzeugte Olivenöl, aufwendig im Vergleich mit dem Erzeugen anderer Öle, nicht als "Rundumöl" verwenden. Für alles Kalte – großartig. Für alle bei niedriger Hitze produzierten Gerichte, unter dem gesunheitlichen Aspekt – nicht zu beanstanden, für alles stark zu Erhitzende, Beispiel: Anbraten, muss kein Olivenöl verwendet werden, schon gar kein kalt gepresstes. Aber wir können , um das Gericht in seinen letzten Entstehungsmomenten mit Olivenöl würzen.

Wir haben so wunderbar vielfältige sinnvolle Reaktionsmöglichkeiten, wenn wir uns informieren, wenn wir uns beim Kauf nicht einseitig, sondern möglich ganzheitlich entscheiden. Um das gerade Beschriebene noch komplizierter zu machen: Griechisches Olivenöl ist viel, viel preiswerter zu produzieren als provenzalisches. In der Provence erfrieren die Bäume zweimal im Jahrhundert und die Früchte sind viel kleiner. Notgedrungen ist das Öl aus der Provence noch teurer als das griechische. Die positiv motivierte Konsequenz: Ganz sorgfältig damit umgehen. Vielleicht können wir den sorgfältigen Umgang mit unseren Lebensmitteln auch mit Hilfe des Olivenöls lernen, bis wir dann soweit kommen, dass unsere Sorgfalt nicht vom Preis bestimmt wird.

Zur Stufenpyramide:
Meine Begeisterung für Pflanzenöle und Nüsse spiegelt sich, scheinbar, nicht im Pyramidenplatz wider. Woran liegt das? Der Fettanteil der Nüsse ist zwar unterschiedlich, aber immer groß, jener der Öle ja sowieso. Und Fett bedeutet Kalorien! Bei einer Energie/Kalorienpyramide ergäben die 4% einen fundamentaleren Platz. Also: Ach-

tung auch beim Verwenden von pflanzlichen Ölen und beim „Knabbern" von Nüssen!

VII Honig, Sirups, Zucker

Zucker, Stevia, Nutella & Co sind im Sonderkapitel XI unter 2 be- und verurteilt. Der Zucker hat, leider, eine Sonderbehandlung verdient, jenseits von "Gut und Böse", aber auch im Diesseits von gut und böse. Wir kommen nicht darum herum, wie wir's auch zu drehen versuchen: Zucker ist Zucker. In unglaublicher Vielfalt und Raffinesse verführt er uns. Und die Nahrungsmittelverführer nutzen diese Vorgabe: Kaum ein Fertigprodukt ohne Zucker, zumindestens kaum eines auf dem fettarm steht. Die einfachsten Manipulatoren von Gewohnheiten sind halt Zucker und Fett, entweder oder. Trotzdem: Das Verlangem nach Süßem ist durch nichts zu ersetzen, auch nicht durch Fett. Nur Verzicht hilft. Und der ist teuflisch schwer in uns zu erzeugen, vor allem dann, wenn wir nicht aufgepasst und uns zusammenhängend einige Tage "verwöhnt" haben.

Irgendwann können schwarze Oliven mindestens so gut schmecken wie Lakritze und Honigbonbons. Das Versuchen lohnt sich, bei den vielfältig positiven Folgen. Nur: von heute auf morgen ist das nicht zu erreichen. Da haben die Zuckerteufel umfassend vorgesorgt.

Der Ersatz von raffiniertem Rohr- und Rübenzucker durch Honig hilft uns auch nicht wirklich weiter, schon garnicht , wenn wir an das Leben der Bienen denken: Wir dürften ihnen nur jene Winternahrung wegnehmen, die sie im Bieneneifer zu viel angeflogen haben. Und das ist nicht sehr viel, auch nicht, wenn die geschicktesten ImkerInnen ihnen die besten "Weiden" angeboten haben. Honig wäre teuer, angemessen. Und somit für die meisten von uns für besondere Anlässe reserviert. Relative Armut ist nicht immer ein Nachteil, auch nicht beim Zucker, denn: Viel ist schädlich. Beim Zucker gibts besonders viele frustrierende Nachwirkungen. Deshalb noch einmal der Hinweis auf das Sonderkapitel "Zucker, Stevia, Nutella & Co".

Doppelt genäht, hält gut.
anoym

Seltsam ist Propheten Lied, doppelt seltsam, was geschieht.
Johann Wolfgang von Goethe

Wer sich seiner Sünden rühmt, sündigt doppelt.
anonym

VIII Tierisches

1 - Lebensmittel von Schlacht- und Nutztieren

Wir haben das Thema "Tierische Lebensmittel" schon intensiv bei den Ernährungs-Theorien, -Ideologien, -"Philosophien" versucht, zu bewerten, versucht, einen Weg zu finden, der uns alle miteinander friedlich-freundschaftlich leben lässt. Alle schließt in diesem Zusammenhang alles ein: Die anderen Lebewesen, egal welcher Art, egal ob Adler oder Huhn, Methusalem- oder Obstbaum, egal ob Schafgarbe oder Weizen, egal ob Unkraut oder Kraut, ob 1. oder 3. Welt, ob scheinbar oben oder scheinbar unten, ob Luft oder Wasser.

Das wohl wichtigste Anliegen der ComplementerInnen ist, keine / keinen von uns auszugrenzen, auszubooten bei der Suche nach dem individuell-richtigen Ernährungspfad. Es geht nicht sofort um das Ziel, das könnte bei einem drogenseltenen, undoktrinären Veganismus zu finden sein, es geht darum, für viele von uns, wirklich loszugehen, vom Schlechteren, Ungesünderen, Schuldvolleren hin zum Besseren, Gesünderen, Schuldfreieren.

Die Stufenpyramide kann helfen, den Complementismus anschaulich zu machen.die 6 % Prozent tierischer Lebensmittel wären problemlos mit fairer Tierhaltung, damit ist eine deutliche Verbesserung der jetzigen EU-Richtlinien gemeint, gekoppelt mit einem Tierleben, das vorwiegend in der Natur gelebt wird, auf Almen, Heiden, zwischen den Obstbäumen, in Wäldern zu "erwirtschaften".

Menschen und Tiere können verständnisvoll miteinander umgehen, sofern die Freiräume jeweils gross genug sind. Verwöhnen ist zwar bei weitem, weitem nicht so schlimm wie industrielle Tierquälerei, aber artgerecht ist es auch in keiner Haltungsversion. Gehen wir phantasie- und rücksichtsvoll miteinander um, wir Tiere unterschiedlichster Art und unterschiedlichster Abhängigkeitsgrade.

Abhängig vom Fleisch der Tiere sind wir sicher! zum Überleben nicht. Das ist mehr eine Frage von Kultur und Gewohnheit. Und bei bei dem Duo obsiegt gegenwärtig das Gefühl, ohne Fleisch und Käse, Eier und Milch geht es nicht. Das wird sich ändern,Schritt für Schritt. Diese gegenwärtige Regel wird sich zur fast wieder religiösen und freudvollen und sehr bewusst erlebten Ausnahme von der Regel wandeln. Das ist der Weg der ComplementerInnen.

In der Stufenpyramide ist alles Tierische zusammengefasst. Die 6 % sind weit enfernt von dem, was wir gegenwärtig an tierischen Nahrungsmitteln verzehren. Das ist deutlich mehr als ein Drittel unseres Essens. Da die Tendenz weltweit steigend ist, die westliche Lebensweise hat "Vorbild"funktion , ist leider klar, dass solche Gewohnheiten mit fairer Tierhaltung nicht vereinbar sind. Die Reduzierung auf wenige Prozent Tiernahrung in Europa löst die Probleme aller ErdbewohnernInnen auf längere Sicht nur dann, wenn das fleischarme Ernährungsverhalten heiter und gesund in den Rest der

Welt ausstrahlt, so ähnlich wie jetzt noch Grillvergnügen, Mac- und Crevetteneuphorie.

Der Verzehr von ca 38 kg tierischer Lebensmittel im Jahr, oder 1o5 g am Tag, gemeint ist: **gemeinsam**, Fleisch von Tier und Fisch, Wurst, Eier, Butter, Käse, Milch und Joghurt ..., hat zur Konsequenz, dass vieles freudvoll " erlaubt" ist, nur nicht täglich,sondern , so wie vor langen Zeiten, einmal in der Woche; Eier, Wurst und Käse vielleicht dreimal und Butter, vielleicht, ein ganz klein bißchen, täglich. Das ist viel, viel mehr als nichts. Und die Folgen, die ein soches Verhalten bewirkt, sind sensationell ganzheitlich gesund. Also!

Nach kurzer Gewöhnungszeit ist es überhaupt kein Problem, eher überfällt Dich die Verwunderung, wie einfach das alles ist. Und: "Dann muss es vielleicht überhaupt nicht regelmäßig sein, sondern nur als gesellige Ausnahme in besonderen Momenten."

Wer das Schwein nicht ehrt, ist die Bratwurst nicht wert.
Katrin Zschauer

Je mehr Käse, desto mehr Löcher. Je mehr Löcher desto weniger Käse. Also: Je mehr Käse desto weniger Käse! Oder ?
Aristoteles

Es ist schwer, ein Volk zu regieren, das 246 Sorten Käse hat.
Charles de Gaulle

2 - Vom Quälen, Töten, Schlachten und Sterben. Von Fairness, Schuld und Sühne.

Wir Menschen haben immer versucht, zu töten. Zu Beginn unserer Geschichte, weil wir dazu gezwungen waren. Irgendwann, aber viel später, haben wir angefangen, bewusst zu schlachten. Von einem noch sehr jungen Zeitpunkt an, haben wir dem Schlachten das Quälen hinzugefügt. Dieses teuflische bewusste Handeln oder verdrängt Geduldete muss rückgängig gemacht werden. Die Hauptvoraussetzung: Es muss aus der Verdrängung heraus, es muss ans Licht kommen. **Es muss ans Licht kommen, was wir da verbrechen, gemeinsam, die TäterInnen, die NutzerInnen, die DulderInnen.** Bilder helfen uns "beim ans Licht kommen" nicht mehr weiter, schon gar keine Fernsehbilder, die gleich wieder eingenebelt werden von den nächsten Katastrophenbildern und vom übernächsten Bier.

Wie kommen wir zum Handeln, wie werden wir sorgsam handelnde, solidarische,alles Lebendige, und was ist dann beim noch genaueren Hinfühlen nicht lebendig, achtende Mitlebewesen? Kein Darwin, kein Marx? Alles hat seine Zeit. Was haben wir Positives zu leisten, in unseren Verhältnissen zueinander, in unseren Beziehungen zu Pflanzen, Bäumen und Tieren?

Ohne zu töten, können wir nicht gestalten. Was soll dieser provokante Satz hier ? Immer wieder bin ich am traurig machenden Diskutieren mit unserer Tochter, wieviele und welche Bäume gefällt werden dürfen, um es im Winter warm zu haben, welche für Bau-, für Möbelholz usw.? Darf ein ehemaliges Feld, das sich der Wald zurückgeholt hat, das geschieht zuverlässig, denn der provencalische Wald ist kein tropischer Regenwald, gerodet werden, um BIO Gemüse anzubauen?

"Können wir nicht in den alten Möbeln leben, uns wärmer anziehen im Winter besser kauen , um weniger zu essen? Wo ist der Unterschied zwischen einem Holzfäller und einem Schlachter?"

Ich ahne, was ich da im Wald anstelle, wenn ich mit der Motorsäge arbeite. Ich versuche, mit meiner Schuld zu leben. Und: Ich brauche die Freude am Gestalten.Ich brauche das Gefühl, Sinnvolles zu tun. Die Schuldgefühle dürfen mich nicht beherrschen. Handlungsunfähig möchte ich nicht werden. Die Freude am bäuerlichen Leben, die Freude am Leben überhaupt, muss mein seelischer Hauptgestalter sein.

Jede, jeder von uns lebt mit diesen, lebt in diesen Konflikten, bewusst oder unbewusst. Die StädterInnen wohl häufig unbewusster, sofern sie keinen Kleingarten haben.

Für große Menschengemeinschaften haben wir uns Regeln geschaffen, für die Zuordnungen zu Recht oder Unrecht. Und eine Epoche kann möglicherweise daran gemessen werden, wohin das Pegel ausschlug oder wohin es in in unserer Zeit ausschlägt: Wieviel Unrecht wurde, wird gerechtfertigt? Immer auf's Neue und immer wieder in die einmal eingeschlagene Richtung?

Nur sehr Mutige trauen sich, die Mehrheitsmeinung, die häufig auch einmal die eigene war, zu widerrufen oder zumindestens infrage zu stellen. Hannah Arendt wurde durch die veröffentlichten Erkenntnisse und Gedanken , die sie während des Eichmann-Prozess' überfielen,zu einer Geächteten und nur noch von wenigen Geachteten.

Dostojewski lässt uns beim Beurteilen seines Helden Raskolnikow verzweifeln. Nicht ganz zufällig treffen drei Übersetzungstitel: "Schuld und Sühne" / "Übertretung und Zurechtweisung" / "Verbrechen und Strafe" – insgesamt nur so ungefähr das vom Dichter Gemeinte.

Wie schaffen wir die "Banalität des Bösen" ab, wie erkennen wir sie als solche? Wie verbinden wir unser Wissen um das grauenhafte Tierleid, das unsere Gier nach Gegrilltem billig ermöglicht, mit unseren Genussempfindungen? Was geschieht da mit und in uns?

Wie können wir Wahrheiten wie die Folgende, ans Tageslicht kommen nur einige von ihnen, wo sollten so viel mutige JournalistInnen holtertipolter herkommen, aushalten und so weit wegschieben, dass sie die Freude an unserem Fleischkonsum nicht beschädigen oder verändern?

Ich versuche mich kurz zu fassen, auch damit ich das Thema schneller wieder aus dem Kopf bekomme: Irgend jemand, leider ja wohl jemand aus der Wissenschaft, hat entdeckt, dass ein Hormon, welches trächtige Pferde in ihrem Blut erzeugen, bei "Zuchtsauen", vermutlich auch bei vielen anderen Tieren, bewirken kann, dass der Zeitpunkt der Ferkelgeburt mit der Hormongabe manipuliert werden kann. Zusätzlich auch die Anzahl der Ferkel.

Was geschieht seit einigen Jahren in großem Stil, allein in Deutschland sind Jahr für Jahr 1,3 Millionen Schweine betroffen?

In Südamerika werden systemfolgerichtig und skrupellos in so genannten " Blutfarmen" Wildpferde zur Produktion des Hormons PMSG gequält und getötet. In teuflischen Details: Den eingefangenen, eingepferchten, trächtigen Wildstuten werden einmal pro Woche 1o Liter Blut "entnommen", das über einige Monate. Damit die Pferde schnell wieder trächtig werden,nur das Blut der trächtigen Pferde enthält das Manipulationshormon, sind die Hände von Spezialisten dabei, den Stuten den Fötus aus der Gebärmutter zu reissen. Das ist, so die Berichte, mit einem nicht benennbaren Aufschrei der Stuten verbunden. Die Vorgänge wiederholen sich, solange das wirtschaftlich ist. Dann werden die abgemagerten und traumatisierten Tiere in die Wildnis entlassen, bis auf jenes Drittel, dass diese Quälerei nicht überlebt hat. Was passiert den Zuchtsauen? Vergleichsweise nichts Schlimmes, sofern wir das beurteilen können. Nur von den nun regelmäßig viel zu vielen Geburten in einem "Wurf" werden die "Zitzenüberzähligen"getötet. Das erinnert uns an die "Schredderhähne": Was weg muss, muss weg.

Immer wieder werden so neue, noch unfassbarere Tierquälerei und Tiervernichtungen das moderne , fleischlastige Leben zur Voraussetzung haben. Das *müssen* wir verhindern. Sonst wäre der Verzehr von Tierischem für die ComplementerInnen nicht mehr möglich.

Eine andere, uns viel weniger brutal erscheinende "Geschichte": In Hannover hat eine Marketingveranstaltung der regionalen Fleischwirtschaft Tradition: Es wird einmal jährlich in den Rathauskeller zum parlamentarischen Abend mit "Clubcharakter" eingeladen. Dem *Club der bekennenden Fleisch- und Wurstesser* steht eine Tonne (1.000kg) norddeutsches Fleisch zur Verfügung. Da muss bei 240 geladenen, hochkarätigen Gästen nicht sofort das Fleischbuffet gestürmt werden. Da können es zuvor auch einige Champignons sein. Weg mit dem Zynismus, hin zu den Möglichkeiten der parlamentarischen FleischliebhaberInnen: Ist es so schwer, sich dem Fleischkonsum zu verweigern, wenn das Fleisch nicht nach Bio-Kriterien zertifiziert ist ? Darf ich mich als VolksvertreterIn wirklich in eine Situation begeben, in der nicht auszuschließen ist, dass meine Würste und Koteletts auf dem Teller mit Hilfe des Bluts von gequälten Wildpferdestuten und mit dem Schreddern von überzähligen Ferkeln zustande gekommen sind?

Verstehe ich Demokratie richtig, so haben die von uns gewählten VertreterInnen zur "Ordnungsstiftung im größeren Rahmen" *öffentlich* die Aufgabe, sich nicht vorspannen zu lassen vor die Karren und Edellimousinen der Profitmaximierung um jeden Preis, auch nicht an den von Qualen erzeugenden an weitentfernten südamerikanischen Wildpferden.

Ich habe schon einmal mehrere Leertasten getippt, um Abstand zu gewinnen; um weiter schreiben zu können.

WIR VERBRAUCHERINNEN, Wir EINKÄUFERINNEN der Nahrungsmittel können dem Zukunftsoptimismus, dass alles nicht so schlimm kommen muss, dass wir , um es hochoptimistisch auszudrücken, das Leben aller Lebewesen mit zum Guten wenden können, selber durch unsere Handlungen die Nahrung geben. Nur wir. Vermutlich nur wir: Der niedersächsiche Landwirtschaftsminister Christian Meyer, der mich mit seiner vorbildlich, mutigen Politik immer wieder davon überzeugen hilft, dass es sich lohnen kann, für das Gemeinwesen politisch aktiv zu sein, sieht keine Möglichkeiten, die Schweinemanipulation mit Hilfe des Stutenhormons zu verhindern. Der Bund segnet vorerst alles ab: "Alles dem bundesdeutschen Recht entsprechend. Basta!" Wozu auch immer lange Kommentare, wenn man hilflos und im Unrecht ist.

Um den Optimismus, dass alles nicht so schlimm weitergehen muss, wie es angelegt und programmiert erscheint, füge ich eine weitere Geschichte an, die mit unseren provencalischen Nachbarn, aber auch mit Schweinen zu tun hat: Unsere Nachbarn sind Weinbauern. Grundsolide, normal und liebenswert. Wir helfen uns gegenseitig und schätzen uns, trotz unserer sehr unterschiedlichen Ansichten und Gewohnheiten. Anni und Pascal halten seit Jahren mit 7 befreundeten Ehepaaren zusammen 7 Schweine. Im Herbst wird geschlachtet. Wir hatten uns damit abgefunden. Und getröstet: *"Die bekommen die Abfälle von 7 bäuerliche Haushalten, sie haben ausreichend Auslauf. Sie werden "daheim" geschlachtet. Durch ihre Existenz verhindern sie schlimmere*

Schweinelebensläufe."
Nun waren wir in diesem Frühjar ganz glücklich. Es waren keine Schweine mehr zu sehen, im nachbarschaftlichen Schweinerevier. Unsere andere Lebensweise hatte überzeugend ausgestrahlt ... was frau/man so alles denken und hoffen kann?

"Ihr habt ja keine Schweine mehr" haben wir eines Abends beim gemeinschaftlichen Aperitif gesagt. Verlegenes Schweigen. Und dann die Erklärung: "Doch. Doch. Nur.Die Schweine sind jetzt im Stall. Das geht alles viel schneller." Der Pastis wollte nicht mehr schmecken. Was nun?

Wir haben die Schweine eine Bittschrift verfassen lassen. Und diese den 7 befreundeten Ehepaaren zukommen lassen. Das Resultat: Das Grunsen der Schweine ist wieder zu höhren. Die nachbarschaftlichen" Hausschweine sind wieder zu sehen.

Der Aperitif wird ab und an wieder freundschaftlich getrunken. Nun manchmal auch mit 8 Ehepaaren.

Unsere Chancen, Einfluss zu nehmen, stehen nicht schlecht, wenn wir unsere Leben verändern, in unseren kleinen Umfeldern, die sich mehr und mehr berühren werden und sich vernetzen. Wir können weiterhin, wenn es denn unbedingt sein muss, doch fundamentale, ganz enge , militante VeganerInnen werden kaum noch einen Anlass dazu geben, die liebevollen, listigen, aber dennoch konsequenten dieser ZukunftsSpezies werden in der Überzahl sein, dem Club der bekennenden Fleisch- und WurstesserInnen angehören. Vielleicht sogar stolz und nicht nur trotzig und bockig: "Wir verzehren nur Koteletts von Schweinen, die ein glückliches Leben hatten."

Das Bittschreiben der Nachbarschweine Jahrgang 2o17 ist im Anhang zu lesen. Es wäre leicht abwandelbar, umzuschreiben. Wir bieten unsere Hilfe an.

Was können wir klar formulieren und dann voller Energie angehen? Ganz vorbehaltlose Aussage: Für die ComplementerInnen darf es in näherer Zukunft, spätestens von 2o5o, dem „Zieljahr" der Bündnisgrünen für 1oo% fair an, keine Schlachthöfe mehr geben! Die Tiere sterben im Beisein ihrer Halter in ihrer „Heimat"

Übertriebener Fleischgenuss macht aus jeder Gesellschaft ein Massenkrankenhaus.
Benedikt von Nursia

Gewohnheit versöhnt die Menschen mit jeder Greueltat.
Georg Bernard Shaw.

Die religiöse Ehrfurcht vor dem, was unter uns ist, umfasst natürlich auch die Tierwelt und legt dem Menschen die Pflicht auf, die unter ihm stehenden Geschöpfe zu ehren und zu schonen.
Johann Wolfgang von Goethe

Tierschutz ist Erziehung zur Menschlichkeit.
Albert Schweitzer

IX Gewürze

Wie sähe unsere Welt ohne den Handel mit Gewürzen aus? Salz und Pfeffer haben die Menschengeschicke in den letzten 1ooo Jahren wesentlich mitbestimmt. Wieviel Reichtum hat der Transport von Pfeffer- und Salzsäcken angehäuft, bei den Händlern, in den Städten in denen Salz aus dem Salzgestein oder aus dem Meerwasser gewonnen wurde, in den Städten, die an den Handelswegen lagen ? Wenn heute die Kriege um Erze und bald auch ums Wasser geführt werden, bekriegte man sich im Mittelalter wegen des Salzes. Allein in Deutschland gibt es eine Viezahl von Städtenamen, die auf deren Salz (hallan-

Salzkruste)bedeutung hinweisen: Halle, Hallein, Schwäbisch Hall. Bei Salzburg ist es dann ganz eindeutig. Bei der wichtigsten norddeutschen, durchs Salz reich gewordenen Stadt Lüneburg deutet hingegen nichts auf den mächtigen Stadtgestalter Salz hin.

Ich merke gerade, dass ich Euch LeserInnen auf die Gewürzeliteratur verweisen muss. Es gäbe soviel Spannendes, Skuriles, Bedeutsames zu allen Gewürzen zu erzählen. Das ist aber nicht die Aufgabe dieses Buchs.

Die Hauptaufgabe ist, uns deutlich vom viel zu intensiven Salzgebrauch zu befreien,uns in den Bann ziehen zu lassen, von der Geschmackskraft, der Geschmacksvielfalt aller Gewürze unserer Welt.

Und ausnahmsweise pochen wir nicht als starkes NutzungsArgument auf die regionale Herkunft der Gewürze, denn zumindestens ihr Transport, auch aus fernen Ländern, hat aufgrund seines Verwendungs- und damit Transportgewichts nur marginale Auswirkungen auf die Umwelt. Aber auf "Wildwuchs" und fairen Handel sollten wir unbedingt achten.

Bevor hier die Auflistung unserer Lieblingsgewürze erscheint, noch eine Anmerkung zu Gewürzmischungen. Da halten wir es sehr mit der Tradition: Was sich über lange Zeit behauptet, in allen Küchen der Welt, das nutzen wir: Suppengrün, Bouquet garni (Sträußchen von Thymian, Rosmarin, Lorbeer und mitunter auch noch Lavendel oder Salbei), Merkén (Das hat unsere, sich an der Lebensart der Mapuche orientierende Tochter aus Chile mitgebracht. Wir verwenden diese salzsparende, ziemlich scharfe Mischung aus geräuchertem Chili, Koriander und Salz häufig, besonders abends für die Suppen, wenn wir zu bequem geworden sind, zielgerichteter zu würzen.)... es lohnt sich, ganz sicher, die Gewürzgewohnheiten anderer Völker zu erfahren. Auf alle letzten Kreativschreie zu reagieren langweilt uns. Selbermischen kann viel Spass machen und viel Geld sparen.

Die nun unkommentierte, unvollständige Liste: Anis, Bärlauch, Basilikum, Beifuß, Bohnenkraut, Borretsch, Cayenne-Pfeffer, Chili, Dill, Engelwurz, Estragon, Fenchel, Ingwer!, Kapern!, Kapuzinerkresse, Kerbel, Kresse!, Kümmel, Kurkuma, Lavendel, Liebstöckel, Löwenzahn, Mayoran!, Melisse, Minze, Mohn!, Muskat, Myrte, Nelken, Paprika, Petersilie, Pfeffer! grün und rot, Piment, Rauke/Rucola, Rosmarin!, Safran, Salbei, Sauerampfer, Schafgarbe, Schnittlauch!, Sellerie!, Senf!, Thymian!, Vanille, Wacholder, Waldmeister, Zimt, Zitronengras

Die Ausrufezeichen stehen hinter meinen Lieblingen. Jede, jeder von uns sollte Gewürzlieblinge haben. Dann wird's spannend in der Küche und am Esstisch.

Falsche Gewürze tun ebenso weh wie falsche Töne.
Gioachino Rossini

Wie also Hunger das beste Gewürz bleibt, so ist Müdigkeit der herrlichste Schlaftrunk.
Johann Wolfgang von Goethe

Zu grelles Licht gefährdet das Sehen.... zu stark Gewürztes verdirbt den Geschmack ....
Lao-Tse

Es muss etwas ungewöhnlich Heiliges im Salz sein: man findet es in unseren Tränen und im Meer.
Khabil Gibran

X Stimulanzien

Was wäre das Leben ohne "AufhellerInnen", ohne "StimmungsmacherInnen", ohne den Wechsel von Tag und Nacht, von Sonne und Regen, und Lachen und Weinen, von Gesundheit und Krankheit, von Dummheit und Weisheit, von Gefahr und Sicherheit?

Damit das MenschenLeben gelingen kann, braucht es GehilfInnen, zu allererst Mitmenschen und Mittiere, und Bäume und Blumen, die ermutigen, den ganz eigenen Lebenspfad zu finden. Und ihn dann nicht zu verlassen.

Und zusätzlich! Dorffeste, Kirmes, Ostern, Pfingsten, Weihnachten, Ferien, der Kegelabend,der Skatabend, der Fussball..... Kunst, Musik, Dichtung ... wir haben viele, viele von unseren Altvorderen geschaffene AufhellerInnen, WegweiserInnen "überliefert" bekommen. Wir sollten sie dankbar nutzen.

Und dann gibt es da die Stimulanzien zweiten Grades, die leider, leider die Gefahr in sich bergen, auch weil sie mit Volks- und Seelenfesten verbandelt sind, dass sie alle anderen an die Seiten drängen und die BeherrscherInnen unserer Leben werden.

Trotz - und alledem: Ohne sie scheint es nicht zu gehen. Wie kann der Genuss, die Anregung durch Tee, Kaffee, Kakao, Schokolade, "Bonbons", Kuchen, Bier, Wein, Schnaps, Zigaretten und Zigarren aller Art, auch eletronischer, wie kann das Genießen, mit aller Welt verbunden zu sein, per Internet oder Telepathie oder fundamentalster Ideologie, wie können *unsere* Lebensstimulanzien so kultiviert werden, dass sie mehr nützen als schaden, dass sie nicht mißbraucht werden?

Wir in Allemagne benutzen das Wort Rausch für einen Zustand, in dem wir unserer Normalität etwas oder auch etwas mehr entrückt sind. Das kann viel Heilsames, Schöpferisches bewirken, das kann Krankheit und geistigen Verfall verursachen. Immer wieder entscheidet das Mass in welche Richtung die Drogen, die Räusche ausschlagen. Nirgendwo sonst sind unsere menschlichen Fähigkeiten des Verdrängens, des Bagatellisierens, des Verleugnens so ausgeprägt wie beim mitlebensbestimmenden und oft auch lebensentscheidenden Umgang mit den Drogen, den AufhellerInnen & VerdunklerInnen.

Erschwerend kommt in unserer globalisierenden Epoche hinzu, dass wir über die Drogen aller Völker verfügen. Und zusätzlich über deren teuflische, moderne Mixturen.

Kein Wunder ist es so, dass in allen Statistiken die Verbrauchs- und Verzehrmengen von Drogen, vor allem den nur bis zu einem bestimmten Maß akzeptierten, weit auseinandertriften. Underreporting (UnterBerichterstattung) ist die Bezeichnung für dieses , großes Leid signalisierende Phänomen. Beispiel Spirituosen. Der Verbrauch in Deutschland liegt bei ca 5,4 Liter pro Person. Ziehen wir die Kinder bis 15Jahre, die geschätzten Nicht-SpirituosenTrinkerInnen und die krankheitsbedingten SpirituosenentsagerInnen ab, das dürften zusammen mindestens 4o% der Bevölkerung sein, so erhöht sich der Verbrauch auf ca 9Liter. Das sind rund 13 Flaschen a o,7L von Wodka& Co. Der angegebene Verzehr liegt bei ca dreieinhalb Flaschen!

Das sind unsichere statistische Vergleiche. Aber leider lassen sie Rückschlüsse zu, auf unsere unglaublichen Fähigkeiten, wenn es ums Verdrängen unangenehmer Tatsachen geht.

Die sich ergebende ganz wichtige Frage: Wie werden wir zu einer ehrlicheren, offeneren, selbstbewußteren Gesellschaft? Wie werde ich ehrlicher, offener, selbstbewußter zu einem Genießer, zu einem Nutzer meiner Stimulanzien?

Was dem einen die Tafel Schokolade ist dem anderen ein leeres Blatt Papier. Was der einen der Sonnenuntergang ist der anderen ein Glas Sekt. Im besonderen Falle gibts

ein Rendezvous der Stimulanzien,der untergehenden Sonne, dem Stück Schokolade, einem Glas Sekt und dem anfangs leeren Blatt Papier.
jp

Die Hoffnung ist ein viel größeres Stimulans des Lebens als irgendein Glück.
Friedrich Nietzsche

Die Krankheit selbst kann ein Stimulans des Lebens sein, nur muss man gesund genug für dieses Stimulans sein.
Robert Musil

Das, woran die zarteren Menschen zugrunde gehen würden, gehört zu den Stimulans-Mitteln der großen Gesundheit **Friedrich Nietzsche** *(Ich habe lange gezaudert, dieses Zitat mitzuteilen, aber...)*

XI Sonderkapitel

1 - Fermentierte Gemüse, Smoothies und Vitamin B12
Immer wieder wird der veganen Lebensweise angelastet, dass sie Mangelerscheinungen oder gar Mangelkrankheiten hervorruft. Das kann sie natürlich auch, völlig problemlos: Nur Puddings, Marmeladen, Weissbrot, Nudeln und Nutella führen in Turbogeschwindigkeit zu ersten und dann möglicherweise chronisch werdenden Krankheiten. Die Retourkutsche wäre: Exessive Körperernährung mit vorrangig Fleisch, Wurst, Milch, Käse und Eiern führt auch schnell zu Schäden, Schäden, die das Zuviel, den Überfluss als Ursache haben.

Diese Körperreaktionen bekommen jedoch das Etikett "normal" verpasst, Normal, weil so viele von uns mit diesen ohnmächtigen, ohnmächtig, da durch BrachialMedikamente an ihrer korrigierenden Wirkung behindert, Signalen durch's Leben zu kommen versuchen.

Gesundheit kann erhalten bleiben oder wiedererlangt werden, durch eine ausgewogene Ernährung, durch Freude am Maßhalten, durch verlässliches Tun, nicht jedoch durch einen kranhaften Wechsel von Zuviel mit Ganzwenig oder Garnichts, oder ein Mißachten von Wissen und Erkenntnisstand. Letzteres schließt auch den wissenschaftlichen Erkenntnisstand ein,' wäre ja fast wie ein interner Kriegszustand, wenn alles, was die Wissenschaft entdecken hilft, auf den Scheiterhaufen der AntiwissenschaftsIdeologInnen gelangte.

Unser argumentativer und tatsächlicher Umgang mit dem "GehirnVitamin" B 12 kann uns viel über unsere Verhältnisse zu Toleranz und Intoleranz, zu unseren Fähigkeiten des Verleugnens, des Ignorierens vermitteln.

Viel Leid könnte verhindert werden, wenn die VeganerInnen vorerst den Pflanzen für den gegenwärtigen B12 Bedarf von gestressten Menschen nicht mehr abverlangen würden, als die Pflanzennahrung von heute vermutlich in der Lage ist, zu leisten.

'bin ich viertelwegs richtig informiert, dann können auch die Algen, nach jetzigem Wissensstand das Problem nicht oder nur mit viel Haushaltsgeld lösen. Und Sauerkraut und sonstiges milchsauer Vergorenes auch nur, wenn wir täglich Unmengen davon essen würden.

Ich habe dieses Kapitel mit den B12Problemen der veganen Ernährung begonnen, weil diese mich, als Zielvorstellung für möglichst viele von uns, so zukunftsfroh stimmt. Aber beim Verdrängen mancher Probleme auch Bange macht:

Vitamin B12 ist ein ernstzunehmendes Thema bei der veganen Ernährungsweise. Wird dies erkannt und bewusst angegangen, können aber keine vom Mangel erzeugten Krankheiten entstehen. Ganz kann ich somit nicht verstehen, wo das Problem seine Schwere und seine Negativkraft entwickelt: Vitamin B12 ist sehr preiswert zu supplementieren. Dass dies so ist, verdanken wir auch der Wissenschaft. Immer, wenn ich eine Möglichkeit sehe, diese früher, und früher auch zu Recht, hochrangige Geistesdisziplin zu ehren, oder ihr zumindestens Respekt zu zollen, tue ich das.

Ich habe mehrere vegan lebende FreundInnen gefragt, um mir Rat zu holen. Hier eine der Antworten, gekürzt und ins AllgemeinVerständliche übersetzt: *"Falls frau/man GanzNatürliches (ungewaschene Wildkräuter ...) in den Smoothiemixer packt, hat frau/man möglicherweise ein bißchen B12. Falls frau/man viel Fermentiertes ist, also Sauerkraut & Co, könnte ein weiteres Minimalquantum vorrangig für das Gehirn zur Verfügung stehen. Lebendiges Brunnenwasser und ein bißchen gesunde Erde am Gemüse könnten richtig was bewirken. Aber wie soll das praktisch funktionieren? Algen scheinen das B12Problem auch nicht lösen zu können, weder Meeresalgen wie "Nori", noch Süßwasseralgen wie "Chlorella","Sperolina". Obwohl: Gerade besteht bei "Nori" aufgrund wissenschaftlicher Ergebnisse doch die Hoffnung, dass da nicht B12 Analoga, sondern von unseren Körpern verwertbares B12 enthalten ist. Aus einer Flechtenart soll aber seit kurzem "natürliches, pflanzliches B12" nutzbar und auch verfügbar sein. Unter www.vegane.org/vitamin-b12 gibt es spannende Informationen dazu. Aber!! Wir supplementieren weiterhin mit Methyl-Cobaalamin."*

Ein anderer Freund: "Die vielen, vielen positiven Folgen und Begleiterscheinungen der veganen Ernährung sollten durch die Diskussion ums B12Vitamin nicht behindert werden. Zudem sieht es so aus, als könnte der VitaminB12 Mangel grundsätzlich und generell im Zusammenhang mit der denaturierten Nahrung der modernen Zeit stehen. Studien zufolge leiden 4o% aller über 6ojährigen AmerikanerInnen unter zu wenig VB12 und

Folsäure. Folglich sollten die Ärzte nicht nur bei den VeganerInnen den Status des wichtigen Vitamins überprüfen. Und sie sollten sowieso alles veranlassen, dass der Darm ihrer Patienten gesundet. Dort schein, wie fast immer, das Hauptproblem zu liegen."

Noch eine FreundInnenMeinung, diesmal weiblich: "Ich habe bei Prof. Leitzmann und bei dem Mayr-Arzt Dr. Stossier gelesen, dass der Zucker ein extremer B-Komplex-Räuber ist. Das kann ich leicht verinnerlichen, aber schwer beherzigen. Trotzdem:. Beide, Wissenschaftler und Arzt ,helfen mir , meinen Weg zu finden."

Wir ComplementerInnen haben es unverschämt einfach mit der B12 Versorgung. Unsere tierischen Complements reichen aus. Nahrungsergänzung ist nicht nötig. Wollen wir ganz sicher gehen, essen wir ab und an eine Makrele oder ein Stück Lamm- oder Rinderleber, dann wären wir langfristig bevorratet, bei dem extrem hohen Gehalt an Vitamin B12 in diesen Lebensmitteln. Aber auch die kleinen Mengen Käse, die wir verzehren, füllen das B12 Polster der Leber wieder auf.

Auch wenn das Sauerkraut nur sehr, sehr bedingt, es steht aber verschiedentlich in dem Ruf, das VitaminB12-Problem derVeganerInnen lösen kann, so ist es dennoch ein Gesundheitserzeuger hohen Grades. Und vielleicht ist der seit Jahrhunderten milchsauer vergorene Weisskohl der Einstieg in die Welt der wohlschmeckenden und gesunden fermentierten Gemüse.

Völlig unabhängig von der gegenwärtigen Fermentations- und SmoothieHybris, sind beide Lebensmittelverwandlungsarten, hoffentlich nicht nur Modeerscheinungen. Dieser Wunsch betrifft das Fermentieren, Konservieren, Veredeln vom Gemüse weit mehr als das Schnitzeln und Rotieren von Obst, Gemüse und "kreativen" Zugaben im Hochleistungsmixer.

Dem Vitamin B12Mangel ist mit Gärbottichen und

Hochleistungsgequirlen nicht beizukommen, aber ansonsten können fermentierte Gemüse und Gemüsesmoothies kleine Gesundheitswunder bewirken, sofern sie nicht ideologisiert werden, denn Selberkauen ist fast allemal besser als elektrisches "Fremdzerkleinern", die Vielfalt fast allemal besser als nur Milchsaures.

Behauptungen und Tipps

I - Gemüsesmoothies mögen unsere modernen, fast nie optimal gesunden Körper lieber als Obstsmoothies. II - BIO ist die Vorraussetzung aller gesunden Smoothies. Mit Haut und Schale wird gemixt. Die "Ballaststoffe" bereichern den Cocktail.

III - Machen wir aus dem Smoothie keinen kalorienstrotzenden Ersatz für eine Mahlzeit. Nutzen wir ihn als Lieferanten für Vitamine, Mineralstoffe und Spurenelemente.

IV - Auch, oder vielleicht sogar im Besonderen gilt: Selbst ist die Frau. Selbst ist der Mann. Smoothies in den Geldbeutel schädigenden, die Industrie erfreuenden, die Umwelt belastenden kleinen Fläschchen werden selten bis garnicht gekauft.

V - Wenn schon 7 Gänge im Restaurant noch immer das Genußoptimum signalisieren sollen, dann können Smoothies eine den Körper wunderbar kurzfristig weniger belastende Rolle spielen, anstelle von noch einer Fisch-oder Fleischvariante. Sie können uns zusätzlich anregen zu eigenen , einfachen Kreationen. Diese Verteidigungsanmerkung für LöffelMützenSterneLokale ist mir wichtig, denn: Wie fast immer entscheiden Maß , Rhytmus, Wiederholung über Sinn oder Unsinn: 7 Gänge sind für alle Tage ein nicht zu steigernde Unsinn.

Aber als Ausnahme kann ein aufwendiges, "überflüssiges" häppchenkomponiertes Menu wunderbare Wirkungen erzeugen, so wie ein großartiges Konzert, ein Neues eröffnendes Buch, ein aufrüttelnder oder trostspendender Film. So etwas können und sollten wir ja auch nicht jeden Tag verkraften, verarbeiten, verdauen, genießen. Unmöglich! Aber Besuche in schönen Lokalen können Freundschaften festigen und Liebe entfachen, wie jede Gaststätte, in der wir uns seit der PostkutschenReisezeit versammeln, zu unserer Freude, zu unserem Trost, zu unserem Vergnügen.

VI - Vom Smoothie, dem Schnellen, auch schnell Verderblichen , hin zu Sauerteigbrot, Joghurt, "Rohwürsten", Bier und Käse, und hier vor allem zum selbstzuzubereitenden Sauergemüse, den durch Milchsäuregärung konservierten Lebensmitteln.

Die gerade voll ins Lebens hineinwirkende Renaissance der "daheim" inscenierten Gemüsefermentation hat es verdient, von Dauer zu sein. Eher könnten die Smoothies unsere Welt wieder als wichtiger Lebensmittelmitgestalter verlassen.

Gemeint sind nicht die fest etabilierten Fermentationsprodukte Käse, Wein,Schokolade, Bier und Kombucha..., sondern die daheim oder von den "neuen" LebensmittelhandwerkerInnen erzeugten fermentierten Gemüse: Rote Bete, Broccoli, Rosenkohl, Mais, Radieschen, vielerlei Pilze und natürlich Weiss- und Rotkohl und Gurken ....Von der Spargelsaison an können wir die Gärbottiche füllen, um mit dem Rosenkohl das Starten der milchsauren Gärung für's "laufende" Jahr zu beeinden.

VII - Die in milchsauren Gemüse zuhauf versammelten nützlichen Mikroorganismen, lassen unsere Därme gesunden; die nützlichen Bakterien dominieren die schädlichen. Ein wunderbarer Nebeneffekt: Unser nur schwer zu kontrollierendes Verlangen nach "Süßem", der Hauptnahrung der schädlichen Bakterienspezis, wird ausgebremst.

VIII - Verwechseln wir totes Büchsensauerkraut nicht mit dem aus dem Gärbottich.Je näher wir den "unterhaltsamen, spannenden Aktionen in den individuell ausgewählten Gär- und Aufbereitungsgefäßen, allein das Sammeln von schönen Ton-,Glas-,Keramikgefäßen kann bereits eine Flohmartleidenschaft werden, desto besser, desto gesünder.

IV - Bauen wir fermentierte Gemüse phantasiereich in unsere Speisepläne, inunsere Speisenkreationen ein, unserer Freude am "Kochen" zuliebe, Genuss und Gesundheit zuliebe und - nicht ganz bedeutungslos, auch dem Geldbeutel zuliebe.

Katastrophenmeldung: Bakterien halten Einzug in die Küche. Fermentation nennt sich dieser Überfall auf unsere sterile Sauberkeit. In einigen der letzten Jahrhunderte soll dieses Agieren von Kleinlebewesen unsere Ahnen nicht nur mit Bier und Wein versorgt haben, sondern auch mit vielen wohlschmeckenden Gemüse, vielleicht auch mit den BVitaminen?
jp

Woher bekomme ich denn die Supplemente, wenn ich morgens plötzlich in "freier Wildbahn" ausgesetzt werde?
Ralph von Rohkost-Forum

Wenn die Menschen das "Unkraut" nicht nur ausreißen,

sondern einfach aufessen würden, wären sie es nicht nur
los, sondern würden auch noch gesund.
Johann Künzle

Die Fermentation verlängert die Saison einheimischer
Gemüse problemlos.
jp

2 - Über Zucker, Stevia, Nutella & Co
Ich ertappe mich immer wieder dabei, das macht dann
hilflos und erschreckt, wie ich die Resultate von Tierver-
suchen, wenn sie meine Meinung zu einem Thema bestärken, auch nutze. Lieber wäre mir, ich wüsste nicht,
mit welch „höllischen" Mitteln wir zu „himmlischen"
oder auch „höllischen" Erkenntnissen gekommen sind.
Meistens tappt mein Wissen ja sowieso, in diesen Zu-
sammenhängen besonders, blind in der Informationswelt
herum. Vielleicht wär' es anders nicht auszuhalten?
   Zum Trösten: Tierversuche können möglicherweise
auch fair stattfinden? Diesen Fragen werden wir in diesem Buch nicht gemeinsam nachgehen. Aber wir sollten
uns damit auseinandersetzen. Ich werde das, ganz sicher,
tun. Denn: Schlacht-, Nutz- oder Versuchstiere … fairness (s. S. 147) ist nicht eingrenzbar. Entweder-oder.
   Wieso fängt dies Kapitel über Zucker & Co, über
Lebensfreude erzeugende „Substanzen", so traurig an?
Bart Hoebel, ein Psychologe, gab jungen, hungrigen
Ratten im Universitätslabor Princeton Zuckerwasser als
Nahrung. Seine Beobachtungen dazu veröffentlichte er
im Jahre 2008. Wissenschaftlich fast unumstritten: Nur
die Hochrechnung der Rattenergebnisse auf die Men-
schen versuchen einige Wissenschaftler zu bezweifeln.
Ist eine/einer von uns, der hier einen Zusammenhang von
Moral, Wissenschaft und Zuckerindustrie vermutet, ein
böser Phantast oder ein armer Realist?

Spätestens seit der Veröffentlichung der Schlussfolgerungen von Bart Hoebels Zuckerversuchen mit Ratten kann man davon ausgehen, dass Zucker kein Lebensmittel sondern eine Droge ist, eine Droge, die ein gefährliches, sich schnell entwickelndes Suchtpotential haben kann. Folgerichtig gibt es von ernstzunehmenden ErnährungsberaterInnen auch keine Freisprechungen für „maßlosen" Zuckerverzehr, die es ja auch für den Genuss von Alkohol nicht gibt. Vieles haben diese beiden Suchtmittel gemeinsam, wie zum Beispiel Organisationen, die sich um eine dauerhafte Befreiung von der Sucht bemühen. Vieles wird allerdings, noch immer, „offiziell" ganz anders gehandhabt: Auf keinem Etikett von zuckerhaltigen Nahrungsmitteln muss ein Hinweis auf die Gefahren stehen. Auf keinem Etikett muss die genaue Zuckermenge, in Gramm oder Prozent, angegeben sein. Fast jedes Etikett führt uns KäuferInnen beim Zucker, durch dessen manipulierende Aufsplittung in Sacharose, Glukose, Fruktose und Laktose, in die Irre. Es handelt sich, egal wie benannt, um Zucker, verschiedener Qualität zwar, aber doch ist es zweifelsfrei: Zucker. In der Summe müsste der Zucker dann, immerhin gibt es für die Mengenreihenfolge schon ein Gesetz, meistens viel weiter vorne in der Zutatenliste auftauchen. Oft sogar an erster Stelle.

Denn, wir verzehren unglaublich viel sogenannten freien Zucker. Wir Deutschen ca. 100 g pro Tag, also 33 Zuckerwürfel. Viel zu viel sagt die Weltgesundheitsorganisation WHO (World Health Organization) und legt sich mit ihren „Forderungen" beeindruckend charakterstark mit der Süßwarenindustrie an. Die Idealvorstellung der WHO: 5% der benötigten Nahrungsmittelenergie dürfen durch „freien" Zucker gegessen oder getrunken werden. Das ist verdammt wenig für uns moderne Menschen. Bei Männern ist's immerhin ein bisschen mehr als bei Frauen, weil deren Energiebedarf, so die Wissenschaft, ca. 25% größer ist.

Ganz konkret: Energiebedarf: 1.800 kcal/Tag / 2.400 kcal/Tag * 1g C12H22O11 = „Haushaltszucker" = Kristallzucker = Saccharose hat 4kcal / 5 % ergeben bei statistischen Männern 3og (o,o5 mal 24oo : 4) und bei statistischen Frauen 22,5 g (o,o5 mal 18oo : 4) pro Tag, bildhaft ausgedrückt: 1o bzw. 7,5 deutsche Zuckerwürfel.Wie schnell, erst einmal bedrückend schnell, die zugestandene Zuckertagesration aufgebraucht ist, zeigen die (absichtlich) unter Tipps & Wünschen aufgeführten kleinen Tabellen.

Trost könnten uns die glücklichen Leben der UrUr-Urgroßmütter und - väter der heutigen Kinder, die etwa vor 150Jahren Kinder waren, spenden. Ihnen hätte die jetzt extrem einschränkend wirkende WHO–Forderung noch einen unglaublichen Zuckersegen beschert. Statt 6g pro Tag (2Kg pro Jahr) hätten sie das 4-5fache der süßen Droge verzehren können. Wir hingegen müssen dringend sehen, wie wir von durchschnittlich fast 40 kg jährlichem Zucker (ca. 13.000 Stück Würfelzucker!), die AmerikanerInnen von sogar 56 kg, wieder auf ein die Gesundheit wahrscheinlicher machendes, und die Fettleibigkeit zur Ausnahme statt zur Regel machendes Maß zurückgeführt kommen.

Die Zuckerindustrie müsste Umsatzeinbußen von 75% hinnehmen, sollte uns dieser LebensWandel tatsächlich gelingen. Aufgaben über Aufgaben warten auf uns, ganz individuelle und ganz umfassend unsere Konsumgesellschaft verändernde Tipps & Wünsche reichen da nicht aus.

Es heißt diesmal:

Gebote & Tipps & Wünsche

I – Sehr erfolgreich und nachhaltig lässt sich der Zuckerkonsum im Zusammenhang mit anderen Drogen reduzieren. Der Muntermacher und Phantasieanreger K(C)offein ist in unterschiedlichen Mengen in Kaffee, Schokolade, weißem, grünen, schwarzen Tee, Mate, enthalten. Reduzieren wir Tasse um Tasse, Tafel um Tafel. Ganz merkwürdig ist dann letztendlich der Umstieg von einem halben Würfel Zucker pro Tasse Kaffee auf Null und der von 18 Würfeln in einer 1oogTafel Milchschokolade auf 4 Würfel in einer Bitterschokolade. Ganz ohne Genussverlust ist das möglich. Ganz sicher.

II – Zucker und Fette sind die am billigsten und leichtesten einzusetzenden Geschmacksverstärker. Die Formel ist einfach: Wohlgeschmack und den Gaumen begeisternde Geschmeidigkeit = fett- und zuckerreich. Die Lebensmittelindustrie nutzt dies rigoros, ohne dabei gesetzeswidrig zu agieren: Wird mit einem geringeren Fettanteil für ein Lebensmittel geworben, dann ist der Zuckeranteil mit größter Wahrscheinlichkeit angehoben worden. Wer will schon freiwillig auf Kunden verzichten?
Die GesetzgeberInnen sind zu entschlossenem Handeln aufgefordert. Zum Schutz der VerbraucherInnen, zum Schutz der alternativen ErzeugerInnen.

III – Versuchen wir den Zucker für die Seele nicht nur über die Glückshormone, die im „realen" Zucker und anderen Drogen stecken zu erzeugen, sondern auf „spirituelle" Weise. Auch deshalb gibt es das Kapitel „Angebote zur Ernährung der Seele".

IV - Die verlässlichste Methode zu erfahren, woraus sich eine Speise zusammensetzt, ist: Selber zu kochen. Um der Freude, die das Hantieren mit natürlichen Lebensmitteln machen kann, noch weiteren Antrieb zu geben, folgt hier eine rote, das Rot muss gedacht werden, weil das Buch ja einfarbig ist, Liste mit dem Zuckergehalt von „Markennahrungsmitteln". Die reizvollen Aufgaben könnten sein: I-„Nutella" mit der halben Menge von Zucker und Fett zu versuchen, und mich und meine Familie freudvoll daran zu gewöhnen Und um Zucker- und Fettmenge nach der Gewöhnung noch weiter zu reduzieren – Nutela bietet ja leider unvorstellbare Möglichkeiten dazu. II -Kartoffelsalat, Kartoffelbrei, Pizza ,Suppen, Obstsäfte, selbst zuzubereiten, natürlich ohne Zuckerzugabe.

Die "Zuckerrangliste" ist nicht von mir; und sie ist nicht vollständig und schon garnicht methodisch. Sie ist einem launischen Einfall zu danken: Constanze, eine aufgeweckte, bewusst lebende, junge Frau, die "gerade" einen Teil ihres Urlaubs bei uns verbringt, eine Woche "Kochferien in Minguinelle", konnte sich nicht vorstellen, dass wir wirklich 4okg Zucker pro Nase im Jahr verzehren. Und sie das ganz sicher! nicht. Ich habe die Internet erprobte Constanze gebeten, den Zucker in Lebensmitteln aufzulisten. Sie war leicht entsetzt als sie mir ihre Aufzeichnungen überreichte, wohl in erster Linie, weil ihr die Unmenge des durchschnittlichen Zuckerverzehrs nicht mehr unwahrscheinlich vorkam, ihr eigener auch nicht.

Hier Constanzes ungeordnete Aufzeichnungen, die einen Teil ihrer Standardlebensmittel auf Zucker überprüfen:

Heinz Tomaten Ketchup 24% (oder 8 Zuckerwürfeln in 1oo g) Wonnemeyer Krautsalat 13% (oder gut 4 Zuckerwürfel in 1oog) Fruchtjoghurt Landliebe 14% (oder knapp 5 Zuckerwürfel in 1oog) Dr. Oetker Marmorkuchen

21% (oder 7 Zuckerwürfel in 1oog) Alnatura Pizza Salami 5% (oder knapp 2 Zuckerwürfel in 1oog) Nutella Nußcreme 57% (oder 19! Zuckerwürfel in 1oog) Milchschnitte 29,5 % (oder knapp 1o Zuckerwürfel in 1oog) Milka Alpenmilch Schokolade 57,5 % (oder 19 Zuckerwürfel in 1oog) Lindt Edelbitter(7o%) Schokolade 28% (oder gut 9Zuckerwürfel in 1oog) Harribo Goldbären 46% (oder gut 15 Zuckerwürfel in 1oog) Aldi BIO Vollmilch 5% (oder knapp 2 Zuckerwürfel in 1oog) Bionade Holunder 5% (oder knapp 2 Zuckerwürfel in 1oog) Beckers Bester Apfelsaft 1o% (oder gut 3 Zuckerwürfel in 1oog) Coca Cola 11% (oder knapp 4 Zuckerwürfel in 1oog = 43% der von der Weltgesundheitsorganisation maximalen Zuckertagesmenge) Cola light und Cola Zero o%! (Zur Problematik der Zuckerersatzstoffe siehe unter Stevia)

Ein "deutscher" Standardzuckerwürfel wiegt 3g. Die Franzosen legen, seit einigen Jahren etwas zuckerbe-wußter, auf die Kaffeeuntertasse 2 seperat verpackte Würfel a ca 1,5g. Das soll und kann denZucker im Kaffee disziplinieren helfen. Die Zuckerwürfel in der Schweiz wiegen 4g. Also aufgepasst im Schweizurlaub oder auf der Durchreise Richtung Mittelmeer.

V- Belohnen wir die Kinder, die Enkelkinder, uns , nicht, oder nur selten, mit Zuckergranaten, sondern mit Lob und Anerkennung und, na vielleicht? ,leckeren Oliven oder einer getrockneten Feige oder mit gemeinsam ge-knackten Mandeln und Walnüssen, vielleicht ganz vor-sichtig und verspielt in Lavendelhonig getaucht. Mehrere listige Versuche hätten Oliven, Trockenfrüchte und Nüs-se allemal verdient. Hin und wieder kann's auch ein mit viel Wasser vermengter Apfelsaft sein. Wird nur dieser den Kindern angeboten, bleibt das strahlende Kinderge-sicht garantiert.

VI – Fordern wir unsere PolitikerInnen auf, dafür zu sorgen, dass süße Verführungen für kleine Kinder vor 20 Uhr, vor der Kindernachtruhe, nicht im Fernsehen gesendet werden.

VII – Kritisieren wir hartnäckig, vor allem auch in den BIO-Supermärkten, die in mancherlei HinSicht eine gesündere Essmoral vertreten, das aufdringliche, „kinderfreundliche" Platzieren von Gummibärchen & Co direkt an der Kasse, an der jede Mutter, mit dem Kind auf dem Arm womöglich, vorbeikommen muss.

VIII – Rauchen kann tödlich sein. Alkohol kann tödlich sein. Zucker kann tödlich sein. Die PolitikerInnen sind gefragt: Auch die Zuckergefahren müssen angezeigt werden. In England wird immerhin schon per GrünGelbRotAmpel signalisiert, was ich mir da gegebenenfalls gerade antue oder was ich leicht entwarnt genießen kann.

IX – Zuckerhaltige Getränke müssten von einem noch zu diskutierenden Zuckeranteil an extrem besteuert werden. Denn gerade die gesüßten Getränke sind die extremsten Dick- und Krankmacherinnen. Der Hauptgrund dafür: die aufgenommenen Getränke ersetzen keine Mahlzeit, für Magen und Körper. Wir nehmen sie zusätzlich zu uns. Das sagt nicht nur der „gesunde Menschenverstand" sondern auch die Wissenschaft, obwohl ihr noch die ganz grundsätzlichen Argumente dafür fehlen.

X – Vorsicht Falle! Die Zuckerersatzstoffe
Genauer kann ein Sprichwort einen Sachverhalt, besonders einen noch ungeklärten, nicht beschreiben: Den Teufel mit dem Beelzebub austreiben; den Zucker mit den Zuckerersatzstoffen. Die natürlichen Zuckeralterna-

tiven haben die langweilige Zusastzbezeichnung Zucker-austauschstoffe, die synthetisch Erzeugten, meistens aus Erdöl, mit einer häufig nicht vorstellbar großen Süss-kraft, laufen unter dem Sammelbegriff Süßstoffe. Die einen wie die anderen finden wir als E-Nummern in den Zutatenlisten wieder.

Der Zuckerteufel, den das Göttliche vortäuschenden Mitgestalter unserer modernen Leben, ist uns ganz ver-schwommen ein Begriff, die SüßstoffBeelzebuben leider nicht. Man könnte vermuten, dass sie dem Zuckerteufel eingefallen sind, um noch mächtiger, noch allgegenwär-tiger zu werden.

Machen wir uns nichts vor! Nur durch eine Reduzie-rung des Süßen, egal ob Teufel oder Beelzebub, können unsere Leben gesünder und auf lebenslange Sicht freud-voller verlaufen.

In der Zauberliteratur ist der Beelzebub der Patron der Magie, der zweithöchste Höllenfürst, ganz nah am Satan. Gegeneinander ausspielen lassen sich die beiden ganz sicher nicht. Eher besteht die Gefahr, dass sie als Höllendoppel noch gefährlicher sein können als nur einer von ihnen.

Ganz stimmt das gerade so spielerisch Dahinge-schriebene nicht, wie die jüngere Geschichte allen Sü-ßens mehrfach aufzeigen kann. Aber wann erfahren wir schon, immer wieder ist das so, weshalb das eine Pro-dukt verboten und das andere umworben wird. Die Ge-schichte des durch Zufall in einem amerikanischen Labor 1885 entdeckten Süßstoffs Sacharin ist ein Beispiel da-für. Preiswerter als der Rüben- und Rohrzucker entwi-ckelte es sich schnell zu deren Konkurrenz. Die Macht der Zuckerbarone schaffte es , diese Konkurrenz "ele-gant" loszuwerden: Sacharin wurde im Jahre 19oo apo-thekenpflichtig.

Immer und immer wieder sind es solche Geschichten,

die die teuflische Verquickung von Industrie und Wissenschaft belegen. Und den Ruf der Wissenschaft beschädigen. Wehren wir uns gegen solche Pauschalierungen, aber sei'n wir achtsam: Seele und Geist lassen sich sicherlich oft austricksen, unsere Körper nicht. Früher oder später zahlen wir den Preis für den ungebremsten, unnatürlichen Genuss von manipulierten "Wundermitteln".

Die "phantastischen" NullKalorienSüßstoffe Aspartam & Co, das Namensverzeichnis vom Co wird immer unübersichtlicher, verführen viele von uns, die gesparte Energie leichtfertig auf andere Art aufzunehmen. Aber nicht nur das: Es scheint wissenschaftlich unumstritten, dass das Gehirn auf den kalorienfreien Zuckerersatz mit einem Hungergefühl reagiert, weil der Ersatz nicht halten kann, was er dem Gehirn verspricht.

Nur das Gewöhnen von Gehirn und Körper an weniger Zucker, nur die dauerhafte Signalisierung, dass es sich mit wenig Zucker wunderbar leben lässt, kann die von Teufel und Beelzebub aufgestellten Zuckerfallen wirkungslos machen.

Süßstoff gibt es genug. Woran es mangelt ist Sauerstoff.
Helmut Wolters

XI – Nutella & Co

Muss dieses Sonderkapitel Nutella & Co wirklich noch sein, nach den vielen bisherigen Zuckerwarnungen und der sensationellen Spitzenstellung dabei von Nutella und Gummibärchen in diesem Buch ? Ginge es nur um die in die Irre führende Selbstdarstellung des Nusscreme- und Süßwarenmultis FERRERO, der für seine unlautere Werbung in den USA schon mehrfach gerichtlich verurteilt und bestraft wurde, mehr aber wohl wegen seines großen, die amerikanische Süßwarenindustrie neidisch machenden Erfolgs und weniger wegen der Gesundheitsschäden, die der Genuss seiner ausgeklügelt-geschickt vermarkteten kalorienreichen Produkte verursacht.

Pietro Ferrero senior, ein Konditor aus dem italienischen Piemont, ist der Nutella- Vater und der Ursprung eines Unternehmen, das weltweit ca € 10.000.000.000 Euro umsetzt. Und sich so als "Familienunternehmen" behaupten konnte, leider aber nur dadurch, dass es selbst zum Aufkäufer und Vernichter kleinerer Unternehmen wurde.

Hier liegt der Grund für diese "Sonderbehandlung". Sie beginnt ungewohnt anklagend kritisch und schließt mit optimistischen Gedanken, die von der Wiedergeburt des regionalen Lebensmittelhandwerks angeregt worden sind.

Das Groß- und Mächtigwerden eines Unternehmens läuft parallel mit dem Niedergang von Moral. Das scheint, sofern es sich nicht um staatliche Unternehmen,wo das nicht zwingend sein muss, der Preis für Größe & Macht zu sein. Fast ausnahmslos.

Ferrero ist ein bedrückendes Beispiel dafür. Nirgendwann hat es irgendeinmal in der nun schon langen Ferrerogeschichte in den letzten vier nachvollziehbaren Jahrzehnten, Pietro Ferreros Nutellarezeptur ist aus dem Jahre 1946, in der Nachkriegszeit gab's noch keine Gefahr, dass wir uns am raffinierten Zucker dick-und krankfressen, einen Hinweis darauf gegeben, dass dem Unternehmen irgendetwasanderes als Profit um fast jeden Preis am Multiherzen liegen könnte. Mit "unzureichender Fairness" sind die Vergehen des Unternehmens extrem friedfertig beschrieben: Von Parteispendenskandalen, über Etiketten "verschleierungen" bis zu Niedrigstlöhnen ... alles was Profitmultis zwangsläufig auszeichnet, bis zu der Zeit, in der wir VerbraucherInnen durch unser Konsumverhalten eine andere, fairere Unternehmensstratetegie der Ganz-Großen provozieren.

Eine erfolgversprechende Strategie der ganzheitlich denkenden und handelnden VerbraucherInnen, eine von uns also, könnte und sollte sein, die Wiedergeburt des regionalen Lebensmittelhandwerks, in Berlin-Brandenburg sind da die ersten Schritte schon begeisternd und lebensfroh gegangen, zu erleichtern:

Wir kaufen unsere Nuss-Nougat-Creme von Schorse aus Berlin-Pankow und "Mon Cheri" von "Gerdi aus Neustrelitz". Letzteres sollte überraschend leicht fallen, denn die Piemontkirsche ist der Marketingstrategie von Ferrero zu danken, nicht der Realität.Das wären die Haselnüsse gewesen, die es im Piemont gibt, aber längst nicht mehr billig genug, um ein Kleinbestandteil (13%) von nutella zu sein.

Bei "Gerdi aus Neustrelitz" haben wir zusätzlich die Möglichkeit, durch unsere kritischen Anregungen, die Mengen von Zucker und Fett mitzubestimmen. Eine Nuss-Nougat-Creme mit weniger Fett und Zucker und mehr fairen Nüssen, was für ein Vergnügen, ab und an.

Ketchup ist Zucker mit einem Tomätchen garniert. Nimm lieber Mayo – Fett pur, dann wirst du nicht verarscht (Na ja, 2 Stück Würfelzucker sind auch in fast jedem Kilo Mayonaise. Selbermachen, möglichst oft, und dann ohne

Zucker, wäre die Lösung des Problems. Das Gleiche gilt fürs Ketchup. Das ist garnicht so schwer: In der Kochfibel gibt es Anregungen)
Johanna Furnacker

Leute, die den Zucker gegen den Uhrzeigersinn umrühren, erreichen im Leben fast alles.
anonym

Der Kommerz ist knallhart und zuckersüß. Er verwöhnt uns über alle Maßen, um uns letztendlich zu zerstören.
Karl Talnop *(Na, das wollen wir doch 'mal sehen?!)*

Es sieht aus wie Zucker. Es fühlt sich an wie Zucker. Aber es ist Salz.
anonym

3- Über Mehl, Milch und Allergien.
Über natürliche und industrielle Lebensmittel. Über Mangel und Überfluss. Vom richtigen Mass
Der Überfluss vom Überflüssigen erzeugt den Mangel am Notwendigen.

Notwendig zum Leben sind saubere Luft, sauberes Wasser, Gemüse & Co (so bezeichne ich gerne für mich die vielfältige Lebensmittelpalette von Flechten, Algen, Pilzen, Nüssen, Pflanzen und Bäumen) und natürlich Sonnenlicht und kosmische Schwingungen und Ebbe & Flut.
Mit allem Notwendigen könnten *wir alle* problemlos versorgt werden, würden wir das Überflüssige nur in kleinen, bescheidenen Mengen produzieren und konsumieren. Warum ist das Einfache so schwer? Immer wieder diese peinigende, an der Besonderheit des Menschseins zweifelnde Frage. Was, wer führt uns auf die Irrwege? Wie können wir diese verlassen oder in leichter begehbare Pfade verwandeln, auf denen wir zu

unseren Zielen gelangen können?
Wir essen zu viel und machen die sicherste Diät zum
hundertundzweiten Mal. Wir essen das Falsche und machen den hundertunddritten Versuch, das zu ändern. Wir
essen keine Schokolade mehr und kaufen stattdessen jede Woche hunderundfünf Gummibärchen. Wir machen
Sport und trinken zur Belohnung einige Gläser Bier mehr
als sonst. Wir haben in jedem Dezember einen Ernäh-
rungsplan fürs neue Jahr, den wir mit den Heiligen 3
Königen zusammen am 6. Januar verabschieden.

Woran liegt das?
Nehmen wir uns zu viel vor? Fehlt uns die Geduld, die
Phantasie für kleine Schritte? Kommen wir zu schnell
durcheinander durch die erahnt-unsinnigen Parolen und
Heilsbotschaften, die uns rund um die Uhr vermitteln,
dass wir selber nichts zu tun brauchen, denn die jüngste,
gerade entdeckte Methode macht's von ganz alleine.
Gegen einen als klein bezeichneten Nutzungsbetrag.
    Der Verzehr welcher Mengen und welcher Lebens-
mittel macht ein dauerhaft gesundes Leben wahrscheinlicher? Darauf gibt es so viele Antworten wie es
Menschen gibt. Aber es gibt Anhalts-, Orientierungs-
punkte, die für uns alle gelten. Wer sind wir alle? Um es
nicht zu kompliziert zu machen, beschränken wir uns,
bei den nächsten Angaben auf die Menschen der Region
(Mehr zum Thema regional siehe bei X) Europa. Und
zusätzlich auf all' jene von uns, deren Arbeit ohne körperliche Bewegung geleistet wird.
    Die benötigte Tagesenergie sind ca. 1.900 kcal bei
Frauen im mittleren Alter und ca. 2.400 kcal bei gleichalten Männern. Wie und mit Hilfe welcher Lebensmittel
sollten diese Energiemengen erzeugt werden? Die Weltgesundheitsorganisation (WHO), die Deutsche Gesellschaft für Ernährung e.V. (DGE), der Verband für

Unabhängige Gesundheitsberatung e.v. UGB (UGB), der Vegetarierbund, die Vegane Gesellschaft, der Complementismus haben ihre Vorstellungen und empfehlen entsprechend.

Die Empfehlungen sind "verheerend" undifferenziert, weil sie das Natürliche,Ursprüngliche unserer Lebensmittel nicht als Leitpfad haben. Es ist ein großer, vielleicht einer der größten und entscheidenden Faktoren für ganzheitlich-gesunde Ernährung, ob ein Lebensmittel industriell denaturisiert wurde oder ob es ganz nah dran am "Urprodukt" von uns verzehrt werden kann. Weshalb soviel industriefeines Mehl, weshalb ausschließlich sterilisierte, leblose Milch, weshalb kein Rohmilchkäse? Wer bestimmt da die Regeln? Geht es unseren Immunsystemen besser, wenn wir ihnen garnichts mehr zutrauen? Oder werden sie auf infame oder phantasielose Art entmachtet? Wo hat die inflationäre Entwicklung von Allergien ihren Ursprung? Können wir nur noch in halbgetöteten, künstlichen Umwelten überleben? Was richten wir da an, in "unserer" Umwelt? Im Hochsommer noch vor 1o Jahren war die Windschutzscheibe voller getöteter Insekten. Wie lästig. Was gäbe ich heute darum, wenn ich die Windschutzscheibe wieder säubern müßte. Lebendige,natürliche Athmosphäre gibt es nur noch in Reservaten, ansosnten ist alles steril, tot gespritzt.

Wann begreifen wir, dass es so nicht weitergehen kann: Gegen alles ein Mittel, für das Wesentliche, das Natürliche aber kaum eins.

Die globale, wirtschaftswachstumsbedingte Erzeugung von Überfluss und seinem"ausufernden" Mißbrauch, behindert das natürlichere, glücklichere Leben auf der Erde. Wenn wir nur die Kraft hätten, das zu erkennen und zu versuchen, dies dauerhaft zu ändern.Nicht zurück zur Natur um jeden Preis, aber hin zur Natur zugunsten der Gesundheit aller Lebewesen.

Finden wir das richtige Maß! Die richtigen Maße für alle Lebenssituationen. Das schließt dann auch, wunderbar befreiend, das Maßlose im Besonderen ein. Suchen wir nicht im Maßlosen die Wurzeln des Glücks. Besinnen wir uns auf das natürlich Vorgegebene. Nutzen wir unsere Erkenntnisse für Glück und Gesundheit und nicht für Reichtum und Macht.

Teufelskreis: Wer die Nahrung kontrolliert, kontrolliert die Menschen.
Debbie Parker

In Ieinem Teufelskreis braucht man Engelsgeduld.
Wolfgang Mocker

Macht ist in dem Maße schlimm, wie sie unkontrollierbar ist, egal, wer sie ausübt.
Martin Walser

Ein gewisses Übermaß von Glück und Unglück übersteigt unser Empfindungsvermögen.
Herzog de la Rochefoucauld

Man ist in dem Maße zur Freiheit reif, als man zur Selbstkritik fähig ist.
Martin Kessel

Bei manchen Menschen muss Anmaßung die Größe, Unmenschlichkeit die Festigkeit des Charakters, Arglist den Geist ersetzen.
Jean de la Bruyère

4 Soja und Lupine

Die Absicht ist, einen Erweckungstext auf die Lupine zu schreiben, einem der Aschenbrödel unter unseren deutschen Lebensmitteln. Viehfutter, Zwischenfrucht zum Unterpflügen ... ganz großartig, aber als Menschennahrung, zum geliebten Lebensmittel in der Küche - nein! Das ginge zu weit!

Wir werden sehen, ob wir das Aschenbrödel zu einer goldgelben Königin machen können. Hier die ersten Versuche:

I Lupinen wachsen bei uns in Deutschland ganz selbstverständlich, mit sehr bescheidenen Ansprüchen. Sie haben zum Industrielebensmittel Nr1 und zum Vernichter von Regenwald und kleinbäuerlichen Existenzen in anderen Erdteilen Nr 1, der Sojapflanze, dem, wenn nicht derart mißbrauchten, gleichfalls großartigem Göttergeschenk, den Vorteil, dass sie dem Anspruch "regional" aufs Einfachste entsprechen können.

II Immer wieder irritieren die Schlagworte "bitter und Allergie auslösend" und behindern die Wandlung des einfachen, anspruchslosen Bohnengewächses zur liebgewonnenen, preiswerten, praktischen Nahrung.

In den mediteranen Ländern schafft es die Lupine leicht zum Aperitifpartner von alkoholischen Anisgetränken und Rotwein, zum Bestandteil von Salaten.

Ihren Ruf nur zur Gründüngung und als Viehfutter zu taugen, haben die Lupinen dank der VeganerInnen längst verloren: Ihre Verwendungsmöglichkeitn ähneln denen der Sojabohne. Lupinenmilch, Lupinenmehl und Lupino, ein dem Tofu sehr ähnliches Produkt, können Milch und Fleisch leicht vergessen lassen.

III Die Sojabohnen und Lupinensamen als gleichwertige Lebensmittel zu erfahren, und dann den Anteil der LupinenLebensmittel mit einheimisch angebauten Lupinen zu erhöhen, das ist eine ganzheitliche Zukunftsaufgabe.

Alle Lupinenarten können sich auf den nord- und ostdeutschen Böden sehr wohlfühlen und so, gehen wir sorgfältig mit ihnen um, auch unter Einbeziehung von Forschung und Wissenschaft, gefahrlos gute Erträge möglich machen.

Ganz soviel sojapositives Ackerland gibt es in Deutschland nicht. Schon das allein könnte die noch im Abseits stehenden, obwohl farbenprächtigen Bohnengewächse zu gelben, weißen und blauen Königinnen machen, zu PfadeweiserInnen in eine glücklichere Zukunft.

IV Die Lupinen drängen uns zum ganzheitlichen Handeln hin. Kein Zufall kann es sein, dass die BioBauern 4o% der deutschen Lupinen erzeugen. Stärken wir sie durch das Verändern des Füllguts unserer Warenkörbe, mit milchsauren Lupinen, Lupinenmilch, Lupinenmehl, "Lupino".

Falls wir noch ein weiteres Argument für das Ändern der Gewohnheiten brauchen sollten, Lupinen sind gentechnikresistent. Auch so könnten wir ein Gentechnik freies Land werden: Demonstrieren wir mit dem Ändern unserer Essgewohnheiten.

Einfach mal weit gehen, und sich dort ein bißchen umsehen
anonym

Wie andere Märchen auch hat Aschenputtel (Aschenbrödel, Cindarella..) als Archetypus eine lange Geschichte
anonym (Und jetzt auch eine LupinenVersion)

Lillas

XII Die Complementismus - Stufenpyramide

Das Bemühen des Autors sich möglichst exakt zum Lebensmittelwarenkorb der ComplementerInnen zu äußern, war nicht zu erschüttern durch die komplizierte und vielleicht garnicht lösbare Aufgabenstellung. Das Ergebnis ist jedoch nur sehr bedingt zufriedenstellend, aber mehr war, vorerst, nicht zu leisten.

Um die Stufenpyramide nicht mit vielen Zahlen zu überladen , sind nur die empfohlenen Prozente und der ihnen entsprechende Jahresverzehr auf einer Grundlage von 64o kg angegeben. Da aber oft die Angabe des Tagesquantums die Phantasie anregen kann und ein deutliches Signal sein kann, folgt hier eine weitere Aufstellung. In ihr ist auch der Energieanteil der jeweiligen Lebensmittel"Gattung" und der Umrechnungsfaktor angcgcbcn. Wir könncn so schncll nachvollzichcn, dass auch die tollsten Pflanzenöle Dickmacher sein können, Zucker und Getreideprodukte ja sowieso. Ziehen wir, jede/jeder für sich, die richtigen Schlüsse aus den Angaben, auch wenn sie noch ungenau und unvollständig sind. Die Pfeile sind als Zukunftssignale gemeint. Es gibt 3 nach oben (Gemüse, Kartoffeln,Pilze& Algen) und 2 Doppelpfeile nach unten (Tierisches, Zucker & Co)

	Prozente	Jahresmenge	Tagesmenge	Tagesenergie	Energie/1oog
Gemüse	31	198kg	544g	141kcal	26
Hülsenfrüchte	5	32kg	88g	121kcal	138
VEGANE Milchprodukte	15	96kg	263g	171kcal	65
Getreide	14	90kg	247g	593kcal	24o
Obst	11	7o,4kg	193g	89kcal	46
Kartoffeln	11	7o,4kg	193g	133kcal	69
Pflanzenöle / Nüsse	4	25,6kg	7og	469 kcal	67o (gemittelt?)
Zucker & Co	1,5	9.6kg	26g	92kcal	354
Pilze und Algen	1,5	9,6kg	26g	38kcal	15o
Tierisches	6	38,4kg	1o5	153kcal	146
Summen	100	640 kg	1.755g	2.000kcal	

Die Menschen und die Pyramiden sind nicht gemacht, um auf dem Kopf zu stehen.
Gottlieb Konrad Pfeffel *(Das soll im besonderen auch für die ComplementismusPyramide gelten)*

IX - Trinken wir viel

Viel Zuckerfreies & wenig Drogen. Der Mini-
kosmos Mensch braucht 1 Liter Wasser pro 30-
40 kg Körpergewicht. TÄGLICH!

Vorwegnahme! Dem Ursprungselement allen Lebens ist
nicht gerecht zu werden. Ich werde meine Liebe zum
Wasser, meine Angst vor dem Wasser, meine Angst vor
zu viel Wasser (Wasserstürze, Überschwemmungen...),
meine Angst vor zu wenig Wasser (Dürre, Wüste...)
mein bescheidenes Wissen von den Wassern, nur andeu-
ten. Das mir Wichtigste: Alle Lebewesen müssen möglichst das ihnen gemäße und ihnen verträgliche Wasser
immer verfügbar haben. Wir müssen die Wasserreserven,
das Leben des Wassers so achten, dass es nicht die Lust
an uns verliert, dass es uns alle freudvoll erhält.

Wir müssen das Wasser achten. Und liebevoll behandeln. Jenseits von „gut und böse". Es gilt fundamental : Das Ursprünglichste ist das Wertvollste. Das Seltene
ist Luxus. Ist das Seltene natürlich, wie Trüffel, warum
nicht? Irgendwo muss das Geld ja hin. Ist das Seltene
unnatürlich, wie Gänsestopfleber, aufgepasst. Wir sind,
unsere Phantasie ist, beständig damit beauftragt, „Auf-
traggeber unbekannt", die richtigen Schlussfolgerungen
aus viel und wenig, aus häufig und selten, aus elementar
und nebensächlich zu ziehen. Und uns diesen immer
wieder neu zu gewinnenden Erkenntnissen entsprechend
zu verhalten.

Welch' Wunder ist eine Flussquelle. Welch' Wunder
ist das Meer. Welch' großes Wunder ist der Tropfen.

Welch' kleines, gefährliches Wunder ist das Wasser aus dem Hahn.

Allein die Geschichte des Sesshaftwerdens von uns Menschen ist eine spannende Geschichte von Quellen, Flüssen, Brunnen und Zisternen. In fast jedem prähistorischen Museum erleben wir das „Erobern" des Wassers als Lebensmittel. Wunderschöne Tongefäße fertigten die TöpferInnen der antiken Welt, um damit das wichtigste Lebensmittel von den Brunnen zu holen und darin lebendig zu halten. Bewundernswerte Bewässerungskanäle durchziehen, oft noch genutzt, südeuropäische Dörfer. Auch unser „Kultur"Wasser hat einen langen, langen Weg hinter sich: Vom sichtbar und dankbar „empfangenen" lebendigen Wasser zum sterilen, lebloser gewordenen, ungeachteten Lebensbegleiter.

Vorerst ist der Konsum von sauberen Wasser noch einem „Naturrecht" ähnlich. Leider, leider gilt diese fundamentale Lebensvoraussetzung nicht überall auf der Erde. Verhalten wir uns solidarisch. Todeshunger erzeugt kaum aushaltbare Gefühle, beim Verdursten oder Sterben an für uns Menschen ungeeignetem Wasser hört meine Bereitschaft gänzlich auf, mir das vorzustellen.

Solidarität könnte helfen. Wie könnte sie spürbar werden, das Weiterleben garantierend ? Ich bleibe ein Träumer: Unsere kommunalen Wasserwerke, nur ihnen traue ich das zu, vielleicht zu Unrecht, Ausnahmen gibt es zum Glück immer wieder, übernehmen Patenschaften für afrikanische „Gemeinden". Sie bohren ihnen die Brunnen und raten ihnen, wie sie mit dem Grundrecht auf Wasser umzugehen haben. Hilfe zur Selbsthilfe. Auch mit der Gefahr verbunden, dass sich daran „Fehlgeleitete" bereichern. Wichtig ist, dass das Wasserwerk diese Absicht nicht hat.

Wasser wird knapp. Auch bei uns in Mitteleuropa. Wir verbrauchen mehr als der natürliche Vorgang des

Wasserreifens, des Nachsickerns vom Regenwasser in sinnvolle, natürliche Erdtiefen zulässt: Der Grundwasserspiegel sinkt, weil wir Futtermais anbauen in dafür ungeeigneten Gegenden. Nur intensive Bewässerung führt zu den gewünschten Resultaten. Golfplätze in Südfrankreich, welcher Unfug. Boules / Petanque ist der Kugelsport der ProvenzalInnen. Sollen die nur Sonnen- und SchönwetteranbeterInnen doch in die Provence kommen, sehr gerne und wohlgesehen und freundschaftlich aufgenommen, aber sie sollen Boule spielen statt Golfen, dann bekämen sie auch Kontakte zu den Einheimischen, die sozial, gerade bei diesem Spielsport, wunderbar durcheinander gewirbelt sind.

Wird etwas rar, sind die Geschäftemacher nicht weit weg. Das Wasser als Hauptprofit- Quelle der Zukunft. Nestle & Co (Danone, Coca Cola, Pepsi – in dieser Reihenfolge) könnten bald, gemeinsam mit den Wasserkonzernen Veolia und Suez, ganz alleine bestimmen ganz alleine bestimmen, was das Leitungswasser kosten wird, viele der Mineralwasserquellen (oder gar die WasserNutzungsrechte großer Länder) sind schon, fast unbemerkt, von den Multis aufgekauft. Vielleicht drohen sie bald auch damit, den WasserHahn zuzudrehen, und das aufgepeppte Leitungswasser (Bonaqua ...) und die manipulierten Quellwasser zu verteuern, wenn wir ihrem allumfassenden Konsumdiktat nicht gehorchen. Aber diese Horrorvision wird keine reale Chance haben, falls wir das Wasser in unsere alternativen Lebensformen und der sich daraus ergebenden politischen Kraft einbeziehen lernen.

Eine aufschlussreiche Geschichte:
Wir, Heike und ich, holen unser Trinkwasser, das Zisternenwasser ist aufgrund unserer Nachlässigkeiten beim Einleiten ungeeignet, von Quellen in unseren beiden Be-

zugsdörfern, in Varages und in Barjols. Die Varager Brunnen beängstigen seit 4 Jahren mit dem Metalletikett non potable (nicht trinkbar). Der Grund für die Mutation von einer tausendjährigen Trinkwasserquelle zu einer Gebrauchswasserquelle ist erschreckend einfach: Der Gemeinderat hat die Wasserrechte an eine Gesellschaft abgegeben. Die Brunnen des quellenreichen Großdorfes Barjols haben keine Verbotsschilder. Der Grund: Der Gemeinderat mit seinem weitsichtigen Bürgermeister hat den Verlockungen der privaten Wasserwirtschaft widerstehen können.

Danielle Mitterand, die kämpferische Ehefrau des langjährigen französischen Präsidenten Francois Mitterand, hat sich bis zu ihrem Tod für den Verbleib der Grundressource Wasser in „öffentlichen Händen" eingesetzt. Einer ihrer gleichfalls prominenten Mitstreiter, der bolivianische Ministerpräsident Evo Morales ,hat das so begründet: *„Ohne Wasser können wir nicht leben, daher darf Wasser kein privates Geschäft sein. Von dem Moment an, in dem es ein privates Geschäft ist, werden Menschenrechte verletzt. Das Wasser muss eine öffentliche Dienstleistung sein."* Und Danielle Mitterand: *„Wasser ist keine Ware. Wasser gehört dem Volk"*

Ein anderer Aspekt der Wasserwirtschaft: Belebtes Wasser. Sicherlich nicht hauptgeprägt von Profitsucht, aber es wäre, nur weil die Täter wirtschaftlich viel kleineren Ranges sind, die Firma Grander hat einen Umsatz von € 12 Millionen, der weltweite Wasser"umsatz" wird auf ca. € 400 Milliärden geschätzt, blauäugig, wenn wir versuchten, die Wasserbelebungs-versuche nur altruistisch zu sehen. Es gibt zum Verzweifeln viele, als parawissenschaftlich abgestempelte Belebungskonzepte. Es gibt informiertes, levitiertes, strukturiertes, vitalisiertes Wasser. Und jedes davon in vielerlei, Messehallen füllenden Varianten. Was tun, bei so vielen RechthaberInnen?

Jede, jeder von uns sollte seine individuellen Entscheidungen treffen. Und diese dann nicht immer wieder und immer wieder infrage stellen. Wir haben unterschiedliche Zugänge zu den Wahrheiten jenseits der Wissenschaft. Achten wir die Meinung des anderen, sofern diese Meinung beachtenswert ist, das heißt salopp und wohlwollend, aber auch fordernd ausgedrückt: Die, der andere hat sich seine Meinung gebildet und „plappert" nicht unbedacht, vielleicht sogar originell und befreit von komplizierteren Gedankengängen, die mainstream-opinion daher, vielleicht gar noch ohne Dir zuzuhören und Deiner Meinung ihre Existenzberechtigung zuzugestehen. Üben wir uns, das allerdings immer und immer wieder, in Toleranz. Unsere unterschiedlichen Meinungen von gesunden, lebendigen Wasser sind ein ideales Übungsfeld. Die Meinung des Autors, *meine* Meinung, stößt vielleicht schon an die Toleranzgrenze von einigen LeserInnen, oder katapultiert darüber hinaus. Das wäre sehr schade, aber es wäre halt so. *Das Eigentliche ist unsichtbar*, der Titel eines Buchs von Eugen Drewermann, entspricht am Innigsten meinen Empfindungen, den Ur-Lebensgebärer, das Wasser betreffend.

Immer wieder gelingt es uns, vom Unsichtbaren kleine Teilchen sichtbar zu machen. Wir feiern das dann, mal berechtigt, häufiger unberechtigt, als Revolution. Die mächtigste Revolution, die sich aus den vielen, vielen bisherigen schlussfolgern ließe, die Erkenntnis, dass das Unsichtbare, das Unerklärliche nicht weniger, sondern mehr und mehr wird, kann uns zu Demut, Weisheit und Toleranz führen. Haben wir keine Bange vor ihr.

Weil es schön zu den letzten Gedanken passt, so mein Empfinden, nun doch ein Hinweis auf eine besondere Sichtbarmachung der Wasserlebendigkeit: Der Japaner Masaru Emoto hat Wasser unterschiedlichen

„Informationen" ausgesetzt, es gefroren, und die Kristalle dann photographiert. Beängstigend schöne, phantastische Bilder sind entstanden, egal welche Schlussfolgerungen wir, jede, jeder für sich, daraus ziehen. In dem Bildbuch, das den wunderbaren Titel: *"Die unsichtbare Kraft in Lebensmitteln"* hat, gibt es Hinweise auf ähnlich erarbeitete Fotos. Der Autor A.W. Dänzer vergleicht Kristallisationsbilder von BIO und NICHTBIO. (Im Anhang wird es unter „Belebtes Wasser" eine Auflistung der WasserEnergetisierungs-Methoden geben).

Nun aber zu den, für unser Trinkverhalten, wichtigsten Fragen: Wieviel „uninformiertes", „informiertes", „pures" Wasser sollten wir täglich trinken? Welche Bedeutung haben die anderen verzehrten Flüssigkeiten in Säften, Tees, alkoholischen Getränken, in Kaffee, in Smoothies, im Gemüse, in Suppen und Saucen, im Fleisch auf unseren „Flüssigkeitshaushalt"?

Die Meinungen, auch die Ernstzunehmenden, gehen weit auseinander.

Meine Meinung schwankt besonders bei der Einordnung des Flüssigkeitskonsums durch Lebensmittel, egal ob flüssig oder „fest", in den sinnvollen, täglichen Wasserbedarf. Ich versuche, das, was ich weiß und vermute in Einklang zu bringen mit dem, was unabhängige, wissenschaftlich gebildete Fachleute, zum „gebundenen" und „ungebundenen" Wasser äußern:

Gebote & Tipps

I – Trinken wir viel! In allererster Linie informationsarmes (es sei denn , es wäre von der Natur informiert) Wasser. Möglichst zwischen den Mahlzeiten, dann verdrängt das Wasser ein bisschen den schon aufkommenden Hunger. Einen zweiten Grund gibt's auch: Die

Magensäure kann sich voll aufs Essen konzentrieren. Möchten wir abnehmen, weil wir mit unserem Körpergefühl nicht zufrieden sind, kann das Trinken „zwischendurch" wunderbar hilfreich sein.

II – Verwechseln wir nicht Limonade, Säfte, Nektars mit dem idealen Flüssigkeitslieferanten, dem „puren" Wasser. Hier folgen mehrere Ausrufezeichen, in erster Linie wegen des Zuckers. Siehe dazu auch: Zuckerliste Seite 279 f. Die Zuckerindustrie muss deutlich mächtiger sein als die Alkoholindustrie! Wie sonst ist es zu erklären, dass vor dem Zucker auf den Etiketten nicht gewarnt werden muss. 60% Zucker (Nutella) – welche Reaktion bei einem Rum mit 60% Alkohol würde das hervorrufen? Ganz klar: Keine Bagatellisierung des Alkohols, aber eine Katapultierung des Zuckers in ähnlich gefährliche Dimensionen.

III – Wir können kaum zuviel Wasser trinken. Aber wir können, das wissen wir ja alle, zu viel trinken. Kaffee, schwarzen Tee (der grüne ist wohl freigesprochener), Bier, Wein usw. Verwechseln wir das nicht. Verwechseln wir das nicht zu oft, oder gar regelmäßig.

Früher gab's in den Bistro's, in einigen südeuropäischen Lokalen geschieht das noch immer, zum Kaffee ein Glas Wasser, stilles. Ich genieße das sehr, auch wenn ich es manchmal gar nicht trinke ...

IV – Mittelalte Frauen und Männer, also die ca. 50jährigen unter uns, sollten bei normalen Lebensumständen (die ungewollten, außergewöhnlichen Umstände: Hitze, trockene Kälte, viel oder zu viel Eiweißverzehr, sehr gesalzene Speisen, leichte Krankheitsumstände wie Durchfall und Fieber) ca. 1,5 -3 Liter Flüssigkeit zu sich nehmen, weil sie so viel auch verbrauchen. Es versteht sich fast von selbst, oder?, dass ein 90kg schwerer Mensch mehr Flüssigkeit benötigt, leider konsumiert er zu oft die Falschen, als eine 50 kg leichte, quirlige , lebensfrohe, vorerst rundum Zufriedene, deren Problem vielleicht Trinkschokolade oder Milchkaffee mit reichlich Zuckerwürfeln ist. Lassen wir das richtigerweise vorurteilsfrei im Nachdenkensraum stehen. Oder doch nicht: Für jedes Problem gibt es Lösungen.

Die DGE (Deutsche Gesellschaft für Ernährung), ich erwähne diesen gemeinnützigen Verein häufiger, meistens und gerade in letzter Zeit gefallen mir die Empfehlungen, hat sich auf, aus ihrer Sicht, nachvollziehbare Zahlen festgelegt: 0,03 Liter pro kg Körpergewicht täglich. Übersetzt heißt das: Bei 90 kg Körpergewicht sollte die täglich zugeführte Flüssigkeitsmenge 2,7 Liter betragen, bei 50 kg ca. 1,5Liter.

Und nun wird's etwas komplizierter, aber es lohnt sich, diese Zusammenhänge zu verinnerlichen: Unsere „Wasserlieferanten sind: Flüssiges, Festes und das was als Oxidantionswasser bezeichnet wird. Letzteres entsteht beim Verstoffwechseln von Eiweißen, Kohlenhydraten und Fetten und ist bei manchen Wüstentieren der mit Abstand größte Wasserlieferant, weil ja sonst kein Überleben möglich wäre.

Für uns MitteleuropäerInnen gilt in etwa: ca. 51% des Wasserhaushalts werden durch Flüssiges abgedeckt, ca. 33% durch anders strukturierte, feste Nahrung, der nicht ganz unerhebliche Rest durch die gerade erwähnte Oxidation.

Schlussfolgern wir gradlinig! Trinken wir viel Wasser, bevor wir durchs „Überfressen" den Wasserhaushalt zu regulieren versuchen! Gesundheit verlangt, dass alles in uns im Fluss ist! Auch der Ess-und Trinkverstand.

V – Mondscheinabfüllung. Einige QuellenUnternehmen bieten das an. Mein Gefühl schwankt zwischen Vertrauen darauf und Geschäftemacherei. Ich gebe, deutlich beschämt, zu, dass wir in unserem eigenen Restaurant damals auch Mondscheinabfüllungen angeboten haben, nicht nur, um zum Nachdenken anzuregen, es war ein gutes, „naturnahes" Geschäft.
Tipp! Sollte es kaum teurer sein und ist es nicht immer verfügbar, dann kann es Spaß und Sinn machen. Aus dieser skeptischen Anmerkung ist nicht auf meine Empfindungen, den Mond und seine Kräfte betreffend, kurz zu schließen. Bitte nicht. Nur mit Sonne, Mond und Sternen, in gemeinsamer Aktion, gedeihen die Pflanzen, die Bäume, wir.

VI – Trinken wir regionales Wasser! Allein unter dem Energieaspekt ist das fast zwingend. Vollmondwasser aus Süddeutschland getrunken in Taiwan ist pervers. Machen wir uns klug. Unterstützen wir regionale Wasserunternehmen, auch wenn sie sich keine Fernseh- oder Zeitungswerbung leisten können.

VII – Placebo (Heilung durch Einbildung / Vorstellungskraft / Täuschung?) ist gerade auch im Zusammenhang mit unserem Trinkwasser ein kaum zu steigerndes Spannungsthema. „Wir sind das Placebo"! Ein Satz von Dr. Joe Dispenza, einem Chiroptaktiker, der sich mit Konzentration, dem Wunsch nach gesunden, möglichst schmerzlosen Weiterleben, geheilt hat.
Unsere Gedanken, Gefühle, Stimmungen sind es, die uns die Kraft zur Selbstheilung geben.„Das Wasser aus dem Hahn" ist gesund. Nutzen wir unsere Vorstellungskraft für diese Aussage. Natürlich fällt das schwer: Das Ruhrwasser erreicht mindestens 8mal den Status von Klowasser, bevor es der große Rhein solidarisch aufnimmt; viel

besser geht es seinem Wasser in dieser Region auch nicht. Trotzdem! Es gibt viele, viele Argumente fürs Leitungswasser, zwei davon hier: Tausend Liter kosten etwa € 2,00. Dafür gibt es 2-3 Liter einfachsten Tafelwassers, Bonaqua zum Beispiel. Zum Nachrechnen! 1000 Liter Tafelwasser würden mindestens € 600 kosten. Plus die Transportprobleme. Da setzt das zweite Argument an: Wer trägt den Älteren unter uns, das Tafelwasser in die Wohnung im dritten Stock? Vielleicht trinken Oma und Opa auch deshalb zu wenig Wasser? Vielleicht ist es aber auch der Preis: 30 Tage mal 2 Menschen mal 2 Liter Wasser mal € 0,70 = € 84. Bei einer nicht außergewöhnlichen Rente von € 1.000 wären das ca 8% vom Monatsetat. Also! Wir sind das Placebo.

VIII – Zum 5. Agregatzustand des Wassers hier ein Dialog: Ich sage zu meinem Enkel Oskar: „ Nach jeder Apfelsaftschorle die Zähne putzen! Nicht zu oft am Tag, bitte. Aber mindestens zweimal." „Logo" sagt Oskar. Ich schmunzele in Gedanken hinzu: „Jede Apfelsaftschorle wird wässriger. Du wirst es nicht bemerken, geliebter Enkel. Logo. Falls doch, hätte ich etwas falsch gemacht."

Genießen wir das Wasser! In all' seinen sichtbaren und unsichtbaren Aggregatzuständen. Genießen wir auch die Rätsel, die es uns aufgibt. Es gibt viele Zitate:

Es ist schade, dass es keine Sünde ist, Wasser zu trinken, rief ein Italiener, wie gut würde es schmecken.
Georg Chistoph Lichtenberg

Das Meer bleibt salzig, trotzdem fortwährend hundert große Ströme voll süßen Wassers hineinfließen.
Josef Vital Kopp

Kennen Sie auch den vierten Aggregatzustand des Wassers? Die holländische Tomate.
Robert Musil?
(Spass beiseite: Ein ForscherInnenteam der UNI Washington ist dem vierten Aggregatzustand wissenschaftlich auf der Spur, nobelpreisverdächtig: Unserem fundamentalen Lebensspender wird ein weiterer Beleg für seine Rätselhaftigkeit hinzugefügt: Es gibt einen "wasser-internen" Reinigungsprozess. Eigentlich nicht wirklich verwunderlich, bei dem, dem Urelement, von uns überheblichen "ErdjungbewohnerInnnen", zugeschriebenen Alter.)

Man könnte sehr viel Wasser sparen, würden wir Menschen mehr Wasser trinken .
anonym

Wenn eine Regierung das Trinken von Wasser verbieten würde, wäre Wasser beliebter als Whisky.
Oscar Wilde

Dem Feuer und dem Wasser hat Gott den freien Willen gegeben.
Sprichwort in Russland

Wie verwandt sind der Tropfen, den der Tau bildet, der Tropfen auf den heißen Stein, der Tropfen, der das Fass zum Überlaufen bringt, der ersehnte Tropfen, der Tränentropfen ,der Tropfen, der den Stein aushölt, der letzte und der erste Tropfen?
JP

Wenn ich die Ränke, die Gewalt und die Scene des Aufruhrs in einem Tropfen Materie ansehe und erhebe von da meine Augen in die Höhe, um den unermesslichen Raum von Welten wie von Stäubchen wimmeln zu sehen, so kann keine menschliche Sprache das Gefühl aus-

drücken, was ein solcher Gedanke erregt, und alle subtile metaphysische Zergliederung weicht sehr weit der Erhabenheit und Würde, die einer solchen Anschauung eigen ist.
Immanuel Kant

Lanis

X - Kaufen wir fair, regional,saisonal, bio

Reueloser Genuss ist die Folge.

Die Reihenfolge fair, regional, saisonal, bio ist bewusst so gewählt: Fairness ist die Grundvoraussetzung für alle positiv ausstrahlenden Handlungen. Regionalität wird, über kurz oder lang, der wichtigste Faktor beim Ausbremsen des NahrungsmittelIndustrieGigantismus sein. Saisonalität eröffnet die Chancen für faire, regionale Vielfalt. Bio, hundert Prozent „unverdünntes Bio", seinen Ursprüngen verpflichtet, ist die natürliche Energie, die Fairness, Regionalität, Saisonalität durchdringen muss.

Bio hat von den vier Merkmalen des ganzheitlichen Lebensmitteleinkaufs die bisher höchste aktive (es gibt ja die verblüffendsten Umfrageergebnisse: Nach dem schon zitierten Ernährungsbericht 2017 des bundesdeutschen Landwirtschaftsministeriums kaufen 75% der BürgerInnen vorwiegend regionale Waren. Wie kommt es zu solchen Märchenaussagen von uns? Was mogeln wir uns da in unseren Köpfen zusammen?) Akzeptanz. Leider aber auch die meisten inhaltlichen Einbrüche . Nur in der Vernetzung mit den anderen drei Forderungen an ErzeugerInnen, VermarkterInnen, KäuferInnen wird es zur gewünschten, die Zukunft mitabsichernden Kraft zurückfinden.

fair

Was für ein schönes Wort. Nur positive Gedanken auslösend. Das können nicht viele Worte. Nicht gesetzliche Gerechtigkeit ist ein symphatischer Übersetzungsversuch für Fairness. Könnten wir uns entsprechend verhalten, hätten wir das Himmelreich auf Erden. Beginnen wir, uns miteinander zu fairbinden, zu fairstärken. Aus dem Sport ist uns allen der Begriff Fairplay vertraut. Alle ehrgeizigen SportlerInnen wissen, wie schwer es ist, das damit Gemeinte immer zu erfüllen. In der alternativen Szene, in den Dritte Weltläden, hat der organisierte faire Handel, hat Fair Trade , hat der gerechte Handel seine Ursprünge. Es scheint so, als sei es im komplizierten Geflecht von ErzeugerInnen in der „Dritten Welt, von Beteiligten in den unterschiedlichen Handelsketten noch schwerer als im Sport, dass den anspruchsvollen Vorsätzen auch die nachhaltig wirkenden Taten folgen.

Vielleicht sollten wir es angehen, ganz im eigenen regionalen Umfeld, fair zu agieren, bevor wir uns häufig gedankenlos an den unüberschaubar vielen Fairlabels orientieren, ohne die tatsächliche Wirkung unseres gutgemeinten Handelns zu hinterfragen.

Es gibt eine Vielzahl ernstzunehmender KritikerInnen, die meinen, es könnte den kleinen ErzeugerInnen und den LandarbeiterInnen auf den Kaffee-, Kakao-, Bananenplantagen, in den Blumengewächshäusern, auf den Baumwollfeldern mit Unterstützungen durch „Menschenrechtsorganisationen" mehr geholfen sein. Es würde mehr bei den Betroffenen auf diesen kürzeren Wegen ankommen, als auf den komplizierten „Handelswegen".

Die unbeholfene Reaktion darauf: Wir tun am besten beides, aber weder blauäugig noch schwarzsehend. Den fairen Handelsorganisationen müssen wir abverlangen können, dass sie zu einem allgemein gültigen Fairstatus finden , der die Wirkung unseres fairen Verhaltens absichert.

Die GEPA, eine von uns, Heike und mir, in unserer 36jährigen Restaurantzeit fast von Geburtsbeginn an, die GEPA gibt's seit 1975, begleitete Firma hat auf ihren Großhandelssäcken einen stolzen Satz stehen, der unsere Motive auf ihren Sinn hin befragt: Eure Almosen könnt Ihr behalten, wenn Ihr gerechte Preise zahlt. Lassen wir uns durch die Unüberschaubarkeit der langen Wege nicht entmutigen. Aber machen wir uns klug über fair trade, verdreht, FAIRTRADE, Fairtrade usw. Denken wir dabei auch daran, dass die großartige Idee weltumfassender Solidarität noch sehr jung ist. Und dass vielleicht 2% der für uns EuropäerInnen „ notwendigen" Waren von „ganzweither" ansatzweise die fairen Kriterien erfüllen, also ist erst jede 50te Tasse Kaffee aus fair produzierten Bohnen. Und davon nur ein Teil in BIOqualität. Aber verzweifeln gilt nicht, sondern vermehrt ganzheitlich fair handeln!

Die Initiative der Bundestagsgrünen 100% faire Tierhaltung- Wege zu einer Landwirtschaft mit Zukunft, die bis zum Jahr 2050 umgesetzt sein soll, sofern die Grünen mitregieren dürften, wird den Begriff fair , wird Fairness für alle Lebewesen , wird das, was wir darunter verstehen wollen und können, zu einem grundsätzlichen Wertemesser machen. Bestimmen wir seinen Inhalt durch unser aufmerksames Handeln, durch unsere konstruktive Kritik mit.

Im Anhang gibt es weiterführende Informationen zu fair trade, zu EFTA,zu WFTO usw. Ohne Zeitaufwand ist da nicht durchzublicken. Am Einfachsten wäre es wohl, diese Zeit dem Fernsehen zu entziehen, um Fernzuträumen und in die Ferne zu agieren, um in der Nähe, um überall heranzukommen an den großen Anspruch: Fair Play.

Hier sollte das Kapitel über fair zu Ende sein. Doch ich bin beim Zitatesuchen auf den mir bis dahin unbekannten indisch-deutschen Philosophen Prodosh Aich gestoßen, dessen kritische Gedanken zu deutscher Fairness mich angeregt haben, mich noch weiter mit der nichtgesetzlichen Gerechtigkeit zu beschäftigen:

Interessanterweise hat die deutsche Sprache kein entsprechendes Wort für das englische „fairness". Das macht misstrauisch bei einer Sprache der Dichter und Philospophen. In der öffentlichen Diskussion über die deutsche Unfallstatistik wird nie darauf hingewiesen, dass rücksichtsloses Fahren typisch für die autoritäre Persönlichkeit ist. Hierzulande fordert der Stärkere die Anerkennung seiner Stärke, nicht nur auf der Straße.

Lernen wir von Menschen anderer Nationen, von indigenen Völkern anständiger, rücksichtsvoller, ordentlicher, gerechter zu fühlen, zu träumen, zu denken, zu handeln. Füllen wir das Wort human, den Humanismus mit zeitgemäßen Inhalten. Die großen Humanisten können uns spannende Wege dahin zeigen, Karl Marx nicht ausgenommen. An seinen Gedanken, nicht an den missratenen Umsetzungen, könnten wir uns in Fairness üben, wegkommen von rigorosen Verurteilungen. Jean-Paul Sartre, der existenzielle Humanist?, ist uns ein gleichfalls schwieriger Wegweiser: Der Mensch ist nichts Anderes als das, wozu er sich in seiner totalen Freiheit macht. Er ist somit auch für alles, was er ist, verantwortlich. Also für Schlachthöfe, Hungertod, Artensterben, Kinderarbeit.

Human ist der Mensch, für den der Anblick fremden Unglücks unerträglich ist und der sich sozusagen gezwun-

gen sieht, den Unglücklichen zu helfen.
Voltaire

Wenn ihr nach Fehlern sucht, benutzt einen Spiegel und kein Fernglas.
anonym
Die einzigen wirklichen Feinde eines Menschen sind seine eigenen negativen Gedanken.
Albert Einstein

Aufrichtigkeit ist die erste Pflicht des Kritikers.
Marcel Reich-Ranicki

Das Glück ist das Einzige, das sich verdoppelt, wenn man es teilt.
Albert Schweitzer

Wer durch Almosen geben will, was er der Gerechtigkeit schuldet, spottet der Nächstenliebe.
Oscar Arnulfo Romero

regional

Welche Ausdehnungen hat eine Region? Welche Maßstäbe legen wir an? Wie berücksichtigen wir die geistigen Regionen: Göttliche, hohe, höhere, herkömmliche, tiefere, tiefe, unergründliche, höllische?
Wenden wir uns zur Beantwortung der reizvollen Fragen nur unserem Lebensmittelwarenkorb und den „geographischen" Regionen zu. Der Versuch, alle Themen immer ganzheitlich zu betrachten, kann auch müde machen. Und genau das soll nicht geschehen, schon garnicht jetzt, wo es auch ums „Eingemachte" geht.
Im deutschen EXPOjahr 2000 hat eine kunterbunte

Gruppe mit unterschiedlichsten Motiven und in fast allen existierenden, gesellschaftlichen „Formationen" versucht, das Thema Regionalität in die globale Kraftdemonstration einzubinden: Hannover sollte sichtbar sein, inhaltlich Zukunft anbieten, dem verwegenen ExpoSlogan *„Mensch, Natur und Technik – eine neue Welt entsteht"* gerecht werden, gerecht werden mit dem, was das Miteinander der Nationen, der Volksgruppen, der regionalen Gemeinschaften wirklich interessant macht und so vielleicht ansatzweise der Vielfalt der Natur entsprechen kann.

Ein Label , in unserem Zusammenhang ein Wiedererkennungs-,Identifikations-,Prädikatssiegel sollte her, die *Regionalmarke Hannover.* Es ist , nach aufreibend vielen Diskussionsrunden, nichts damit geworden, weil die Interessen der aktivsten BefürworterInnen nicht auf einen gemeinsamen Nenner zu bringen waren. Wir BIOs haben uns zurückgezogen, nachdem klar war, dass die Regionalmarke nur die regionale Wirtschaft, egal ob Klein-oder Größtbetrieb, für die Produkte des vermuteten Expokonsums absichern sollte. BIOzertifikation, Umweltschutz waren nicht gefragt, beim eventuell von der EXPOgesellschaft mitfinanzierten „Regionaletikett".

Aber was wäre die Hoffnung für ein fragwürdiges SeelenGeistGebilde , wenn sie nicht immer und immer wieder das Mißlungene hinter sich ließe und nicht mutig auf's Neue hin immer und immer wieder Anlauf nähme.

Regionen stark zu machen, die Stadt mit dem Umland, den umliegenden Dörfern zu vernetzen und dort , in der Stadt, leider mit gefährlicher Richtung Großstadt, Weltstadt, nicht fast ausschließlich "global" ausgerichtet zu sein, das Handwerk "vor Ort" zu stärken statt das moderne Sklavenhaltertum in den "dritten" Welten zu unterstützen, das sind unsere Aufgaben, das sind machbare Aufgaben, wenn wir uns solidarisch verhalten.

Besonders gross scheinen gegenwärtig die Chancen, dass wir uns auf Regionalität besinnen, dort, wo die Nachwehen unterschiedlicher Gesellschaftsstrukturen wirksam sind, wo unterschiedliche Vergangenheiten Zukunftsfroheres ermöglichen als der müde und satt machende selbstgefällig-unkritische westliche Gleichklang. Die über Jahrzehnte verhängnisvoll, vom Siegeswillen zweier Systeme geprägte,von den Siegern des letzten Weltkriegs untereinander aufgeteilte Großstadt kann jetzt vielleicht Signale senden, eine Kultur entwickeln, die über viel Leid von zwei Generationen "hinwegtröstet."

Was Berlin West, Berlin Ost und Brandenburg Ost , was halbierte Weltstadt und halbe ProvinzGroßstadt und Brandenburger Kolchosenland da im neuen Aufeinandertreffen nach 4 Jahrzehnten, im noch immer ungewohnten Verbund, vorbildhaft leisten könnten, in dieser so neuen Region Berlin-Brandenburg, gibt der Hoffnung auf lebenswerte Formen des Zusammenlebens berauschend viel Nahrung.

Stärkung des regionalen Lebensmittelhandwerks ist jenes Thema, das uns im Zusammenhang mit den Einkaufskörben, mit den Einkaufsgewohnheiten, mit den Solidaraktionen von vorwiegend ErzeugerInnen mit vorwiegend VerbraucherInnen interessiert. Unterstützen wir all jene, die sich aufmachen, die Region für alle jetzt Lebenden und alle zukünftig Lebenden als "erste Adresse", als vorrangig zu erleben, sie gemeinschaftlich mitzugestalten , zum Nutzen aller.

Dazu gibt es Hinweise und Anregungen im Anhang, zum Ändern unserer Gewohnheiten.

Aber, wie immer , wenn Neues angegangen wird, verfehlen wir auch Ziele oder "schießen" über sie hinaus. Die Zahlen des Bundesministeriums , entnommen einem Antwortschreiben der Bundesregierung an die Fraktion Bündnis 9o/ die Grünen auf deren vorwärtstreibende Anfrage zur *Stärkung des regionalen Lebensmittelhandwerks* aus dem Jahr 2o15 deuten eine Entwicklung an, die uns aufhorchen lassen mus: Neugründungen im Konditorhandwerk boomen; im Bäcker- und Fleischerhandwerk ist der Gründungsenthusiasmus rückläufig.

Angaben zu regionalen Erzeugern von veganen fastfood und Convenience habe ich nicht finden können. Aber die Hoffnung ist gross, dass, sobald es verlässliche Regionallabels gibt, diese den Wachstumsdrang manchen erfolgreichen Unternehmens ausbremsen, weil die nötigen regionalen Ausgangslebensmittel im großen Stil gar nicht erzeugt werden können. Es wäre wunderbar, wenn so die Aufkaufambitionen der Lebensmittelindustrie von erfolgreichen, profitversprechenden Handwerksbetrieben , dass erleben wir ja immer wieder bedrückend, uninteressant würde.

Unterstützen wir alle, die dabei sind, regionale Labels einzuführen, die dabei sind,unseren Wünschen nach regionalen , handwerklich erzeugten Lebensmitteln die nötige Sicherheit für die Einkaufsentscheidung zu geben. Stärken wir das Lebensmittelhandwerk. Vor allem dann, wenn es sich auch an unserer Gesundheit orientiert.

In der heutigen Welt können wir es uns nicht leisten, in der Isolation zu leben. Darum sollte man drei Sprachen haben: Eine regionale, eine nationale und eine Internationale.
Indira Gandhi

Ein größer werdendes politisches Haus braucht dringender denn je die Vielfalt kultureller Regionen.
Martin Bangemann

Heimat ist da, wo ich verstehe, und wo ich verstanden werde.
Karl Jaspers

Das Handwerk bildet die goldene Mitte. Es gründet sich auf Ehr und Sitte.
Sprichwort

saisonal

Gestern,wann immer das beim Lesen sein wird, jetzt beim Schreiben am 10. Februar 2o17 stand im Var-Matin, einer der beiden meistgelesenen Tageszeitungen der Provence, ein trauriger Bericht über die WinterTrüffel-Saison 2017: Im Vorsommer war es extrem trocken und so konnte der mysteriöse Pilz, der vielen Gourmets unstrittig das sinnlichste, großartigste „Gewürz" der Kochwelt ist, sich nicht entwickeln. Die Ernte ist außergewöhnlich klein, die Preise entsprechend hoch. Sind in normalen Jahren Kilopreise für die schwarzen Diamanten an manchen Tagen, der Preis wird flüsternd von den MarkthändlerInnen untereinander abgestimmt, von € 5oo möglich, so wird in dieser Saison mancher Trüffelomelettliebhaber den Verzehr auf nächstes Jahr verschieben müssen, weil die Preise bei € 1.5oo bis € 4.5oo liegen. Ein Trüffelomelett, das diesen Namen verdient, kostet dann durchschnittlich € 8o; in Sternelokalen noch deutlich mehr.

Da mir die Geschichte der sensiblen, schwer zu ortenden und zu erntenden Ausnahme-Pilze kennzeichnend und phantasieanregend für das Thema saisonal/regional erscheint, fahre ich mit ihr fort:

Vor 150 Jahren wurden in der Provence, sofern den Trüffelgeschichtsschreibern zu glauben ist, jährlich

1.500 Tonnen (1.500 000 kg) geerntet. Heute sind es, bei allergrößten Bemühungen, noch 50.000 kg, also gut 3%, bei steigender Nachfrage und bei einer fast doppelt so hohen Bevölkerungszahl. Woran liegt das? Die Trüffel brauchen, wie die große Vielzahl der Pilze, heile, ursprüngliche Natur, sonst machen sie sich rar. Städtebau, Straßenbau, Naturraubbau haben in 150 Jahren die natürlichen Verhältnisse in kaum vorstellbaren Ausmaß beeinträchtigt. Unsere Mobilitätsbesessenheit, der Wandel unserer Essgewohnheiten von Gemüse-und KornverzehrerInnen zu Fleisch-, Milch-, EierfanatikerInnen lassen die Erderwärmung beängstigende Ausmaße annehmen. Damit müssen auch die Trüffel fertig werden, Gefühle wie Rache sind ihnen dabei ganz sicher fremd. Wer weiß also wie lange es noch Trüffelsaisonen (mir gefällt die österreichische Pluralbildung) gibt? Oder Saisonen für Streuwiesenobst, Waldpilze, Wilkräuter, usw.?

Saisonal und regional sind nur miteinander zu betrachten, zu bewerten, zu fairhandeln. Bis auf Trüffel & Co kann fast alles von der Biovielfalt Gemüse & Obst irgendwo auf der Welt so erzeugt werden, dass wir täglich, 365 Tage im Jahr, darüber verfügen könnten.

Versuchen wir , uns nicht an diesen modernen Möglichkeiten zu orientieren. Alles und alle wären die NutznießerInnen davon. Ein saisonaler-regionaler Ernährungsstil erzeugt Vorfreude, steigert die Ernährungsvielfalt, hilft der Ökobilanz, unterstützt die Eigenständigkeit anderer Landwirtschaften, entmachtet die Negativseiten der Globalisierung.

Tipps

I -Verlängern wir die Saison, steigern wir die Lebensmittelvielfalt durch Trocknen, Einmachen und vor allem durch Fermentation.

II - Erlernen wir das früher Selbstverständliche: die Saisonzeiten von regionalem Gemüse und Obst. Das aufdringliche Saisonkalendarium auf der immer verfügbaren Rückklappe kann uns helfen.

Eigentlich hat heute doch niemand mehr eine Vorstellung, was saisonal wächst.
Felix Prinz zu Löwenstein (Niemand sicherlich nicht. Aber viel zu wenige. Das wird sich ändern.)

Die Kunst, die Bedürfnisse immer mehr und mehr einzuschränken, ist zugleich die Kunst zur Freiheit zu gelangen.
anonym *(eingrenzen wirkt für mich positiver als einschränken, aber so ist es auch bestimmt gemeint vom unbekannten Verfasser.)*

Bio

Oh, was für eine Zeit!

Vor etwa 40 Jahren, oder auch 50, wurden BIO & ÖKO als Lebensphilosophie einer nach Alternativen suchenden Generation, der „Nachkriegsgeneration", geboren.

Die Ursprünge von BIO & ÖKO sind deutlich älter.

Der friedliche Widerstand stolzer, naturverbundener Bauern gegen die Verherrlichung einer chemisch-technischen Wirtschaftsweise hat ganz wesentlich dazu beigetragen, dass wir heute noch wissen, was Landwirtschaften beinhaltet: Auf rücksichtsvolle Weise, möglichst im Einklang mit der Natur, die Lebensmittel für alle ErdbewohnerInnen zu erzeugen. Ohne Vorbilder, die wir ähnlich schätzen sollten, wie unsere DichterInnen, KomponistInnen, PhilosphInnen wäre, zumindestens bei uns in Mitteleuropa, das BäuerInnensein Geschichte. Menschen wie Heinz Jacob (Biokreisgründer), Maria und Heinz Müller, Begründer der Bauernheimatbewegung in der Schweiz und des sich daraus entwickelnden Biolandverbands in Deutschland, der seinen Ursprung im Jahre 1951 hat: Das Ehepaar Müller und die Familien Scharpf, Colsman, Hoops, Rinklin, Teschenmacher und Wenz entwickeln gemeinsam die Grundlagen des organisch-biologischen Landbaus und gründen 1971 den Verein „bio-gemüse". Was ist daraus geworden? 1981 hatte Bioland 200 Mitgliedsbetriebe, im Jahre 2016 sind es 6.235. Das Biolandsiegel ist zum bekanntesten Kennzeichen für verlässliche BIO-Qualität geworden.

Alle BIO-Zusammenschlüsse, alle Verbände haben ihre Geschichte. Immer waren die GründerInnen eher naturgläubig als technikbesessen. Immer war es eine phantastische Mischung von Vision, Bodenständigkeit und Tatkraft, die zum Erfolg geführt hat. Und wie so oft in der Geschichte: Fast gleichzeitig, unabhängig voneinander, ganz in den Regionen verwurzelt, wurde ähnlich gehandelt. Irgendwann bestand so die Gefahr, dass die AnhängerInnen der größer werdenden Verbände, sich gegenseitig als Widersacher statt als im tiefen Sinne Gleichgesinnte erlebten.

Bei den christlichen Religionen hat es Jahrhunderte gedauert bis eine ökumenische Bewegung den großen und kleinen Religionskriegen keine Chance mehr ließ. Das ist glücklicherweise bei den BioVerbänden alles viel schneller und , bei Anlegen des richtigen Maßstabs, ganz friedlich geschehen.

Im Jahre 1988 wurde die Arbeitsgemeinschaft Ökologischer Landbau (AGÖL) gegründet. 14 Jahre später, also vor noch nicht allzu langer Zeit, der Dachverband der ErzeugerInnen, VermarkterInnen und HändlerInnen ökologischer Lebensmittel, der Bund ökologische Lebensmittelwirtschaft (BÖLW). In ihm sind die acht! Anbauverbände mit einer schon längeren Geschichte (biokreis, kleingeschrieben wegen des Logos), Bioland (immer grün), BIOPARK (in Initialen wegen des Logos), demeter (klein geschrieben wegen des Logos, alle Zukunftslogos sollen sich ja einprägen bei uns), E/ecoland (die Logos geben vieles her), ECOVIN (in Initialen wegen des Logos), G(g)äa (vielfältige, geschichtsträchtige Logos – wie sollte es bei Göttin Gäa/Gaia, der „Erdmuttergöttin" auch anders sein?), Naturland (Natur immer groß geschrieben) und der erst 2007 gegründete Verband „Verbund Ökohöfe" vereint mit dem Vermarkter der frühen Naturkostzeit, dem „Reformhaus" und den zahlreichen Fördermitgliedern aus VermarkterInnen, HändlerInnen und Banken. Es macht sicher Sinn, sich da näher zu informieren (Der Anhang kann weiterhelfen).

Die große Chance, die die komplizierte Wiedervereinigung zweier Systeme, die sich sogar sprachlich erdreistet haben, die Himmelsrichtungen neu zu definieren, und die, im tiefen menschlichen, als humanistisch bezeichneten Sinne, beide „nur" Versuche waren, das Leben lebenswerter zu machen, und die ganz unterschiedliche Vorstellungen von „lebenswert" hatten, die große Chance, richtige Schlussfolgerungen zu ziehen aus den Fehlleistungen oder Versäumnissen des „Verlierers" und fast neu anzufangen, richtig abwägend, was im ideologischen Osten richtig verlief und im selbstherrlichen Westen nicht, und dort nach wie vor oft noch immer falsch und undurchschaubar verläuft, aber auch das, was dort richtig war und zukunftsweisend, diese Chance , und das ist hoffnungsspendend, hat der *Verbund Ökohöfe e.V.*, der erst im Jahre 2007 gegründet wurde, im ehemaligen „Osten", auf schönste, Zukunftsoptimismus erzeugende Weise genutzt.

Als Beleg für diese Leistung, die uns möglichst froh-

gestimmt, mit „Verlieren und Siegen", mit Kolonialisie-
rung und zu bereitwilliger Unterwerfung versöhnen kann
, folgt hier die wunderbar ganzheitlich entworfene Vision
Landwirtschaft 2o3o vom *Verbund Ökohöfe e.V.*:
  * Pestizide und andere synthetische Substanzen sind
nicht mehr notwendig, um ausreichende Leistung auf Flä-
chen zu erreichen (Sie sind seit 2020 verboten)
*Milchkühe haben wieder Hörner und bekommen Weide-
gang. Die Winterfütterung basiert auf betriebs- eigenem
Heu, Wurzelfrüchten und wenig Silage. * Die Kühe
werden wieder älter als 1o Jahre. * Die Landwirte sind
engagierte Naturschützer. Innerhalb der Zivilgesellschaft
wird diese Leistung anerkannt und staatlich großzügig
honoriert. * Die Landwirtschaft ist so attraktiv, dass
wieder junge Menschen Landwirte werden wollen. * Viele
Dörfer haben ihre eigene Energie-und Wasserversorgung.
Schädliche Hochspannungsleitungen und Autobahnen
werden teilweise zurückgebaut. * Die Landwirtschaft ist
der erste Wirtschaftszweig, der ohne Abfall arbeitet. *
Kinder gehen wieder in ihrem Dorf zur Schule.Dörfer sind
angesehene Kulturstätten. * Die Preisbildung erfolgt auf
Grundlage der mittleren Kosten. Landwirte und
Lebensmittelverarbeiter verdienen gut. Sie arbeiten ohne
Subventionen. * Hohe Pacht- und Bodenpreise gehören
längst der Vergangenheit an.Das Bodenrecht ist reformiert
worden. *Durch Bürokratieabbau haben die Landwirte
wieder Handlungsfreiheit. Der Staat setzt nur wenige
Rahmenbedingungen.

Jeder erfolgversprechende Beginn, wir haben ja auch den
nachdenkenswerten Ausdruck „Neubeginn", braucht
kraftvolle, mitunter durch Leid erzeugte Motive.
  Die *Vision 2030* macht Mut. Die Vision der Bundesgrünen, die schon mehrmals, umweltpolitisch das Nützli-
che für Natur, Tier und Mensch fördern konnten, 100%

faire *Tierhaltung bis 2050* macht Mut. Beteiligen wir uns am Erarbeiten des Programms. Mischen wir uns ein. Möglichkeiten gibt es genug. Immer und fast überall. Für jede, für jeden von uns ,nicht nur für die kleinen Kolibris von Pierre Rabhi.

Dieser erneute Hinweis auf die RabhiKolibris scheint mir angebracht, bei den Zahlenangaben, die nun folgen. Und bei deren Interpretation. Immer wieder müssen wir uns Mut machen, solidarisch und zuversichtlich.

Ca 1%, also ein Hundertstel der weltweit landwirtschaftlich genutzten Fläche werden biologisch-dynamisch oder biologisch-organisch bewirtschaftet. Zahlen darüber hat einigermaßen verlässlich der Weltdachverband für biologisches Landwirtschaften, die *Internationale Vereinigung der ökologischen Landbaubewegungen* (IFOAM) veröffentlicht.

Die weltweiten BIO- Landwirtschafts- Ranglisten offenbaren Erschreckendes und Mut machendes gleichermaßen: Die flächen- und bevölkerungsgrößten Länder, Australien ausgenommen, bewirtschaften alle wenige als 0,5 Prozent nach ökologischen Kriterien. Die Verhältnisse in China sind besonders deprimierend, da der Westen mit Turbos jeder Art eingeholt oder gar überholt werden soll, bei 65 kg Fleisch pro Jahr ist Chinesin/Chinese schon angekommen. Vermutet werden von optimistischen oder ganz anders tickenden, dann warnenden ExpertInnen, 90kg im Jahre 2030. Unvorstellbar, was das für die Gesundheit der ChinesInnen vermuten lässt. Schon jetzt hat sich das Bild von den schlanken, asketischen EinwohnerInnen Asiens zu fettleibigen Kolossen hin deprimierend, da vorerst kaum korrigierbar, verschoben. „... in die Ecke, Besen, Besen! Seids gewesen." Goethes Zauberlehrling zeigt uns das Problem: Wo sind die „Meister", wo die Regierungen, wo die Weltgeister, die es wieder richten könnten: Die Faszination der scheinbar bequemen Konsumwelt darf nicht unsere Kulturen vernichten. China ist ein beängstigendes Beispiel. Die Regierung möchte den einmal bewunderten Fortschritt korrigieren, den Fleischverzehr halbieren, aber wie nun? Erlernen wir wieder, den angestammten, natürlich gewachsenen Kulturen aller Völker achtungsvoll und bewundernd zu begegnen; die Kulturen der Indigenen eingeschlossen oder, besser noch, diese in vielen Bereichen als vorbildhaft zu begreifen.

Wie kann die chinesische Regierung unterstützt werden, manchmal regieren ja auch die Weisen, den Brachialimperialismus (vor kurzen haben „die Chinesen" den größten Schweinemäster der USA aufgekauft) aufzuhalten? Wie können die von heute auf morgen „entstandenen" 22 Millionen chinesische DiabetikerInnen wieder gesunden, wie ist dieser Fortschritt des chronisch Krankwerdens aufzuhalten? „Herr, die Not ist gross! Die ich rief, die Geister, werd ich nun nicht los!"

Zurück zu BIO im „Kleinen, Machbaren": Liechtenstein bewirtschaftet 31% der Nutzfläche ökologisch, Österreich 19%, Schweden 12%. Der kleine Staat Buthan in Asien, in anderen Lebenszusammenhängen auch kritisch zu bewerten, hat die Vision 100% ÖKO im Jahr 2o12 verkündet. Wir Deutschen liegen, statistisch gesehen, mittendrin: 8,7%, weit entfernt von den vorgegebenen Nahzielen der jetzigen Bundesregierung. Woran liegt das? Dieser Frage gehen wir andeutungsweise beim Thema „Landwirtschaft der Zukunft" nach. (Seite …) Nur eins vorweg: Ohne ein neues Bild vom Landwirt, von den „Bauern", ohne angemessene Preise für wertvolle Lebensmittel wird sich nichts bewegen können.

Es muss sich aber etwas bewegen! Es kann nicht sein, dass regionales BIO beim Einkauf nicht umgesetzt werden kann, weil nicht genügend Lebensmittel da sind.

Die Statistik liefert alarmierende Zahlen: In 2015 ist der Kauf von Bio-Lebensmitteln um 11% gestiegen. Großartig. Die biologisch genutzte landwirtschaftliche Fläche aber nur um 3%, auf knapp 9% der gesamten Felder und Wiesen. Was müssen wir schlussfolgern? Immer mehr „unserer" BIO-Lebensmittel werden in anderen Ländern erzeugt.

Sollten wir unseren Fleischverzehr nicht drastisch verringern, würden wir verantwortlich sein für das BIO Soja und den BIO Mais, der aus Brasilien kommt, und somit mitverantwortlich für die Vernichtung von Tropenwald. Wer sagt uns schon auf welchem Wege und zu welchem Zeitpunkt der dem Tropenwald entrissene Boden zu Bio-Land mutiert? Liegt nicht auch die Vermutung nahe, da der stolze elfprozentige Zuwachs vor allem auf die Ausweitung der BioPalette bei den Discountern zurückzuführen ist, dass der Anteil von nur BrüsselBio aus allen Weltregionen unaufhaltsam zunehmen müßte, sollten wir zuhause nicht alles tun, um junge Menschen für den Beruf des BioBauerns oder BioAgraringenieurs, am besten beides zusammen, zu begeistern. Andere Rahmenbedingungen muss die Politik schaffen, Solidarität können wir den NeubäuerInnen signalisieren, uns diesen jungen Existenzen phantasievoll unterstützend verhalten und dadurch MutmacherInnen sein.

Versuchen wir uns so zu verhalten, dass die schönen Inhalte fair, regional, saisonal und bio vereint umsetzbar werden. Gehen wir das zukunftsfroh an, aber nicht blauäugig oder blindlings. Seien wir achtsam!

Noch einmal zurück zur BIOgeschichte, zur ÖKOnostalgie:

Wir Latzhosen- und SandalenträgerInnen, GorlebenaktivistInnen, Seniasis, GrünePunktDemonstrantInnen träumten nicht nur von einer besseren Welt. Oft handelten wir auch. Spontan, unbeholfen, ungestüm, aber belehrt durch die fehlgeleiteten, militanten Verirrungen der ersten Protestgeneration Anfang des 7. Jahrzehnts eines sich zum Schwindeligwerden schnell bewegenden Jahrhunderts.

Der ökologische Landbau, Einkaufs-coops, Wohngemeinschaften, Hausbesetzungen waren romantisch-handfeste Versuche, die Philosophie *von immer mehr und immer teurer und immer rücksichtsloser* durch eine Philosophie des *Miteinanders im Einfachen* abzulösen. Das hat so ganzheitlich nicht geklappt. ÖKO & BIO haben die westliche Welt nicht verändern oder gar ablösen können, aber sie haben sich auf niedrigerem BrüsselBio-Niveau sogar in Supermärkten etabliert und dann auch eigene Supermarktketten kreiert. Wer hätte das, gerade das letztere, damals gedacht? Oder so geträumt und gewünscht?

„BIO schmeckt". Dass ein solches Programm (initiiert wurde es vom Bundeslandwirdschaftsministerium im Jahre 2006, umgesetzt von der BLE- Bundesanstalt für Landwirtschaft und Ernährung. Ich gehörte als „Kochanimator" von vornherein zu diesem wunderbaren Verbund von eigenwilligen, konsequenten BioKöchInnen, anfangs mit dem von mir geliebten Titel „united cooks of nature". Bald darauf wurde „umfirmiert" in BIOSpitzenköche) sinnvoll und notwendig war, hat viel mit den ideologischen Ursprüngen zu tun: Hauptsache BIO. Der Wein war oft Essig; das Gemüse oft welk; der Kuchen oft klebrig. Lange und teilweise verworrene, andere zu Recht irritierende Wege sind wir gegangen. Das ist lange her. Mir scheint es erwähnenswert, weil die Gefahr, abzudriften in ideologisches Handeln, nie aus der Welt ist, so scheint es zumindest. Und weil dieses Buch auch ein Lesebuch und für mich auch ein Erinnerungsbuch ist. Bio schmeckt. Das ist keine Frage mehr. Bio schmeckt besser. Das ist erst recht keine Frage. Allerdings gibt es

Voraussetzungen: Der BIOGemüsebauer hat seine „Zucchinis" nicht überwässert und zu geschmacklosen, schwergewichtigen Monstren entwickelt. Wir haben Freude am Kochen, am eigenen und an dem der anderen, wir verstehen unter Kochkunst das, was es beinhalten sollte: Den Genuss des Einfachen. Nicht jedoch die künstliche Verschleierung der vielen, teilweise ungesunden Zutaten. Bio schmeckt, fast alle Sinne befriedigend, am allerallerbesten, wenn Genuss und Gesundheit und Gemeinwohl und Geselligkeit ganzheitlich verbunden sind: Zucker, Fett und Geschmacksverstärker gehören nicht in jedes Essen, sondern werden selten genutzt. Wegen einigen Leids und deutlich wirtschaftlichen Problemen, die uns, Heike und mir, die Weigerung, Gänsestopfleber im „La Provence" anzubieten, lebendige Hummer ins siedende Wasser zu werfen, entstanden sind oder selber durch unsere Haltung erzeugt wurden, habe ich mich bei den Ergänzungen mit den Fragen des traditionellen Fehlverhaltens den Tieren gegenüber und ihrer Relativierung durch unser generelles Fehlverhalten den Tieren gegenüber in der Gegenwart beschäftigt.

Vielleicht ist es nachvollziehbar von Euch LeserInnen, dass mich die Philosophie der Gänsestopfleber nach wie vor beschäftigt, nicht nur, weil sich die in den 70er,80er,90er Jahren so immens wichtigen Fressführer leckeres Essen ohne Fettleber & Hummer und in BIO überhaupt nicht vorstellen konnten.

Es kommt einem kleinen Wunder gleich, so meine Empfindungen, dass wir, wohl aufgrund unseres Erfolgs, der in erster Linie sichtbar wurde durch ein immer ausgebuchtes Lokal, dann doch in den Fressführern aufgenommen wurden. Das hat uns, auch zu unserer Verwunderung, stolz gemacht, wohl weil wir, gewollt oder ungewollt, ein Teilchen unserer Gesamtgesellschaft sind, ähnlich unfassbar und nicht nachvollziehbar, wie die

Funktion des Vogels im Flugschwarm, die Ameise in ihrem Volk, die Biene in ihrem Königinnenreich.

Klar, dass mich Wehmut durchzieht, wenn ich an die Träume der Anfangszeit denke, aber ebenso klar empfinde ich stolz auf das, was alle ÖKOs da so bewegt haben.

Nun kommt es darauf an, BIO freudvoll zu verstricken, zu vernetzen mit fair, regional und saisonal . Das ist eine spannende Aufgabe, die nicht mehr mit einigen hundert weiblichen und männlichen Pionieren zu erfüllen wäre. Sie braucht die Solidarität von vielen, auch von vielen Menschen aus unterschiedlichsten Arbeits- und Lebensbereichen.

Das wird gelingen, weil es gelingen muss. Und: Es wird uns ganz viel Spass machen, immer häufiger ein ÖKO zu sein, nicht nur verbal sondern tatsächlich.

Wir dürfen die Natur nicht als unseren Feind betrachten, den es zu beherrschen und überwinden gilt, sondern wieder lernen, mit der Natur zu kooperieren. Sie hat eine viereinhalb Milliarden lange Erfahrung. Unsere ist wesentlich kürzer.
Hans-Peter Dürr

Alles was gegen die Natur ist, hat auf Dauer keinen Bestand.
Charles Darwin

Alle Dinge geschehen aus Notwendigkeit; es gibt in der Natur kein Gutes und kein Böses.
Spinoza

In Sachen Umweltschutz sind die meisten Regierungen Kriminelle.
Oliver Hassenkamp

Sofern wir in die Natur eingreifen, haben wir strengstens auf die Wiederherstellung ihres Gleichgewichts zu achten.
Heraklit von Ephesus

Jedes Naturgesetz, das sich dem Beobachter offenbart, lässt auf ein höheres, noch unerkanntes schließen.
Alexander von Humboldt

Unkraut nennt man die Pflanzen, deren Vorzüge noch nicht erkannt worden sind.
Ralph Waldo Emerson

Es gibt einen Weg , es besser zu machen. Finde ihn!
Edison

XI - Kaufen wir fastfood nur im Notfall!

Aber auch für den Notfall gilt: Gut kauen. Jeden Bissen genießen.

Fastfood und Convenience Food schaffen eine überraschende Palette neuer Berufe: FooddesignerInnen, FoodtechnologInnen, FoodchemikerInnen. Ganz im Sinne des wirtschaftlichen Fortschritts. Also, was soll das Anklagen. Zudem wird nicht unbedingt ein Herd benötigt, sondern nur eine Mikrowelle. Schluss mit dem leicht sarkastischen Vorspann. Oder vielleicht noch: 2/3 unserer Nahrungsmittel sind industriell fabriziert. Mit steigender Tendenz. Bis zur ersehnten Pillenernährung ist's kein weiter Weg mehr. Vonwegen mangelnde Zukunftsvisionen.

Schnell und bequem! Ja, wäre nur diese Tendenz zur Ausschließlichkeit nicht: Es ist nichts einzuwenden gegen Schnellfutter und Bequemkost, so die holprigen Übersetzungen. Beide haben faszinierende und mir symphatische Ahnen: Ohne Streetfood ist südamerikanisches oder asiatisches Stadtleben nicht vorstellbar. Und Kirmis und Schützenfeste auch nicht.

Brat- und Hartwurst, saures Kraut und saure Gurken, langlebiges, vielfältigstes Sauerteigbrot prägten über Jahrhunderte auch unsere deutschen Ess, unsere nationalen, regionalen Lebensgewohnheiten mit. Kein Rummel, keine Kirmis, kein Jahrmarkt ohne die stolz von regionalen Schlachtern, Bäckern, Konditoren angebotenen Leckerein. Einmal im Jahr Zuckerwatte für sonst nicht verhätschelte und fehlernährte Kinder. Wunderbar.
Bistros (vom Russischen bystro = schnell. Napoleons Russ-

land-Soldaten nannten die einfacheren, schnelleren Pariser Trink-und Speisengaststätten so) als ideale Vorbilder für unkomplizierte, gesellige, individuelle Essanstalten. Könnten die „Chez Henry"s und „Bei Alberto"s dauerhaft den Systemgastronomen, den BüchsenaufmacherInnenn und MikrowellenspezialistInnen, die oft selbst nicht wissen, was sie ihren KundInnen anbieten, Paroli bieten, hielte sich meine Trauer über die gegenwärtige weltweite Gleichmacherei in Grenzen, denn, sie kann sich, solange das regionale Lebensmittelhandwerk nicht ausgestorben ist, dauerhaft nicht behaupten: Irgenwann begreifen alle von uns, was wir uns mit unentschlüsselbarer, lebloser Industriefertigkost antun.

Noch sind die Zuwachsraten der Fastfoodketten allerdings beängstigend.

Die gesamte Ernährungspalette des europäischen Durchschnittsstädters wird bei den Fastfoodgiganten immer verfügbarer: Subway-Sandwichs (42.000 Filialen), Mc Donalds-Burger (36.000 Filialen), Starbucks-Kaffee & "Kuchen" (23. Filialen), KFC Kentucky Fried Chicken, neu im Angebot: große Eimer mit Hähnchennuggets (19.000 Filialen), Pizza Hut, Pizza (13.000), Burger King, Burger (13.000), Dunkin Donuts, ringförmige "Krapfen" & Kaffeevarianten (13.000 Filialen).

Vor allem in den „Schwellenländern", welch' beschönigender Ausdruck für noch skrupellosere Nachahmer des westlichen Wirtschaftssystems, geht es mit mächtigen Zuwächsen voran in die sich dadurch aufschließenden Zukunftsmärkte für Pharma- und Gesundheitsindustrie. Die Konzerne agieren immer vernetzter und immer unsichtbarer.

Zum weiteren Nachvollziehen der Fastfoodmacht einige Zahlen zur nicht größten, aber in Europa bekanntesten Schnell-Restaurant"-Kette (die Wortwurzel ist restaurieren = kräftigen, deshalb die Anführungszeichen), zu Mc Donalds:

36.000 Filialen, jedes Jahr ca. 1.600 neue. Umsatz weltweit: € 28.000.000.000, pro Franchisenehmer durchschnittlich € 750.000 jährlich, allerdings mit fallender Tendenz, da der Gesamtumsatz, der sich von 2000 – 2012 verdoppelt hatte, seither stagniert. Obwohl jährlich ca. 1.600 Filialen neu eröffnet werden. Trotz der persönlichen Schicksale, die diese Zahlen signalisieren, ist das mehr als ein Hoffnungsschimmer. Jede Sekunde betreten 750 KundInnen irgendwo auf der Welt eine Mc DonaldsFiliale, um sich durchschnittlich innerhalb einer halben Stunde die Hälfte der täglich von den ErnährungsexpertInnen zugestandenen Kilocalorienmenge einzuverleiben. Bei einem Big Mac mit Pommes und Cola ist dann schon fast das Tageslimit erreicht. Geh' ich morgens zu Starbucks und mittags zu Mc Donalds bin ich total mit Kalorien bedient. Es ist wirklich nicht zum Wundern: 67% der in Deutschland lebenden Männer und 53% der Frauen sind übergewichtig. In Amerika sind's noch mehr, es wird also hohe Zeit für die Verschiebung der Bedenklichkeitsgrenze. Noch eine Zahl, dann ist vorerst Schluss mit Hiobsbotschaften: Mc Donalds lässt allein für die AmerikanerInnen 5.500 000 Rinder schlachten, Jahr für Jahr.

Von Fastfood zu „Slow Food"- und schon sieht die Zukunft der menschlichen Ernährung wieder freudvoller aus. 14.000 Mitglieder hat die Bewegung, die sich für gute, saubere, faire Lebensmittel einsetzt, in Deutschland. Gut, sauber und fair sind die 3 Bedingungswörter, die der Gründer der „Slow Food"-Bewegung, der Italiener Carlo Petrini 1986 (aus Protest auf die Eröffnung der ersten Mc Donalds-Filiale in Rom) für ein „Slow Food" Lebensmittel festgeschrieben hatte.

In den 3 Jahrzehnten seiner Existenz ist die Ernährungsbewegung mit dem Schneckenlogo durch die Veranstaltungen der bisher über 80 Deutschland-Convivien

(DeutschlandTafelrunden. Weltweit sind es 1500) zum wichtigen Aktivposten für bewusstes, genussvolles, regionales Essen geworden. „Die Welt der regionalen Köstlichkeiten" ist der Titel eines Genussführers, der jetzt kennzeichnend für die Zielrichtung von „Slow Food" erschienen ist.

In unserem hannoverschen Restaurant „La Provence" hatten wir öfter mit dem Convivium Hannover zu tun. Uns als zertifizierten BIOGastronomen schien die Arbeit der hannoverschen Gruppe nicht konsequent genug. Damals. Im Hernach sind wir für die „Slow Food"-Aktionen dankbar, weil dadurch die regionale Landwirtschaft und das regionale Lebensmittelhandwerk zumindestens moralisch gestärkt wurden. Immer etwas gestört hat uns die Verbindung von Genuss mit exklusiv, edel und teuer.

Da gibt's noch viel zu tun, um in die Breite zu wirken. Der Genuss des Einfachen sollte das Ziel sein. Einfach, gesund, lecker, regional ,saisonal. fair. Und irgendwann hoffentlich selbstverständlich: Bio.

Zurück zur Industrie! Convenience ist zum zweiten Schlagwort industrieller Nahrungsmittelproduktion geworden. Der technische, auf den Energieverbrauch nicht „fokusierte", Fortschritt führt dazu, dass das Öffnen von Verpackungen und das spätere Entsorgen dieses Speziallmülls die Hauptaufgaben beim Essenzubereiten sind. Ähnlich schnell wie dieses Freilegen und das gegebenenfalls , sollte es sich um eine warme Nahrung handeln, eingeübte MikrowellenTotalverstümmeln der „Mahlzeit" wird dann auch gegessen, häufiger eher verschlungen als gegessen. Bequem (Convenience = Bequemlichkeit) und angenehm scheint das nicht immer zu sein: „Hauptsache rein. Der Körper wird's schon richtig lenken", falls wir überhaupt so weit an den weiteren Verdauungsprozess denken.

Nichts gegen Bequemlichkeit! Nichts gegen Convenience. Das wird in diesem Streitbuch immer wieder betont: Keine Ideologie ändert die Welt zum Positiven, Friedlichen. Je mehr bequeme Speisen für unseren modernen Lebensrhytmus notwendig erscheinen, desto wichtiger ist es, die Bequemlichkeitskost zu kultivieren, zu individualisieren.

Für die Bioinfizierten unter uns ist es wichtig, dass sie in ihrem möglicherweise strapaziösen, aber immer anstrengenden Arbeitstag genügend Angebote finden, die mit ihrer Tagesrestkraft umzusetzen sind. Beispiel: Ich kann nicht, falls ich eine Stunde Mittagszeit habe, in den 10 km entfernten Stadtteil hetzen, in dem ein BIO-Schnellimbiss arbeitet, um meinen Wünschen und meiner Alltagsphilosophie zu entsprechen.

Das richtige Verhältnis zu finden, zwischen Wünschen und Angeboten, ist eine Herkules- wie heißt denn die weibliche Version hier? –aufgabe für uns, vermehrt dann, wenn wir in konventionelle Arbeitsprozesse eingebunden sind.

Tipps

I Auch wenn's schnell gehen soll/muss, müsste Zeit zum Kauen sein. Also: Lieber die näher gelegene Imbissbude als den entfernteren MC drive. Viel besser natürlich, falls meine liebste Imbissbude zusätzlich bio ist

II Kochen wir unsere Bequemlichkeitskost selber. Ein Widerspruch ? Nein. Das muss nicht sein. Ich koche am Wochenende für die nächste Woche, alles das, was leicht ohne Mikrowelle zu regenerieren ist. Ein Dämpfer kann dann viel mehr als wir anfangs vermuten.

III Planen wir unsere streetfood-Erlebnisse. Beschränken

wir uns: Nicht jeden Tag Brat – oder Currywurst mit Pommes. Auch in BIO ist das nicht gesund.

IV Suchen wir neue Geschmackserlebnisse. Auch leckere vegane Schnellkost gibt es immer häufiger, zumindestens in den größeren Städten.

V Überprüfen wir zuhause was wir da eigentlich alles gegessen haben. Das Internet hilft uns auch im Hernach, beim Recherchieren. Ziehen wir die richtigen Konsequenzen.

Ich mag eine identifizierbare Küche mit frischen Produkten.
Paul Bocuse

fastfood ist oft nur fast food.
jp

Gott schuf die Kinder und fastfood formte sie!
anonym

Der Big Mac Index ist eine gute Methode Industrieländer und Entwicklungsländer unterscheiden zu können.
anonym *(So optimistisch kann ich nicht sein.)*

Ich bin froh, dass ich mein Essen nicht selber jagen muss. Ich wüsste nicht mal, wo Pizzen leben.
anonym

XII - Fasten wir!

Vor oder nach der Prasserei. Besser noch: Davor und danach.

Der natürliche Mangel an Lebensmitteln, die Dezimierung der Wintervorräte hat unsere Altvorderen zum Fasten geleitet. Wie weise, die karge Zeit positiv zu nutzen. Mindestens von Aschermittwoch *(am Tag nach der FastNacht bekamen die Christen in früherer Zeit ein Kreuz mit heiliger Asche auf die Stirn gezeichnet. Ein Zeichen für die Schuldanerkennung im vergangenen Jahr, für deren Freisprechung, für die Bereitschaft,4o Tage zu fasten. „Asche auf mein Haupt"- darum bitten wir unsere LebensgefährtInnen ja immer mal wieder; in München mehr als in Hamburg. Vielleicht ist man auch deshalb im natürlichen Bayern etwas heiterer als im vom Verstand bestimmten Norden. Asche auf mein Haupt, darum bitte ich, für diese pauschale, aus der Luft gegriffene, aschelose Anmerkung)* bis Ostersamstag *(der letzte Tag der Trauerwoche, der Karwoche, der Tag vor der Auferstehung von Christus, so „die Religion")*, also 4o Tage lang , wurde gefastet. Heute ist davon der Karfreitag übriggeblieben. Aber immerhin. Fühlen wir positiv: Sehr viel mehr als nichts. Allerdings, und diese Kritik an uns muss nun sein:

Wir feiern Fastnacht, Fasching, Fastabend, Fastenschank (den letzten Ausschank vor der langen Fastenzeit), Karneval (Carne vale – Fleisch, lebe wohl), die fünfte Jahreszeit. Ausgelassen und heiter. Wir brauchen, wie eh und je , diesen Narrentag. Um aus uns herauszukommen ,um uns zeigen zu können, um uns zu entlasten, wenn dies kein Priester mehr für uns tun kann. Wie großartig könnte der nächste Narrentag, in 364 Tagen , inclusive der 40 Fastentage in unmittelbarer Gefolgschaft, sein, wenn wir ihn uns verdienen würden.

Unsere Formel: Feiern ja! Fasten nein! ist von gefährlicher Brisanz. Wir sind unersättlich! Das ganze Jahr kann keine Feierzeit sein. So kommt es dann, fast folgerichtig und vorhersehbar, zu solchen Nachrichten: Stuttgarter Zeitung vom 1. Februar 2017: Polizei plant hohe Präsenz mit Waffen und Schutzausstattung. Zur Sicherheit der Narren. Aber sie droht gleichzeitig: Kein Narrenrabatt ! Verrückte Welt. Leider keine karnevalistische.

Ohne Fasten, ohne Genügsamkeit, ohne Rücksicht auf die anderen, ohne Rücksicht auf die Gesundheit ist das Leben nicht straffrei zu haben. Das entscheidet nicht die Polizei mit Waffe und Schutzschild. Darüber richten die in den Himmel Gefahrenen, die Weltaufsicht, der Kosmos.

Doch auf die Erde zurück, vorübergehend, denn ich möchte uns dann doch Mut machen mit den Fasten"an"geboten, die ein wesentlicher Inhalt aller Weltreligonen sind. Hier folgt eine „handfeste" Fastenangebotsliste, die auch gleichzeitig die Tipps beinhaltet und deshalb kursiv daherkommt:

I - Je konsequenter das Fasten, desto behutsamer, vorsichtiger das Fastenbrechen. Von 0 auf 100 in Formeleinstempo ist ungesund. Es gefährdet den Fastenerfolg.

II – Das Fasten hat viele, tröstend viele Varianten anzubieten. Für jeden gibt es umsetzbares, erfolgversprechendes Teilfasten. Beispiele: Fernsehfasten, Kaffeefasten, Zuckerfasten, Naschfasten, Weißmehlfasten, Drogenfasten, Schlechtelaunefasten, Fahrstuhlfasten, Ausgehfasten, Fastfoodfasten, Heilfasten...

III – Machen wir das unzeitgemäße, zu frühe Fastenbrechen unwahrscheinlicher: Fasten wir jede Woche anders.

IV - Heilfasten hat nichts mit Pillenabnehmdiäten, teuren Heilslehren, mit JoJo zu tun. Es gibt hingegen Fastenformen die zu guten, lebenslangen Gewohnheiten werden sollten. Das Säurefasten (Siehe Seiten 74 f,210 ff) ist den ComplementerInnen ja sowieso ein unsichtbarer, selbstverständlicher Ernährungsbegleiter.

V - Fasten ist ganzheitliches Handeln. Luther sagt dazu:"... dass manche so fasten, dass sie sich dennoch vollsaufen, das manche so reichlich mit Fischen und anderen Speisen fasten, dass sie mit Eiern, Butter und Fleisch dem Fasten viel näher kämen..."

VI - Ernähren wir uns vorwiegend regional und saisonal dann erfüllen wir ideale Formen des Teilfastens. Beispiel: Im Frühjahr könnte unsere Speisenpalette bestimmt werden von: Sauerkraut, Salzgurken, milchsauren Gemüse, Kartoffeln, getrockneten Apfel-und Birnenringen, Hasel- und Walnüssen,in Sommer und Herbst eingewecktem Obst ... und - wegen der geschätzten Vielfalt- mehr als in Sommer und Herbst - von den geschätzten globalen Lebensmitteln.

Weitere Anregungen gibt's in der veganen Kochfibel.

Wie versprochen oder angedroht hier nun der Exkurs zur Bedeutung des Fastens in den Weltreligionen:

Die spannungsvolle Dialektik von Schuld und Sühne, von tödlichem Mangel und phantasielosen Überfluss, von täglicher Nahrung und festlichem OpferPrassen" bestimmt die Ursprungsformen der großen Religionen: Fasten im Ramadan (Islam. Fastenbeginn: Sonnenaufgang. Fastenbrechen: Mit dem Sonnenuntergang mit dem Trinken von Wasser und dem Essen von Datteln). Fasten an Jom Kippur (Judentum. Geinzheitliches Fasten: Verzicht auf Speis' und Trank, Sex, Arbeit, den Kontakt mit Leder – ein Tag der Reinheit, der Umkehr, der Reue und Versöhnung). Fasten mit Yoga, Mantras, Voll- und Neumond (Buddhismus, Hinduismus, Jainismus. Das umfassend asketische Fasten hat Vollkommenheit, Erleuchtung, Ruhe zum Ziel). Das große Fasten (Orthodoxes Christentum. Das große Fasten dauert 40 Tage . Es schließt das Nahrungsfasten für Schwangere, Kranke und Soldaten aus.). Fasten von Aschermittwoch bis Ostern (Christentum. Strenge Regeln nur mehr für Aschermittwoch und Karfreitag). Adventszeit = Fastenzeit (Christentum 4 Wochen, Orthodoxes Christentum 6Wochen. Vorbereitendes Fasten auf das große Geburtsfest von Jesus Christus am 24. Dezember).

Dank meiner glücklichen Kindheit und den Entbehrungen der letzten deutschen Nachkriegszeit (unfreiwilliges Fasten mit meist gesunden Nachwirkungen) ist mir das Adventsfasten am Vertrautesten. Ich denke voller Freude und Wehmut an diese Zeit zurück: Den Christstollen hat Mutti, mit unserer , von ihr lächelnd geduldeten Kinderhilfe, in der ersten Adventswoche gebacken, Plätzchen in der gesamten Adventszeit. An den Adventssonntagen, nur an diesen, gab es einige von diesen Leckerei'n. Der Stollen wurde jedoch erst am 1.Weihnachtsfeiertag angeschnitten. Es gab klare Regeln, allerdings in jeder Familie, zumindest in jedem „Landstrich" etwas andere. Das Gleiche galt für den Weihnachtsbraten. Bei uns galt: Eine Gans von Bauern Mielke aus Tröbsdorf, damals wirklich noch ein Dorf, heute ein Stadtteil von Weimar. Oh, ist das alles lange her. Vati und Onkel Willy bekamen die Keulen. Das war so selbstverständlich wie das Amen in der Kirche, welches die Familie nur am Heiligen Abend gemeinsam in der Jakobskirche hörte, bevor die viel zu schwer zu öffnenden, aufwendig und liebevoll verpackten Geschenke von Mutti & Vati „freigegeben" wurden, nach all diesen schwer aufzusagenden Weihnachtsgedichten … was für reich machende Erinnerungen. „ Oh du fröhliche Weihnachtszeit …".

Noch einmal zur Gans, dem Symbol fürs festliche Fastenbrechen. Wie denken die ComplementerInnen über diesen Brauch? Vor allem aber: Wie verhalten sie sich den Gänsekeulen, der Gänsebrust, dem Gänsefett gegenüber? Gan(s) einfach: Die Weihnachtsgans Elli hatte ein heiles, freudvolles Leben, mit ihren 35 Gänse-kumpelInnen zusammen. Und nun wird jede anderswo verspeist. Auch das solidarisiert noch einmal gänsetypisch. Vermutlich. Das „Recht" ab und an, Tiere zu verzehren, nehmen sich die ComplementerInnen. Ohne jedes Mal die bedrückende Schuldfrage zu stellen.

Fasten macht uns frei für fastenfreie Zeiten. Und im glücklichen, oft zu erlangenden Falle ist Fasten kein Fasten mehr: Eine neue freudige Gewohnheit ist daraus geworden.

„Oh, wie schön kann das Leben sein.."

Fasten macht bewusster. Es unterbricht unsere Verhaltensmuster.
Francoise Wilhelmi de Toledo

Wenn man nicht aufgibt, hat man nie verloren.
Friedrich Schiller

Ein Mensch, der seinen Körper durch zuviel Fasten unterdrückt, in dem steigt Überdruß auf, solcher Verdrossenheit gesellen sich mehr Fehler zu, als wenn er seinem Körper die rechte Nahrung gegönnt hätte.
Hildegard von Bingen

Ich bin auf Diät. Ich verzichte auf Menschen, die mir nicht gut tun.
anonym

Jeder kann seine Ziele erreichen, wenn er denken kann, wenn er warten kann, wenn er fasten kann.
Herrmann Hesse

Wer stark, gesund und jung bleiben will, sei mäßig, übe den Körper, atme reine Luft und heile sein Weh eher durch Fasten als durch Medikamente.
Hippokrates

Der Langsamste, der sein Ziel nicht aus den Augen verliert, geht noch immer geschwinder als jener, der ohne Ziel umherirrt.
Gotthold Ephraim Lessing

XIII - Wir sind achtsam!

Wir bevorraten uns nicht mit schnell Verderblichem. Wir erlernen das komplizierte Enträtseln der Etikettensprache. Unsere Bauchhirne entscheiden das WAS, Die Kopfhirne das WIE-VIEL. Wir unterscheiden zwischen natürlicher Verpackung und Müll.

Das Wort achtsam „schwingt positiv in uns, das Wort misstrauisch negativ. Daraus entsteht die einfache Schlussfolgerung: Lernen wir das Achtsamwerden ohne allem und jedem prinzipiell misstrauisch zu begegnen. Das erleichtert es uns, so der schöne Nebeneffekt, lächelnd das Leben zu meistern.

Manche Zahlen sind erschütternd und hoffnungsspendend zugleich. Die 30% Angabe für in unseren Kühlschränken, Tiefkühltruhen und „Speisenkammern" vergessenen, vergammelten Lebensmittel und für die leichtfertig oder ängstlich „entsorgten" Lebensmittel, die nicht „verfallen", aber durch die Bezeichnung „mindestens haltbar bis" stigmatisiert sind, fordert uns alle zu von Aufmerksamkeit und Lernbereitschaft geprägten Verhalten auf. So könnten wir uns beweisen, dass das Engagement für den Klimaschutz, für den Bestand der Regenwälder, für das Verschwinden des Todeshungers nicht nur Stammtischbekenntnisse, nicht nur Gemeinplätze, Redewendungen, also Phrasen sind.

Es liegt an uns gemeinsam, ErzeugerInnen, VermarkterInnen, VerbraucherInnen, die 30% auf 10% zu senken und damit viele, viele Probleme zu lösen, allerdings aber auch, um neue Systemprobleme zu schaffen:

Das Bruttoinlandsprodukt würde um mindestens 1% ab-
sinken. Kann unser Wirtschaftssystem eine solche, selbst
herbeigeführte „Katastrophe" verkraften? Diese Anmerkung nur, um die Widerstände anzudeuten, auf die unser
bewussteres, achtungsvolleres Verhalten den Lebensmitteln gegenüber stoßen könnte. Andere Interpretationen
der möglichen Folgen des Eingesparten   sind deutlich
optimistischer:
    20% Nahrungsmittelvolumen −das waren im Jahre
2016 ca. 35 Milliarden Euro in Deutschland, durchschnittlich somit ca. 500 Euro jährlich oder ca € 1,40
täglich. Was wäre, wenn dieses durch Achtsamkeit er-
worbene Geld uns veranlasste, ganz generell achtsamer
zu sein und es in den Mehrpreis zu investieren, der zwischen Industrienahrungsmitteln und regionalen BioLebensmitteln besteht. Wau! Die umweltschonend genutzte
Ackerfläche könnte sensationell ansteigen, nicht erst
wenn die Bodenausbeutung nichts mehr zum Ausbeuten
hat, sondern schon jetzt. Einige anspornende Zahlen dazu: Statt der nur sehr, sehr langsam ansteigenden biologisch genutzten Acker- und Grünfläche in Deutschland
von gegenwärtig 6,5% , könnten die von der gegenwärtigen Bundesregierung erwünschten 20% nicht erst in ca.
70 Jahren erreicht werden, sondern von heute auf morgen; oder übermorgen. Bemühen wir uns.
    Unsere Achtsamkeit ist noch umfassender gefragt ,
noch umfassender wegen ganz bewusster Irreführung,
wenn es darum geht, was in unseren Supermarktein-
kaufswagen von uns hineingepackt wird. Es ist bestürzend interessant nur allein den Bezug von Körperfülle
und Wageninhalt beim Schlangestehen zu beobachten.
Da kommt ein Gefühl in mir auf, das ich sonst kaum
noch kenne, außer wenn es um mich selber geht: Wut.
Wut auf skrupellose Manipulation , abgesegnet durch
halbherzige Gesetzesvorgaben, abgesegnet von unserem

System: Konsumieren „auf Teufel komm raus", wobei dieser Spruch in seiner zeitlichen Dimension ja längst überholt ist, denn der Höllenherrscher ist bewundert als FortschrittsBequemlichkeitsTeufel täglich bei und in uns.

Zum Etikettenrätselraten

Sofern wir überhaupt Etiketten lesen, unsere Kaufentscheidungen sind in aller erster Linie von Werbefernsehen, Plakatwänden und Illustriertenanzeigen, die ja zuhauf kaum noch als Anzeigen zu erkennen sind, sondern mehr sachlichen Journalismus vorgaukeln, müssen wir letztendlich, sofern sich nichts ändern sollte, möglicherweise könnten die Änderungen durch unseren VerbraucherInnenprotest herbeigeführt werden, den Etikettentext hilflos interpretieren. Selbst dies setzt fast eine Spezialausbildung voraus. Leider kann hier kein Etikettendeutungslehrbuch angehängt werden, es gibt unter Tipps & Tricks aber einige Hinweise zum Ertasten der Wahrheit.

Als stolzer provenzalischer Olivenbauer bin ich ein bisschen mit dem Etikettenschmuh oder gar Etikettenschwindel vertraut:

Hinweise

I - Preiswertes spanisches Olivenöl wird nach Italien verschifft oder gekarrt und dann als teures italienisches Olivenöl verkauft. Das ist in Italien nicht einmal gesetzeswidrig. EU-Subenvtionen werden zusätzlich eingestrichen. Brüssel weiß das, reagiert aber hilflos und inkonsequent.

II – Die großen italienischen Olivenölhändler packen ein Gemisch von türkischem Haselnussöl, argentinischem

Sonnenblumenöl und ein bisschen italienischem Olivenöl in ihre teuren, das Wertvolle vorgaukelnde Flacons.
Extra natives Olivenöl steht auf den Etiketten. Der Betrug ist ungefährlich, besonders für die Mafia, die, nach
wie vor, einen Teil von Macht und Reichtum mit dem
flüssigen Gold „erwirtschaftet".

Es scheint so als würde nur der Kauf bei kleineren Erzeugerinnen, die Qualität garantieren. Also! Entschlüsseln
wir die lange ZahlenBuchstabenkolonne auf dem Etikett.
Sie führt uns zum ehrlichen Bauern oder zum unehrlichen
Panscher.

Beim Entziffern der Code sind einige von uns bereits
eingeübt: Das Zuordnen der „Eiercode" ist ziemlich einfach. Es lässt hoffen, dass uns auch das Entschlüsseln
anderer BuchstabenZahlenKolonnen nicht zu mühsam
ist.

Der Stempelcode 0-DE 0321091 führt zu dem Bio-
Bauern Fritz Harke in Sorgensen (0 = biozertifiziert, das
Huhn frisst BioFutter, hat einen Sechsten Quadratmeter
Platz und vier Quadratmeter „Auslauf". DE = Deutsch-
land, 03 = Bundesland Niedersachsen, 21091 = Betrieb;
Stallnummer. Um Details zum „Eierbetrieb" zu erfahren,
schauen wir am Einfachsten im Internet nach: www.was-
steht-auf-dem-ei.de.

Beim Ei hat der Gesetzgeber vieles richtig gemacht.
Bravo. Andererseits war's wiederum auch nicht so
schwer: Stempel aufs Ei und fertig und eindeutig. Ganz
andere Probleme ergeben sich für die Etikettenentziffe-
rInnen, wenn sie sich ans Entschlüsseln von Conveni-
enceprodukten heranwagen. Da sind ja oft auch Eier
drin, wo kommen die her? Vieles ist, den gängigen Betrug einmal außen vorgelassen, entschlüsselbar, aber um
welchen Zeitpreis? Vielleicht müssen wir einen Gedan-
kensport daraus machen. Viel, viel besser und einfacher

wäre es aber: Wir kaufen erkennbare, authentische Lebensmittel und kochen selber, das hat dann nicht viel mit Bequemlichkeit (Convenience – siehe Seite 328 ff) zu tun, aber ganz viel mit Freude, mit Stolz und mit spürbarer Wirkung auf die Haushaltskasse.

Mindesthaltbarkeitsdatum (mindestens haltbar bis), Verfallsdatum (danach nicht mehr verkäuflich. Auch nicht als Hundefutter), Verbrauchsdatum (klare Regel für schnell verderbliche Lebensmittel, wie Hackfleisch, Hühnerfleisch), „intelligente" Verpackungen mit Ampelanlagen (strahlende Informationen, wir haben ja keine Hemmungen, wenn es um das Verdrängen von Krankheitsursachen geht), best before date, aca (a consomer avant) so lauten die verwirrenden Orientierungshilfen. Die „ausländischen" Formulierungen für den Veränderungsprozess der LebensmittelLebenszeit kommen mir etwas gelungener, weniger panikmachend und weniger, schnellen neuen Umsatz anzielend ‚vor. Gerade die englische Version geht wohl in die richtige Richtung. Helfen könnte dabei allen von uns, die das Thema Haltbarkeit im ganzheitlichen Zusammenhang von Genuss und Gesundheit entscheiden möchten, die Angabe von Ernteoder „Erzeugungszeit des Lebensmittels. Wieder ein Beispiel vom provenzalischen Olivenbauern: Steht auf dem Etikett Ernte 11/2017 dann wissen die OlivenölkennerInnen: Dieses lebendige (sicher ist das nur bei einem kleinen Erzeuger) Lebensmittel hat seinen Höhepunkt vermutlich im Winter 2018 und wird dann, Monat für Monat, immer schwächer und lebloser, aber es ist immer noch ein gutes Öl auch nach 2 Jahren, sofern es nicht in der Sonne gestanden hat (ohne VerbraucherInnensorgfalt ist leider niemals eine natürliche Haltbarkeit zu garantieren).

Für alle unter uns, die Freude am Detektivsein haben, allen anderen könnte bei der vielfachen Verstrickung von Information, Werbung und Betrug die Puste ausgehen, gibt es im Anhang Hinweise auf Entschlüsselungspezialisten und LebensmittelKennzeichnungsPortale. Ich habe diese Liste von einem bisherigen Eintagesfreund, so etwas gibt es ja wunderbarerweise. Er ist im Lebensmittelmarketing zuhause, nicht immer mit ungeteilter Freude, aber er hat Humor, kann lächeln, lachen und sich kritisch sehen. Von ihm kommt auch diese Information: In vielen Putengerichten ist Fleisch von in Israel gemästeten, noch ansatzweise als Puten auszumachenden Tieren. Ihre Seelen werden durch Schächtung ins Jenseits befördert. Das muss ja nicht zwingend brutaler sein als die bei uns gängige Bolzenschussbetäubung zuvor. Aber eine Information wäre wichtig, oder? Es steht jedoch auf keinem Etikett. Seien wir achtsam.

Der Naturkostfachhandel hat sich 2004 zu einer eigenen, über die gesetzliche Lebensmittelinformationsverordnung deutlich hinausgehenden Informationspflicht für Naturkostwaren verpflichtet. Da gibt's keine absichtlichen „Lücken" mehr. „Volldeklaration im Naturkostfachhandel" heißt diese lesenswerte, relativ leicht verständliche, auch alle chronischen ZweiflerInnen unter uns vielleicht beruhigende Vereinbarung.

Machen wir uns klug, statt zu wehklagen. Verwechseln wir letzteres nicht mit Achtsamkeit!

Verpackung & Achtsamkeit

Den geringsten Anlass zum vorrangigen Jammern und verschobenen Handeln liefern die Verpackungen der Lebensmittel. Wir können sofort oder sehr schnell begreifen, um was für Materialien es sich da handelt, ob sie durch bessere, natürlich-verrottbarere zu ersetzen wären oder überhaupt überflüssig und gedankenlos pompös, ressourcen- und energieverschwendend sind.

Im Hofladen, an Marktständen, in neu entstehenden Geschäften für unverpackte Lebensmittel wird "lose" Ware angeboten, so, wie ich es noch als Bub vom Lebensmittelhändler kenne: Jede Menge wundersam gefüllter Säcke und Schubladen.

Es ist für uns, Heike und mich, eine fast als sensationell empfundene Gefühlsbereicherung unsere Recyclingtüten so lange verwenden zu dürfen, bis sie dem Gewicht von eingefülltem Couscous, Cashewkernen, Kichererbsen... nicht mehr "standhalten" könnten, die 6erEierkartonage immer wieder zu verwenden, bis sie auseinander fallen.

Die GesetzgeberInnen, die jetzigen, versuchen, den immer neuen Profiteinfällen derVerpackungsindustrie, den Wind aus den gespannten Segeln zu nehmen. Möglichweise ist der Hauptgrund dafür, dass nicht verrottbare Verpackungsmittel, aus Kunststoffen also, seit 1o Jahren Papier,Pappe und Karton, Weißblech und Alluminium, die alle immerhin, wenn auch mit großem Energieaufwand, recycelbar sind, den Rang ablaufen. Kunststoffverpackungen boomen, mit ihnen ist die neoliberale Vision vom beständigen, skrupellosen Wirtschaftswachstum unwidersprechbar und die ProtagonistInnen begeisternd zu belegen.

Das Angebot von BIO Gemüse und BIO Obst in "normalen" Supermärkten ist ein Beispiel für die Perversionen, die unsere modernen Technologien, gekoppelt mit dem totalen Mißtrauen gegen unsere Moraltreue, hier geht's speziell um das Moral- "segment" Ehrlichkeit , herbeiführen können: BIO ist immer massiv plastikverpackt, denn die Verkäuferinnen könnten sonst BIO von konventionell an der Kasse nicht auseinanderhalten.

Beim Entdecken solcher Zusammenhänge wird mir elend, zusätzlich davon, dass IndustrieBIO auch noch deutlich teurer als regionales BauernBIO ist. Wie sollen so die Supermarktkunden von ihren Vorurteilen erlöst werden? Aber letztendlich obsiegt der Optimismus: Die Zukunft wird mehr Freude als Leid in sich haben.

Vor einiger Zeit habe ich einen Freund im Krankenhaus während der Mittagessen- Ausgabe besucht: "Es ist noch schlimmer als im Flugzeug: Die Plastikbenge, die du je Mahlzeit verursacht, du hast keine Chance , es zu verhindern, verdirbt dir jede Freude auf's Essen, selbst wenn du deine Ansprüche schon in unendliche Tiefen herabkatapultiert hast. Was tun wir uns da an?" Mit dieser Frage endete er hilflos und traurig.

"Wir könnten gleich Plastik fressen, dann ginge alles schneller zuende. Ich habe von Albatrossen gelesen, die Unverrotbares , was 45o Jahre braucht, können wir so bezeichen, gefressen haben. Ihre Mägen haben signalisiert, bis zum Tod, wir haben genug im Magen. Und so sind sie verhungert. Es soll ein Potwal , ein noch jugendlicher gefunden worden sein, mit 17Kilo Kunststoffmüll im Leib. Verhungert."

Es ist uns gelungen, das Gespräch wieder in Richtung Träume zu lenken, die unsere Freundschaft unerschütterlich nähren . Wir haben lächelnd Energiequellen angezapft , die verhindern helfen, dass die Meerestiere nicht am Plastikmüll verhungern, dass der Plastikfeinstaub nicht Wasser und Luft vergiftet, dass wir die Achtung vor uns nicht verlieren. Ein charakterstarkes Mass an friedlicher Kampfeslust ist in unserer postrevolutionären Zeit gefordert. Von uns allen. Das war auch im Krankenhauszimmer Gewissheit.

Gebote & Tipps & Tricks

I – Fordern wir, dort wo es uns möglich ist, den Gesetzgeber auf, uns genau zu informieren.Fordern wir ihn auf,
den Betrug, der durch falsche, märchenhafte Bilder erzeugt wird, zu unterbinden. Geben wir den Verbraucher-
zentralen Hinweise. Von diesen sinnvollen, wenn leider
auch nicht selbstständigen „Organen" ist die Weiterlei-
tung unserer Beobachtungen möglicherweise am Erfolgversprechendsten.

II – Kaufen wir nicht wie der sprichwörtlich missbrauch-
te Hamster. Bei natürlich unverderblicheren Lebensmitteln können wir deutlich großzügiger sein, dann lohnt
sich auch der weite Weg zu einem Getreide- oder Kar-
toffelbauern mit Hofladen.

III – Viele Lebensmittel, sofern sie nicht pestizidver-
seucht sind, können unkonventionell umfassend verspeist
werden. Als Beispiel eine Wiederholung: Du kaufst ein
Bund Radiesschen. Die Erdfrüchte kommen dünn geschnitten aufs dünn, mit Butter bestrichene Brot, die
Blätter ergeben eine wohlschmeckende Suppe dazu.

IV – Kaufe möglichst dort, wo Du lose Ware einkaufen
kannst. Solltest Du auch die Papiertüten mehrfach verwenden, würdest Du viel zur Verringerung der Müllber-
ge , zur Verringerung des Energieverbrauchs tun.

V – Höre in Deinen Körper hinein. Er sagt Dir, was Du
brauchst, nicht die Werbung macht das. Die erfolgver-
sprechendste Methode: Schalte das Werbefernsehen ab,
lies keine Werbeanzeigen.

Achtsamkeit ist ein aufmerksames Beobachten, ein Ge-
wahrsein, das völlig frei von Motiven oder Wünschen ist,
ein Beobachten ohne jegliche Interpretation oder Verzer-
rung.
Jiddu Krishnamurti

Glück entsteht oft durch Aufmerksamkeit in kleinen Din-
gen, Unglück oft durch Vernachlässigung kleiner Dinge.
Wilhelm Busch

Man braucht zwei Jahre um sprechen zu lernen und fünf-
zig, um schweigen zu lernen.
Ernest Hemmingwey

Im Wein liegt Wahrheit; der Schwindel liegt im Etikett.
anonym

Verhüllung ist Verheißung.
Christo

Wir kaufen nicht, was wir haben wollen, wir konsumie-
ren, was wir sein möchten.
John Hegarty

Die beste Weise , sich um die Zukunft zu kümmern, be-
steht darin, sich sorgsam der Gegenwart zuzuwenden.
Thich Nhat Hanh

Angebote zur Ernährung der Seele

Einklang, Harmonie, Einheit, Zusammenspiel...von Körper, Geist und Seele formen den gesunden, glücklichen, bescheidenen Menschen. Streben wir, mit allen uns zur Verfügung gestellten, sich ständig ändernden Körper-, Geist- und Seelenkräften dieses Ziel an. Immer und immer wieder. Ohne zu verzagen.

Jetzt, wo selbst die Wissenschaft die unauflöslichen Verbindungen dieser drei Lebensgestalter, nicht mehr infrage stellt, sondern intensiv versucht, zu unser aller Wohl in diesem Falle, zu weiteren Erkenntnissen zu gelangen, sollte das den Wissenschaftsgläubigen unter uns ein zusätzlicher Antrieb sein. Psycho-Neuro-Immunologie ist die sperrige Bezeichnung für diese Forschungsdisziplin. Sie bestätigt das, was die großen DenkerInnen schon immer wussten: Die Psyche, das Gehirn und das Immunsystem stehen in enger Verbindung und kommunizieren miteinander; um den menschlichen Organismus gesund zu erhalten. (Professor Dr. Christian Schubert).

Glauben wir fest daran, dass sich die Dreieinigkeit, immer sich ergänzend und ausgleichend, um unser Wohlergehen bemüht. Versuchen wir, es ihr nicht zu schwer machen, auf dem Weg zu Harmonie und Wohlbefinden.

Der Geist ist dem selben Gesetz unterworfen wie der Körper: beide können sich nur durch beständige Nahrung erhalten.
Marquis de Vauvenargues

Schlechte Verdauung kommt weniger von der Nahrung selbst als von der Stimmung, in der wir unsere Nahrung

zu uns zu nehmen pflegen.
Prentice Mulford

Wir müssen auf die Stimme unserer Seele hören, wenn wir gesunden wollen.
Hildegard von Bingen

Wir lächeln oft! Auch grundlos!

Das dauerhafte Ändern einer als schlecht erkannten Gewohnheit zu einer nützlichen, lebenserhaltenden und lebensfroher machenden Gewohnheit ist ein spannungsreicher, mühsamer, kräftezehrender Prozess. Zum Glück können wir manche Gewohnheiten in kleinen „Schritten" umgestalten. Das Kauenlernen und das Lächelnlernen gehören zu diesen erfolgversprechenden und dann weiteren Optimismus und Selbstvertrauen spendenden Möglichkeiten, das Leben „Zug um Zug", „schrittweise", also immer dauerhaft bewegt, in Richtung der Wünsche zu lenken.

Dies ist ein besonderer Grund, besonders für die durch Misserfolge Gebeutelten, für die Verzagteren unter uns, beides freudvoll und zuversichtlich anzugehen. Und ausstrahlen zu lassen auf die schwierigeren Versuche, scheinbar unerschütterlich in Körper und Seele verankerte Gewohnheiten zu ändern. Besonders schwierig wird das dann, wenn ich mich mit meinen Versuchen nicht im Einklang mit meinen Mitmenschen, mit den Gewohnheiten meiner Zeit, meiner Gesellschaft befinden sollte.

Lächeln ist gesund. Ist jedes Lächeln gesund? Dazu gleich mehr.

Lächeln ist ansteckend. Ganz sicher. Aber nicht immer sofort. Und nicht bei allen EmpfängerInnen. Rechne das nicht auf. Dein Lächeln ist ein Geschenk. Für Dich und für die anderen. Und Geschenke sind, im Idealfall, bewertungsimmun.

Um uns vom Sinn des grundlosen Lächelns, von unseren individuellen Gestaltungsmöglichkeiten dieser, das Leben so bereichernden, und so einfachen! Mitteilung, für dich selber und für alle! anderen zu überzeigen, gibt es nun eine fast endlose Auflistung von positiven Lächelvarianten. Die negativen werden nicht aufgeführt, obwohl unklar ist, zumindest für die Wissenschaft, ob „negatives" Lächeln nicht auch Positives in uns, natürlich nur in uns selber, bewirken könnte. Eine Anmerkung zu dieser Anmerkung: Einfacher ist das Leben nicht.

Unsere positiven Lächelvarianten, „ungeordnet" und ganz sicher unvollständig aufgelistet: Ansteckendes, authentisches, aufmunterndes Lächeln. Entspanntes, freudvolles, freudiges Lächeln. Zufriedenes, zurückhaltendes, kaum erkennbares, weises Lächeln. Weitere Eigenschaftswörter zu unserem wichtigsten freundlichen Signal: zufrieden, wohlmeinend, spontan, verbindlich, lieblich, liebevoll, herzlich, zärtlich, still. Die Lächeln können süßsauer, ganz süß, zuckersüß, zum Knuddeln sein. Die Lächeln können dem der Mona („Abkürzung" für Madonna) Lisa und dem der Sphinx ähneln. Wir können zulächeln, zurücklächeln, anlächeln. Wir haben so wunderbar viele Möglichkeiten uns sprachlos mitzuteilen, uns und andere Lebewesen mit unserem Lächeln zu erfreuen. Das Lächeln ist an kein Alter gebunden. Die Babys lächeln, die Kinder, die Eltern, die Tanten und Onkel, die Großmütter und Grossväter, am schönsten, den Babys gleich, vielleicht die zahnlosen, in fernen natürlich lebenden Volksstämmen ganz alt Gewordenen.

So wie ein kleines Regelwerk zum Erlernen des besseren Kauens hilfreich sein kann, scheinen einige LächelLernHilfen auch sinnvoll (zum Lernen vom Lachen werden ja auch Kurse angeboten. Lachyoga ist ein reizvolles Beispiel dafür.):

I - Beginne den Tag mit einem Lächeln und beende ihn mit einem Lächeln.

II – Finde Dein Wohlfühllächeln. Das kann ja eins mit geschlossenem Mund oder eins sein, wo Du Deine Zähne zeigst.

III – Das überzeugendste, unwiderstehlichste Lächeln ist ein Zusammenspiel von Mundmuskeln und Augen. Auch das kann geübt werden. Am Wahrscheinlichsten gelingt es jedoch, wenn Du mit Dir und Deinem Leben einverstanden bist.

IV – Lass' Dich von den negativen Lächeln, nun doch zwei Beispiele: berechnend, teuflisch, nicht einschüchtern.

V – Rechne die Lächeln nicht auf. Du kannst so unglaublich viele davon „produzieren", zum Freudebereiten in die Welt schicken.

Lachen und Lächeln sind Tor und Pforte, durch die viel Gutes in den Menschen hineinhuschen kann.
Christian Morgenstern

Ein ewig heiterer Gesichtsausdruck ermüdet uns auf die Dauer weit mehr als ein ständiges Stirnrunzeln.
Oscar Wilde (Immer wieder ist es das richtige Maß, das über Wohl oder Wehe mitentscheidet.)

Ich halte das Lachen für eine der ernsthaftesten Angelegenheiten.
Wilhelm Raabe

Wenn Du jemanden ohne Lächeln siehst, schenke ihm einfach eins.
anonym

Da es sehr förderlich für die Gesundheit ist, habe ich beschlossen, glücklich zu sein.
Voltaire

Ich mag Menschen, die sich nach dem Abschied und ein paar Metern Entfernung noch einmal kurz umdrehen und lächeln.
anonym

Mal verliert man und mal gewinnen die anderen.
Otto Rehagel *(Spätestens jetzt wäre es an der Zeit, zu lächeln.)*

Wir denken positiv!

Da ich mir ganz sicher bin, dass ich mehrheitlich von positiven Kräften bestimmt bin, traue ich mich mit einem negativen Start in das Kapitel „Positives Denken".

In Verruf geraten, zurecht, so scheint mir, nicht nur bei den WissenschaftlerInnen, ist das methodische Ausbeuten einer fundamental richtigen Denkweise in kostspieligen Seminaren. Manche Schlussfolgerungen, Trugschlüsse, der sich damit schuldfreisprechenden Positivgurus, können die Lernwilligen noch tiefer im individuellen Pessimismus verankern: „Wenn Du es nicht schaffst, bist Du selber schuld."

Jede, jeder von uns kann auf einfachste Weise seine wirksamsten Unterstützer, Stabilisierer finden. Mir helfen meine Mitmenschen, die jeden Ansatz zu klagen und zu jammern, liebevoll, aber bestimmt abbrechen. Welch'

Glück, dass sie fast immer so reagieren. Mir helfen in der Not zu Mantras mutierte kluge Sprüche, erlebte Gleichnisse, abrufbare Regeln.

Ich beginne, die mich sicher jetzt auch beim Schreiben aufmunternde Auflistung mit einem bekannten Gleichnis: Ein Indianerhäuptling spricht zu seinem Enkel: „In mir tobt ein Kampf zwischen zwei Wölfen. Der eine ist böse. Der andere ist gut. Der böse Wolf kämpft mit *Angst, Sorge, Neid, Gier, Lüge, Eifersucht, Überheblichkeit, Missgunst, Anklagen.* Der gute Wolf kämpft mit *Liebe, Frieden, Demut, Weisheit, Hoffnung, Güte, Vertrauen, Glauben, Wohlwollen, Ruhe …*" Der Enkel fragt den Großvater: „Und welcher der beiden gewinnt?" Der Häuptling antwortet: „Der, den ich füttere."

„Goethe", meinem Hauptdichter, Lehrmeister, lebensbegleitenden, ganzheitlich denkenden und fühlenden Stabilisierer des guten Wolfs habe ich mein wichtigstes Mantra zu verdanken.

Ich sage es mir leise auf, ich bete es laut am Altar dunkler und heller Kirchen, ich liebe es:

Allen Gewalten zum Trutz sich erhalten,
nimmer sich beugen, kräftig sich zeigen,
rufet die Arme der Götter herbei.

Feiger Gedanken bängliches Schwanken,
weibisches Zagen, ängstliches Klagen,
lindert kein Elend, macht dich nicht frei.

Allen Gewalten …

Das überholte, längst unzutreffende weibische Zagen übersetze ich mir ins Allgemeinere.

Die für meine Geliebte wohl wichtigste Motivation ist

ein „Dreiklang" des Japaners Nobuo Shioya:
Denke positiv! Sei dankbar! Jammere nicht!

Aber auch die Autosuggestionsformeln von Emil Coué sind bei ihr wirksam, wirksamer als bei mir. Für alle von uns gibt es passende, aufmunternde Sprüche, vielleicht ist einer für dich schon dabei gewesen, oder vielleicht folgt jetzt einer:

Die Welt ändert sich nicht dadurch, dass man Negatives anprangert, sondern Positives tut.
Roman Lasota

Das Übel, das uns trifft, ist selten oder nie so schlimm, als das, welches wir befürchten.
Friedrich Schiller

Zuviel Vertrauen ist häufig eine Dummheit, zuviel Misstrauen ist immer ein Unglück.
Johann Nestroy

Selbst wenn ich wüsste, dass morgen die Welt unterginge, würde ich heute noch ein Apfelbäumchen pflanzen.
Martin Luther

„Depression unserer Zeit"
Ich schlage die Zeitung auf – lese Erschreckendes
Ich mache den Fernseher an – sehe Scheußliches.
Ich schalte das Radio ein –höre Unglaubliches.
Ich spreche mit Menschen – erfahre Schicksale.
Und jetzt wird von einem verlangt, positiv zu denken?
Frank Dommenz *(Könnte die Konsequenz nicht sein: weniger Zeitunglesen, weniger Fernsehen, weniger Nachrichtenhören, die gewonnene Zeit in aktives Leben investieren, auch ins Trösten?)*

Das fröhliche Herz allein ist fähig, Wohlgefallen am Guten zu empfinden.
Immanuel Kant

Das Negative sehen, aber das Positive denken.
General Sir Hendrik Willem Johan

Und noch einmal Johann Wolfgang von Goethe:
Auch aus Steinen, die einem in den Weg gelegt werden, kann man Schönes bauen.

Olive

Wir singen und lachen! Wir tanzen und weinen!

Singe. Singe leise. Singe aus „vollem Hals". Summe. Summe verträumt. Musiziere. Auch ohne Instrument: Pfeife. Trommle. Schlage Dir auf Schenkel und Wangen. Lese. Mehr Bücher als Zeitschriften. Mehr Klassiker als Hitlistenautoren. Schreibe. Wenigstens hin und wieder eine Postkarte , eine liebe Zettelbotschaft. Male. Oder zeichne. Werde locker: Löse Dich von Ansprüchen. Lache. So oft es Dir möglich ist. Lache leise. Lache laut. Doch lache nicht aus. Weine. Weine glückliche und traurige und scheue Tränen. Heule selten. Tanze. Oh ja. Alleine, zu zweit, zu vielen. Lass Deinen Körper tanzen. Tanze. *Ich kann nicht singen. Ich hab' kein Instrument gelernt. Ich habe nichts zu lachen. Ich weine nie. Tanzen ist was für die Götter oder den Teufel.* In dieser Anhäufung von Verneinungen offenbart sich ihr Mangel an Realität: Das gibt es so nicht. Niemals. Nicht einmal die Teufel kämen auf die Idee, dies alles zu vereinen. Wie sollten sie sonst verführen können?

Ohne das Bewerten durch uns selber oder durch die anderen ist/scheint alles ganz einfach. Die essentielle Leistung ist, es zu tun. Völlig unabhängig von Beurteilungen. Nur bestimmt von Gefühlen und VorSätzen wie: Das macht mich frei. Das hilft mir. Das macht mich glücklich. Das tut mir gut.

Meine „Gesangs"biographie könnte aufmunternd wirken. Deshalb füge ich sie hier ein, bis zu ihrem gegenwärtigen Stand: Unsere Klassenlehrerin der ersten 4 Schuljahre, Frau Hinz, wir 31 kleine Jungs mochten sie sehr und hätten ihr gerne jeden Gefallen getan, um gelobt zu werden, liebte im Besonderen das „Nebenfach" Musik. Ihr Ehrgeiz war es, Schüler zu finden, deren Stimme für den Knabenchor der Naumburger Thomaner ausreichte. Um diese zu finden, ließ sie uns, wieder und wieder, vorsingen. Jeden, vor den anderen 3o. Für jeden Dritten von uns, mindestens jeden Dritten, war das die größte vorstellbare Kinderqual. Ich konnte nicht singen. Und war doch einer ihrer Lieblingsschüler. Unfassbar. Das Leid setzte sich fort. Alle meine Schulfreunde waren im Schulchor. Ich nicht. Voller Neid hörte ich ihrem schönen Chorgesang zu, meistens zu besonderen Anlässen in der Aula der Schillerschule. Der Oberschulmusiklehrer Ernst Hornickel, dem wir alle, auch wir Nichtsänger, unsere Liebe zur klassischen Musik verdanken, dirigierte den Chor mit den Händen, den Armen, dem ganzen fülligen Körper. Filmreif. Noch heute erscheint mir das so. Gut, dass es Arbeiterkampflieder im sozialistischen Versuchsland gab. Die mussten und durften wir alle singen. Auch ich war nicht ausgeschlossen. Es kann sein, dass Lieder wie „Du hast ja ein Ziel vor den Augen …" mir bewiesen haben, dass singen nicht unbedingt etwas mit schönsingen zu tun haben muss.

Und dann habe ich, das ist vor einer Ewigkeit von mindestens 12 Jahren gewesen, auf der Fahrt im offenen VW 181, unserem damaligen Auto, es war auf einer kleinen Straße, die unser Provencedorf mit dem „Paradies" Minguinelle verbindet, in den Vormittagssonnenschein hinein, „Oh happy day …" gesungen. Oh, fröhlicher, oh beglückender Tag. Von da an kann ich singen. Befreit von den Voraussetzungen Harmonie und Wohlklang.

Am Allerliebsten und wohl auch deshalb am häufigsten singe ich einen Text, der mir zusätzlich mehrere Lächeln garantiert: Ich würd' so gerne singen können, ich würd' so gerne singen können, doch leider kann ich das nicht, doch leider, doch leider kann ich das niichhht …

Einem Freund habe ich, besonders übermütig ‚wohl wegen des gemeinsamen Fahrens im alten geöffneten VW Jeep in die Abendsonne hinein, dieses Nichtlied vorgesungen. Zwei Tage später hatte ich die Noten dazu, "leicht gewandelt" schrieb der Musiker und Musikproduzent Jens Krause im Begleittext.

Ich lass' die Noten mitdrucken. Vielleicht wirken sie anregend auf alle NichtSängerInnen unter uns?

In sehr übermütigen Momenten, so scheint mir dann, klingt meine Stimme wie die eines altgewordenen Thomanerknaben. Ach, wie glücklich können Irrtümer machen!

Befreien wir das Tanzen, Lachen, Singen, Weinen und auch das Musizieren von den Ansprüchen, die unsere kulturelle Erziehung erzwingt. Genießen wir dann umso mehr die Höhepunkte, zu denen uns die Kunst führen kann.

Unsere Wünsche, ursprüngliches, fast animalisches Genießen des Naturgegebenen wieder zu erlernen, in Lachakademien, in Seminarhäusern für Gesundheit und Singen, bei TanztherapeuthInnen, in Weinexerzitien beweisen zweierlei: Wir möchten natürlicher, fundamentaler leben, wir finden jedoch allein oft die richtigen Seelen- und Körperknöpfe nicht mehr. Einzuwenden ist dann gegen die Zuhilfenahme von spezialisierten TherapeutInnen gar nichts, sofern diese nicht, wie leider so bedrückend viele, gerade erst ihre „AusbilderInnenUrkunden", nach Kurzlehrgängen zudem oft, überreicht bekommen haben.

Vielleicht tanzen wir uns aber auch in einer Disco die Seele aus dem Leib, sind uns nicht zu schade für einen Lustspielfilm, singen auf einem Waldspaziergang die Eichhörnchen an, trommeln unüberhörbar alte und neue FreundInnen zusammen, weinen Glücks- und Schmerzenstränen unkontrolliert und hemmungslos?

Also! Aufforderung!

Nicht jedes Wochenende eine fremdbestimmte Fortbildung, stattdessen das Suchen nach extremen Lebenssituationen, die uns aus der antrainierten Fasson bringen können! Heulen wir mit den Wölfen! Singen wir mit den Rotkehlchen! Tanzen wir wie die Pinguine! Weinen wir wie die Kinder! Springen wir lachend über in die Wege geworfene Steine.

Mensch, lerne Tanzen, sonst wissen die Engel nichts mit dir anzufangen.
Augustinus Aurelius – Bischof von Hippo (354-430)

Wo immer der (die) Tanzende mit dem Fuß auftritt, da entspringt dem Staub ein Quell des Lebens.
Dschalad ad –Diu Muhammed Rumi

Nur im Tanze weiß ich der höchsten Dinge Gleichnis zu reden.
Friedrich Nietzsche

Das Lachen ist nichts anderes als ein wetterleuchtendes Aufblitzen der Seelenfreude, ein Aufzucken des Lichts nach draußen, sowie es innen strahlt.
Dante

Ein Mann, der Tränen streng entwöhnt,
mag sich ein Held erscheinen;
doch wenn's im Innern sehnt und dröhnt,
geb ihm ein Gott – zu weinen.
Johann Wolfgang von Goethe

Das älteste, echteste und schönste Organ der Musik, das
Organ, dem unsere Musik allein ihr Dasein verdankt, ist
die menschliche Stimme.
Richard Wagner

Wenn du weinst, rettest du dein Herz vor dem Ertrinken.
Andrea Mira Meneghin

Es sind die ungeweinten Tränen, an denen du so schwer
trägst. Weine. Und die Last wird leichter.
Katharina Eisenlöffel

Wir träumen ein Leben lang!

Lokomotivführer, Dampflokomotivführer mit verwege-
nem Schornsteinfegergesicht wollte ich werden, wie fast
jeder Junge meiner Generation, zu einer Zeit als es noch
kohlenbefeuerte Dampflokomotiven gab. Manch ein
Traum war Friseur oder Kuchenbäcker. Der eine oder
andere Junge hat sicher davon geträumt, ein Mädchen zu
sein, seine große Schwester oder ein sonst viel braveres
Wesen als er. Vielleicht auch, weil er kein Mann werden
wollte.

Später war der Lokomotivführer wohl Astronaut oder
James Dean. In DDR-Jugendträumen sah James Dean
dann wie Elvis Presley aus und sang auch so: Jede Gesellschaft ermöglicht andere Träume zweiten Grades. Die
grundsätzlichen, substanziellen, angstfreie Wachträume
kreisen um Liebe und Geborgensein, um Lebensentwürfe,
Lebenszwischen und –endziele, um explodierende Fähigkeiten, ums Fliegenkönnen wie ein Adler , Kletternkönnen
wie eine Katze, ums Singenkönnen wie die Nachtigall
oder Caruso oder der verehrte Dorftenor Albert oder Alberto, um Beifall und Anerkennung in atemraubender Fülle und Stärke, um die beste Mathearbeit der Klasse, um
die tollste Zeichnung, um den besten Aufsatz, um scheinbar Unmögliches.

Auf Geburtstagsfeiern provoziere ich gerne mit meinem Lieblingstrinkspruch das „Hochlebenlassen" der Ju-
bilarin, des Jubilars:

TrinkAnSpruch
Oh, Jugenträume, bleibt uns treu!
Gewinnt hinzu

den Duft
von aufgeblühten Rosen!
Gewinnt an Reife, an Bescheidenheit.
Holt euch den Mut
aus jedem Riß im Felsen,
die Kraft von wildem Samen
lasst euch Vorbild sein.
Der Dürre widersetzt euch
mit Besonnensein, mit Glauben:
Die Quelle wird sich zeigen!

Und Roter Tropfen, du,
bestärke und beschütze
den schönen, schweren Kampf
um heiles, helles, ausgefülltes, wunderbares Leben!

Und mach dich rar,
wenn wir dich überfordern!

Oh, Jugendträume, bleibt uns treu!
Gewinnt hinzu den Duft von aufgeblühten Rosen,
gewinnt an Reife, an Bescheidenheit,
verliert den Hass, die Überheblichkeit,
die Kraft von wildem Samen lasst euch Vorbild sein!
Oh Jugendträume bleibt uns treu,
bleibt uns treu ein Leben lang!
Prosit!

Die gelenkten Tagträume gestalten mein Leben. Gestützt wird diese Traumform durch wunderbar „formulierte" reverie(s). Robert Schumanns Träumerei und Das Prinzip Hoffnung von Ernst Bloch sind mir beispielhaft für Musik und Philosophie. Das Gute wird überwiegen, den Ausschlag geben. Ganz umfassend unsere Welt betreffend und ganz umfassend jedes Individuum: Ich träume davon, ein guter Mensch zu werden. Ich träume davon, dass Sein und Werden sich freudvoll annähern.

Tagträumen, wachträumen wir! Jede, jeder von uns auf seine ganz eigene lebensbejahende Art.

Du musst träumen wollen, um träumen zu können.
Pierre Baudelaire

Wer keinen Mut hat zum Träumen, hat auch keine Kraft zum Kämpfen.
Afrikanisches Sprichwort *und* **Wolfgang Becker**
(Seinetwegen ist es hier, ergänzend zum Zitat von Pierre Baudelaire, aufgeführt. Es ist der Lieblingsspruch von meinem kämpferischen Freund, Berater und Korrektor dieses Buchs. Für mich ist es deshalb von ihm.)

Kolumbus musste von Indien träumen, um Amerika zu finden.
anonym

Die Möglichkeit, dass Träume wahr werden können, macht das Leben erst interessant.
Paulo Coelho

Ein Traum ist unerlässlich, wenn man die Zukunft gestalten will.
Victor Hugo

Frei ist, wer in Ketten tanzen kann.
Friedrich Nietzsche

Träume, als lebtest du ewig – lebe, als stürbest du heute.
James Dean

Bedingungsloser Pessimismus also befördert nicht viel weniger die Geschäfte der Reaktion als künstlich be-

dingter Optimismus; letzterer ist immerhin nicht so dumm, dass er an gar nichts glaubt.
Ernst Bloch

Das Leben aller Menschen ist von Tagträumen durchzogen, darin ist ein Teil lediglich schale, auch entnervende Flucht, auch Beute für Betrüger, aber ein anderer Teil reizt auf, lässt mit dem schlecht Vorhandenen sich nicht abfinden, lässt eben nicht entsagen. Dieser andere Teil hat das Hoffen im Kern, und er ist lehrbar.
Ernst Bloch

Wir lieben das Leben! Wir verstehen das Sterben!

Die Verführung ist riesengroß, viele unserer geschätzten Altvorderen und somit viel langsamer Sterbenden oder gar UnsterblichGewordenen zu Wort kommen zu lassen. Sie haben alles gesagt, was es zu sagen gibt, zu unserer extrem kurzen und wunderbar langen Lebenszeit. Zur alles ordnenden Kraft der Liebe. Goethe lässt den jungen Werther die Liebe so erklären: „Es ist die Liebe, die die Welt im Innersten zusammenhält". Versuchen wir, Geburt und Tod, leben und sterben als ein GROSSESGANZES zu begreifen, und gleichzeitig als ein winziges kosmisches Detail.

Als ich 12 oder 13 Jahre alt war, hat mir meine gleichzeitig gefürchtete und angehimmelte Buchhändlerin und Buchverleiherin ein Buch von Herrmann Broch ausgeliehen: *Der Tod des Vergil*. Ich habe es mit der Taschenlampe unter der Bettdecke lesen müssen, weil meine irritierten Eltern den Titel, allein nur schon den Titel, für einen jungen Menschen unglaublich fanden; unzumutbar. Vielleicht mehr aus eigener Bange als aus Fürsorge? Zurück zur charakterstarken, verehrten Buchhändlerin Katharina Becker, die das Leben vieler WeimarerInnen Mitte des letzten Jahrhunderts mutig beeinflusst hat: Ohne sie hätte die „provokante" Westliteratur keinen Weg unter den Ladentisch in der Geleitstrasse und dann zu den begierigen LeserInnen gefunden. Zwei Tage war die Buchleihzeit, das hieß übersetzt: Nachtlesen. Nicht zwingend mit einer Taschenlampe wie bei dem 12-jährigen Jungen Pionier, der von einer sozialistischen unendlichen Welt träumte, so wie es vielleicht nur im deutschen Osten von 1949 an möglich war. Nach dem Mauerbau 1961 hatten es die Tagträumer unter „geteiltem Himmel" dann deutlich schwerer.

Weshalb erwähne ich das? Erstens möchte ich den außergewöhnlichen BuchhändlerInnen, LeseberaterInnen dieser Welt ein kleines Denkmal damit bauen. Zweitens trifft das schmerzvolle Sterben nicht nur das Individuum, sondern auch Gesellschaften, Länder, Weltreiche. Für Betroffene, die in solch' einer Sterbensphase von Träumen und Utopien leben oder lebten, kann der Tod und das Sterben eine vielfache Bedeutung haben: Obwohl man nur einmal lebt, kann man dann mehrmals sterben. Drittens ist dieses Buch auch ein Lesebuch, das von einem Menschen geschrieben wird, der seine ersten zwanzig Jahre zusammen mit Schiller und Goethe und dem realen Sozialismus verbrachte, im kleinbürgerlich gewordenen Weimar und im wunderschönen Thüringer Ilmtal unter oft wolkenlosen, jugendlich stürmischen, noch ungeteilten Himmel.

Schicksal oder Zufall? Nur die Neunmalklügsten wissen genau, weshalb das Leben so oder so verläuft. Axel, mein komplizierter Freund, ist seit einigen Stunden nicht mehr ansprechbar. Das haben mir die Hospizschwestern gewohnt liebevoll am Telefon gerade mitgeteilt: „Wir haben den Hörer neben das Telefon gelegt, um Axel Schebitz nicht zu stören." Wenn er sich das gefallen lässt, eine Bevormundung, dann haben die Schwestern sicher richtig gehandelt. Mir ist das Herz schwer geworden: Ich bin dabei, über das Sterben zu schreiben und genau da hinein kommt eine solche Nachricht. Dieser Zufall berührt mich.

Deshalb bleibe ich bei meinem Freund, dem Hochbegabten, der nicht immer vorbildlich gelebt hat, der aber jetzt, wo es wirklich ernst wird, vorbildlich stirbt: Kein Jammern. Aus jedem noch verbleibenden Tag das

Bestmögliche herausholen und hineingeben. Das kann er nun. Bewundernswert. Immer wenn die Hand nicht am Zittern war, hat Axel in „seinem" Hospizzimmer am letzten kleinen Auftrag gearbeitet, den Skizzen für die Küchenutensilien, die in der *veganen Kochfibel* abgebildet sind. Auch am Stilwechsel wird zu erkennen sein, dass er „mittendrin" aufgehört hat, zu leben. Der Dialektiker Bert Brecht formuliert eigennützig und allen anderen Trost spendend : *Tot ist man erst, wenn keiner mehr an einen denkt.*

Mein Hemmingweybewunder hat einen Enkel, der seinen Opa, den Vogelstimmenlehrer, den genau zielenden und treffsicheren Jäger, den Geschichtenerzähler, der häufig Dichtung und Wahrheit durcheinander brachte und damit die Treue manches Mitmenschen überforderte, im Gedächtnis behalten wird. In unvergänglicher, oft nur in der Kindheit zu erzeugender Treue.

Ich habe einem jetzt 71? jährigen Olivenbaum den Namen Axel gegeben. Der knorrige, auf den genauen Blick hin, schöne Baum hat das baumschmunzelnd angenommen und wird sich noch in 200 Jahren erinnern an einen gleichfalls knorrigen und schwer entschlüsselbaren Menschen, dem es ein Leichtes war, seinen Mitmenschen Olivenbäume mit dem Zeichenstift nahe zu bringen, ohne die Botschaft der Olivenbäume leben zu können.

Das Leben ist kein Problem, das es zu lösen, sondern eine Wirklichkeit, die es zu erfahren gilt.
Buddha

Gib jedem Tag die Chance, der schönste deines Lebens zu werden.
Mark Twain

Das einzig Wichtige im Leben sind die Spuren der Liebe,
die wir hinterlassen, wenn wir gehen.
Albert Schweitzer

Wie gesagt, das Leben muss noch vor dem Tode erledigt
werden.
Erich Kästner

Auch das glücklichste Leben ist nicht ohne ein gewisses
Maß an Dunkelheit denkbar. Carl Gustav Jung
Carl Gustav Jung

Lache das Leben an. Vielleicht lacht es wider.
Jean-Paul Sartre

Das klare Todesbewusstsein von früh an trägt zur Le-
bensfreude, zur Lebensintensität bei. Nur durch das To-
desbewusstsein erfahren wir das Leben als Wunder.
Max Frisch

Sterben kann garnicht so schwer sein – bisher hat es
noch jeder geschafft.
Norman Mailer

Wie ein gut verbrachter Tag einen glücklichen Schlaf be-
schert, so beschert ein gut verbrachtes Leben einen
glücklichen Tod.
Leonardo da Vinci

Wer nicht mehr liebt und nicht mehr irrt, der lasse sich
begraben.
Johann Wolfgang von Goethe

Das Leben ist voller Leid, Krankheit, Schmerz – und zu
kurz ist es übrigens auch.
Woody Allen

Credo der ComplementerInnen

I Begründung des Credos

Ich liebe Credos. Die großen und die kleinen. Den verbotenen Knabenpakt, die vertrauensvolle Übereinkunft, die angstfreien Glaubensbekenntnisse.Ich danke allen meinen jetzigen Göttern, dass ich den Glauben an das Gute in uns, an das friedlich Ordnende, an das gemeinschaftliche Erarbeiten der Zukunft zurückgewonnen und seit nunmehr ungefähr 5 Jahrzehnten unerschütterlich in mir habe. Ich kann und will nicht ohne Credos leben. Sie stärken mich. Sie verbinden mich. Sie stimmen mich heiter und zukunftsfroh. Der DreiAltmännerPakt, der ohne ähnlich Erlebtes in der Kindheit nicht wäre,mit 8o Jahren die St.Victoire zu erwandern, sich so zu verhalten, dass dies wahrscheinlich werden kann, abgeschlossen mit 73 Jahren am Gipfelkreuz des CezanneBerges, ebenso wie das Credo der ÖKOBande, eines Zusammenschlusses von unterschiedlichsten männlichen BIOaktivisten Niedersachsens, einer eingeschworenen, sich stabilisierenden , nicht wehklagenden Gemeinschaft. Am Credo der united cooks of nature und dem der BIOSpitzenköche habe ich leidenschaftlich und verträumt mitgebastelt wie nun an dem Entwurf eines Glaubensbekenntnisses zur gesunden, reuelosen Genuss versprechenden, ganzheitlichen Ernährung.

Ich kenne das Gefühl, den Glauben zu verlieren (Credo = Substantivierung von credo - ich glaube). Dies Erlebnis mit 15 Jahren hat mich hilflos und einsam gemacht: Ich konnte das "Vaterunser" nicht mehr beten. Mir war der lutherische Gott, der liebe Gott, abhanden gekommen, nicht lange nach der Konfirmation. Das hatte weitreichende Folgen: "Die junge Gemeinde", eine sehr lebendige "Jugendorganisation" der evangelischen DDR-Kirche, deren Lebendigkeit sich auch aus kritischen Meinungen zum" realsozialistischen Denken" speiste, viel weniger an der grundsätzlichen Kritik am Sozialismus als am verlogenen, ängstlichen "Realsozialismus", konnte nun nicht mehr mein zweites Zuhause sein.

Es hat sehr lange gedauert, bis ich meinen Glauben wieder gefunden habe. Oh, wieviele Götter, Menschen, Freunde und Dichter haben mir dabei helfen müssen.. Wieviel erlebte Musik war nötig, was haben Bach, Beethoven, Mozart und Vivaldi leisten müssen, um meinem Glauben neues Leben zu schenken. Wird der verlorene Glauben nicht ersetzt durch einen ähnlich wertvollen neuen Glauben, den wir selber mitgestalten können, was für ein Zugewinn an Freiheit, hat es der Optimismus schwer und das Nebensächliche, Nihilistische leicht.

Als Wegweiser, den stärkeren, da gemeinschaftlichen Pfadefindern, brauchen wir alle Leitsätze, Glaubensbekenntnisse, Überzeugungen, Credos.

Unsere Regelwerke, unsere Gesetze (Festlegung von Regeln) können unsere moralischen Glaubensbekenntnisse nicht ersetzen. Je mehr Gesetze und Gesetzesparagraphen desto mehr Fehlleistungen und Mißtrauen. Wir sind weit weg von den Glaubensbekenntnissen, den Credos unserer Vorfahren in kleinen Gemeinschaften, weit weg von denen indigener Völker, weit weg von den unerschütterlichen Überzeugungen der Karl May-Indianer.

Im Jahre 2003 gab es in Deutschland 45.511 Rechtsparagraphen, im Jahre 2009 76.382. Diese Zahlen signalisieren nicht Reichtum und Kultur sondern Armut und Verwahrlosung. Sie machen traurig. Vorübergehend. Hätten wir keine Credos wäre die Traurigkeit von Dauer.

Während ich spreche "ich glaube", beruhigt sich mein Herz, es wird heiter und stark...
anonym

Das neoliberale Credo lautet, dass der Staat ungeeignet ist, Betriebe wirtschaftlich zu führen
anonym *(Blenden wir das Ganzheitliche aus, ist das kaum zu widerlegen.Es gibt sehr magere Wahrheiten.)*

Mein Credo lautet Vertrauen.
anonym

Mein Credo ist: Du mußt keinen Nobelpreis gewinnen. Wenn man das Scheitern akzeptiert, gibt es kein Scheitern mehr.
Sebastian Koch

II CREDO (Entwurf)

Wir ComplementerInnen lieben das Leben. Das eigene und das der vielen und ganz anderen. Wir sind auf dem Weg. Jede auf ihrem, jeder auf seinem. Alle auf einem gemeinsamen.

Es gelingt uns, die StromläuferInnen der mainstream society nicht zu verachten. Wir sind voller Enthusiasmus und Zuversicht. Wir jammern nicht.

Wir versuchen, ins Gleichgewicht zu kommen. Wir hören in uns hinein. Wir erkennen unsere Stärken und Schwächen. Wir handeln.

Wir sind verträumt. Wir glauben an das Unmögliche. Wir stehen mit beiden Beinen und klaren Sinnen auf der geliebten Erde.

Ganzheit ist für uns das Ziel aller Wege. Sicher ist

sie nicht erreichbar. Doch jeder ehrliche, bescheidene, lustvolle, mutige Schritt führt in ihre Richtung. Irren ist menschlich. Das haben wir dankbar und uns tröstend verinnerlicht.

Wir ComplementerInnen sind stolz auf uns, obwohl wir wissen, dass es abgeklärtere, konsequentere Lebensweisen als die unsrigen gibt.

Wir haben verstehen müssen, dass unsere Lebensweise das Töten von Tieren, das Töten von Lebewesen mit Gefühlen und phantastisch ausgeprägten Sinnen voraussetzt. Wir versuchen, unsere Leben so zu gestalten, dass seltener getötet werden muss.

Wir essen nur Lebensmittel von Tieren, die ein, aus unserer Sicht, lebenswertes Leben hatten, bevor wir sie unter möglichst angstfreien Umständen für uns töten und dann ausschlachten lassen.

Das Wort artgerecht gebrauchen wir nicht. Wir machen uns da nichts vor: Artgerecht lebt kein Nutztier, kein Schlachttier. Allein das Töten schließt die Nutzung dieses beschönigenden Begriffs aus.

Wir verhalten uns so, dass unsere Enkel noch Bauern erleben. Entsprechend kaufen wir ein: Hofläden, Bauernmärkte, regionale Lebensmittel in Bioläden und auch in BioSupermärkten.

Wir sind, bei allem Enthusiasmus, realistisch: Ein ehrlicher Geldbeutel ist nicht beliebig nutzbar.

Wir achten beim Einkaufen auf: Fair * Regional * Saisonal * Bio * und auf die Produktionsweise: bäuerlicher Betrieb oder Agrarindustrie.

Wir ComplementerInnen ernähren uns nach unserer LebensmittelStufenpyramide. Ihr Fundament ist Gemüse, Gemüse, Gemüse. Die letzten Stufen unserer Pyramide werden gebildet von Tierischem, Fisch, Weißmehl, Zucker, Drogen. Wir wünschen uns, dass diese Stufen immer schmaler werden.

Fastfood, Tiefkühlkost, Fertiggerichte versuchen wir aufs Notwendigste zu beschränken. Aber manchmal geht's nicht anders. Wir nutzen diese Möglichkeiten dann voller Freude, und nicht mit schlechtem Gewissen.

Wir sind GenießerInnen. Oder haben, das ist das Gefühlsminimum, Freude am Essen. Wir haben verinnerlicht: Ohne Freude am Essen ist Gesundheit unwahrscheinlich.

Wir sozialisieren, vernetzen uns. Wir bestärken uns. Wir nutzen dazu vorhandene Strukturen: Wir brauchen keine eigenen Organisationsformen. Wir nutzen das Internet. Auch zum freudvollen Streiten.

Wir ComplementerInnen verstehen mehr und mehr: Die Ernährung von Körper, Seele und Geist ist etwas Ganzheitliches. Das Wie, Wann und Wo des Essens ist ähnlich wichtig wie das Was.

Die Seele ist immer dabei, großmütig und ausgleichend, mild und tolerant,. Und heiter. Möglichst oft heiter. Darum bemühen wir uns.

Unser Handeln wird geleitet von der Fürsorge für möglichst viele Lebewesen. Todeshunger darf es in der Zukunft nicht geben. Saubere Luft, sauberes Wasser, giftfreie Nahrungsmittel für alle. Das ist eines unserer Ziele.

Wir ComplementerInnen sind offen für vieles, doch unerschütterlich im Wesentlichen.

Wir ComplementerInnen lieben das Leben. Das Leben in seiner Ganzheit. Das Leben von Samen, Pflanzen, Bäumen, von Wild-, Nutz-, Schlacht- und Haustieren, das Leben der Wasser, der Steine, das Leben von Himmel und Erde.

Die Folgen der verschiedenen Ernährungsverhalten für die Gesundheit von Kosmos, Erde, Algen, Pilzen, Pflanzen, Bäumen, Tieren und Menschen

Allgemeines zu Wahrheiten, Vermutungen und zum Wunschdenken

Hätten wir einen tröstenden Traum, eine unumstößliche Vision von der Wahrheit, die wir ehrfurchtsvoll und demütig ewige Wahrheit nennen könnten, brauchten wir die vielen anderen Wahrheiten nur zum Verständigen, nicht für unser Denken und Fühlen.

So behelfen wir uns, wirr und beängstigend eng und ziellos mit unendlich vielen Wahrheiten, aber nur, wie wunderbar entlastend könnte da die Vielfalt sein, mit sehr wenigen Irrtumsbeschreibungen, den zugegebenen fälschlichen Fürwahrhaltungen.

Die spannendste Wahrheit ,scheint mir, ist die erfundene. Nicht umsonst hat ,so der Film "Die Erfindung der Wahrheit" seelenerschütternd gewirkt. Hier nun ganz wertungsfrei, spannend ist die Auflistung allemal , ein letztendlich heiter stimmendes, unsere Beschränktheit feierndes Wahrheitssammelsorium:

Erschütternde Wahrheit. Dunke, tödliche Wahrheit. Absolute und relative Wahrheit. Verborgene und erkennbare Wahrheit. Verschwiegene, verdrängte, vergewaltigte Wahrheit. Schöne, einfache Wahrheit. Philosophische Wahrheiten ...

Die inflationär vielen Wahrheiten, die Dialektik von Wahrheit und Irrtum, die der Menschheitsgeschichte , der gemeinschaftlichen und der persönlichen innewohnt, sollte uns bescheidener werden lassen: Vor 425 Jahren wurde der einstige Kirchenliebling Galileo Galilei wider besseres Wissen vom Papst zum Widerruf seiner Erkenntnisse gezwungen. Die vom Astronomen bewiesene Theorie des Kopernikus, dass sich die Erde, wie andere Planeten auch, um die Sonne dreht, passte nicht ins gefährliche, Angst erzeugende Weltbild der Kirche mit der Erde als Zentrum.

Das Leben des Gallilei ist ein erschütterndes, ernüchterndes Beispiel für unsere , selbst verursachten Erschwernisse bei der Wahrheitssuche: Immer werden die Mächtigen versuchen, Erkenntnise, Wahrheiten zu verschweigen, als Spekulationen, Vermutungen, Hypothesen zu verunglimpfen, als Wunschdenken zu verharmlosen, sobald die Wahrheit ihre Macht nicht stabilisiert, sondern gefährdet.

4oo Jahre hat die Kirche gebraucht, um den Ausnahmewissenschaftler des Mittelalters zu rehabilitieren. Seinen Inquisitoren wurde dabei bescheinigt, dass sie in "gutem Glauben" gehandelt haben.

Redlichkeit und Wahrheit sind schwer mit der Macht vereinbar.doch "seien wir realistisch: schaffen wir das Unmögliche". Solidarisieren wir uns auf der Suche nach den schönen Wahrheiten, seien wir geduldig und wahrhaftig dabei: erkennen wir unsere Irrtümer schneller als dies den Mächtigen, den SpezialistInnen möglich ist.

Die ewige Wahrheit lebt jenseits von Beweisbarkeitswahn und Rechthaben. Sie verzeiht uns dann ,wohl nur dann, alle Irrtümer, die vergangenen, die jetzigen, die zukünftigen.

*Wir dürfen die Natur nicht als unseren Feind betrachten,
den es zu beherrschen und überwinden gilt, sondern
wieder lernen, mit der Natur zu kooperieren. Sie hat eine
viereinhalb Milliarden lange Erfahrung. Unsere ist wesentlich kürzer.*
Hans-Peter Dürr

Sprich nicht, es sei denn, du kannst die Stille verbessern.
Klosterspruch

*Sei Du selbst die Veränderung, die Du Dir wünschst für
diese Welt.*
Gandhi

Die Folgen für den Kosmos, für die Erde

Wir können, das scheint sicher, das Menschenzeitalter
verkürzen. Noch sind wir sogar dabe, einen Turbo
einzuschalten, beim negativen Beeinflussen unserer
Lebenschancen auf der Erde, statt Gas vom
Vernichtungspedal zu nehmen. Wir können, auch das scheint
sicher, das Menschenzeitalter nicht ohne das Wohlwollen
der kosmischen Kräfte für alle Zukünfte absichern. Wir
sind mächtig und ohnmächtig zugleich.
   Wandeln wir das Ohnmächtige in Achtung, Dankbarkeit,
Bewunderung, in Demut. Nutzen wir unsere Fähigkeiten, die
geistigen wie die technischen, nutzen wir das beweisbare
und das unbeweisbare Wissen zum Erhalt unserer
Lebensgrundlagen. Im großen wichtigen Aktionsfeld der
Ernährung können wir viel,viel mehr für unsere Erdkugel
tun als manche vermuten. Einige aufmunternde Zahlen und
Erläuterungen : Folgen wir nur den Ernährungsempfehlungen der DGE (Deutsche Gesellschaft für Ernähunrg) oder
jenen der UGB (Unabhängige Gesundheitsberater) statt

uns durchschnittlich weiter so gesundheitsgefährdend wie bisher zu ernähren, dann hätte das folgende Auswirkungen auf unseren Heimatplaneten:

	DGE	UGB	OVO LACTO VEG	VEGAN
Phosphorbedarf	88%	85%	63%	38%
Co2 Emissionen	87%	87%	69%	47%
NH3 Emissionen	78%	70%	50%	11%

Die Einsparungen, die der Ernährungswandel verursachen kann, sind überzeugend, oder? Für den Complementismus gibt es, leicht nachvollziehbar, noch keine Zahlen, aber es ist klar, dass die Einsparungen zwischen denen des Vegetarismus und Veganismus liegen. Noch überzeugender ist der Vergleich der Flächenbedarfe. Selbst die sehr moderaten Ernährungsumstellungen nach den Empfehlungen von DGE und UGB müßten dazu führen, dass kein m2 Regenwald mehr gerodet werden müßte. Ernähren wir uns vegetarisch, vegan oder complementär, dann könnten wahrscheinlich 15 Milliarden Menschen ohne weitere Naturzerstörung ernährt werden. Die Zahlen: Flächenbedarf in % des durchschnittlichen Bedarfs bei der jetzt vorherrschenden Ernährung mit tierischen Produkten DGE - 85% / UGB - 81% / OVO LACTO VEG.- 66% / VEGAN - 51%

Nur der hohe Wasserbedarf, der für das Erzeugen von Gemüse notwendig ist, trübt die Bilanz der veganen Ernährungsweise nachdenkenswert ein. Erste Schlussfolgerung: Die bisherigen Methoden des Landwirtschaftens, des Gemüseanbaus müssen grundsätzlich hinterfragt werden. Deshalb folgen zukunftsfrohe, noch teilweise unklare

Hinweise auf die bisher bekannten Möglichkeiten ganzheitlichen Landwirtschaftens. (Hinweise auf die Quellen der obigen Angaben gibt es im Anhang. Wegen der sich leicht ändernden Ernährungsgewohnheiten der DurchschnittskonsumentInnen sind sie nur als Schätzungen, als Orientierungshilfen zu betrachten. Die Ausgangsdaten sind aus dem Jahr 2006) Positive Schlussfolgerung! In der ERD-CHARTA, sie kann im Anhang in Auszügen gelesen werden ist unser "Auftrag" formuliert. Mit Hilfe unseres Ernährungswandels können wir ihn erfüllen helfen. Das einleitende Gebot: Achtung haben vor der Erde und dem Leben in seiner ganzen Vielfalt. ... Jeder Mensch ist mitverantwortlich für das gegenwärtige und zukünftige Wohlergehen der Menschheitsfamilie und für das Leben auf der Erde. Unterzeichnen wir diese ′hoffnungspendende Charta. Auch um uns zu motivieren, uns zu verpflichten, uns zu verpflichten zum Handeln.

Heute geht es um Dramatischeres, nämlich die Umwelt als Grundlage des Lebens zu retten und das weltweit, bis in die Stratosphäre und die Tiefsee hinnein.
Ulrich von Weizsäcker

In der lebendigen Natur geschieht nichts, was nicht in Verbindung mit dem Ganzen steht.
Johann Wolfgang von Goethe

Die Aufladung der Atmosphäre mit Treibhausgasen bringt die Chemie und die Biologie des Lebens auf der Erde durcheinander und zerstört unter anderem Nahrungsketten, die seit Jahrtausenden funktionieren.
Bernhard Pötter

Wer den Klimawandel bremsen will, muß Landwirtschaft

auf regenerative Systeme umbauen.
Felix Prinz zu Löwenstein

Der endlose blaue Ozean des Himmels hat sich als ganz zartes Häutchen erwiesen. Wie verhängnisvoll ist es, diese zarte Schutzhülle des Lebens auch nur im Geringsten zu schädigen.
Wladimir Schatalow -Kosmonaut

Visionen zu einer ganzheitlichen Landwirtschaft

Wenn man ein so großes Problem wie die weltweite Umweltzerstörung betrachtet, fühlt man sich leicht überfordert und völlig außerstande, irgendeine Veränderung zu bewirken. Aber einer solchen Reaktion müssen wir widerstehen, denn diese Krise ist nur zu lösen, wenn der Einzelne Verantwortung übernimmt.Am wichtigsten ist vielleicht, dass jeder von uns sein eigenes Verhältnis zur natürlichen Umwelt bestimmt und auf der Ebene tiefster persönlicher Ehrlichkeit seine Verbindung zu ihr erneuert.
Al Gore

Ich stelle dieses lange, wunderbar genaue und hoffnungstiftende Zitat voran, weil mir auch nicht andeutungsweise ein ähnlich umfassend-schöner Start in die "Visionen zum ganzheitlichen Landwirtschaften" eingefallen ist.

Die Wirklichkeit gewordenen "Zukunftsfilme" früherer mutiger RealphantastInnen ermutigen alle Nachfolgenden: Jene, die Gegenwart mit dem Kosmos vernetzenden Ideen Rudolf Steiners ebenso wie die durch intensivste Heimatgefühle erzeugte Tatenkraft des Schweizers Hans Müller.

Erst von knapp 1oo Jahren - 1924 - wurde der auf Rudolf Steiners Ideen aufbauende Demeterbund gegründet. In der Schweiz kam esvorallem durch den extrem aktiven, doch mit der Natur verbundenen Politiker Dr. Hans Müller zur Gründung der Bauernheimatbewegung, aus der, Schritt für Schritt, Treffen um Treffen, 1971 der Verein *bio-gemüse* entstand (In diese Richtung könnte es in unserer Zukunft auch wieder gehen, oder?). 1976 wurde daraus bioland. Das schreibt sich so einfach dahin, trotz des Wissens um das Eitelkeitsgerangel und die grundsätzlichen Schwierigkeiten, die alle ErneuerInnen unverhältnismäßig überfallen.

Weshalb diese geschichtlichen Anmerkungen? Mutmacher könnten sie sein für all das, was heute visionär angedacht und mit viel individueller Schaffenskraft, den Altvorderen ebenbürtig, realisiert wird. Was kann aus Visionen werden?

I - Demeter ist heute weltweit Vorbild für naturnahe, ganzheitliche KreislaufLandwirtschaft. *Bio-dynamisches* Landwirtschaften hat die höchsten ÖKOAnforderungen und "Wohlfühlstandards" für Nutz-und Schlachttiere. In Deutschland arbeiten ca 1.4oo bäuerliche Betriebe mit einer durchschnittlichen Größe von 5o ha nach den bio-dynamischen Kriterien.

II - Die *organisch-biologische* Wirtschaftsweise von Bioland, deren Kriterien deutlich einfacher zu erfüllen sind , ist die Entwicklung, gerade in den letzten Jahren, fast revolutionär zu nennen: 1981 waren 2oo Bauern beim heute mit Abstand größten BioVerband organisiert. In diesem Jahr sind es 6861 bäuerliche Betriebe, die sich den Bioland-Richtlinien verpflichtet haben. Die Hofgröße liegt auch bei ca 5oha. Die Hofgrößen werden erwähnt, weil diese bei den 9 deutschen Anbauverbänden (Biokreis,Bioland,Biopark, Demeter, Ecoland, Ecovin,Gäa, Naturland, Verbund Ökohöfe) sehr unterschiedlich sind. Jede, jeder von uns kann daraus unterschiedlich schlussfolgern. Im Biokreis werden durchschnittlich 38ha bewirtschaftet, bei BioparkUnternehmen 213ha.

Vieles läßt befürchten, dass ganzheitliches Landwirtschaften in Großbetrieben nur sehr bedingt möglich ist. Aber das ist nicht mehr als die warnende Botschaft eines Nichtbauern. Die Vision des Verbunds Ökohöfe, durchschnittlich 12o ha (das erklärt sich mit der Geschichte dieser Betriebe über Kolchosen und LPGs= Landwirtschaftlichen Produktionsgenossenschaften im DDR-Sozialismus), läßt auch optimistischere Interpretationen zu.

Viele der weiteren Hoffnungen auf eine bessere Zukunft sind auf noch leibhaftig lebendige Visionäre zurückzuführen: 1978, also vor nicht einmal 4 Jahrzehnten, teilten die Australier Bill Mollison und David Holmgren dem großen Rest der Welt ihre Vorstellungen von lebendiger, permanenter Landwirtschaft mit . Permaculture (eine schöne, originelle Wortbildung aus permanent = dauerhaft und agriculture = Landwirtschaft)nannten sie ihr schon funktionierendes, resourcen- schonendes Bewirtschaften der Böden.

Überall in der alternativen Welt wird die Permakultur, Landwirtschaft übergreifend, als ganzheitliches System, den Inhalten ökologisch, ökonomisch, sozial verplichtet, umgesetzt, gelehrt, weitergeführt.

Jede, jeder von uns kann sich weiterbilden. Und wenn sie,ihn das Verstehen an nachhaltigen, naturnahen, die Vielfalt fördernden Kreisläufen im Inneren gepackt hat, auch ausbilden lassen , zum Perma-Kultur-Designer, zur Perma-Kultur-Designerin (PKD... einanspruchsvoller, international "gültiger" Titel, jenseits der anerkannten, akademischen Universitätstitel).

Und noch eine Vision: Terra Preta do Indio ist der portugiesische Name der "Zauber"erde, die uns helfen kann, wieder fruchtbare Böden zu erhalten, statt die vorhandenen immer weiter auszulaugen, auf ihren Tod oder ihr Verschwinden hin zu arbeiten.

Terra Preta - Die schwarze Revolution aus dem Regenwald- Mit Klimagärtnern die Welt retten und gesunde Lebensmittel produzieren. - So wird auf dem Cover eines Buchs, des Buchs über die phantastischen Fähigkeiten der Schwarzerde vom Autorenteam Ute Scheub, Haiko Pieplow, Hans-Peter Schmidt die Zukunft entworfen.

Wir alle können diese grüne, rosige Zukunft mitgestalten, auf Balkonen, auf Dächern, in Gärten, mit solidarischen Arbeitseinsätzen bei aufgeweckten, aufgewachten BäuerInnen.

Auch das Herstellen der Zukunftserde und das Gärtnern, Wirtschaften mit ihr kann erlernt werden. Die Wiederentdeckung der schwarzen Erde ist ein Geschenk ,das Herstellen ist keine Hexerei, aber es muss erlernt werden. Der Austausch von Erfahrungen ist ganz sicher hilfreich dabei. Auch deshalb gibt es im Anhang Hinweise.

Hochwertiges – regionales BIO, Permakultur, Terra Preta, solidarisches Landwirtschaften, Gärtnern in der Stadt, die "heilige" Scheisse ... all' dies verbunden und vernetzt mit "Glücklicher Genügsamkeit", mit den Visionen von Pierre Rabhi, Sepp Holzer, Declan Kennedy, Jessy und Andy Darlington & Co – wir müssen nicht fatalistisch auf's Ende starren, wir können zukunftsfroh die Zukunft mitgestalten.

Wir müssen die Landwirtschaft so betreiben, dass wir weder die Produktionsgrundlagen im Süden noch die künftiger Generationen zerstören.
Felix Prinz zu Löwenstein

Aus Klimasicht empfiehlt sich bis 2o5o eine Doppelstrategie. Zu einem Ausstieg aus der mineralischen Stickstoffdüngung und zum anderen der zügige Einstieg in eine flächendeckende agraökologishe Bewirtschaftung.
Wilfried Bommert

Tierische Produkte sollten künftig mit den regulären 19% besteuert werden.
Maria Krautzberger, Präsidentin des BundesUmweltamts (
... ist garnicht auszudenken: 3o% auf Fleisch, 0% auf Gemüse ...)

Natur muss endlich einen Preis haben und die natürlichen Ressourcen im internationalen Finanzsystem berücksichtigt werden.
Eberhard Brandes

Die Folgen für Algen, Pilze, Pflanzen, Bäume

Wann und weshalb sind die Quellen der Achtung vor dem Leben unserer ganz grundsätzlichen Lebensvorfahren versiegt? Seit wann und weshalb sind wir blind für das Grandiose, weit Übermenschliche, Anderslebendige von Algen, Pilzen, Pflanzen und Bäumen ? Ist der unsinnig phantasielose Glaube, die Krone der Schöpfung zu sein, an all' unseren Greueltaten schuld ? Haben uns die "westlichen" Religionen, der Darwinismus, der Fortschrittswahn in die Irre geführt?

Was empfinden wir heute, wenn wir nicht nur wie

unsere menschlischen Altvorderen ahnen, sondern uns wissenschaftlich beweisen, dass der älteste, dass der bisher älteste nicht klonale Baum 4.723 Jahre alt ist, also 47 mal älter als unsere Ausnahmehundertjährigen? Eine Zitterpalmen"kolonie" mit ca 47.000 Stämmen soll 80.000 Jahre alt sein. Sie hat somit schon zu einer Zeit gelebt, als die afrikanischen Urmenschen aufgrund von extremen Klimabedingungen nur noch kleine Restgrüppchen von insgesamt ca 2000 Menschen waren.und somit das Überleben des Menschengeschlechts wieder einmal auf" der Kippe" stand. Unsere Befürchtungen, dass es mit uns einmal zuende gehen könnte auf dieser Erde, haben nachweisbare Grundlagen. Zurück zum Respekt vor den Bäumen: über 100 m hoch können sie werden, Umfänge von über 40 m haben. Das Volumen der holzreichsten Bäume wird auf 1.500 m3 geschätzt, mit ihrem Holz könnte ein Tennisplatz ca 8m hoch "bestapelt" werden.

Warum können nicht einmal solche Baumleistungen unsere hierarchischen Vorstellungen und die sich daraus entwickelnde "Weltordnung" hinterfragen helfen?

Die Pilze haben es noch schwerer, da der wesentlichste Teil ihrer spannenden, oft periodisch organisierten Leben im Unsichtbaren stattfinden, von uns als gleichwertige ErdbewohnerInnen geschätzt zu werden. Ihre Kommunikationsformen im dunklen Erdreich werden uns mehr Rätsel aufgeben als wir jemals lösen oder gar nur formulieren können.

Wie können wir uns mit Hilfe der Wiedergeburt der Achtung vor allem Anderslebendigen zum Handeln motivieren? Wie entschleunigen wir das von uns verursachte Artensterben, dieses Warnsignal für unsere eigene "Art". Egal ob durch unser Wirtschaften täglich 120 oder "nur" 3 Arten sterben müssen, die kleine wie die große wissentschaftlich erarbeitete Zahl ist zu groß.

Der geringere Flächenbedarf für die europäischen

Hauptströmungen der alternativen Ernährungsformen und die grandios zunehmende Attraktivität des Veganismus und die vielleicht ähnlich überzeugenden AnGebote des Complementismus können berechtigt hoffnungsfroh stimmen. Den Abholzern der Regenwälder würde die wirtschaftliche Basis entzogen, vorausgesetzt das gewaltig große Volk der ChinesInnen besänne sich auf seine ureigene Kultur und gäbe das Nachäffen der momentanen westlichen Lebensinhalte auf.

In den Wäldern sind Dinge, über die nachzudenken, man jahrelang im Moos liegen könnte.
Franz Kafka

Die Wälder gehen den Menschen voran, die Wüsten folgen ihnen.
Francoise René Chateaubriand

Dein Zuhause ist nicht dort, wo du die Bäume kennst, sondern wo die Bäume dich kennen.
anonym

Boden läßt sich nicht in für den Menschen relevanten Zeitabschnitten ersetzen.
David R. Montgomery

Die Folgen für die Tiere: Insekten, Bakterien, Schlachttiere, Nutztiere, Haustiere

Aus der leidvoll gewonnenen Einsicht, dass unsere menschlichen Leben ohne das Töten anderer Lebewesen nicht möglich sind, kann nicht freisprechend geschlussfolgert werden, die Qualität von Töten, von leben und leben lassen, kann beliebig willkürlich ,zunehmend bestialisch, kalkuliert unsichtbar aus dieser so schwer zu begreifenden Erkenntnis seine Berechtigung erlangen , seine Absolution erteilt bekommen.

Dieses Buch hat sein Dasein, sein restliches Entstehen dem Glauben zu verdanken, dass es helfen könnte, unseren Umgang mit dem Leben anderer Lebewesen rücksichtsvoller, ebenbürtiger, ehrlicher, liebevoller zu gestalten.

Dieses Buch versucht, so umfassend und ganzheitlich wie es dem Autor möglich war, die Folgen der zwei wichtigsten alternativen Ernährungsweisen, Vegetarismus und Veganismus, alternativ zum noch immer nicht ausgebremsten Carnismus darzustellen, mit Sympathievorschüssen, aber, hoffentlich,ohne falsche Rücksichtnahme. So haben wir leider feststellen müssen, dass die moderne vegetarische Lebensweise, sofern sie nicht konsequent BIO ausgerichtet sein sollte, keinerlei Erleichterungen für die Tiere verursacht. Das war zur vergleichsweise wunderbar heilen vegetarischen Gründerzeit ganz anders.

Damals lebten die Nutztiere verglichen mit ihren heutigen Artgenossen im Schlaraffenland. Wahrheit und Gerechtigkeit sind in ihrem Inneren auch dem Zeitenwandel unterlegen: Wahrheit kann sich dabei zum Irrtum wandeln. Hellwach und bereit, zum Ändern unserer Gewohnheiten müssen wir sein.

Zum entstandenen Irrtum: Nutztiere leben heutzutage ähnlich schlimm wie Schlachttiere. Viel zu lange für die zu erleidenden Qualen, viel zu kurz verglichen mit der von der Natur vorgegebene Lebenszeit.

Nur der Wandel unserer Ernährung kann da helfen. Die VeganerInnen leisten da Vorbildliches. Die ComplementerInnen können immerhin bewirken, dass die Tiere *fair* behandelt werden. Die Qualität der Fairness ist ein entscheidendes , wenn nicht das entscheidende MerkMal für die Sinnhaftigkeit des Complementismus:

Ohne freudvolles, bis auf das Töten annähernd artgerechte Leben von Nutz- und Schlachttieren ist ganzheitlicher Complementismus nicht vorstellbar.

Das Buch zeigt auf, dem Autor war das zuvor so weitgehend nicht klar, dass unser liebevolles Zusammenleben mit Haustieren , das verdrängt- brachiale Zustandekommen des Tierfutters voraussetzt. Nur einige der VaganerInnen gehen da bewundernswerte, in die Zukunft weisende, schuldfreiere Ernährungswege. Auch Hunde können vegan gesund und freudvoll leben.

Das Hundertprozent- oder gar HundertzwanzigprozentRichtige zu tun, ist nicht das erstrebenswerte Ziel der ComplementerInnen. Zu groß ist die Gefahr, aufzugeben und zurückzufallen in das sehr viel weniger Gute: lange Todestransporte, Riesenschlachthöfe, verstümmelte Glieder, mit Medikamenten vorgetötete Seelen.... all dies darf für ComplementerInnen nicht sein. Zusätzlich: Agrarindustriemanipuliertes Pseudo BIO darf den Zukunftsweg nicht versperren.

Der Klimawandel verändert tiefgreifend die Lebensbedingungen der außermenschlichen Natur. Lebensräume für Pflanzen und Tierarten verschwinden, und damit wird auch die biologische Vielfalt der Erde geringer. So ist der Klimawandel auch ein Problem der Schöpfungsgerechtigkeit
Karl Kardinal Lehmann

Es werden mehrere Jahrtausende von Liebe nötig sein, um den Tieren ihr durch uns zugefügtes Leid heimzuzahlen.
Franz von Assisi

Erst wenn jene einfache und über allen Zweifel erhabene Wahrheit, dass die Tiere in der Hauptsache und im We-

*sentlichen ganz dasselbe sind, was wir, in's Volk ge-
drungen sein wird,werden die Tiere nicht mehr als recht-
lose Wesen dastehen. Es ist an der Zeit, dass das ewige
Wesen, welches in uns, auch in allen Tieren lebt, als solches erkannt, geschont und geachtet wird.*
Arthur Schopenhauer *(Kursiv, als Besonderes, markiert:
Ehrfurchtsvoller und ganzheitlicher lässt sich das Verbunden-
sein alles Lebendigen nicht ausdrücken.)*

*In der Jagdzeit töten die Freunde von Sankt Hubertus
die Freunde von Sankt Franziskus*
anonym

*Die Frage heißt nicht: Können die Tiere denken oder re-
den ? Sondern: Können sie leiden*
Jeremy Bentham

Die Folgen für uns Menschen

Glauben wir den freien, wirtschaftsunabhängigen Teilen
der Wissenschaft werden wir immer früher von chronisch gewordenen Krankheiten geplagt. Hilflos korrigieren wir die Kriterien für Gesundheit, und das in
beängstigend kurzen Zeitabständen, weil wir sonst fast
alle als krank bezeichnet werden müßten.

Auch die wissenschaftliche Medizin, nicht nur die an
Natur und Ganzheit orientierten, akademisch gebildeten
oder von vornherein den menschlichen Gegebenheiten verpflichteten GesundheitsberaterInnen, versucht, mehr Verantwortung auf die Krankgewordenen zu deligieren. Und
versucht, den krankmachenden, systembedingten Ernäh-
rungsangeboten für den Körper und den gleichfalls ,und
vielleicht noch schneller und intensiver, krankmachenden
seelischen systembedingten Zwängen zu begegnen.

Es scheint erkannt zu sein, dass der wissenschaftliche Fortschritt unser krankmachendes Fehlverhalten nicht kompensieren kann.

Was können wir tun, um vom immer schneller krankmachenden, vom systembedingten, ausschließlich profitorientierten Handeln der noch "allmächtigen" NahrungsmittelanbieterInnen wegzukommen? Wie können wir unseren Erkenntnissen das Handeln folgen lassen? Vielleicht kann die klare Formulierung der Erkenntnisse helfen?

Die Menschheit wird nicht glücklicher durch das moralfreie Nutzen unseres reicheren Spezialwissens.

Wir, fast alle Lebewesen, verbringen, in einem noch vor Jahrzehnten unvorstellbaren Ausmass, unsere Leben in Höllen, Wohlstands- und Vernichtungs-Höllen, die immer teuflischer werden und folgerichtig auch werden müssen, falls kein Wandel erfolgt.

Die sich in Mitteleuropa am Kraftvollsten ausbreitende Ernährungsalternative, der Veganismus, ist eine Möglichkeit, zu einer neuen gemeinschaftlichen und individuellen Orientierung.

Das Orientierungs Ziel! Ein menschliches Leben in Einklang mit dem "sonstigen", viel umfangreicheren und dauerhaft rätselhaft bleibenden Leben auf der Erde.

Der Complementismus versucht, sich diesem Ziel zu nähern. Je weniger Tierisches wir verzehren, bis hin zur veganen "Nullvariante", desto wirkungsvoller kommen wir voran. Das betrifft ganz umfassend alle uns bekannten Lebensformen und Lebensinhalte: Die Gesundheit der Erde,die von fest verwurzelten und die von beweglichen Lebewesen. Es betrifft die scheinbar Einfachen wie die verhängnisvoll Komplizierten. Es betrifft das Seelenheil aller Menschen.

Dies Buch ist 608 Seiten umfangreich geworden, beim Vesuchen, uns Menschen zurückzuholen in natürliche Lebensformen und diese zu erleichtern mit Hilfe der hinzu gewonnenen Erkenntnisse, um uns voranzubringen, bescheiden, wohlgemut und unbeirrbar, auf unseren Pfaden zum verläßlichen, alles Leben um uns herum berücksichtigenden Glück.

Wenn wir unsere Richtung nicht ändern, werden wir dort ankommen, wohin wir gehen.
China

Es ist nichts als die Tätigkeit nach einem bestimmten Ziel, was das Leben erträglich macht.
Friedrich Schiller

Wer etwas Großes will, der muss sich zu bescheiden wissen, wer dagegen alles will, der will in der Tat nichts und bringt es zu nichts.
Friedrich Hegel

Nachdem wir das Ziel endgültig aus den Augen verloren hatten, verdoppelten wir unsere Anstrengungen.
Mark Twain

Vision: Regionales Lebensmittelhandwerk

Eng verbunden mit dem Complementismus ist der Erhalt und die Förderung handwerklicher Berufe. Wie sonst könnte dezentralisiertes Landwirtschaften und nicht industrielle Lebensmittelerzeugung realisiert werde ?

Gingen die alternativen BäuerInnen regional gemeinsam mit den Lebensmittel- handwerkerInnen ihre Wege, sicherten sie sich gegenseitig ab, dann müßte uns um die Zukunft des Handwerks weit weniger Bange sein.

Wir KonsumentInnen können auf einfachste solidarische Weise diese sinnvolle, neue Aufeinanderzubewegung fördern: Kaufen wir ein in Hofläden, in durch Eigeninitiative entstandenen Dorfzentren, auf Regionalmärkten. Öffnen wir uns der regionalen Direktvermarktung, bilden wir regionale Tauschringe, unterstützen wir auf allen Ebenen die Nahversorgung und die regionale Wertschöpfung.

Fordern wir unsere PolitikerInnen auf, die gesetzlichen Rahmenbedingungen und Subventionen nicht an den Interessen der industriellen Großbetriebe zu orientieren. Fordern wir sie auf, das Wirtschaften der Handwerksbetriebe zu entbürokratisieren, denn der "Kleine" muss oft der schaffende und der verwaltende Mensch in Personalunion sein. Sorgen wir durch unser Einkaufsverhalten dafür, dass die regionale Verarbeitung und Vermarktung von regionalen Erzeugnissen vermehrt die Zukunft mitbestimmen kann. Bäuerliche Vielfalt statt Industriemonotonie .... das ist ein erstrebenswertes Ziel.

Dieses Ziel ist nicht auf die ComplementerInnen beschränkt. Es sollte für uns alle erstrebenswert sein. Die BIO-VeganerInnen sollten gar kein Problem haben, sich daran auszurichten, die BIO -VegetarierInnen auch nicht. Für die BIO-Fleischenthusiasten könnte es Probleme geben, sowohl die Verfügbarkeit als auch die Haushaltskasse betreffend. Also, liebe FleischliebhaberInnen .... das sind weitere Gründe, die Gewohnheiten zu ändern, oder?

Das Handwerk bildet die goldene Mitte. Es gründet sich auf Ehr und Sitte.
J.W.v.Goethe

Nur weil die Kopfwerker nicht mit den Händen arbeiten, schaffen die Handwerker noch lange nicht ohne Kopf.
jp

Am ganzheitlichsten arbeiten die Bauchwerker; sie gebrauchen auch Kopf und Hände.
jp

Es ist zwischen Wissen und Tun ein himmelweiter Unterschied. **Wer aus dem Wissen allein sein Handwerk macht, der hat wahrlich acht zu geben, dass er das Tun nicht verlerne.**
Johann Heinrich Pestalozzi

Vom Handwerk kann man sich zur Kunst erheben. Vom Pfuschen nie.
J.W.v.Goethe

In Manufaktur und Handwerk bedient sich der Arbeiter des Werkzeugs, in der Fabrik dient der der Maschine.
Karl Marx

Die Folgen im Vergleich

I -Die AmerikanerInnen überraschen immer wieder: Die größte amerikanische Kranken-Versicherung, Kaiser Permanente, empfiehlt die vegane Ernährungsweise.

II- Die Chinastudie (siehe S. 112, 225) belegt wissenschaftlich, wenn auch amerikanisch-übertrieben, fundiert, dass der massive Konsum von tierischen Produkten schwerwiegende Gefahren in sich birgt. Und das viele, die MedizinerInnen hilflos machende, chronische Krankheiten mit einer "Gemüsediät" erfolgreich zu behandeln sind.

Aber es gibt keine den Erkenntnissen folgende Reaktionen. Es geschieht so schlecht wie nichts: Keine Veränderungen der Essgewohnheiten. Die AmerikanerInnen werden immer dicker, immer früher. Und immer früher krank ... der Glaube an die Fortschritte der Medizin bewirkt negative Wunder. Ignoranz ist ein noch völlig unzutreffendes Wort dafür.

Wie können wir unsere, teilweise mühsam und kostspielig erworbenen, für kürzeste Zeiten noch immer blinden Genuss bringenden Gewohnheiten verändern? Es sind nicht die Argumente, die fehlen. Vielleicht sind es zu viele? Und zusätzlich falsch, weil besserwisserich und lieblos, gegen uns geworfen?

Auch deshalb vergleichen wir jetzt zurückhaltend, vorsichtig, liebevoll:

I - Die Freude am Leben, die Liebe , die Seelennahrung ... sie sind die wesentlichen Relativiererinnen unserer Fehlleistungen. Doch sie können nicht endlos, nicht ein langes Leben lang unsere Körper beschützen. Und die Medizin kann das auch nicht, oder erst recht nicht.

II - Es scheint sicher zu sein, dass eine vegane Körperernährung ,verbunden mit liebevoller Seelennahrung, die positivsten Wirkungen für die Gesundheit aller Lebewesen und der Erde haben kann. Noch sicherer kann das werden , vor allem für die VeganerInnen selber, wenn sie sich an der aufgeführten Ernährungspyramide, die von der Veganen Gesellschaft konstruiert und zusammengebaut wurde, sie ist im Anhang abgebildet, orientieren.

III - Die vegetarische Lebensweise kann , sofern nur tierische Produkte verzehrt werden, die als Ausgangspunkt ein gesundes, freudvolles Leben der Tiere haben,Brüssel-Industrie-BIO ist da viel zu wenig, verglichen mit der vorrangig carnistischen Ernährung der DurchschnittsbürgerInnen, auch eine positive Veränderung (Geringerer Flächenbedarf / weniger Emisssionen / Kein Schlachthofmorden) bewirken. Die Voraussetzungen sind allerdings, wie in den Kapiteln zu Vegetarismus/Veganismus dargestellt wurde, schwer erfüllbar und sind nur in einer Kooperation mit den ComplementerInnen zu erreichen, das folgert schon allein aus der Biologie der Tiere. Zusätzlich ist unabdingbar:

Der Verzehr tierischer Produkte darf nur einen kleinen Teil der Energie liefern, sonst ist ein faires, liebevolles Leben der Nutztiere in kleinen Einheiten und das der zwangläufig auch vorhandenen Schlachttiere nicht zu realisieren. Zusätzlich darf das nicht gegessene Fleisch nicht durch Eier, Käse und Butter ausgeglichen werden. Das dies nicht gut für die Gesundheit sein würde, sagt uns nicht nur der "gesunde Menschenverstand", sondern auch die Wissenschaft.

IV- Die "freien" Regeln der ComplementerInnen lassen viele "Spielräume" für Selbstbetrug, für Schönmalerei der Ernährungsgewohnheiten zu. Der Complementismus verlangt folglich ein hohes Mass , gerade bei der "Umstellung", an Selbstkritik, Informationsbereitschaft und Disziplin. Je geringer der Anteil tierischer und denaturierter Nahrung ist, desto positiver wirkt sich diese Lebensweise ganzheitlich aus. Die grafische Gestaltung der Ernährungspyramide ist als Versuch zu verstehen, die Freiheit sinnvoll, weiterführend, vervollkommnend zu "lenken"

V - Für alle von uns, die ihre Ernährung an der Gesundheit und der Lebensfreude aller Lebewesen ausrichten möchten, kann es in ganz individuellem Umfang sinnvoll und genußbringend sein, sich mit Ayurveda, Instinctotherapie, Trennkost, Makrobiotik, Mazdaznan,

Mayr- und Intervalldiät, Chipliste, sich mit Fasten und Teilfasten zu beschäftigen, nicht um von einer Ernährungsweise zur anderen zu wechseln, sondern um auf dem individuellen Hauptpfad leichter und noch freudvoller voranzukommen.

VI - Eine nicht nur, aber auch, heitere und besonders motivierende, vergleichende Information abschließend: Stellen Männer im mittleren und höheren Alter ihre Ernährung um, auf vegan oder complementär, ist der positive Effekt auf die Gesundheit der Erde und aller Lebewesen, die eigene vorrangig, deutlich größer als der bei gleichalten Frauen.

Vielleicht kann diese Information beim besonders schweren Ändern von typischen Männergewohnheiten helfen? Gemüse lässt sich wunderbar grillen.

Es ist ganz wahr, was die Philosophie sagt, dass das Leben rückwärts verstanden werden muss. Aber darüber vergißt man den anderen Satz, dass vorwärts gelebt werden muss.
Sören Kierkegaard

Nicht alles, was man zählen kann, zählt auch, und nicht alles, was zählt, kann man zählen.
Albert Einstein

Ein reicher Mann ist oft nur ein armer Mann mit sehr viel Geld.
Aristoteles Sokrates Onassis

Zweifle nie daran, das eine kleine Gruppe engagierter Menschen, die Welt verändern kann. Tatsächlich sind das die einzigen, die das je getan haben.
Margaret Mead

Du musst selbst zu der Veränderung werden, die Du in der Welt sehen willst.
Gandhi

Denn ein Herz voller Freude sieht alles fröhlich an, ein Herz voller Trübsal alles trübe.
Martin Luther

Das Geheimnis des Glücks ist die Freiheit, das Geheimnis der Freiheit aber ist der Mut.
Thukydides

Mut zum Wandel

Von der Freiheit der "Ohnmächtigen" und der Unfreiheit der "Mächtigen". Vom Wissen und vom Allwissen. Vom Lügen, Verschweigen,Verführen. Vom Wahrheitssuchen. Vom ganzheitlichen Genießen. Von der Liebe zum Leben.

Mut zum Wandel - Aufbruch! Neuanfang! Veränderung! Das Wandeln , das Wandeln zum Besseren, zum Positiven, zum AlsRichtigErkannten hat viele Gesichter : maßlose und maßvoll , wunderbar geduldige und gefährlich ungeduldige, anklagende und aktive, ängstliche und mutige. Brachiale Revolutionen können unsere "modernen Probleme miteinander" nicht mehr lösen. Nicht immer ist es einfach, das als Fortschritt zu sehen.

Mit Gewalt sind die erkannten und auf bisher 398 Seiten beschriebenen Probleme nicht zu lösen. Nur Charakter, Mut und Liebe können unsere GehilfInnen sein.

Versuchen wir diese Kräfte zu mobilisieren, in uns und in den anderen von uns. Ordnen wir Macht und Ohnmacht neu, um dem Pessimismus, der Hilflosigkeit, der sinnlosen Nörgelei die epidemische Ansteckungskraft zu entziehen. Setzen wir das als besser Erkannte in Handeln um, wider alle kleinlichen, wider alle scheinbar realistischen Bedenken. Glauben wir an den Erfolg, seien wir treu und geduldig (Weil gerade jetzt beim Schreiben Samstagnachmittag ist, fallen mir sicher nicht zufällig die Anhänger von bestimmten Fußballclubs ein:Freiburg, Schalke, St. Pauli ... wo und was wären solche Mannschaften ohne ihre kraftspendende Anhängerschaft?).

Die 2. Liga der Mächtigen, von der 1.Liga haben wir alle keine Ahnung, weil sie mehr aus Systemen/Kasten als aus selbständigen,eigenständigen Menschen besteht, erfüllt vorrangig Gesetze, die vormals Mächtige vorgegeben haben, oder das nichtpersonifizierte System weiterhin vorgibt. Das muss, gerade für charakterstarke, von eigenen Inhalten geleitete PolitikerInnen oft frustrierend und kaum aushaltbar sein. Halten wir zu ihnen, befragen wir sie, weshalb sie so ganz anders geworden sind als sie es im Gemeinderat, als Bürgermeister waren. Stabilisieren wir die ganzheitlich Zukunftsbedachten. Lasten wir ihnen nicht jeden nicht verschuldeten Mißerfolg an.

Bedenken wir, dass die unzähligen Informationen und InformantInnen nur zu einem kleinen Teil auf das Vermitteln von Wahrheiten aus sind. Viel zu oft geht es darum, möglichst geschickt zu täuschen, zu beschwichtigen, zu verkaufen, ganz bewusst in die Irre zu führen und zu lügen.

Wahrheitssuchende, mutig recherchierende JournalistInnen leben gefährlich in den herrschenden MachtSystemen der Gegenwart. Bedenken wir das, wenn wir die Inhalte der Tatsachensendungen im Fernsehen als kleine Wahrheiten konsumieren, und dabei die Energie verlieren, die uns dann für das Suchen nach den ewigen Wahrheiten und nach dem Sinn des Lebens fehlen könnte.

Bestärken wir uns in kleinen "Zirkeln", in Freundeskreisen, in Denkrunden, in der Natur, im Schatten der weisen Bäume, im "Mondesglanz", am Meeresrauschen, an den wärmenden Strahlen der Sonne.

Trauen wir uns ! Vernetzen wir Erkennen und Handeln. Gestalten wir die Zukunft.

Der kleinen "Kolibris", die unabhängigen, friedvollen RebelliererInnen, die immer weniger Manipulierten, die immer selbstbewußter und den Erkenntnissen entsprechend Handelnden, wir sind es, die unsere gemeinsame Welt in eine bessere Richtung lenken, schöner und lebenswerter machen können.

Wir leben noch in Atmosphären, bei denen es mehr um das Verdrängen als um das Erkennen geht, denn: Vieles an unseren Gegenwartswahrheiten ist unbequem, verachtenswert, menschen-,lebewesenunwürdig.

Wie können wir das dauerhaft ändern? Immer und immer wieder komme ich zurück zur schönsten, deutschen Liebeserklärung: Es ist die Liebe, die die Welt im Innersten zusammenhält. Geben wir die Suche nach ihr in uns nicht auf. Wir werden sie finden. Und mit ihrer Hilfe handeln. Rücksichtsvoll. Heiter. Zukunftsfroh.

Man muss nur ein Wesen recht von grund aus lieben, dann kommen einem die übrigen alle liebenswürdig vor.
Johann Wolfgang von Goethe

Es gehört viel Mut dazu, in der Welt nicht mißmutig zu werden.
Johann Wolfgang von Goethe

Auch der Mutigste von uns hat nur selten den Mut zu dem , was er eigentlich weiss.
Friedrich Nietzsche

Alles ist sehr schwierig, bevor es leicht wird.
Saadi

Wer festhält, was verändert werden muss, der verliert alles.
Norbert Blüm

Es ist nicht gesagt, dass alles besser wird, wenn es anders wird. Wenn es aber besser werden soll, muß es anders werden.
Georg Christoph Lichtenberg

Wenn wir wollen, dass alles so bleibt wie es ist, dann müssen wir alles ändern.
Guiseppe Tomasi di Lampedusa

Die entscheidenden Veränderer der Welt, sind immer gegen den Strom geschwommen.
Walter Jens

Sphären ineinander lenkt die Liebe, Weltsysteme dauern nur durch sie.
Friedrich Schiller

Fehlst du, laß dich's nicht betrüben: Denn der Mangel führt zum Lieben; Kannst dich nicht vom Fehl befrein, Wirst du andern gern verzeihn
J.W.v.Goethe

Die Liebe ist der Endzweck der Weltgeschichte; das Amen des Universums.
Novalis

Wir streiten

Diskussionsrunde "Lust auf Pflanzenkost"

Der Autor dieses Streitbuchs hofft zuversichtlich und inniglich, dass er mit seinen LeserInnen ins Streiten kommt, ins Diskutieren über die begehbarsten, einfachsten, sichersten Pfade zur lustvollen, gesunden, ganzheitlichen Ernährung.

Wie und wo können wir dazu zusammenfinden?

I – Auf der Homepage des Verlags (www.g5netz-velag.de) gibt es umfassende Informationen zu diesem Buch, die, das ist die Absicht, ständig aktualisiert werden. Auch interessante, originelle Reaktionen zum Thema sollen aufgenommen werden. Deshalb wird hier auch noch auffordernd die mailadresse aufgeführt: info@g5netz-verlag.de

II - Auf Facebook wird es bei Jürgen Piquardt eine Rubrik zum Buch geben. Hier soll auch diskutiert werden können. Ob diese InternetDiskussionsRunde von einem Team gemanagt werden kann, wird sich ergeben. Die Vorstellung, dass es Interviews geben könnte, die den Diskussionen ausreichend viel Dynamik geben könntne, ist auch deutlich reizvoll.

Ob die Diskussionsrunde offen bleiben kann, oder ob sie " mitgliederbeschränkt" wird, ist noch unklar. Das hängt von unserer "gesamtheitlichen" Diskussionsqualität ab.

Grundsätzlich gilt: *"Der Widerspruch ist es, der uns produktiv macht (Goethe)"*.

Wer ist in die Diskussionsrunde eingeladen? Natürlich alle. Aber vorrangig und zwingend in der Überzahl all jene, auf die folgende Charakteristik zutrifft: Humorvoll, wahrheitssuchend und nicht wahrheitsbesitzend, wohlwollend Veränderungen gegenüber, zukunftsoptimistisch.

Um das mögliche Debattieren, Austauschen, Widersprechen, "Wortfechten" ,Ideen suchen, Genießen der Streitpointen weiter anzuregen, folgt eine wunderbar widerspruchsvolle, diskussionsanregende Vielzahl von Zitaten:

Gegner glauben, uns zu widerlegen, indem sie ihre Meinung wiederholen und auf die unsere nicht achten.
Johann Wolfgang von Goethe

Ziel eines Konflikts oder einer Auseinandersetzung soll nicht der Sieg, sondern der Fortschritt sein.
Joseph Joubert

Um klarer zu sehen, genügt oft ein Wechsel der Blickrichtung.
Antoine de Saint-Exupery

Ein Abend, an dem sich alle Anwesenden einig sind, ist ein verlorener Abend.
Albert Einstein

Es hat keinen Sinn , mit Männern zu streiten- sie haben ja doch immer unrecht.
Zsa Zsa Gabor

Die Leute streiten im allgemeinen nur deshalb, weil sie nicht diskutieren können.
Gilbert Keith Chesterton

An heißen Eisen verbrennen sich nur jene nicht, die alles kalt lässt.
André Brie

Der Einklang ist bei der Diskussion etwas ganz Unerwünschtes.
Michel de Montaigne

Was immer zur Debatte steht, ich muß nicht überlegen. Mir ist egal, um was es geht, ich bin ja doch dagegen.
Frantz Wittkamp

Eine Diskussion ist unmöglich mit jemanden, der vorgibt, die Wahrheit nicht zu suchen, sondern schon zu besitzen.
Romain Rolland

Die Schwierigkeit am Diskutieren ist nicht, den eigenen Standpunkt zu verteidigen, sondern ihn zu kennen.
André Maurois

Diskussion ist ein Austausch von Gedanken bei dem immer die Gefahr besteht, dass man überzeugt wird.
anonym

VEGANE Kochfibel
Buch im Buch

LUST AUF PFLANZENKOST

Der Genuss des Einfachen

INHALT

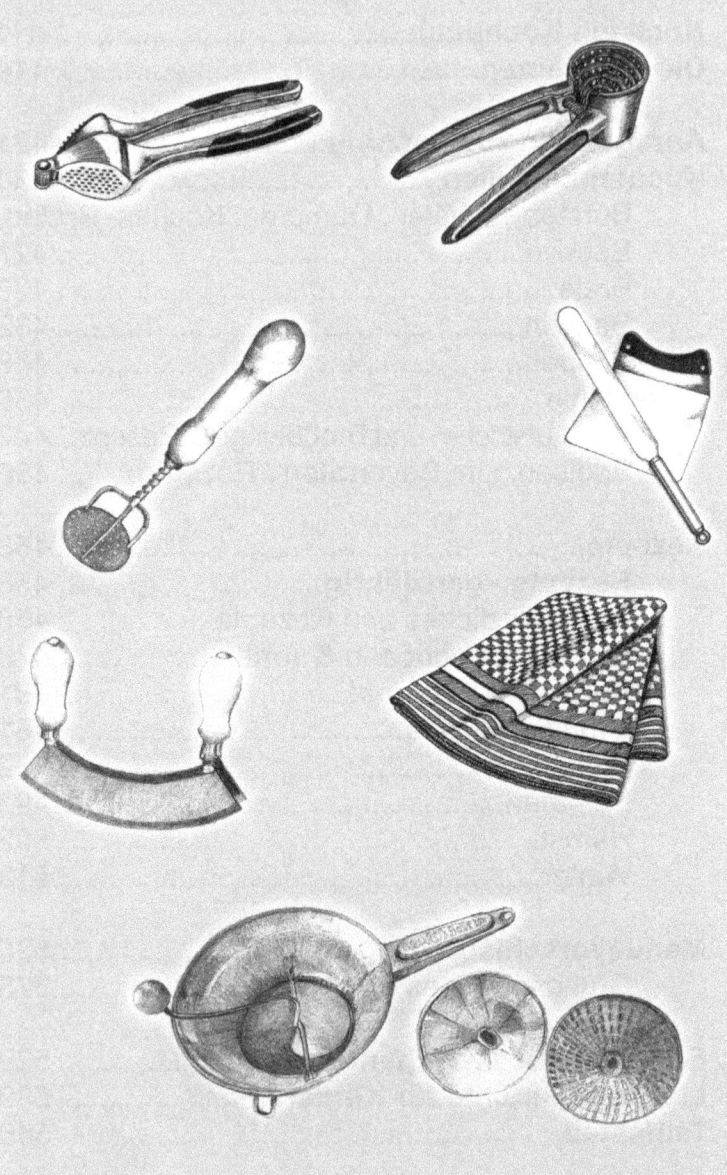

Noch ein Kochbuch

Mehr als 20.000 Kochbücher gibt es allein in deutscher Sprache. Jedes Jahr kommen mindestens weitere 500 hinzu, davon allein 60-70 mit ausschließlich veganen Rezepten. Trotzdem wird immer weniger gekocht, so steht es im Ernährungsreport 2017, der vom Bundeslandwirtschaftsministerium auf der Grundlage einer in Auftrag gegebenen ForsaUmfrage unter die BundesbürgerInnen gebracht wurde. Nur noch 39% der EinwohnerInnen Deutschlands, inclusive der sicherlich aktivistischer agierenden ItalienerInnen, TürkInnen, SpanierInnen ..., kochen täglich. 2% weniger als im Jahr zuvor. Zusätzlich ist dieser Rückgang eine Bestätigung der Tendenz. Allerdings: Begeistert vom Kochem sind die Kinder und die Jugendlichen. Damit aus der Begeisterung auch wirkliches Hantieren in der Küche wird, damit die begeisterten Kinder auch zu KöchInnen am elterlichen Herd werden, möchte der Landwirtschaftsminister der Legislaturperiode 2013-2017 nun das längst überfällige Schulfach Ernährungsunterricht in Theorie und Praxis einführen. Genauso wichtig wie Mathematik, Deutsch und Physik finden das 9o% der befragten Erwachsenen.

Wenn das keine Zustimmung zum politischen Handeln ist!, mal sehen, wie das in der Legislaturperiode 2017-2021 von den 709 ParlamentarierInnen vorangetrieben oder behindert wird? Verfolgen wir das aufmerksam.

Denn bei allem Optimismus, den diese Vorsätze des

CSU!- Ministers erzeugen, kommen leider auch von begründeter Bange formulierte Fragen auf. Viele. Einige davon: Wo kommen die ErnährungslehrerInnen, die SchulköchInnen so plötzlich her? Welche Ernährungsphilosophie soll den Unterricht prägen? Wie lässt sich der Versuch der Nahrungsmittelindustrie, zu beeinflussen, minimieren oder gar ganz verhindern? Wie ganzheitlich lässt sich Ernährung den Kindern vermitteln, ohne dass es daheim nur noch Streit ums richtige Essen gibt?

Dieses Buch im Buch ist keine der dann benötigten Kochfibeln für Kinder. Es versucht eine Kochfibel für Erwachsene zu sein, vor allem für jene unter uns, die nie gekocht haben und nur selten oder gar nie Großmutter, Mutter oder Vater beim Kochen zugeschaut haben.

Dies Büchlein geht davon aus, dass viele von uns zwar noch wissen, wie Kartoffeln aussehen und vielleicht auch noch, dass es viele unterschiedliche Sorten gibt, aber das schon dann die Fragen kommen: Wie mache ich ein leckeres Essen aus diesem begeisternd vielfältigen und auch in BioQualität leicht bezahlbaren Lebensmittel?

All' jene unter uns, die „kochen können", denen es aber häufig zu umständlich ist, bekommen hier neue Lust auf das Herstellen (Ich scheue mich davor, immer wieder das Wort kochen zu verwenden, das ja leider vorwiegend das Zubereiten von heißen, gekochten Lebensmitteln signalisiert) origineller, einfacher, häufig auch „roher" Speisen. Ganz sicher.

Wiederholung! Die Köchinnen dieser Kochfibel lieben

Gemüse & co. Sie lieben natürliche, einfache Lebensmittel. Sie bereiten diese roh, gedämpft, vorsichtig gekocht, getrocknet zu einfachen, wohlschmeckenden Speisen. Ihr Ehrgeiz ist nicht, komplizierteste Kochkunst mit den Rezepten zu demonstrieren. Sie möchten, dass möglichst vielen LeserInnen Mut gemacht wird: „Das „koch" ich jetzt. Das kann ich. So schwer ist das ja garnicht."

Eine gute Küche ist das Fundament allen Glücks.
Auguste Escoffier

„Schatz, wo steht mein Essen?" „Im Kochbuch auf Seite 19!"
anonym

Der Weise aber entscheidet sich bei der Wahl der Speisen nicht für die größere Masse, sondern für den Wohlgeschmack.
Epikur

An deinem Herd bist du genauso König wie jeder Monarch auf seinem Thron.
Miguel de Cervantes

Die Vernunft beginnt bereits in der Küche.
Friedrich Nietzsche

Die Köchinnen, Autorinnen der Rezepte

Von vornherein war es mein Wunsch, Köchinnen „zu Wort kommen zu lassen". Von vornherein ist es mir schwergefallen, die Ursachen und Gründe für diesen Wunsch zu klären. Alle Versuche sind platt oder hinken, sind fehlgeschlagen. Trotzdem bin ich freudvoll dabei geblieben. Und finde es gut so. Die Resultate sprechen dann sowieso für sich . Sie brauchen keine Erklärungen.

Mit einer der Autorinnen bin ich seit 47 Jahren verheiratet, mit zwei'n nicht nur kochintensiv befreundet. 2 Köchinnen schätze ich als konsequente BIO- Köchinnen. Alle beide, zudem Mutter und Tochter, sind mit dem Titel BIOSpitzenköchin ausgezeichnet, einen Titel, den bundesweit im Moment 18 KöchInnen tragen dürfen. Das Bundeslandwirtschaftsministerium hat im Jahr 2oo6 mit ihrer Hilfe eine Initiative gestartet: „BIO schmeckt".

Die Kurzbiographien sind zweigeteilt: Einige Angaben gibt es zum „herkömmlichen" Lebenslauf. Wichtiger sind jedoch die zweiten Teile: die Ernährungsbiographien. So war die Bitte an die Autorinnen.
Es kamen deutlich unterschiedliche Mitteilungen. Wunderbar. Doch kein Wunder bei den charakterstarken, eigenwilligen Köchinnen:

Anne Blumenthal
Christl Kurz
Gabi Kurz
Heike Piquardt
Sandra Seiffart

Anne Blumenthal

I – Jahrgang 1966 * Filmemacherin, Schulgründerin, Visionärin, Online- Unternehmerin. Organisatorin von Online-Konferenzen zu Gesundheitsthemen. Beispiele: Selbstheilungskonferenz (www.selbstheilungskonferenz.com), Selbstheilungssymposium Schwerpunkt Sucht (www.suchtsymposium.com).

II – Auf eine bestimmte Ernährungsform will ich mich nicht festlegen: Ich esse, wonach mir der Sinn steht, ohne Verbote und Dogmen.

Seit 1993 habe ich kein Fleisch mehr gegessen, seit ca 2ooo keinen Fisch mehr, seit einigen Jahren immer mehr Rohkost und immer weniger Milchprodukte. Wichtig ist mir der Genuss und die Freude am Lebendigsein.

Am meisten liebe ich es, die Früchte, Gemüse und Kräuter direkt vom Baum und vom Feld zu essen, wild und ursprünglich.

Vielleicht werde ich mich auch eines Tages für Lichtnahrung entscheiden ... Wer weiß, wo mich das Leben noch hinträgt ...

Christl Kurz

I – Ganz in Bayern verwurzelt. München, Schoenau und Berchtesgaden sind die wichtigen Schaffensorte. In einem langen Leben kann viel geschehen:

Steuerfachgehilfin, Einzelhandelskauffrau für Obst und Gemüse, Hauswirtschaftsmeisterin, Gesundheitsberaterin, Dozentin an der Ludwig Maximilian Universität München für alternative Heilwesen im Praxisbereich Gesunde Ernährung, Leiterin der Ernährungs-Akademie Kurz in Berchtesgaden.

II – Die Liebe zu vegetarischen Speisen und die damit verbundene Kochleidenschaft haben schnell die FreundInnen begeistert. Und so ist aus dem Kochen und dem Wunsch nach gesunder Ernährung ein Lebensinhalt geworden: Christl Kurz ist eine Wegweiserin, Vorreiterin der gesunden, leckeren, naturverbundenen vegetarischen Küche. Seit 197o, seit fast 5 Jahrzehnten lebt, kocht und isst die langjährige Kochbuchautorin und frische Kochakademieleiterin vegetarisch.

Lieblingsgerichte: Brennesselsuppe/ Kartoffelsalat mit Brunnenkresse

Bücher von Christl Kurz
Vegan & Roh (Christian Verlag)
Die Vegetarische Kochschule (Christian Verlag)

Gabi Kurz

I – Gabi ist die Tochter von Christl. Und, auf schönste, selbstverständlichste Art, Gabi Kurz. Vieles haben die beiden Frauen, Köchinnen und Freundinnen gemeinsam, vieles lebt jede für sich. Gemeinsam haben sie die profunde Ausbildung, Gabi Kurz ist, unter anderem, Hotelmeisterin, gemeinsam haben sie als Partnerinnen ein gastronomisches Juvel, das BioHotel Kurz, geschaffen. Aber irgendwann ist Gabi Kurz in die weite Welt hinaus. Und wie! 2oo7 eröffnete sie in Dubai das erste vegetarische Restaurant im mittleren Osten. Jetzt macht sie dies für die Jumeirah Hotelgruppe als Director Nutrition Operations, weltweit. Auszeichnungen gab es „zuhauf", unter anderem: 2o13 – Pro Chef Award Innovator. 2o15 – Sustainability Preis. Gabi Kurz ist Schirmherrin der Stiftung Juvenile Adipositas.

II – Von klein auf lernte sie, wie sollte es anders sein, durch ihre Mama die gesunde, vegetarische Küche kennen. Und lieben. Ganz natürlich bei den Kochkünsten der Mutter. Die heutige Ernährungsweise: „Vegetarisch alles, aber vorrangig Pflanzliches". Eines ihrer Lieblingsgerichte: „Was einfaches: Gebratene Artischocken auf Vollkorntoast mit Thymian und Tomaten".

Bücher von Gabi Kurz
Natürlich gut essen (Ludwig Verlag)
Meine Kräuterküche (Ludwig Verlag)
Ganz einfach vegetarisch (Ludwig Verlag)

Buch von Christl und Gabi Kurz
GARTENKUECHE (Taschenbuch – Heyne Verlag)

Heike Piquardt
I – Ich bin 1948 im Pongau geboren. Seit meiner Kindheit gehören so die Berge zu meinem Gefühl von Heimat. Trotzdem habe ich 48 Jahre weitgehend in einem flachen Land, in Niedersachsen, gelebt. In Hannover habe ich mich verliebt, dort sind unsere Kinder Anna und Paul aufgewachsen, dort habe ich als Küchenchefin unser Restaurant „La Provence" mitgestaltet.
Ich bin nur sehr bedingt eine Freundin von Öf-

fentlichkeit. Aber über die Auszeichnung women of the year 2012 von den „Eurotoques" habe ich mich gefreut. Seit 1972 verbrachten wir alle „Freizeiten" in Minguinelle, unserer bergigen Zweitheimat in der Provence. Seit 2013, nach 36 Jahren „La Provence" in Niedersachsen, lebe ich als BIO-Kleinbäuerin und Leiterin von „Kochferien in Minguinelle" in der echten Provence.

II – Manchmal kann ich garnicht glauben, was ich schon alles mit Leidenschaft gegessen habe: Als Kind Leberkässemmeln, als Jugendliche gerne Krabben und rohen Schinken mit jeder Menge Coca Cola. Als junge Frau liebte ich Schlachteplatten. – Der wirkliche Umbruch kam mit den Kindern. Schon lange esse ich kein Fleisch mehr. Butter, Käse und Eier nur noch selten. Ich liebe einfache Gemüsegerichte. Je purer desto lieber. Gerne habe ich Vorräte im Haus, dann überlege ich, was ich daraus koche. Grundsätzlich bin ich (fast) bedingungslos: nur regional, saisonal, fair und bio sollte es sein.

Sandra Seiffart
I – Vor vier Jahrzehnten erblickte ich im thüringischen Nordhausen das Licht der Welt. Vom Harzer Vorland zog es mich, ich war Anfang Zwanzig, in den Oberharz, nach Clausthal- Zellerfeld, wo ich als Motopädin arbeitete. Doch auch die Berge und Wälder des Harzes konnten den Wunsch nach erneuter Veränderung nicht behindern. Ich zog nach Hannover , um Sonderpädagogik zu studieren.

Seit 2oo9 arbeite ich in meinem Traumberuf als Klassenlehrerin in einer Förderschule. Mein Mann für's Leben tauchte 2oo4 auf. Mit einer Leuchtturmhochzeit im Jahr 2009 und der Geburt von unseren zwei wundervollen und bezaubernden Töchtern ist das Glück in meinem Leben komplett.

Ich bin eines der 7 Gründungsmitglieder der Veganen Gesellschaft Deutschlands.

Ich engagiere mich als Supporterin für die Meeresschutzorganisation Sea Shepard auf deren Schiffsflotte es ausschließlich veganes Essen gibt.

Ich zeichne und illustriere gern. Im Jahr 2016 erschien das von mir illustrierte Buch „Der kleine Milchvampir". Darin geht es um's Langzeitstillen. Im Herbst 2017 erscheint das von mir illustrierte Buch „ Flim, der Pinguin"; Thema: Kindergarten-Anfang.

Im Jahr 2016 interviewte ich für das VEGAN-Magazin die Veganerin, Biologin, Walforscherin und Gründerin von ocean sounds, Heike Vester.

Zur Zeit engagiere ich mich als Vorstandsmitglied eines Freien Waldorf-Kindergartens.

II – Auch meine kulinarischen Wurzeln liegen in Thüringen. Sie sind in der Küche und im Garten meiner Großmutter in mir gewachsen.

Schließe ich die Augen, kann ich mich, ohne große Mühe, an den Geruch und den Geschmack ihres Gravensteiner Apfelkuchens erinnern. Oder an die selbst geernteten und dann eingemachten Stachelbeeren, den frischen Kohlrabi ….

Soljanka, Erbseneintopf, Thüringer Klöße und, natürlich, an die Thüringer Bratwurst.

Die klassische Thüringer Küche hat mich geprägt. Ich bin Ihr treu geblieben, ihren Inhalt und ihren Namen hat sie allerdings geändert: Vegane Thüringer Küche heißt sie spätestens seit 2oo5, als wir erstmals in die angsterfüllten Augen von Kühen sahen, die sich auf einem Tiertodestransporter, neben uns im Stau stehend, aneinanderquetschten.

Mit der Geburt unserer jüngsten Tochter habe ich 2011 eine Kuhpatenschaft bei der Tierschutzstiftung Hof Butenland übernommen. Wundervolle Menschen gestalten dort vielen, nun glücklichen, tierischen Mitgeschöpfen den wohlverdienten Lebensabend.

Ich koche und backe leidenschaftlich gerne mit regionalem, saisonalen Obst und Gemüse. In den letzten Jahren liegt der Focus vermehrt auf Rohkost.

Die vertrauten Thüringer Rezepte, die experimentierfreudig veganisiert werden, spielen in unserer abwechslungsreichen veganen Küche eine ähnliche Rolle wie die eigenen Kreativrezepte. Abwechselnd mit meinem Mann wird zuhause täglich frisch und vielseitig gekocht und immer wieder Neues ausprobiert, denn der vegane Lifestyle kann von unglaublich großer Bandbreite sein.

Unser bisher leider nur in unseren Köpfen gespeichertes Familienkochbuch wird wöchentlich umfangreicher. Unsere Kinder werden davon geprägt. So lebt auf besondere Weise auch meine Thüringer Großmutter weiter und weiter.

Anregungen zur Nutzung

Die Autorinnen haben ihre Rezepte in unterschied-lichster „Aufmachung" geschickt, kein Wunder bei den so unterschiedlichen Frauen. Nur kurz kam der Gedanke auf, sie gleichzuschalten. Aber schnell war klar, dass dies dem gewünschten Inhalt dieser veganen Kochfibel nicht nützlich sein kann.

Die Rezepte folgen einer einfachen Logik: Je komplizierter das Gericht, desto genauer die Angaben. Nur bei schlichten Speisen mit wenig Zutaten können sich Köchin und Koch auf Ihre Gefühle verlassen. Dieses individuelle Kochgefühl soll bei den KochanfängerInnen unter uns gefördert werden, so dass es zum ganz eigenen Kochstil kommen kann.
RezeptVorgaben entsprechen fast immer dem Geschmack der VerfasserInnen. Das ist einschränkend und anregend zugleich. „Unsere" Köchinnen haben, trotz der vielen Gemeinsamkeiten, anfangs verwirrend oder wunderbar anregend, unterschiedliche „Wertungen" von Gemüse, Obst, Mehl und Zucker.
Um Dir das Auswählen „Deiner" Rezepte zu erleichtern, folgt hier der Versuch, die unterschiedlichen Küchenstile der 5 Köchinnen kurz & schlüssig zu benennen:
Anne Blumenthal: roh & getrocknet
Cristl und Gabi Kurz: raffiniert & anspruchsvoll
Heike Piquardt: grundsätzlich & gesund
Sandra Seiffart: bodenständig & familiär

Um dem Fibelgedanken möglichst gerecht zu werden, sind, bevor es zu den saisonal geordneten Rezepten kommt, einige Kapitel ganz allgemein zur Küche und zum Kochen zu lesen.

Diese sollen in uns weiter den Wunsch bestärken: Ich koche jetzt.

Was brauche ich dazu? Ich kann behindernd glauben, so ist manche Werbung und auch manche Kochsendung angelegt, dass ich nur gut kochen kann, wenn ich eine Küche für viele Tausende Euros besitze und auch die Messer müssen unbedingt einige hundert Euros gekostet haben.

Wägen wir ab, was zum Starten wirklich notwendig ist.

So sind die ersten Kapitel vor allem als Mutmacher gedacht. Und auch bei den Rezepten kann jede, jeder ganz nach seiner Kochvorbildung verfahren. Es sind Rezepte dabei, die es unmöglich machen, dass sie nicht auf „Anhieb" gelingen.

Viel Spass beim Kochen mit Kartoffeln, Kicherbsen und Kürbis, mit Amaranth und Zucchini.

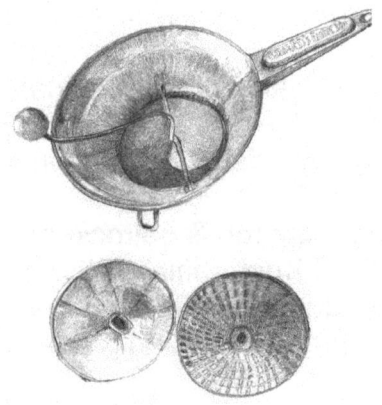

Von den Küchenutensilien

Wir haben versucht, jene Küchengeräte aufzulisten, die in einer Küche unabdingbar sind. Sie sind mit I gekennzeichnet. Alle Gerätschaften, die auf längere Sicht, in der Küche nicht fehlen sollten, sind durch II erkennbar. Vielleicht kaufe ich jeden Monat etwas dazu? Liebevoll ausgewählt in einem möglichst noch individuell geführten Küchenbedarfsgeschäft.

Die durchschnittlichen Anschaffungspreise sind auch notiert. Jene von uns, die gerne auf Flohmärkten stöbern oder zu Haushaltsauflösungen gehen, können sicherlich die gewünschten Küchengeräte noch preiswerter erwerben.

Zählen wir die Preise für das Unabdingbare zusammen, so kommen wir auf einen Betrag von € 144. Das muss hoffentlich niemanden von uns davon abhalten, mit dem Kochen zu beginnen, oder? Falls doch was fehlen sollte, klopft bitte bei Euren NachbarInnen. Jeder Kontakt tut uns gut.

Natürlich können wir uns teure Messer kaufen. Das wäre mit das Sinnigste womit wir uns für gelungene Kochresultate belohnen könnten. Ähnlich in die Vollen gehen können wir beim Kauf von Hochleistungsmixer, wertvollen Töpfen, Terrinen, Geschirr ... ob das sinnvoll sein kann, hängt auch von der individuellen Freude ab, die solche Gerätschaften erzeugen können.
Aber erst einmal geht es darum, alle Gründe,

die uns am Anfangen hindern könnten, auszuschließen.

Achtung beim Kauf von Töpfen und Messern und vielleicht auch bei elektrischen Gerätschaften:
Am Preiswertesten sind Töpfe für den Gasherd zu bekommen, bei einem Elektroherd oder einem mit Ceranplatte wird's, noch immer, teurer.
Messer sollten nur sehr bedingt gebraucht gekauft werden. Auf längere Sicht sind teurere Messer aus einem Spezialgeschäft preiswerter. Beim Schleifenlassen der Messer sind dann sogar viele Tipps ganz umsonst zu bekommen. Und Spass macht es in den von eigenwilligen Typen geführten Messerläden fast immer.

Lassen wir uns nicht generell vorspielen, dass teuer = besser bedeuten muss.
Finden wir unseren ganz eigenen Stil.

Küchenutensilien

II Apfelausstecher (ab € 3)
II Aufbewahrungsgefäße festschließend für Kühlschrank und Trockenlager (Set ab € 2o)
II Auflaufform(en) (ab € 1o)
I Backofenblech (das erste kommt automatisch mit dem Herd) alle weiteren (ab € 15)
II Blender = Standmixer (ab € 1oo)
II Quicheform (ab € 8)
I Dämpfeinsatz, klappbar (ab € 7)
II Dämpftopf (ab € 3o)
II Durchschlag (ab € 1o / und Flohmarkt)
„Fleisch"wolf (Fakultativ - Flohmarkt)
Flotte Lotte (Fakultativ, auch Flohmarkt)

II Handmixer (ab € 3o)
II Hobel (ab € 1o)
II Kartoffelquetsche (Flohmarkt)
I Kartoffelstamfer (ab € 7)
II Kastenform (ab € 1o)
II Keimgefäß (geht auch zunächst auf einem Teller
und Küchenpapier) (ab € 8)
I Kelle(n) (verschiedene Größen, Schöpfkelle,„Sieb-
kelle" II) (ab € 5)
II Knoblauchpresse (ab € 5)
I Kochlöffel (ab € 1)
II Kuchenheber (ab € 1o)
I + II Messersortiment (Gemüsemesser, Officemes-
ser, Sägemesser klein /groß, Schälmesser, Brot-
messer, Wiegemesser) (eins: ab € 8 / Set ab € 5o)
II Nussknacker (ab € 1o / und Flohmarkt)
II Palette / Winkelpalette (ab € 15)
I Pfanne, unbeschichtet (ab € 3o / und Flohmarkt)
II Pfeffermühle (ab € 1o / Flohmarkt)
I Purierstab (ab € 1o)
II Quirl(e) (ab € 1o / und Flohmarkt)
I Reiben (verschiedene „Stärken") (ab € 8)
II Salatschleuder (ab € 12)
I Schneebesen (ab € 5)
I Schneidebrett(er – möglichst 2: für Obst/ Gemüse
vs. Zwiebel/ Knoblauch) (ab € 5)
II Sieb(e) (ab € 9)
I Springform (Kuchen rund) (ab € 1o / und Floh-
markt)
II Sparschäler (Zestenschneider) (ab € 4)
I Schüssel (ab € 4 / Set ab € 15)
II Schürze (ab € 1o)
II Teekessel (ab € 15 / oder Flohmarkt)
II Teigrolle (ab € 1o / und Flohmarkt)
II Teigschaber (€ 5)

I Töpf(e) (Stilkaserolle, unterschiedlich große Töpfe
) (ab € 3o)
II Touchon (€ 1o)
II Waage (ab € 15)
I Wasserkocher (ab € 15)

Die Küchenutensilien sind liebevoll von Karen Ihlow
und Axel Schebitz gezeichnet.
Das soll das Erkennen der Utensilien im Geschäft und auf dem Flohmarkt erleichtern.
Und Vorfreude auf den eigenen Besitz erzeugen.
Axel, mein wichtiger, komplizierter Freund hat
kurz vor seinem Tod mit „Wolf" und „Flotter Lotte"
begonnen, Karen hat die Arbeit mit „Springform und
Messern" fortgesetzt.
Mich rührt die Art dieser Cooperation sehr.

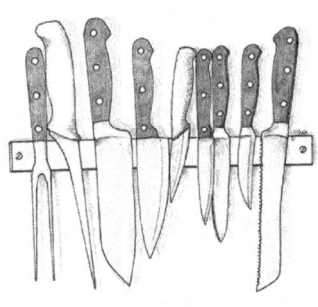

Bürsten, Schälen, Dämpfen, Garen, Braten, Backen

Wie gehen wir mit den wertvollen und wohlbedacht eingekauften Lebensmitteln um? Wie bereiten wir sie am Schonensten zu? Was ist alles essbar und was kommt zum Kompost? Sollten wir BioGemüse kaufen, wird's einfach und kompliziert zugleich, einfach weil oft nur die Bürste genommen werden muss und das Giftwegschälen nicht notwendig ist, kompliziert, weil wir uns an Neues zu gewöhnen haben: Die Radieschenblätter werden nicht achtlos weggeworfen, sie ergeben eine tolle Suppe. Die Blätter der Rote Bete sind blanchiert mit einer Senfvinaigrette zusammen eine überraschend schmackhafte Vorspeise. Die Schutzblätter und die Strünke vom Blumenkohl ergeben wieder eine wohlschmeckende Abendsuppe. Also nichts vom BIO- Grün in die grüne Tonne, sondern in die Töpfe, oder auch in die Mixer.

Eine wohl überflüssige Anmerkung, oder: Der Mehrpreis für's BIO-Gemüse ist durch die oft mögliche Vollverwertung auszugleichen. Ein kratvolles Argument.

Sollten wir nicht aufgepasst haben und der grüne Salat ist uns welk geworden..., halb so schlimm: Es gibt dann eine Salatsuppe am Abend statt des vorgesehenen grünen Salats mittags.

Müssen Kartoffeln immer geschält oder gepellt werden? Nein.

Klar ist und bleibt das Geschmackssache, aber probieren wir es aus. Geviertelte, nicht geschälte, mittelgroße BioKartoffeln mit Rosmarin aus dem Backofen ... der Genuss des Einfachen kann überwältigend sein.

Wenn geschält werden muss, dann bitte mit einem „Spar"schäler. Davon gibt es vielerlei Versionen. Finden wir einen, mit dem uns das Schälen besonders leicht fällt und entsprechend Spass macht. LinkshänderInnen entscheiden da oft anders als RechtshänderInnen.

Der Dämpftopf gehört zu den unabdingbaren Küchengeräten. Schonender und genauer kann nicht gegart werden. Und wunderbar vieles gemeinsam. Die Logik dabei: durch die verschiedenen Einsätze können Gemüse mit verschiedenen Garzeiten gemeinsam gegart werden. Das Gemüse mit der längsten Garzeit kommt in den untersten Einsatz, das mit der kürzesten in den obersten. Eine kleine Garrangliste: Rote Bete (kommt ins Kochwasser und wird etwas früher aufgesetzt), Kartoffeln, Mohrrüben, Blumenkohl, Broccoli, Lauch, Kürbis, Äpfel, Birnen....

Aber Achtung! Soviel Spass die einfache Arbeit mit dem Dämpftopf auch machen kann, vergessen wir nicht: Vieles schmeckt roh genau so gut. Oder sogar besser. Und gesünder ist es auch oft, aber nicht immer (Es gibt einfache Regeln: Das Rohe möglichst mittags / Je gesünder der Darm, desto mehr Rohes kann er „verkraften".)

Also! Keine Bange vor geraspelter Rote Beete, vor Carpaccio von Blumenkohl und Broccoli- als 1.

Gang mittags.

Garen wir das Gemüse im Wasser ist zweierlei zu bedenken: 1. Nur soviel Wasser wie notwendig. 2. Häufig ist das Wasser schon die halbe Gemüsebrühe für die Abendsuppe oder eine schmackhafte Infusion: Ich trinke gerne den Sud, der beim Garen der Artischocken entsteht.

Zum Braten! Wie bekommen wir es hin, dass uns die Zwiebeln nicht verbrennen. Und auch nicht die Kartoffelscheiben. Wie lecker können dann, wenn braun statt schwarz, Bratkartoffeln sein. Haben wir keine Bange vor Gebratenem, aber hüten wir uns vor Verkohltem.

Zum Backen und Überbacken und Aufbacken gibt es hier keine Tipps. Oder doch: Die Rezepte müssen detailliert sein. Zumindestens anfangs. Völlig neue Gerichte können beim phantasievollen Aufbacken von „Resten" entstehen. Letzteres kann zu heiteren Dialogen führen, wie: „Oh, schmeckt das lecker! Wie hast Du das gemacht? Wann gibt es das wieder?" „Dafür gibt es kein Rezept. Das kann ich Dir nicht wieder kochen. Unmöglich. Das war einmalig". Einmalig müßte so etwas vielleicht nicht immer sein, aber umfangreich wäre ein entsprechendes Rezept immer...wieviele berühmte Gerichte sind durch Zufall und Mut entstanden. Also! Möglichst nichts wegwerfen. Möglichst nichts anbrennen lassen.

Breie

Auszug aus einer Kolumne des Autors für die niedersächsische Straßenzeitschrift *asphalt*:
„Ein Löffel für Mami! Ein Löffel für Papi! Und nun...ein Löffel für Tante Ruth...", Brei ist zum Kotzen!"
Brei ist am Anfang – kurz danach, und am Ende – kurz davor. Brei ist für zahnlose Zeiten. Zähneknirschend – nur noch im übertragenen Sinne – wird er gelöffelt und ungekaut geschluckt.

Brei ist süß. Und ein Märchen:" Töpfchen koche!..." Süßer Brei ist gefährlich. Schnell ist man weit über den Hunger hinaus. Brei ist faszinierend alt: Gesteinsbrei und Lava geben dem Brei nicht nur bildhaft etwas Unfassbares. Brei begleitet die Menschheitsgeschichte, er kommt gleich nach dem aufrechten Gang. Brei ist ein Hoffnungsträger: Einfacher und sinnvoller als mit Brei ist dem Hunger in der Welt nicht zu begegnen.
Brei ist unsterblich.

Brei wird überall auf der Welt gerührt und gekocht. Die Palette der Zutaten ist grenzenlos gross: Aus Worten, Farben, Gefühlen, Nachrichten... aber auch aus Lebensmitteln: Amaranth, Dinkel, Erbse, Hafer, Hirse, Kartoffel, Kichererbse, Mais, Quinoa, Reis, Yamswurzel, Sesam, Weizen wird Brei verschiedenster Konsistenz gekocht. Zählen wir die Pasten, Tapenaden, Coulis, Muse & Mousses, Pürees auch zu den Breien, dann ist die Behauptung: Der Mensch kann alles zu Brei machen- wohl nicht ganz über den Tellerrand zu schieben.

Wie Sie bisher beim Lesen gemerkt haben: Ich liebe Brei. Den einen oder anderen. Muttis Kartoffelbrei – ich durfte die Kartoffeln quetschen von meinen ungefähr 1o. Jahre an – war für uns Geschwister das Größte. Zusammen mit Griesbrei. Oder kurz vor dem Griesbrei.

Den Brei, den wir, meine Frau und ich, morgens essen, unseren Frühstücksbrei, liebe ich auch. Manchmal mehr das drumherum, manchmal mehr den Brei. Der Brei ist mal süß und mal salzig. Mal ziemlich heiß, mal muntermachend kühl. Mal liebevoll zubereitet, mal hingeklatscht (Das kommt nun seit Jahren nicht mehr vor). Meistens hält er den Hunger – und häufig auch den Naschtrieb – bis mittags im Zaum.

Unsere Frühstücksbreie haben etwas Besonderes: Sie sind zum Kauen. Breie für das Stadium zwischen Kleinkind und Altkind. Entsprechend sind die Rezepturen (Heike hat 2 Rezepte dazu für die Fibel geschrieben)! Rühren Sie sich danach Ihren eigenen Brei und reden Sie nicht zu oft um den heißen Brei herum (Auch dabei kann man sich die Zunge verbrennen und den Magen verderben). Und: Kauen Sie gut! Auch den Brei.

Saucen

Der französischen Küche ist die Hochkultur der Sauce zu danken. Das ist vermutlich der Grund, weshalb unsere deutsche Schreibweise Soße, die Aussprache ist ja fast die gleiche, von den Speisenkarten und aus den Kochbüchern verschwindet. Eines meiner Lieblingsgerichte ist aber noch immer: Kartoffelbrei (statt purée) mit Senfsoße (statt sauce). Vielleicht würde es mir sonst auch ganz anders schmecken: Fast alles hängt miteinander zusammen. Den „Soßen/Saucen" ist das mitzuverdanken. Sie sind die grandiosen Verbinder, Ergänzer, Betoner, Abrunder der Speisen. Viele Liebeserklärungen zur Sauce und wegen der Saucen gibt es daher. Zwei Beispiele: *„Unsere Kunst ist wie die Soße zum Essen„* (Leo Tolstoi) / *„Die Sauce ist der Triumph des Geschmacks in der Kochkunst"* (Honoré de Balzac).

Die Bedeutung der Sauce spiegelt sich auch in der Rangfolge einer Küchenbrigade wieder: die/der erfahrendste und sensibelste Köchin/Koch besetzt die Position des Sauciers.

Besonders in der veganen Küche, das Zurückgreifen und Nutzen von traditionellen Saucenrezepten ist nur sehr bedingt möglich, ist die Phantasie, gekoppelt mit „Warenkunde" und Wagemut bei uns gefragt, oder gar gefordert.

Wir sind zusätzlich auf die durch solche Eigenschaften bereits entstandenen Rezepturen angewiesen. Auch deshalb ist es ein Vorabgenuss, die Vorschläge „unserer" 5 Köchinnen zu lesen.

Das Erstellen von Saucen ist nichts zum Verzweifeln, aber etwas fürs charakterstarke Üben. Zur Bestärkung folgt hier deshalb, bevor es kurz in die „Saucenkunde" geht, ein Rezept, dessen Umsetzung leicht ist und das phantastisch zum Vorsatz passt, mittags grüne Salate und Salate von blanchiertem Gemüse zu essen:

Sauce Vinaigrette

ZUTATEN

1 EL Senf (traditionell: Moutarde de Dijon)
2 EL Zitronensaft oder 2 EL Essig (Deiner Wahl)
½ EL Sojasauce (oder Salz und Pfeffer)
ggf. 1 Knoblauchzehe
ggf. Wasser
10-12 EL Olivenöl

PROCEDERE
Senf, Essig (oder Zitronensaft) und Sojasauce (und ggf. gequetschte Knoblauchzehe) gut verrühren, dann unter ständigem Rühren im dünnen Strahl das Olivenöl einfließen lassen. Wenn die Sauce zu fest ist, kann auch noch etwas Wasser eingerührt werden.

TIPP: Beim Grünen Salat, und bei allen Salaten, die viel „Oberfläche" haben, es also viel zu „benetzen" gibt, sollte die Vinaigrette liquider/flüssiger sein, also mit Wasser verdünnt.
   Die Vinaigrette hält sich einige Tage (lange) im Kühlschrank, also nicht zu knapp bemessen, dann ist der nächste Salat schon vorprogrammiert.
   Für die Herstellung größerer Mengen eignet sich die

Verwendung eines Schraubglases:
Senf, Essig ...etc. auch hier zunächst gut im Glas verrühren, dann erst das Öl (und später evtl. Wasser) hinzugeben und gut schütteln! Sonst besteht die Gefahr, das keine homogene Konsistenz erreicht wird, sondern sich Flocken bilden.

Wir sollten freudvoll ans Saucenmachen gehen, denn alle!, fast alle Fertigsaucen enthalten Zucker. Und viel schwer Entschlüsselbares.

Nun aber die MiniSaucenkunde:

I – Vegane Zutaten: Pflanzenöle, vegane Milchprodukte, Weine, Gemüsefonds, Mehle,
Kartoffelstärke, Maisstärke, Pfeilwurzelmehl, Johannisbrotkernmehl...

II – Kalte und warme Grundsaucen: 1- Kalt: Mayonnaise 2- Warm: Weiße Grundsauce (sauce velouté); Braune Grundsauce (sauce demiglace); 3- Aufgeschlagene Saucen: Holländische Sauce (sauce hollandaise); Sauce Béarnaise; Kalt und warm: Tomatensauce

III – Dips & Mayonnaisen (dickere kalte Saucen): Saziki, Avocadopuree, Möhrenaufstrich, Humus, Pesto, Bumenkohl- Knoblauch- und Orangenmayonnaise...
Es macht vorerst viel Sinn, diese Namen für vegane Varianten beizubehalten. Das erleichtert die Kommunikation und baut nicht ein neues Kochvokabular auf.
Und dann gibt es da noch die Gewürz- und die Dessertsaucen.
Bei den Gewürzsaucen, und auch bei den Gemüse-

fonds, kann die „Faustregel: Selbermachen" durchbrochen werden. Das ist dann doch für viele von uns zu aufwendig. Einige Saucen, die uns erlaubt sind, aus dem Regal im BIO-Markt zu nehmen: Sojasauce, Ketchup (ohne Zucker), Mayonnaise (vegan!), Pesto, Miso, Gemüsebrühen verschiedenster Geschmackrichtungen, Wasabi (scharfe Meerrettichpaste) ...

Rechnen wir ganz salopp Sojajoghurt & Co den Dessertsaucen hinzu, dann packen wir die auch in den Einkaufswagen, aber möglichst pur. „Veredeln" können wir sie nach eigener Lust & Laune, auch herzhaft.

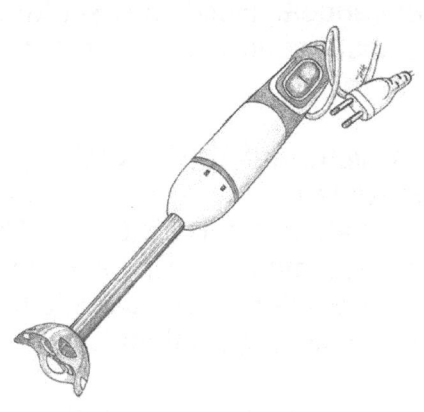

Suppen

Ein Topf hing in der Feuerstelle unserer Ahnen. Eintopf nennen wir das heute, wenn alles, was auch nur irgendwie geschmacklich harmonieren könnte von den Speisenresten und „Abfällen", mit ergänzenden Zutaten gemischt, in den großen Topf kommt, groß, weil Eintopf die Angewohnheit hat, nach dem Aufwärmen noch besser zu schmecken. Nie also zuwenig davon kochen. Das kann uns auch in Momenten helfen, in denen wir absolut keine Lust oder keine Zeit zum kochen haben.

Bitte keine, oder nur im äußersten Notfall, Eintöpfe, Suppen in der Blechdose kaufen. „Locker erlaubt" ist jedoch der Suppeneinkauf, wenn sich in meiner Nähe eine BIO-Suppenküche angesiedelt hat, die regionale Gemüse und Gemüsereste zu leckeren Suppen verwandelt. Herzliche Kontakte entstehen ganz von selbst, wenn ich mit meiner „Kanne" zum Einkaufen gehe.

Wir müssen nicht, auf Teufel komm raus, alles selber machen wollen!
Aber wir haben die Pflicht, den Plastikmüll zu minimieren, also müssen wir intelligente Wege finden, zum Teil wiederfinden, die nicht automatisch auch Müll im Schlepptau haben.

Suppen schmecken morgens, mittags und abends. Und! Sie sind morgens und mittags und abends sinnvoll. Im Sommer manchmal kalt, sonst aber immer heiss.

Kühler werden sie, beim sinnvollen langsamen Essen, von ganz alleine.

Auch Suppen sind zum Kauen da. Auch wenn dies nur für den „KauMeisterKurs" vermutet werden könnte. Nein! Gekaut werden kann – grundsätzlich – alles, was wir in unser Mundwerk geben. Sinnvoll ist das viel häufiger als wir denken. Nur bei Wasser und Infussionen geht es vorrangig darum, dass angestrebte Tagesziel von 2 Litern „egal wie" hinzubekommen.

Sollten wir das mittlerweile deutsch-klassische Nutella-Ei-Marmeladen-Brötchenfrühstück abwechseln mit oder austauschen mit einer Gemüsesuppe (vermehrt im Winter) oder mit einem durch Bissfestes angereicherten Brei, hätten wir viel für unsere Gesundheit getan und brauchten uns zusätzlich kaum ums Gewicht zu kümmern, und sicher viel weniger um unsere vielleicht noch vorhandene Zuckersucht.

Abends kann, fast immer, eine Suppe gegessen werden. Im Winter wie im deutschen Sommer. An ganz besonderen Hochsommertagen kann's ja auch einmal eine kalte Suppe sein, nicht nur als Dessert, sondern auch als 1.Gang.

Die Gastronomieküche unterscheidet zwischen klaren Suppen (Consommés) und gebundenen Suppen (Potages liés). Zu den gebundenen Suppen zählen gebundene Kraftbrühen, Samtsaucen (Veloutés), Gemüsesuppen und pürierte Suppen.
Alles ist vegan möglich. Den pürierten Suppen gilt es, besondere Aufmerksamkeit zu schenken, daran soll uns auch der Einsatz vom modernen Pü-

rierstab nicht hindern: Fortschritt hat viele Gesichter. Verfolgen wir ihn und beteiligen wir uns an ihm aufmerksam und engagiert. Wohl auf beim Gelingen der pürierten Abendsuppe! Vielleicht, dieser Beisatz muss noch sein, mit kleiner, kauanregender „Dekoration".

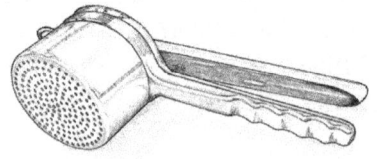

Mehle

Müller, Meier, Schulze ... die Häufigkeit des „Nach"namens sagt viel über die frühere Wichtigkeit eines Berufs aus. Müllers Mühle mahlte das Mehl, jenes Pulver, das seit Hunderten von Jahren, unser Leben mitbestimmt und uns in Hungersnöten oft gerettet hat. Brotsorten in wunderbarster, regionaler Vielfalt, die wir liebevoll durch unseren Einkauf beim noch selbst backenden Bäcker und durch unsere Versuche, nach regionalen Brotrezepten zu backen, erhalten sollten, sind die Folge gewesen.

Die Mühlentechnik hat sich konträr zur Mühlenromantik entwickelt. Von letzterer kann kaum mehr die Rede sein, dafür müssen aber auch keine Stiere mehr rund um die Uhr mit verbundenen Augen ihre Mahlrunden drehen.

Genießen wir die Romantik, aber nutznießen wir auch, nicht nur missmutig und ungerecht, manchen Fortschritt der Technik.

Zurück zu den Mehlen. Ganz früher waren die Zutaten Vollkornmehl und Wasser, später kam etwas Salz dazu, dann die Hefen. Heutzutage ist viel uns Unbekanntes im Mehl. Dies muss aber meistens, immerhin, auf der Verpackung angegeben sein, wenn auch verschlüsselt: E92o = Cystein, E921 = Cystin (beides kompliziert „produzierte" Aminosäuren), E3oo= Ascorbinsäure. Zugesetzte Enzyme wie Amelasen und Proteasen sind nicht deklarierungspflichtig.

Allen Zusatzstoffen ist gemein, dass sie zum

Beeinflussen der jeweiligen Mehlklebefähigkeit (Mehlklebeeiweiss = Gluten), entweder zum Verstärken oder zum Vermindern, eingesetzt werden.

Wichtiger als dieser Hinweis auf das nur für wissenschaftlich Gebildete überschaubare Klebeeiweissterrain sind die Auflistung der Mehlarten und ihrer jeweiligen Qualitäten:

I – Mehl wird hergestellt aus: Buchweizen, Dinkel, Emmer, Einkorn, Gerste, Hafer, Hirse, Mais, Quinoa, Roggen, Weizen (alles Getreide oder sogenannte „Pseudogetreide"), aus Bohnen, Erbsen, Kichererbsen (Hülsenfrüchte), aus Kartoffeln und Maniok, Kastanien und Erdmandeln.

Alle diese Mehle sind in der Küche verwendbar, virtuos, vielfältig und eine Quelle für dauerhaftes Experimentieren.

II – Die wichtigsten Backmehlsorten sind Weizen, Roggen, Dinkel. Seit 1992 gibt es klare Qualitätsbezeichnungen, die sehr beim Entscheiden für's richtige Mehl helfen können. Die Typenbezeichnungen beginnen beim Weizen bei 405 und enden bei Type 1700. Je höher die Typenzahl desto höher der Mineralstoffgehalt. Also aufgepasst.

Vollkornmehle haben keine Typenbezeichnung, aber sie müssen, bis auf Spelzen und Hülsen alles enthalten, was sonst im Korn ist: Endosperm, Keimling, Schale.

Gewöhnen wir uns aus den verschiedensten Gründen ans volle Korn.

Einer der gesellschaftlichen Hauptgründe, gerade für VeganerInnen von wichtigster Bedeutung, da bei ihnen in der Zukunft kein „Viehfutter" nötig wäre, ist der verwendete Anteil des Getreides, die Ausbeute. Die ist bei den Lieblingssorten Type 4o5 (ca. 55%) und bei Type 550 (75%) sehr gering. Welche Konsequenzen müssten daraus gezogen werden? Gerade für die VeganerInnen unter uns ergibt sich daraus eine wichtige Frage, da es ja in der VeganismusVision keine Schlacht- und Nutztiere mehr gibt: Wer frisst dann Spelzen, Kleie & Co? Eine der Antworten: Es wird ganz überwiegend mit Vollkornmehl gebacken.

Brotaufstriche, Brotbeläge

Um gleich „kompromisslos" Appetit zu machen, startet dieses Kapitel mit einer fulminannten Auflistung veganer Vorschläge. Einige davon sind bei den Rezepturen der Köchinnen zu finden.

Brotaufstriche, Brotbelege setzten ja Brot voraus, als Grundlage und „Hauptsache".
Es ist verschiedentlich darauf hingewiesen, dass Brot nicht gleich Brot ist, dass es Brot unterschiedlichster Genuss- und Gesundheitsgrade gibt. Beim Mehlkapitel ist das andeutungsweise „verhandelt".
Nun aber zur alternativen Brotaufstrichliste:

MÖHRENAUFSTRICH

ZUTATEN
für 4 Personen

2 mittelgroße Möhren
ca. 20g Ingwer
2 EL Sonnenblumkerne
2 EL Olivenöl/ 2 EL Leinöl
2 EL Zitronensaft
½ Zehe Knoblauch
1 EL Sojasoße
Salz, Muskatnuss

PROCEDERE

Mohrrüben schälen und in Scheiben schneiden. Ingwer schälen und fein reiben. Möhren in einem kleinen Topf mit wenig Wasser dünsten. Mit den restlichen Zutaten pürieren und lecker abschmecken.

Heike Piquardt

BLUMENKOHLMAYONNAISE

ZUTATEN
für 4 Personen

100 g Blumenkohl
1 TL Senf
1 EL Zitronensaft oder Essig
mind. 50 ml Olivenöl
Salz & Pfeffer, evtl. Currypulver

PROCEDERE

Blumenkohl in Röschen zerteilen und in wenig Wasser garen. Blumenkohl abgießen und etwas auskühlen lassen (Kochwasser für die Suppe aufheben). Senf und Essig zusammen mit dem Blumenkohl pürieren. Olivenöl unter ständigem Rühren in dünnem Strahl einlaufen lassen / zu einer Mayonnaise aufmontieren. Mit Salz und Pfeffer (und ggf. etwas Currypulver) abschmecken.

Heike Piquardt

VEGANES METT
(nach BioSpitzenkoch StefanWalch)

Z U T A T E N
für 4 Personen

4-5 Scheiben Reiswaffeln
kleines GlasTomatenmark/ 100g
1 Zwiebel
Salz & Pfeffer

P R O C E D E R E
Reiswaffeln in einer Schale zerbröseln mit etwas Wasser zermatschen, Tomatenmark zugeben, Zwiebel in kleine Würfel schneiden und ebenfalls dazugeben, mit Salz und Pfeffer abschmecken und etwas ziehen lassen (mind. eine halbe Stunde).

Überzeugt auch Fleischesser!

GRÜNE oder SCHWARZE TAPENADE

Z U T A T E N
für 4 Personen

150 g Oliven
1 EL Kapern
1 EL Senf
2-3 EL Olivenöl
1 kleine Zehe Knoblauch (wahlweise)

PROCEDERE

Oliven entkernen, mit Kapern, Senf und Olivenöl pürieren, in ein Schälchen oder kleines Schraubglas geben.

TIPP: Die Tapenade hält sich ein paar Tage im Kühlschrank. Man kann also auch gleich eine etwas größere Menge machen.
Heike Piquardt

AUBERGINENKAVIAR

ZUTATEN
für 4 Personen

500 g Auberginen
2 kleine Zwiebeln/ 2 Zehen Knoblauch
Olivenöl/ Zitronensaft
Salz & Pfeffer

PROCEDERE

Auberginen einstechen (sonst besteht die Gefahr, das sie im Ofen explodieren) und im Backofen garen, bis sie weich sind.

Nach dem Abkühlen halbieren und mit einem Löffel das Fruchtfleisch lösen, klein hacken.

In der Zeit, in der die Auberginen im Ofen sind, Zwiebeln in kleine Würfel schneiden, Knoblauch hacken, und beides in etwas Öl weich schwitzen.

Auberginenfleisch mit Zwiebeln und Knoblauch vermischen, mit Zitronensaft, Salz und Pfeffer würzen.
TIPP: Eignet sich im Sommer auch als Vorspeise!!
Heike Piquardt

HUMUS

ZUTATEN
für 4 Personen

150 g Kichererbsen
1 EL Tahin
3-4 EL Olivenöl
mind. 1 EL Zitronensaft
Salz & Pfeffer
1 Prise Cumin, gemahlen/ 1 Prise Paprikapulver
1 Knoblauchzehe/ 1 Lorbeerblatt

PROCEDERE
Kichererbsen über Nacht einweichen, am nächsten Tag das Wasser wechseln und mit einem Lorbeerblatt weich kochen (ca. ½ Stunde). Gegarte Kichererbsen, Tahin, Olivenöl, Zitronensaft, Knoblauchzehe, Prise Salz und etwas Kochwasser im Blender/ Standmixer pürieren, mit Salz und Pfeffer, Cumin- und Paprikapulver abschmecken und servieren.

TIPP: Wer den Knoblauch lieber sanfter mag: Knoblauch klein schneiden und in etwas Öl garen.
Heike Piquardt

AVOCADOPUREE

ZUTATEN
für 4 Personen

1-2 reife Avocados
Zitronensaft, Salz & Pfeffer, Olivenöl

PROCEDERE

Gut reife Avocados mit der Gabel zerquetschen oder im Blender mixen. Mit Zitronensaft, Olivenöl und Salz und Pfeffer abschmecken.

TIPP: Schmeckt auch mit klein gewürfelter roher Zwiebel.
Heike Piquardt

ALGENKAVIAR

ZUTATEN
für 4 Personen

3 EL getrocknete Algen (Meeresalgen/ Salade de Pecheur)
1 EL Zitronensaft
½ Zehe Knoblauch
½ EL Sojasoße
2 EL Olivenöl

PROCEDERE

Die Meeresalgen mit einigen Tropfen Wasser benetzen und mit Zitronensaft verseht etwas durchziehen lassen, ½ Knoblauchzehe hacken, alle Zutaten mischen.
Heike Piquardt

TIPP: Viele der Aufstriche können auch als **Dip** verwendet oder zu einem leckeren und farbenfrohen **Antipasti** kombiniert werden.

Ein, zwei Tage halten sich die Aufstriche im Kühlschrank. Wenn man sie mit etwas Öl bedeckt auch etwas länger.

Vegane Alternative zur Butter: KOKOS-OLIVENÖL STREICHFETT

ZUTATEN

250 (500) g Kokosöl
250 (500) g Olivenöl
Hälfte/ Hälfte

PROCEDERE

Kokosöl im Wasserbad schmelzen, mit Olivenöl vermischen und im Kühlschrank festziehen lassen.

TIPP: Mit etwas Salz schmeckt er auch als vollständiger Aufstrich!
Heike Piquardt

ROHE NUSSKÄSE: CASHEWKÄSE mit THYMIAN

ZUTATEN
für 2 Käse

400 g gekeimte Cashewkerne
1 Prise edelsüßer Paprika (Pulver)
1 Bund Thymian, Blätter abgezupft
Salz & Pfeffer

PROCEDERE

Die gekeimten Nüsse in Mixer fein pürieren. Die Masse mit Paprika, Salz und Pfeffer abschmecken. Gut durchkneten. Dann die Masse halbieren und zwei kleine Käselaibe formen. Die Laibe in Thymian wälzen und für mindestens 2 Stunden durchziehen lassen.

TIPP: Die Käse sind Frischkäse und sollten bald verbraucht werden. Sie bleiben im Kühlschrank 2 – 3 Tage frisch.

ZUBEREITUNGSZEIT: 2 Stunden und 15 Minuten
Christl und Gabi Kurz

TIPP, oder vielmehr Hinweis: Auf/ zu Reis- oder Maiswaffel, Brot oder Kräcker kann auch Vrischkäse oder gebratene Aubergine gegessen werden. Gegarte rote Beete schmeckt auch sehr gut auf der „Stulle" (mit etwas Senf bestrichen).

Speisen zum Bevorraten

Damit wir nicht zu allererst mit unseren Argumenten „kommen": „Nein, dazu habe ich keine Zeit." / „Was denkt Ihr, ich bin berufstätig". / „Das bekomm' ich doch bei Lidl & Co viel preiswerter." / „Das passt nicht mehr in meinen Kühlschrank"... wird hier vorweggeschickt, dass es wirklich, wirklich sehr, sehr schwer ist, nicht nur von heute auf morgen zu denken und zu fühlen.

Aber nun kommt das nicht immer, und das meistens zurecht, geliebte ABER:
Aber wir können viel Freude an der umsichtigen Bevorratungsarbeit haben, und wir können deutlich die Haushaltskasse entlasten, und wir können uns disziplinierter und gesünder ernähren.
Also versuchen wir uns am Fermentieren, an den vor sich hin blubbernden, von uns akribisch beobachteten Gärbottichen. (Aber das Selbermachen ist vielleicht der zweite Schritt. Erstmal kaufen wir das milchsauer eingelegte Gemüse ein. Unser früheres Winter Allheil: das Sauerkraut sollte auf jeden Fall dabei sein.)
Also denken wir an die Bevorratung mit Kartoffel und Kürbis, mit Äpfeln für längere Zeit. Also trocknen wir Obst im Spätsommer und Herbst. Also kaufen wir Tomaten in der Hochsaison und kochen wir unsere eigene Tomatensauce.

Kochen wir am Wochenende für die kommende Woche.
Bevorraten wir uns mit Suppen, mit selbst geba-

ckenem Brot, mit salzigen und auch süßem Ge-
bäck für „zwischendurch".

Bevorraten wir uns mit den veganen Brotaufstrichen
für die nächsten Tage.

Machen wir uns klug, welche Bevorratungszeiträume
sinnvoll sind, damit uns möglichst nichts verdirbt von
unseren wertvollen Lebensmitteln.

SELBSTGETROCKNETE TOMATEN

ZUTATEN

1kg Tomaten
Du hast richtig gelesen: Du brauchst nichts als aro-
matische Tomaten, am Besten natürlich bio und,
wenn möglich, aus eigenem Anbau.

PROCEDERE

Schneide die Tomaten in Scheiben und bereite diese auf den Dörr- oder Backofenblechen aus. Direk-
ter Kontakt mit dem Metall sollte durch Backpapier
(kann immer wieder verwendet werden) vermieden
werden. Lege die Bleche optimalerweise in die
Sonne oder falls die Sonneneinstrahlung nicht ausreicht, in Dein Dörrgerät oder Deinen Backofen (Tür
muss ein Spalt offen sein). Nach einem Tag Trocknungszeit (bei Temperaturen um 42 Grad) einmal
umdrehen und weitertrocknen.

TIPP: Der Hit an diesen getrockneten Tomaten: Sie sind
nicht salzig, wie die, die man kauft und sie sind aromati-
scher als die frischen Tomaten. Eine tolle Basis für Gerichte aller Art und gut durchgetrocknet halten sie sich

„ewig". Halbdurchgetrocknete Tomatenscheiben könnt Ihr auch in Olivenöl mit Knoblauch und Kräutern der Provence einlegen. Ein wunderbares Geschenk!
Anne Blumenthal

TOMATENPASATA

ZUTATEN

mind. 5 kg reife oder überreife Tomaten
Gläser oder Flaschen mit weitem Hals

PROCEDERE

Gläser oder Flaschen auskochen und bereit stellen. Tomaten grob zerkleinern und im einem großen und hohen (Achtung: Spritzgefahr!) Topf ca. ½ Std. köcheln lassen. Um ungewünschtes Reduzieren zu verhindern mit Deckel köcheln lassen. Pürieren und heiß bis zwei Zentimeter unter den Rand einfüllen. Sofort mit Deckel verschließen und auf einem frischen Geschirrtuch auf den Kopf stellen. Nach Abkühlung umdrehen.

Wenn man eine Haltbarkeit über mehrere Wochen wünscht, die gefüllten Gläser sterilisieren.
Heike Piquardt

GEMÜSE à la GREQUE

ZUTATEN
für 4 Personen

Sud: ½ L Weißwein
100 ml Olivenöl
50 ml Weissweinessig
4 Knoblauchzehen
Einige Wachholderbeeren
Pfefferkörner / etwas Salz
1 Lorbeerblatt / frischen oder getrockneten
Thymian / Stange wilder Fenchel

Geeignete Gemüse: Möhren / Champignons (und
andere Pilze) / Fenchel / Zwiebeln / Knoblauch ...

PROCEDERE
Alle Zutaten für den Sud in einen Topf mit Deckel
geben und ca. eine viertel Stunde köcheln lassen,
damit sich das Aroma richtig entwickeln kann. In der
Zwischenzeit das Gemüse schälen und in Stifte
schneiden. Die Kräuter aus dem Sud nehmen und
jedes Gemüse extra al dente garen. Das dauert mit
Essig länger als im Wasser. Gegarte Gemüse auf
einer Platte oder in verschiedenen Schälchen anrichten.

TIPP: Das Gemüse hält sich mit dem Sud bedeckt eine
Woche im Kühlschrank, der Sud selber auch draußen im
Kühlen mit etwas Öl bedeckt hält sich mehrere Wochen.
Eine wunderbare Konservierungsart.
Heike Piquardt

ROTE BETE HOUMMOUS (Humus)
mit Oliven

ZUTATEN
für 4 Portionen

200 g Rote Bete, geputzt und gewaschen
200 g gekeimte Kichererbsen
3 Zwiebeln, geschält
50 ml Weissweinessig
4 Knoblauchzehen, geschält, Keim entfernt und
zerdrückt
2 Bio-Zitronen (Saft)
6 EL Olivenöl
2 EL helles Mandelmus oder Sesammus
2 EL Kreuzkümmel
20 g schwarze Oliven, entsteint und gehackt
½ Bund Minze, Blätter abgezupft
Salz & Pfeffer

PROCEDERE

Die Roten Bete in grobe Stücke schneiden. In einen großen Topf soviel Wasser einfüllen, dass der eingehängte Dämpfeinsatz das Wasser nicht berührt. Das Wasser erhitzen, die Kichererbsen hinein geben, den Dämpfeinsatz obenauf hängen. Die Roten Bete in den Dämpfeinsatz legen und im Dampf 20 Minuten garen.

Die Zwiebeln in Streifen schneiden. Zwiebel, Knoblauch und Kreuzkümmel im Olivenöl glasig anschwitzen.

Die gegarten Kichererbsen absieben. Im Mixer die fertig gegarten Roten Bete, die Kichererbsen, den Zitronensaft, die geschmorten Zwiebeln mit dem Kreuzkümmel und 5 EL Olivenöl, das Mandelmus,

2/3 der Oliven und die Minze im Mixer glatt pürieren. Gegebenenfalls noch etwas von der Kochflüssigkeit dazugeben, damit die Masse cremig wird. Mit Salz und Pfeffer abschmecken.

Den roten Humus in Portionsschälchen füllen, in die Mitte eine Vertiefung drücken und die restlichen Oliven und das Olivenöl hinein geben.

TIPP: Dieser Humus hält sich im Kühlschrank ein paar Tage.

Serviertipp: Reichen Sie diesen leichten, aromatischen Dip zum Brot oder zu Crudités/ Rohkost.

ZUBEREITUNGSZEIT: 35 Minuten

Christl und Gabi Kurz

Selbstgemachter VRISCHKÄSE

ZUTATEN

1 Liter Sojamilch
1 Zitrone
50 g vegane Margarine
20 ml Öl
1 TL Salz
1 Knoblauchzehe
Frische oder auch gefrorene Gartenkräuter

PROCEDERE

Die Sojamilch in einem kleinen Topf aufkochen lassen.

Die Zitrone auspressen und den Saft in die Sojamilch einrühren. Nun fängt die Sojamilch an, unter stetigem Rühren, auszuflocken. Wenn sich keine weiteren Flocken mehr bilden, kann der Topf vom

Herd genommen werden und soll nun für circa 15 Minuten auskühlen.

Das Gemisch durch ein sauberes Tuch abgießen und kurz abtropfen lassen. Die Flüssigkeit in einer Tasse auffangen. In der Zwischenzeit Knoblauch und Küchenkräuter in einer Küchenmaschine klein häckseln. Die Sojamasse wird nun zur Kräutermasse hinzu gegeben. Die Margarine, Öl, Salz hinzugeben und verrühren. Falls die Masse zu fest ist, etwas von der aufgefangenen Flüssigkeit hinzugeben. Eventuell noch einmal mit Salz abschmecken.

TIPP: Stellen sie den Vrischkäse über Nacht in den Kühlschrank, denn ausgekühlt schmeckt er einfach besser.
Sandra Seiffart

KASTANIENBROT

ZUTATEN

150 g Reismehl
150 g Kastanienmehl
50 g Kartoffelstärke
70 g Buchweizenmehl
8 g Flohsamenschalen
420 ml Wasser
110 g Natursauerteig
16 g Olivenöl
8 g Salz

PROCEDERE

Die Mehle und Salz vermischen, lauwarmes Wasser und Sauerteig dazu geben und gut verrühren, Olivenöl dazugeben, alles gut durchkneten. Die Kastenform mit Öl einpinseln, Teig einfüllen und 2 Std. gehen lassen. Ofen vorheizen.

Das Brot bei 200° Grad ca. 50 min backen, ggf die Temperatur nach einiger Zeit reduzieren, wenn das Brot zu dunkel wird. Wenn das Brot gar ist (Test mit Zahnstocher: es darf kein Teig am Holz kleben bleiben) aus dem Ofen herausnehmen und auskühlen lassen.

Heike Piquardt

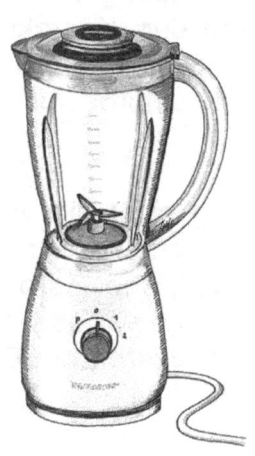

Rezepte

Rezepte – ganzjährig

Grundsätzliches

Was? Wann? Wie? Die 3 kurzen W-Fragen beschäftigen uns immer und immer wieder. Was ist das ganze Jahr über verfügbar? Was davon ist gesund? Was davon wird besser morgens, mittags oder abends gegessen? Was nur selten, und was möglichst häufig? Was ist leicht zuzubereiten? Was ist gut zu bevorraten?

Wann essen wir was und wie essen wir? Diese beiden Fragen"komplexe" habe ich versucht, im „Hauptbuch" zu erarbeiten.

Bei den Rezepten geht es nicht um das Was im Gesonderten, sondern um die Kombination, die harmonische Verbindung der Lebensmittel. Manchmal ist der schon der „Kontakt" von nur 2 Zutaten ein völlig neues Geschmackserlebnis: Pellkartoffel mit Olivenöl, Vollkornbrot mit Kichererbsenpuree / Humus ...

Es gibt ganzjährig nicht die volle „Palette" der Lebensmittel, nicht bei unserem Verständnis von regional und saisonal, aber es gibt ausreichend viele, vor allem dann, wenn wir es lernen, das eine durch das andere zu ersetzen. Zum Beispiel: wie wäre es in der Nicht-BlattSpinatZeit mit Mangold. Oder: Was hindert uns daran, im Winter und Frühjahr getrocknetes Obst lustvoll zu verwenden?
Weil nun die individuelle Rezeptesammlung be-

ginnt, ein einmal erwähnter, aber für alle zukünftigen Kocherlebnisse geltender Wunsch: Viel Spass
beim „Kochen" und „bon appetit!"

FRÜHSTÜCKSBREI

ZUTATEN
pro Person

2 EL Hirse
2 EL Buchweizen
1 EL Sesam
Wasser zum Garen/ ggf. etwas Getreidemilch
Rosinen, Sonnenblumkerne, Mandeln ...
½ Apfel, ½ Banane oder anderes Obst der Saison

PROCEDERE
Körner in Wasser (und ggf. etwas Getriedemilch)
garen, Banane im Frühstücksschälchen zerquetschen, Brei dazugeben, Obst kleinschneiden, Nüsse
hacken und dazu geben, anrichten. Vor dem Verspeisen mischen.

Ein bewährter und leckerer Änderer von alten Früh-
stücksgewohnheiten!

TIPP: Unter der Woche ist ein Gertreidebrei in Wasser
vollkommen „ausreichend". Die Rosinen und Sonnenblumkerne können mitgegart werden und ab und zu
kann auch nur zum Schluss noch etwas Getreidemilch
beibemengt werden. Der Phantasie an verschiedenen
Zusammensetzungen und auch Gewürzen sind keine
Grenzen gesetzt!
Ganz großartig ist es selbstverständlich, wenn man auch
seine Getreidemilch selber macht.

Sonntags kann es auch mal einen besonderen Brei geben:

SONNTAGSBREI

ZUTATEN
pro Person

2 EL Mohn
2 EL Haferflocken
ca. 150 ml Getreidemilch (Reis-Kokos ist besonders lecker)
Rosinen, Sonnenblumkerne oder Mandeln,
Cashew- oder Paranüsse
kleingeschnittene mitgegarte Trockenpflaume(n)
sind auch köstlich
ggf. etwas Zimt oder Vanille
kleingeschnittener Apfel (kann auch mitgegart werden)
Heike Piquardt

Herzhaftes Frühstück: GEGARTE KICHERERBSEN

ZUTATEN
pro Person

2 EL Kichererbsen
Obst der Saison
Rosinen, Sonnenblumkerne, Mandeln (oder Nüsse der Wahl)
Sojasauce und Olivenöl
ggf. etwas Chili, Cayennpfeffer oder Mérken

PROCEDERE

Kichererbsen über Nacht einweichen (ggf. mit einem ½ TL Bikarbonat)
Am Morgen Einweichwasser weg gießen und Kichererbsen in frischem Wasser (ca. ½ Std) garen. Obst der Saison schneiden, Nüsse hacken. Mit den Rosinen, Sojasauce und Olivenöl vermischen. Eventuell etwas Chili dazugeben.

TIPP: Oft macht es Sinn, gleich mehr Kichererbsen zu kochen, für den Aufstrich am Abend, als Beilage in die Suppe oder fürs Curry.....
Heike Piquardt

CHIAPUDDING mit KOKOS und BEEREN DER SAISON

ZUTATEN

8 EL Chia- Samen
4oo ml Pflanzenmilch (Soja, Kokos, Mandel etc.)
1 MSP gemahlene Vanille, 1 Prise Salz (optional)
1 Banane
1 Handvoll Kokosflocken
Beeren: Erdbeeren, Himbeeren, Johannisbeeren, Gojibeeren, Heidelbeeren ...

PROCEDERE

Die Chia-Samen in die Milch rühren. Vanille (und das Salz) unter den Chiapudding heben und über Nacht oder für mindestens 2 Stunden in den Kühlschrank stellen und quellen lassen.

Den Chiapudding in 2 Gläser füllen und die Kokosflocken darauf verteilen. Die frischen Beeren

waschen und abtropfen lassen. Die Banane schälen und in kleine Stücke schneiden.
Das Obst nun auf dem Chiapudding platzieren.

TIPP: Wer es etwas cremiger mag, kann zwischen den Chiapudding und den Kokosflocken
noch 2-3 EL Joghurtalternative geben.
Sandra Seiffart

VORSPEISE kalt

GRÜNER SALAT mit GEGARTER ROTER BETE, RETTICH, FRISCHEN SPROSSEN und SENFVINAIGRETTE

ZUTATEN
für 4 Personen

Ein Kopf Salat/ 3 kleine rote Beete
1 kleiner weißer oder grüner Rettich
1 handvoll selbst gekeimte Sprossen
Senfvinaigrette (siehe S. 433)

PROCEDERE
Keimmix (z.B. Alfalfa, Kresse und Rotkohl) 3 Tage keimen lassen, täglich spülen!
Rote Bete ungeschält im Topf garen (Backofen oder Glut soll eine gute Alternative sein). Salat waschen. trocken schleudern und in Salatschüsssel geben. Rettich schälen und in Salat reiben. Gegarte rote Beete (mit Handschuhen) schälen, klein schneiden und ebenfalls in die Schüssel geben.
Mit der Senfvinaigrette versehen und servieren.

TIPP: Chinakohl und Weißkraut eignen sich ebenfalls.

Der Salat kann nach Belieben variiert werden: Nüsse oder vorgekeimte Sonnenblumkerne, Apfelscheiben, essbare Blüten, geröstete Kürbiskerne (in heißer Pfanne ohne Fett, bis sie aufgehen. Votsicht! Das geht schnell).

Die Senfvinaigrette schmeckt auch zu fast jeder anderen Rohkost und zu blanchiertem Gemüse der Saison: Frühlingszwiebeln, Spargel, Spinat, Mangold, Fenchel, Lauch....

Heike Piquardt

VORSPEISE kalt

WÜRZIGER QUINOASALAT

ZUTATEN
für 4 Personen

30 g Quinoa, gekeimt
je ¼ rote und ¼ gelbe Paprikaschote, Samen und
Scheidewände entfernt
½ Bund glatte Petersilie, Blätter abgezupft
½ Bund Minze, Blätter abgezupft
Saft von 1 Bio-Zitrone
5 EL Olivenöl
Salz & Pfeffer
ggf. 20 Cocktailtomaten

PROCEDERE
Den gekeimten Quinoa in einem Sieb unter fließendem Wasser gut spülen und abtropfen lassen. Die Paprikaschoten in kleine Würfel schneiden. Petersilie und Minze fein schneiden.

Zitronensaft und Olivenöl im Mixer fein pürieren, mit Salz und Pfeffer abschmecken. Das Dressing mit dem Quinoa, den Paprika, und den geschnittenen Kräutern mischen. Der Quinoasalat schmeckt noch besser, wenn er etwas durchziehen kann.

TIPP: Als tolles Fingerfood lässt sich der Salat wunderbar in Cocktailtomaten füllen!
Dafür den Cocktailtomaten am Stielende einen Deckel abschneiden. Die Unterseite eventuell etwas begradigen, damit die Tomaten stehen. Die Kerne vorsichtig mit einem Parisienne Ausstecher oder kleinen Löffel herausnehmen und für die Marinade beiseite geben. Den Salat in die Tomaten füllen und die Deckel wieder aufsetzen.

ZUBEREITUNGSZEIT: 20 Minuten
Christl und Gabi Kurz

VORSPEISE kalt

RETTICH-GLASNUDELN mit HELLGRÜNER ERBSENSAUCE und MINZE

ZUTATEN
für 4 Personen

2 Frühlingszwiebeln (nur das Grün)
1 Bierrettich, geschält
100 g frische junge Erbsen
1/2 Bund Minze, Blätter abgezupft
1 Bio-Zitrone (Saft)
1 EL helles Mandelmus
1 TL Apfeldicksaft
4 EL Olivenöl
1 EL schwarzer Sesam
Salz & Pfeffer

PROCEDERE

Das Grün der Frühlingszwiebeln in feine Streifen schneiden und für 10 Minuten in Eiswasser legen. Den Rettich längs in dünne Spaghettistreifen schneiden (Röstiraffel). Die Rettichstreifen mit Olivenöl, etwas Salz und Apfeldicksaft marinieren. Die Hälfte der Erbsen, die Hälfte der Minzeblätter, den Zitronensaft und das Mandelmus im Mixer glatt pürieren. Gegebenenfalls Durch ein feines Sieb streichen. Die Minzsauce in tiefe Teller gießen. Die Rettichspaghetti mit den restlichen Minzeblättern, den Erbsen und dem Sesam mischen und auf der Sauce anrichten. Mit den Frühlingszwiebeln bestreuen.

ZUBEREITUNGSZEIT: 25 min
Christl und Gabi Kurz

TIPP: Für Kinder ist es ein Ereignis mit einem Spiralscheider aus Zucchinis Spaghetti zu zaubern. Die ebenfalls gleich roh mit warmenr oder kalter Tomatensauce verspeist werden können.

HAUPTGERICHT

GEMÜSECURRY mit REIS

ZUTATEN
für 4 Personen

250 g Gemüse der Saison (z.B. Möhren, Auberginen, Hokkaido-Kürbis oder Süßkartoffeln…)
1 mittelgroße Zwiebel
4 EL Olivenöl (oder Bratöl)
2 TL Garam Masala

1 TL Koriander
½ TL Kreuzkümmel/ Cumin
½ TL Schwarzkümmel
1 Msp oder ½ TL Sambal Oelek
2 Tomaten
100 g gegarte Kichererbsen (im Notfall aus dem Glas)
50 ml Wasser
2 EL gemahlenen Mandeln
½ TL Salz

250 g Vollkornreis (Basmati)
Doppelte Menge Wasser

PROCEDERE

Das Gemüse in Würfel schneiden. Zwiebel schälen und in kleine Würfel schneiden. Tomaten fein hacken. Zwiebel glasig anschwitzen, dann das Gemüse dazugeben und unter häufigem Rühren einige weitere Minuten anschwitzen. Die Gewürze kurz mitanbraten, bevor die Tomaten, die Kichererbsen und das Wasser hinzugefügt werden. Köcheln lassen, bis das Gemüse gar ist. Dann die gemahlenen Mandeln dazugeben und abschmecken.
Mit Reis (am sichersten und einfachsten gelingt dieser im Reiskocher) servieren.
Heike Piquardt

HAUPTGERICHT

GEDÄMPFTER GEMÜSETOFU in KRÄU-TERN und BLATTSPINAT

ZUTATEN

4-8 Scheiben Tofu natur
1 Karotte + 1 Zucchini, mit dem Sparschäler in dünne Scheiben gehobelt
je ½ Tasse fein geschnittener Dill und Estragon
2 Handvoll Blattspinat
Saft von 1 Zitrone, Salz, Pfeffer

Dip: 4 EL Tamari, 1 TL fein gewürfelter Ingwer, 1 klein geschnittene Chilischote

PROCEDERE

Den Tofu in Zitronensaft marinieren. Dann salzen und pfeffern, in den Kräutern wälzen und mit Gemüse und Blattspinat umwickeln. Im Dampfkörbchen dachziegelartig einschichten und 1o Minuten über Dampf garen.
Christl und Gabi Kurz

HAUPTGERICHT

EINTOPF – Grundrezept

ZUTATEN
für 4 Personen / für 2 Tage

2-3 große Zwiebeln
2- 3 Knoblauchzehen
1 kg gemischtes Gemüse (Wahlweise: Möhren,

Pastinaken, Rote Beete, Kartoffeln, Weißkohl, Topinambur, Süßkartoffeln, Kürbis, Paprika, Tomate, Mangold....)
ggf. Nudeln/ Reste von Reis/ Grieß
Tomatenmark
1 ½ l Wasser
2 EL gekörnte Gemüsebrühe
nach Belieben Gewürze: z. B. Lorbeerblatt, Cumin, Koriander, Schwarz- oder Mutterkümmel, kleine Chilischote, frischen Ingwer, Paprika, Mérken, Curry...

PROCEDERE

Geschälte und gewürfelte Zwiebel anschwitzen, Knoblauch (geschnitten) dazugeben, die getrockneten Gewürze (wie Cumin oder Koriander, Schwarzkümmel, Mutterkümmel, Wachholderbeerengeputze...) ebenfalls zur Aromaentwicklung schon jetzt beifügen. Dann die gewaschenen oder geschälten, geschnittenen Gemüse und das Lorbeerblatt dazugeben und mit dem Wasser und der Gemüsebrühe auffüllen und mind. Eine halbe Stunde köcheln lassen.

Wenn man Suppennudeln zufügen möchte, dieses 15 min. vor Ende der Garzeit tun. Schon gegarte Reste und evtl Tomatenmark 5 min. vor Ende zugeben.

Zum Schluß mit Salz und Pfeffer und ggf. weiteren Gewürzen abschmecken und servieren.

TIPP: Wer es noch sättigender haben möchte, fügt dem Eintopf Tofuwürfel, gegarte Kichererbsen oder Bohnen hinzu. Der Vielfalt sind keine Grenzen gestzt!
Heike Piquardt

SKANDINAVISCHE WURZELGEMÜSE-SUPPE

ZUTATEN

3 Rote Bete, 3 Möhren, 3 Pastinaken
4 Kartoffeln
2 Knoblauchzehen, 1 Zwiebel
2 EL Öl (zum Beispiel Omega 3, Hanföl, Rapsöl)
1 ½ l Gemüsebrühe
Petersilie, Salz, Pfeffer

PROCEDERE

Das Wurzelgemüse waschen, schälen und in grobe Stücke schneiden. Achtung bei der Rote Beete: Wer den natürlichen Farbton seiner Hände behalten möchte, sollte beim Schälen und Zubereiten Gummihandschuhe verwenden (Mehrweghandschuhe extra zum rote Beete schälen reservieren). Die Zwiebel und den Knoblauch schälen und fein würfeln. Das Öl in einem großen Topf erhitzen und die Zwiebeln glasig dünsten. Das Wurzelgemüse und den Knoblauch dazugeben. Alles ein paar Minuten dünsten und dann mit Gemüsebrühe ablöschen. Die Suppe nun auf mittlerer Hitze für circa 3o Minuten köcheln lassen, bis das Gemüse gar ist.

TIPP: Den Suppenteller mit frischen Kräutern und Hanföl anrichten.
Sandra Seiffart

Schnelle GEMÜSE-SUPPE, für alle Abende

ZUTATEN
für 4 Personen

1 mittelgroße Zwiebel
4 große Kartoffeln oder ca. 500 g Gemüse
5 Knoblauchzehen
ca. 1 l Wasser
1 EL gekörnte Gemüsebrühe oder 2 Würfel Gemüsebrühe

PROCEDERE
Zwiebel, Knoblauch und Kartoffeln (Gemüse/ bis auf Kürbis) schälen und in Würfel oder Scheiben schneiden, in den Topf mit Wasser geben, Gemüsebrühe zugeben und köcheln lassen, bis das Gemüse weich genug ist zum Pürieren. Zusammen mit Brot oder Reis-bzw. Maiswaffeln servieren. Nach Belieben vegane Aufstriche verwenden.

TIPP: Wenn Gemüse vom Mittag übrig geblieben ist, eignen sich diese hervorragend für die Suppe am Abend. Besonders schmackhafte Kombinationen sind Kartoffel-Tomate, Kürbis-Kartoffel, oder die Zugabe von übrig gebliebenen (Mais)nudeln. Zum Andicken eignet sich Erbsenmehl.

Heike Piquardt

DESSERT

roh-vegane MOUSSE AU CHOCOLAT

Z U T A T E N
für 4 Personen

200 g Seidentofu (oder 1 Avocado)
3 reife Bananen
2-3 EL Kakaopulver
1 EL Kakaonibs (für Crunch-Effekt)
ggf. Vanille

P R O C E D E R E
Alles zusammen mit einem Mixer oder Pürrierstab pürrieren, in kleine Gläser portionieren, dekorieren und genießen.

Heike Piquardt
Anne Blumenthal

DESSERT

BANANEN-LIMETTEN-SORBET

Z U T A T E N
für 6-8 Portionen

½ L Wasser
3 Bananen
etwas abgeriebene Schale und der Saft von 2 BIO-Limetten
Agavendicksaft, nach Genussbedarf
zum Dekorieren
Beeren der Saison, Melisse- oder Minzeblätter

PROCEDERE

Die Zutaten im Mixer pürieren und gleich in der Sorbietière gefrieren. In schöne Gläser je eine Eiskugel geben und mit den Beeren und Blättern verzieren.

Christl und Gabi Kurz

Extra: KUCHENBÖDEN

Veganer MÜRBETEIG roh

ZUTATEN
für 1 Quiche (Durchmesser 26 cm)

50 g Dinkelvollkornmehl
50 g Hirsemehl
30 g Polentagrieß
30 g Mandeln, fein gerieben
150 ml kaltes Wasser
1 Prise Salz
etwas Streumehl zum Ausrollen

PROCEDERE
Alle Zutaten gut miteinander verkneten, dünnausrollen und in die Quicheform geben.

Den Teig für mindestens 4 Stunden bei Zimmertemperatur trocknen.

Den Quicheteig dann nach Wunsch süß oder herzhaft belegen und sofort servieren.

TIPP: Rohen Mürbeteig kann man höchstens 2 Tage aufbewahren, wenn er trocken gelagert wird. Sobald der Teig belegt ist, sollte er schnell serviert werden, da er sonst wieder aufweicht.

ZUBEREITUNGSZEIT: 10 Minuten plus 4 Stunden zum Trocknen
Christl und Gabi Kurz

Roher NUSS-MÜRBETEIG

ZUTATEN
Für 1 Tortenboden 26 cm oder 18 kleine Törtchen

100 g Dinkelvollkornmehl
60 g Haselnüsse, fein gemahlen
1 Prise Salz
150 ml kaltes Wasser
Außerdem
Dinkelvollkornmehl zum Ausrollen

PROCEDERE
Alle Zutaten gut miteinander verknete. Den Teig entweder in kleine Tarteletteförmchen drücken oder auf einer leicht mit Mehl bestäubten Arbeitsfläche dünn zu einem großen Tortenboden ausrollen.
Den Teig mindestens 4 Stunden bei Zimmertemperatur trocknen lassen. Dann nach Wunsch belegen und sofort servieren.

TIPP: siehe rohen Mürbeteig/ oben!

ZUBEREITUNGSZEIT: 10 Minuten plus 4 Stunden zum Trocknen
Christl und Gabi Kurz

BISKUIT hell

Z U T A T E N
für 1 Blech

150 g Mandeln, gehäutet
100 g Reismehl
1 Päckchen Vanillepuddingpulver
100 g Dinkelvollkornmehl
1 Päckchen Weinstein Backpulver
100 g Pflanzenmargarine
100 g Sojasahne
200 ml Sojamilch
150 ml Agavendicksaft

P R O C E D E R E

Den Backofen auf 180 °C vorheizen. Ein Backblech mit Backtrennpapier auslegen, und dieses mit etwas Pflanzenmargarine fetten.

Die Mandeln pulverisieren. Das Mandelpulver mit dem Reismehl, dem Puddingpulver, dem Dinkelmehl, und dem Backpulver mischen. Die Margarine und den Agavendicksaft mit dem Schneebesen schaumig schlagen. Die Sojasahne und die Sojamilch mit der Mehlmischung verrühren, dann die „Buttermasse" unterheben.

Auf das vorbereitete Backblech geben und bei 180° C etwa 10 Minuten backen.

TIPP: Den Biskuitteig können Sie ebenfalls mit Obst belegen, oder für die Rosenpralinen (Seite 583) verwenden. Der Biskuit kann gut eingefroren werden.

ZUBEREITUNGSZEIT: 20 Minuten
Christl und Gabi Kurz

KAKAO-Biskuit

ZUTATEN

100 g Mandeln, gehäutet
60 g Kakaopulver
70 g Reismehl
1 Päckchen Vanillepuddingpulver
100 g Sojasahne
80 g Dinkelvollkornmehl
1 Päckchen Weinstein Backpulver
200 ml Sojamilch
100 g Pflanzenmagarine
150 ml Agavendicksaft
Außerdem: etwas Pflanzenmagarine für das Back-
blech

PROCEDERE

Siehe Procedere heller Biskuit / vorherige Seite!

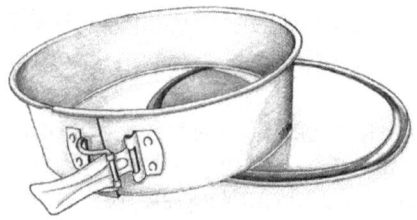

RÜHRKUCHEN für tausendundeine Idee

ZUTATEN

300 g Mehl
250 ml Joghurt (Soja, Mandel, Kokos etc.)
50 ml Pflanzenmilch (Soja, Mandel, Kokos, Dinkel etc.)
200 g Zucker
125 ml Öl (geschmacksneutrales Omega-3 Öl)
1 Pck Backpulver
1 Pkt. Vanillezucker

PROCEDERE

Eine Kastenform einfetten. Den Backofen auf 180°C vorheizen.
Alle Zutaten in eine Rührschüssel geben und mit dem Handrührgerät gut vermischen. Dann den Kuchen bei ca. 180°C etwa 60 min. backen (kann auch länger sein, je nach Backofen).

TIPP: Aus dem Grundrezept lassen sich tausend und eine Variationen kreieren! Hier einige Anregungen: Schokoladenkuchen (Grundteig + 5 EL Backkakao/ 1 EL Pflanzenmilch)
Doppel-Schokolade-Walnuss-Kuchen (Grundteig + 5 EL Backkakao/ 5 EL Schokoladentropfen/ 200 g kleingehackte Walnüsse)
Roter Beeren-Kuchen (Grundteig + 200 g Rote Beeren der Saison evtl. etwas Zucker hinzugeben bei sauren Beerenobst)
Zitronenkuchen (Grundteig + 1 ungespritzte Zitrone/ Saft und Schale)
Sandra Seiffart

TORTEN

ROHKOSTTORTE

ZUTATEN

Boden: 200 g entkernte Datteln
50 g Walnüsse oder Buchweizen (vorgekeimt und
neu getrocknet)
Mark einer friscen Vanilleschote

Füllung: 6 mittegroße reife Bananen
½ kleine reife Ananas (oder über Nacht eingeweich-
te getrocknete)
2 EL Kokosmus (zum Verarbeiten leicht erwärmen)
2 gestrichene EL gemahlene Flohsamenschalen

PROCEDERE

Nüsse bzw. Buchweizen über Nacht einweichen (dann sind sie bekömmlicher) und dann wieder trocknen lassen (in der Sonne, auf der Heizung oder im Dörrgerät). Die Zutaten für den Tortenboden mit ggf. etwas Wasser im Blender mixen. Wenn noch einige Buchweizen ganz bleiben ergibt das einen schönen Cruncheffekt. Den Boden auf eine Platte in einen Tortenring verteilen.

Die Zutaten für die Füllung ebenfalls im Blender (oder einem Standmixer) zu einer schönen Creme verarbeiten. Auf dem Boden verteilen und mind. 2 Stunden kaltstellen! Herausnehmen, schön dekorieren und servieren.
Anne Blumenthal

ROHE POWIDL-LINZERTORTE

ZUTATEN
für 4 Personen

1 Rezept roher Nußmürbeteig (Seite 474)
1 Rezept Powidl (siehe unten)
Dinkelmehl zum Bestreuen

PROCEDERE

Den Teig in zwei ungleiche Portionen teilen: 2/3 des Teiges als Boden ausrollen und rechteckig zuschneiden. Aus dem restlichen 1/3 Teig dünne Teigrollen formen.

Den ausgerollten Teig und die Teigrollen 4 Stunden trochnen lassen (wenn zu wenig Sonne scheint, gelingt es gut in einem Dehydrator oder bei 50° C im Backofen). Danach zuerst einen Rand an der Aussenkante des Teigbodens anbringen. Den Powidl einfüllen. Die verbleibenden Teigröllchen quer über den Powidl anbringen. Mit etwas Mehl durch ein feines Sieb bestreuen.

ZUBEREITUNGSZEIT: 15 Minuten

POWIDEL – aus getrockneten Früchten

ZUTATEN

250 g Trockenpflaumen, 6 Std in 200 ml Wasser,
eingeweicht
1 Bio-Orange, Saft und etwas abgeriebene Schale
1 Msp. gemahlene Nelken
30 ml Agavendicksaft

PROCEDERE

Die eingeweichten Pflaumen mit der Einweichflüssigkeit, dem Orangensaft und der Orangenschale, dem Nelkenpulver und dem Agavendicksaft im Mixer pürieren.

TIPP: Diese Methode funktioniert mit allen Trockenfrüchten wie getrockneten Aprikosen, Feigen oder Datteln. Die Menge des Agavendicksafts ist relativ gering, da die Trockenfrüchte meist viel natürliche Süße besitzen. Mus aus getrockneten Früchten hält im Kühlschrank etwa 1 Woche.

ZUBEREITUNGSZEIT: 10 Minuten plus 6 Stunden zum Einweichen
Christl und Gabi Kurz

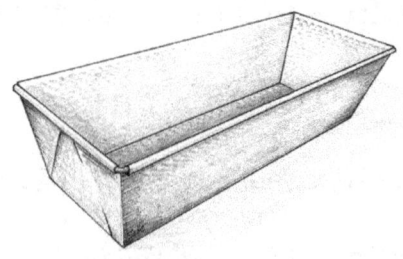

Rezepte – saisonal

Grundsätzliches

Wir sind im Wartestand. Noch gibt es kaum frisch Gewachsenes. Der Bärlauch eröffnet den kulinarischen Frühling in Deutschland. Doch wir sind noch deutlich auf unsere Vorräte angewiesen: Sauerkraut, saure Gurken, andere fermentierte Gemüse, Kartoffeln, Kürbis, Pilze à la greque, Trockenpilze, Trockenobst ...

Nutzen wir das Aufblühen im Frühling zum kulinarischen Besinnen, zur Dankbarkeit für die Ernte des letzten Jahres. Verderben wir uns nicht die Vorfreude auf Spargel und Erdbeeren durch Ungeduld und Unbedachtsamsein. Unsere Ungeduld könnten wir mindern, wenn wir uns mit Wildkräuert beschäftigen. Diese wachsen zuerst. Vermutlich müssten wir aber an Wildkräuterwanderungen teilnehmen oder unsere Großmütter fragen.

Um in Deutschland ganz aus dem vollen Schöpfen zu können, müssen wir uns bis zum Hochsommer gedulden. Aber für dieses Warten werden wir belohnt.

BÄRLAUCHPPESTO

ZUTATEN

ca. 200g frischen Bärlauch, in grobe Stücke geschnitten
300g Sonnenblumenkerne über Nacht eingeweicht
4 EL Olivenöl
2 -3 EL Sojasauce (Tamari oder Shoyu)
2 EL Zitronensaft
nach Belieben Salz oder Kräutersalz

PROCEDERE

Über Nacht Sonnenblumkerne in frischem Quellwasser einweichen. Eingeweichte Sonnenblumenkerne durchspülen
und in einen Personalblender oder Mixer füllen.
Gebt den frisch gepflückten Bärlauch in grobe
Stücke zerschnitten hinzu. Ihn vorher etwas zu zer-
schneiden hat den Vorteil, dass sich dann die Blätter nicht im Mahlwerk verhaken und dieses
blockieren können. Gebt das Olivenöl, die Shoyu-
oder Tamarisauce, und den Zitronensaft hinzu und
mixt alles gut durch, sodass eine pestoähnliche
Masse entsteht. Schmeckt das Ganze mit Kräutersalz ab und gebt unter Umrühren noch Zitronensaft
oder Sojasauce zur Abrundung hinzu.

TIPP: Zur Haltbarmachung: Füllt die Masse in kleine
Gläschen und bedeckt sie mit einer Schicht Olivenöl.
Wenn Ihr auf strenge Hygiene achtet (nur heiß ausge-
spülte Utensilien beim Herausnehmen verwenden), dann
sollte sich das Bärlauchpesto bis zur nächsten Bär-

lauchschwemme halten.

Das Bärlauchpesto eignet sich u. a. als: Aperitif zu Rohkostkräckern / Beilage zu Pellkartoffeln/ Dip zu Gemüsestreifen, Chips oder Gemüsechips

Anne Blumenthal

BÄRLAUCHKRÄCKER

ZUTATEN

200 g über Nacht eingeweichte Leinsamen
200 g über Nacht eingeweichte Buchweizensamen
100 g Bärlauch
1 kleine Stück frischer Ingwer
2 Knoblauchzehen
ca. 3 EL Soya oder Tamarisauce, Kräutersalz
ca. 100 ml Quellwasser

PROCEDERE

Die über Nacht eingeweichten Leinsamen und Buchweizen gut durchspülen, mit dem in Stücke geschnittenen Bärlauch, dem Ingwer, den Knoblauchzehen, der Soya- oder Tamarisauce und dem Quellwasser im Mixer pürieren. Es können ruhig noch, nach Belieben, Samen von Lein oder Buchweizen ganz bleiben, dann knuspert das Brot schön. Nach dem Mixen mit Kräutersalz und oder gegebenenfalls noch weiterer Soja- oder Tamarisauce abschmecken. Wer es scharf mag, kann auch noch Cayennepfeffer hinzufügen. Die Masse dann zum Trocknen ausbreiten. Dabei gilt die einfach Regel: Je dünner, desto geringer die Trockungszeit. Getrocknet werden kann entweder in einem Lebensmitteltrockner, wie z.B. einem Sedona, Excalibur oder Stöckligerät. Es kann aber auch an der Sonne getrocknet werden oder auf der kleinsten Stufe im elektrischen Backofen. Dabei solltet Ihr einen Holzlöffel in die Backofentür stecken, damit die Feuchtigkeit entweichen kann. Achtet darauf, dass die Temperatur nicht höher als ca. 40-50 Grad ist, damit möglichst alle wertvollen Inhaltsstoffe erhalten bleiben. Als Unterlage verwendet Ihr entweder die mitgelieferten Dörrfolien oder Backpapier. Wenn sich das Brot leicht von der Unterlage lösen lässt, dreht es um und trocknet es noch einmal von der anderen Seite.

TIPP: Wenn das Brot wirklich gut durchgetrocknet ist, hält es sich wie Knäckebrot ewig. Aber nein, dazu ist es viel zu lecker. Ihr müsst aber aufpassen, falls noch ein Rest Feuchtigkeit im Brot ist und Ihr es dann in eine Dose oder ein Glas luftdicht verschließt, dann kann es leicht schimmeln. Deshalb: Wenn Ihr nicht sicher seid, ob wirklich alle Feuchtigkeit entwichen ist, lagert das Brot lieber in Papiertüten. Mit einem schönen Band versehen, ein wunderbares Mitbringsel.

Varianten: Wenn die Bärlauchzeit vorüber ist, könnt Ihr auch mit anderen aromatischen Wildkräutern, wie z.B. der Knoblauchrauke experimentieren.

Anne Blumenthal

FOCACCIA mit Thymian und Bärlauch

ZUTATEN
für 20 Portionen

Kristallsalz und schwarzer Pfeffer
10 Zweige frischer Thymian (am besten Zitronen-
thymian) und 2 Bund Bärlauch
Olivenöl
für den Teig:
1 l warmes Wasser
½ Würfel Hefe
1 EL Agavendicksaft
1 kg Dinkelmehl
500 g Kamutmehl
6 EL Ölivenöl

PROCEDERE

Wasser, Agavendicksaft, Hefe und die Hälfte des Mehls gut verkneten. Dann den Rest Mehl dazugeben und das Öl. Solange kneten, bis der Teig die Schüssel putzt.

Den Teig in Folie packen und auf das doppelte Volumen aufgehen lassen.

Den Teig nochmals kurz und schnell verkneten, wieder 10 - 15 Minuten ruhen lassen.

Aus dem Teig entweder lauter Portionsfocaccias formen oder eine große, die Sie dann später in Kuchenstücke zerteilen können.

Bei 250 Grad kurz und heiß backen - nach ca. 10 Minuten ist die Focaccia fertig.

Noch heiß die Kräuter, und das Olivenöl, Salz und Pfeffer darauf geben und warm servieren.

Christl und Gabi Kurz

GRÜNER SPARGEL mit AVOCADO-TOMA-TENSALSA und ORANGENMAYONNAISE

ZUTATEN

*600 g Spargel, die Stangen ab dem oberen Drittel
geschält*

*Salsa: 1 Avocado
½ rote Paprikaschote, Samen und Scheidewände
entfernt
2 Tomaten, Stielansatz entfernt
1 Esslöffel Olivenöl
1 Teelöffel weißer Balsamico oder Apfelessig
1o g Kerbelblätter geputzt*

*Orangenmayonnaise:4 Esslöffel helles Mandelmus
Saft und etwas abgeriebene Schale von 1 Bio-
Orange
1 TL Agavendicksaft
2 EL zerstoßenes Eis
Salz/ 1 MSP Cayennepfeffer*

PROCEDERE

Für die Salsa die Paprika in sehr kleine Würfel schneiden / Die Avocado halbieren, den Stein entfernen und das Fruchtfleisch mit einem Löffel aus den Schalenhälften heben. Das Avocadofleisch in kleine Würfel schneiden / Die Tomate würfeln und ebenfalls in kleine Würfel schneiden / Alle Würfel mit Balsamico und Olivenöl mischen und mit etwas Salz abschmecken.
Für die Mayonnaise alle Zutaten im Mixer glatt purieren / Mit Salz und Cayennepfeffer abschmecken.

Die dicken Spargelstangen längs halbieren, die weniger dicken ganz lassen. Die Spargel auf Tellern anrichten und mit der Salsa und mit der Mayonnaise übergießen / Mit Kerbelblättern verzieren. Sofort servieren !

ZUBEREITUNGSZEIT: 35 Minuten

TIPP: Die Mayonnaise kann 2 Tage im Kühlschrank aufbewahrt werden. Sie passt auch zu Salaten und als Dip für Crudités
Christl und Gabi Kurz

VORSPEISE kalt

KOHLRABI –CANNELLONI mit CASHEW-KAROTTEN- KÜRBIS- FÜLLUNG; KURKU-MADRESSING

ZUTATEN

2 Kohlrabi, geschält, zarte Kohlrabiblätter beiseite gelegt
1 Karotte
15o g Hokaidokürbis entkernt
15o g gekeimte Cashewkerne
2 EL helles Mandelmus
2 Frühlingszwiebeln
2o g Zuckerschoten
3 EL Orangensaft
1 EL weißer Balsamico
1 EL Kurkuma
4 EL Olivenöl
2 EL Leindotteröl
Salz & Pfeffer

PROCEDERE

Die Kohlrabi in hauchdünne Scheiben schneiden / Die Karotte und den Kürbis grob raspeln / Die Cashewkerne hacken / Kürbis, Karotte und Cashewkerne mit dem Mandelmus mischen und mit Salz und Pfeffer abschmecken / Ein ausreichend großes Stück Klarsichtfolie auf der Arbeitsplatte ausbreiten. Ein 15x20cm-Rechteck mit überlappenden Kohlrabischeiben auslegen. Darauf einige Kohlrabiblätter legen, die Füllung aufstreichen und mit Hilfe der Folie fest einrollen (Bis zum Anrichten kann die Rolle für einige Stunden im Kühlschrank aufbewahrt werden). So mindestens noch eine weitere Rolle herstellen.

Für das Dressing die Frühlingszwiebeln in feine Röllchen und die Zuckerschoten in dünne Streifen schneiden. Aus Orangensaft, Balsamico, Kurkuma und den beiden Ölen ein Dressing rühren und mit Salz & Pfeffer abschmecken.

Die Kohlrabirollen in Portionsstücke von etwa 5cm Länge schneiden, vorsichtig aus der Klarsichtfolie lösen und mit dem Dressing und den Zuckerschoten und den Frühlingszwiebeln anrichten.

ZUBEREITUNGSZEIT: 45 Minuten

TIPP: Dieses Gericht ist gut vorzubereiten. Die Cannelloni lassen sich besser schneiden, wenn sie ein wenig kaltgestellt sind.
Bitte nicht verwechseln: Leinsamenöl und Leindotteröl.
Aber: Ausprobieren!
Christl und Gabi Kurz

GRÜNER KNOBLAUCHSPARGEL mit „SAUCE HOLLANDAISE"

ZUTATEN

1 Bund grüner Spargel
2 Knoblauchzehe(n)
3 EL Olivenöl
Salz und Pfeffer / 1 EL Zucker
100 g Margarine
30 g Mehl
300 ml kalte Gemüsebrühe
250 ml Pflanzensahne (Soja-, Hafer- oder Reiscousine)
20 ml Weißwein
1 TL mittelscharfer Senf / 1 EL Zitronensaft / 1 Msp. Kurkuma

PROCEDERE

Von dem grünen Spargel werden zunächst die holzigen Endstücke abgeschnitten. Anschließend wird dieser dann in daumenlange Stücke geschnitten.

Den Knoblauch schälen und in kleine Stücke schneiden.

Das Olivenöl in einer Pfanne erhitzen und dem Spargel hinzu gegeben. Diesen nun für circa 4 Minuten braten. Knoblauch zufügen und alles bei geringerer Hitze noch gute 5 Minuten weiter gebraten. Abschließend mit Salz und Pfeffer abschmecken.

Für die Sauce wird die Margarine in einem Topf erhitzt und das Mehl dazugegeben. Dieses bitte kurz anschwitzen lassen. Mit der Gemüsebrühe ablöschen und unter ständigen rühren Pflanzensahne,

Weißwein, Senf, Zitronensaft und Kurkuma in die Mehlschwitze geben und vorsichtig aufkochen lassen. Abschließend mit Salz und Pfeffer abschmecken.
Sandra Seiffart

HAUPTGERICHT

GRÜNES KARTOFFELPÜREE mit GEBRATENEM LÖWENZAHN

ZUTATEN

8 große Löwenzahnrosetten, wenn möglich mit Wurzel
300 g mehlig kochende Kartoffeln, geschält
1 Bund Frühlingszwiebeln; nur das Grüne
100 ml Gemüsefond
6 EL Olivenöl
2 EL Balsamico, 1 TL Agavendicksaft
Muskatnuß, Salz, Pfeffer
2 frische Calendulablüten für die Dekoration

PROCEDERE

Die Löwenzahnrosetten gründlich waschen, die Wurzeln abschaben / Die Kartoffeln in grobe Stücke schneiden / In einen Topf soviel Wasser einfüllen, dass der eingehängte Dämpfeinsatz das Wasser nicht berührt. Das Wasser erhitzen, die Kartoffeln in den Dämpfeinsatzegen und im Dampf 15 Minuten weichgaren.

Den Gemüsefond zusammen mit den Frühlingszwiebeln und 2 EL Olivenöl im Mixer glatt pürieren. Das Püree durch ein feines Sieb passieren. Die gegarten Kartoffeln grob zerdrücken und das Früh-

490

lingszwiebelpüree darunterheben. Mit Muskatnuß, Salz und Pfeffer abschmecken. Die Löwenzahnrosetten in dem verbleibenden Olivenöl anbraten, mit Agavendicksaft und Balsamico ablöschen und mit Salz und Pfeffer abschmecken.
Das Kartoffelpüree auf Tellern anrichten, mit den Calendulablütenblättern bestreuen und den Löwenzahn darauf platzieren.

ZUBEREITUNGSZEIT: 35 Minuten

TIPP: Am besten schmeckt wilder Löwenzahn, dieser enthält jedoch auch die meisten
Bitterstoffe. Deshalb geben wir den Agavendicksaft dazu. Falls Zuchtlöwenzahn verwendet wird, ist das nicht nötig.
Christl und Gabi Kurz

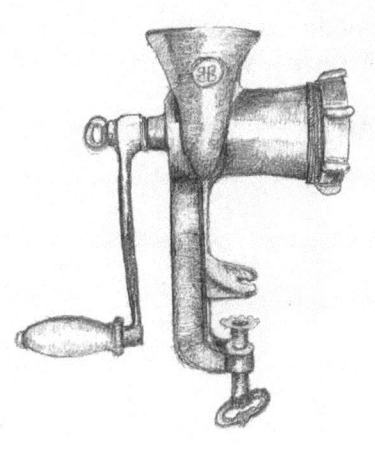

RHABABERGRÜTZE

Z U T A T E N
für 4 Personen

4 Stangen Rhababer, geschält
½ l Apfelsaft
3 EL Tapiocaperlen
ca. 2 EL Agavendicksaft
etwas Vanille

P R O C E D E R E

Rhababer schälen und in kleine Stücke schneiden. Den Apfelsaft in einem Topf erhitzen, die Tapiokaperlen dazu geben und unter ständigem Rühren solange köcheln lassen, bis diese transparent werden. Den Rhababer einige Minuten dazugeben (nur kurz - er gart noch nach) und süßen und würzen. Abschmecken und auskühlen lassen (dabei zieht die Grütze an).

TIPP: Als schnelle Variante kann Soja-, Kokos- oder Hafer-Sahne mit etwas Vanille verrührt dazu serviert werden.
Heike Piquardt

Sommer

VORSPEISE kalt

ROHER SPARGELSALAT mit ERDBEE-REN

Habt Ihr schon einmal rohen Spargel probiert? Nein? Dann wäre dieses Rezept ein Anfang. Bitte verwendet ausschließlich Biospargel. In herkömmlich angebautem Spargel sammeln sich viele Giftstoffe.

ZUTATEN

250g weißer Spargel
250g Erdbeeren
1 Bund Lauchzwiebeln
1 Bund Radieschen
Alfalfasprossen
1 Orange
1 TL Senf
3 EL Olivenöl
1 ½ EL Zitronensaft
3 EL Quellwasser
Salz & frisch gemahlenen Pfeffer
zur Deko: Gänseblümchen oder Löwenzahnblüten

PROCEDERE

Schält den Spargel möglichst dünn. Schneidet ihn schräg in feine Scheiben. Schneidet ebenso die Lauchzwiebeln, Radieschen und Erdbeeren in feine Scheiben.
Mixt aus den restlichen Zutaten eine Salatsauce. Mariniert den Spargel, die Radieschen und die

Lauchzwiebeln für mindestens 1h in der Salatsauce. Kurz vor dem Servieren gebt Ihr die Erdbeeren dazu. Serviert das ganze auf den Tellern und dekoriert den Salat mit Alfalfasprossen und Gänseblümchen oder Löwenzahlblüten.
Anne Blumenthal

VORSPEISE kalt

TABOULEH

ZUTATEN
für 4 Personen

8 EL Couscous (Weizen, Dinkel oder Mais)
1 Salatgurke
4 große Tomaten
1 mittelgroße Zwiebel
1 Bund Petersilie/ etwas Pfefferminze
4 EL Zitronensaft/ 6 EL Olivenöl

PROCEDERE
Couscous mit ganz wenig Wasser quellen lassen. Gurke in kleine Würfel schneiden oder reiben. Wenn harte Haut – gestreift schälen. Tomaten in Würfel schneiden. Zwiebel schälen und ebenfalls in kleine Würfel schneiden. Petersilie und Pfefferminze fein hacken. Alles zusammen mit dem Couscous in einer Schale vermengen, Zitronensaft und Olivenöl dazugeben und abschmecken.
Heike Piquardt

VORSPEISE warm oder kalt

GEBRATENE AUBERGINEN mit SCHARFER TOMATENSAUCE

ZUTATEN
für 4 Personen

2-3 mittelgroße Auberginen
Salz/ Bratöl/ Wasser

Sauce:3 mittelgroße Zwiebeln
4 Zehen Knoblauch
750 ml Tomatenpasata oder 1 kg frische Tomaten
1 Chilischote (wenn man hat: frisch)
Olivenöl
Frischen Thymian/ 1 Lorbeerblatt
Salz & Pfeffer/ 1 TL gekörnte Gemüsebrühe

PROCEDERE
Zwiebeln schälen, in kleine Würfel schneiden und in Öl glasig braten, geschälten und gehackten Knoblauch dazugeben, Tomatenpasata, klein geschnittene Chilischote, Lorbeerblatt, kleingeribbelten frischen Thymian und gekörnte Gemüsebrühe beifügen, köcheln lassen, mit Salz und Pfeffer abschmecken.

Die Auberginen in ca. 1 cm breite Längsscheiben schneiden, scharf anbraten, salzen, wenden und etwas Wasser dazugeben, damit sie sich nicht zu sehr mit Öl vollsaugen. Auf einer Platte anrichten und zusammen mit der Tomatensauce servieren.

TIPP: Die gebratene Auberginen schmecken auch sehr gut auf Brot oder Reiswaffel!
Heike Piquardt

LINSENSALAT

ZUTATEN
für 4 Personen

200 g grüne Linsen
2 mittelgroße Zwiebeln/ 1 Zehe Knoblauch
5 Nelken/ 1 Lorbeerblatt
6-8 EL Olivenöl/ 3 EL Balsamico
Salz & Pfeffer

PROCEDERE
Linsen waschen und mit einer mit Nelken bespickten Zwiebel und dem Lorbeerblatt in wenig Wasser garen. In der Zwischenzeit die andere Zwiebel in kleine Würfel schneiden und Knoblauchzehe schälen und quetschen. In eine Salatschüssel geben. Die gegarten und abgegossenen Linsen, den Balsamico und das Olivenöl dazugeben und vermengen. Mit Salz und Pfeffer abschmecken, lauwarm servieren.
Heike Piquardt

KALTE TOMATENSUPPE

ZUTATEN

500 g frische Tomaten
100 g Knollensellerie
*ca. eine Handvoll getrocknete Tomaten (die geben
das besondere Aroma)*
1 Knoblauchzehe
ca. 200 ml Quellwasser
Kräutersalz nach Geschmack
*frisches Basilikum und Borretsch- oder Kapuziner-
kressenblüten*

PROCEDERE

Mixe alle Zutaten in Deinem Mixer zu einer sämigen Konsistenz. Gib bei Bedarf noch etwas Wasser hinzu und schmecke mit Kräutersalz ab. Dekoriere mit frischem Basilikum und mit Borretsch- oder Kapuzinerkressenblüten.

TIPP: Ein Hochgenuss an heißen Sommertagen! Wenn Du magst, kannst Du auch Eiswürfel mitmixen. Dann hast Du eine edle geeiste Suppe.
Anne Blumenthal

NUDELN mit RATATOUILLE

Z U T A T E N
für 4 Personen

2 Zwiebeln/ 2 Auberginen
2 Paprika
2 Zucchini/ 2 Tomaten
3 Knoblauchzehen
Olivenöl
Salz & Peffer/ Frischen Thymian

Pro Person 100 g Nudeln (Mais, Reis oder Vollkorn)

P R O C E D E R E

Zwiebeln schälen, Tomaten ggf häuten, alle Gemüse in gleichgroße Würfel schneiden. Zwiebeln anschwitzen, gequetschten Knoblauch und Auberginen dazugeben, danach die Paprika. Wenn die Gemüse fast gar sind Zucchini, Tomatenwürfel und Thymian dazugeben und köcheln lassen, bis die gewünschte Konsistenz erreicht ist.
    Nudeln garen. Und zusammen mit der Ratatouille servieren.
Heike Piquardt

L'AIOLI

Z U T A T E N
pro Person

3-4 kleine Kartoffeln
1 kleine Rote Beete
2 mittelgroße Möhren
ein paar Röschen Blumenkohl
im Sommer (eine Handvoll frische grüne Bohnen)

AIOLI
Knoblauchmayonnaise
für 4 Personen

3 EL Seidentofu
1 kleiner TL Senf
1 TL Zitronensaft
2 fein gequetschte Knoblauchzehen
Salz & Pfeffer & (1 Prise Curcuma zur Farbgebung)
ca. 100 ml Olivenöl

P R O C E D E R E
Kartoffeln und Gemüse im Dämpftopf garen (die Rote Beete etwas früher im Kochwasser aufsetzen!). In
einem hohen Perührgefäß Seidentofu, Senf, Zitronensaft, gequetschte Knoblauchzehen, etwas Salz
(und die Prise Curcuma) pürieren. Dann Tropfenwei-
se / im feinen Strahl unter ständigem pürieren das
Olivenöl einfließen lassen, bis die gewünschte Konsistenz erreicht ist. Mit Salz und Pfeffer abschmecken und zusammen mit den warmen Gemüse und
Kartoffel servieren.

L'AIOLI ist ein traditionelles provencalisches Gericht. Hier die vegane Variante.
Heike Piquardt

SUPPE

RADIESCHENBLÄTTER-SUPPE

Z U T A T E N
für 4 Personen

1 mittelgroße Zwiebel
Frisches Grün von einem Bund Radieschen
2 große Kartoffeln
5 Knoblauchzehen
ca. 1 l Wasser
1 EL gekörnte Gemüsebrühe oder 2 Würfel Gemüsebrühe

P R O C E D E R E
Grün der Radieschen waschen und grob schneiden. Zwiebel, Knoblauch und Kartoffeln schälen und in Würfel oder Scheiben schneiden, in einen Topf mit Wasser geben, Gemüsebrühe zugeben und köcheln lassen, wenn die Kartoffeln gar sind, das Radieschengrün dazugeben und die letzten Minuten mitkochen, pürieren, mit Salz und Pfeffer abschmecken.

TIPP: Die Radieschen können zur Suppe, auf Brot oder Waffel geschnitten, gegessen werden. Das Grün von roter Beete kann ebenfalls für eine Suppe verwendet werden. Köstlich, und auch kalt zu genießen, ist eine Salatsuppe, die nach dem gleichen Procedere zubereitet wird.
Heike Piquardt

ERDBEEREIS

Dieses Eis ist der Renner. Ihr braucht sage und schreibe nur 3 Zutaten:

ZUTATEN

500g Erdbeeren
500g reife Bananen (das sind die mit den schwarzen Punkten), sehr wichtig, keine unreifen Bananen nehmen, denn sie entfalten keine Süße und kein Aroma.
Mark einer frischen Vanilleschote

PROCEDERE

Mixt alle Zutaten in einem Mixer. Und lasst die Masse in einem Gefrierfach anfrieren. Bitte nicht zu fest werden lassen, sonst geht Euch von dem wunderbaren Aroma verloren!

TIPP: Wenn Euch das Eis doch es zu fest geworden ist, lasst ihr es etwas antauen, mixt es nochmal durch und serviert es in cremiger Konsistenz.
Mit derselben Machart lässt sich aus fast jedem Obst ein herrliches erfrischendes Eis machen!
Versucht es doch mal mit Pfirsich oder Wassermelone! Bei ganz süßem Obst kann auch auf die Bananen verzichtet werden: einfach Obst (geschnitten) in den Froster geben, bevor es zu fest wird pürieren. Fertig. Experimentiert einfach!
Anne Blumenthal

APERITIF

SAUERKRAUTKRÄCKER

ZUTATEN

200 g eingeweichte Leinsamen dunkel
250 g eingeweichte Buchweizen
1 TL Kümmel
ca. 200 g Sauerkraut
ca. 50 ml Quellwasser
1 Ingwerstückchen
ca. 4 EL Sojasauce
500 g frische Tomaten
100 g Knollensellerie
ca. eine Handvoll getrocknete Tomaten (die geben
das besondere Aroma)
1 Knoblauchzehe
ca. 200 ml Quellwasser
Kräutersalz nach Geschmack
frisches Basilikum und Borretsch- oder Kapuziner-
kressenblüten

PROCEDERE

Weicht den Leinsamen und den Buchweizen in Quellwasser über Nacht ein.

Spült die Leinsamen und den Buchweizen gut durch. Mixt ihn zusammen mit dem Sauerkraut, dem Ingwerstück und dem Quellwasser zu einer konsistenten Masse. Schmeckt das ganze mit Kümmel und Sojasauce ab. Fügt bei Bedarf Kräutersalz hinzu. Wer es scharf mag, kann auch noch Cayennepfeffer dazugeben.

Streiche die Masse auf die Dörrfolien Deines Trockengerätes oder auf Backofenblechen, die Du zuvor mit Backpapier ausgelegt hast, aus. Je dünner Du die Masse ausbreitest, desto geringer ist die Trocknungszeit. Wenn es ein schöner heißer Sommer ist, kannst Du die Bleche auch einfach draußen trocknen, das ist meiner Meinung nach die beste Trocknungsart.Wenn sich die Masse leicht vom Papier lösen lässt, drehe die Platten einmal um. Brich die Platten in Stücke.

TIPP: Damit sie schön gleichmäßig werden, kannst Du nach ca. 2 Trocknung mit einem kleinen Teigrädchen Sollbruchstellen vorsehen. Dann hast Du später Kräcker in schöner gleichmäßiger Form. Du wirst begeistert sein!

Ich kenne viele verschiedene Rohkostbrotsorten, aber dieses ist mein absoluter Favorit!
Anne Blumenthal

APERITIF
KÜRBIS-SALTIMBOCCA

ZUTATEN
für 4 Portionen

20 möglichst große Muskateller Salbei Blätter
4 EL Olivenöl
½ kleiner Hokkaidokürbis, in Dreiecke von ½ cm
Dicke geschnitten
3 Knoblauchzehen, halbiert
1 kleine Chilischote, geschnitten
1 Tasse Kürbiskerne/ 15 dicke grüne Oliven mit
Stein
Kristallsalz / 2 EL Balsamico

PROCEDERE

Das Olivenöl in einer Pfanne erhitzen. Die Salbeiblätter darin knusprig braten – Vorsicht, das dauert nur Sekunden. Die Salbeiblätter herausnehmen und auf Küchenkrepp abtrocknen.

Im selben Öl Knoblauch, Chili, Oliven, Kürbisstücke und Kerne kurz und knackig anschmoren (die Kürbiskerne bläst es dabei ein wenig auf was sie 100 Prozent besser schmecken lässt), mit Salz abschmecken und zuletzt mit Balsamico ablöschen. Warm anrichten und mit den Salbeiblättern bestreuen.

Schmeckt hervorragend zum Aperitif.

Christl und Gabi Kurz

VORSPEISE warm

KÜRBISSALAT mit TOFUSPIESSCHEN in Rosmarin-Karamel

ZUTATEN
für 4 Portionen

350 g Hokkaidokürbis, entkernt und in 2 x 2 cm Stücke geschnitten
Kristallsalz, Pfeffer, Muskatnuß
2 EL Olivenöl
1 Rosmarinzweig
2 Handvoll Blattsalat, gewaschen und geputzt
1 Chilischote

Dressing: 2 EL heller Balsamico
Saft von ½ Limette
4 EL Olivenöl

Kristallsalz
½ Bund Petersilie, geschnitten
1 Knoblauchzehe, zerdrückt
2 EL Olivenöl
1 Rosmarinzweig
1 EL Agavendicksaft
200 g Tofu Natur, in Würfel geschnitten (1,5 x 1,5
cm)
Saft von 1 Zitrone
2 EL Kokosflocken
8 Kirschtomaten
4 Holz- oder Bambusspieße

PROCEDERE
Die Kürbisstücke mit Rosmarin, Salz, Pfeffer und
Muskat sowie etwas Olivenöl in eine feuerfeste
Auflaufform geben, diese mit Alufolie fest verschließen und bei 180 Grad 40 Minuten backen.
Inzwischen die Tofuwürfel im Zitronensaft marinieren. Dann in Kokos wälzen und zusammen mit
den Kirschtomaten auf Spieße ziehen.
Die Spieße in Olivenöl mit Rosmarin und Agavendicksaft von allen Seiten knusprig braten.
Für das Dressing alle Zutaten mischen, die heißen gegarten Kürbisstücke darin wenden und auf
dem Blattsalat anrichten. Spieße obenauf setzen
und servieren.
Christl und Gabi Kurz

PILZTERRINE mit WURZELVINAIGRETTE

ZUTATEN
für 4 Personen

600 ml Gemüsefond
80 g Pfifferlinge (optional Austernpilze oder Shiitake)
1 gestrichener TL Agar Agar Pulver
1 EL Sojasauce
Salz & Pfeffer

Vinaigrette:1 kleine Karotte, geputzt
1 kleine Petersilienwurzel, geputzt
1 Schalotte, geschält
4 EL Olivenöl/ 3 EL Apfelessig
1 TL Apfeldicksaft

PROCEDERE
Den Gemüsefond zum Kochen bringen. Die ganzen Pilze und das Agar Agar hineingeben und 10 Minuten darin garen. Mit Salz, Pfeffer und Sojasauce abschmecken. 4 Tassen mit Klarsichtfolie auskleiden und die Pilzmasse einfüllen. 2 Stunden kühl stellen.

Die Karotte, den Sellerie und die Schalotte in kleine Würfel schneiden. Die Würfel in Olivenöl 2 Minuten glasig anschwitzen. Vom Feuer ziehen und mit Apfelessig, Apfeldicksaft, Salz und Pfeffer abschmecken.

Die erkalteten Gelees aus dem Förmchen stürzen, die Folie abziehen und mit der warmen Vinaigrette übergießen.

TIPP: Die Pilzterrine läßt sich sehr gut vorbereiten und ist ideal, wenn man für Gäste etwas vorbereiten möchte. ZUBEREITUNGSZEIT: 25 Minuten plus 2 Stunden kühlen
Christl und Gabi Kurz

VORSPEISE warm

PFIFFERLINGS-QUICHE

ZUTATEN

2oo g Mangold, gewaschen und geputzt
1 kleine Zwiebel geschält,
1 Knoblauchzehe geschält, Keim entfernt und zer-
drückt
6 EL Oliven
150 g frische Pfifferlinge, geputzt
1 Quichboden, vorgebacken
½ Bund Thymian, Blätter abgezupft, Salz, Pfeffer

PROCEDERE

Den Backofen auf 200 Grad vorheizen. Den Mangold in Streifen schneiden. Die Zwiebel in kleine Würfel schneiden und in 2 EL Olivenöl glasig anschwitzen. Den Mangold dazugeben und 5 Minuten mitschmoren. Mit Salz und Pfeffer abschmecken und den Mangold auf den Quichboden (Rezept 473) verteilen. Die Pilze darüber geben. Das restliche Olivenöl mit dem Knoblauch und dem Thymian mischen und über die Pilze träufeln. Die Quiche bei 200 Grad 10 Minuten backen. Heiß servieren.

ZUBEREITUNGSZEIT: 20 Minuten
Christl und Gabi Kurz

BOHNEN und BIRNEN mit RÄUCHER-TOFU

Z U T A T E N
für 4 Personen

250 g feine grüne Bohnen, geputzt
2 Birnen, geschält, entkernt und in Spalten ge-
schnitten
100 g Räuchertofu
1 Knoblauchzehe, geschält, Keim entfernt und zer-
drückt
2 Zweige Bohnenkraut oder Thymian, Blätter abge-
zupft
4 EL Olivenöl/ Salz & Pfeffer

P R O C E D E R E
In einen großen Topf soviel Wasser einfüllen, dass der eingehängte Dämpfeinsatz das Wasser nicht berührt. Das Wasser erhitzen, Bohnen in den Dämpfeinsatz legen und im Dampf 4 Minuten garen.

Inzwischen die Birnen und den Knoblauch im Olivenöl anschwitzen. Den Räuchertofu dazugeben und kurz durchschwenken. Mit Salz und Pfeffer abschmecken.

Die Bohnen aus dem Dampf zu den Birnen geben und durchmischen. Mit Bohnenkraut bestreuen und auf Tellern anrichten.

ZUBEREITUNGSZEIT: 20 Minuten
Christl und Gabi Kurz

HAUPTGERICHT

KÜRBIS PFFIFFERLING „VRISCHÄSE"-CANNELONI

ZUTATEN

2 Zwiebel / 3 Zehen Knoblauch
3 EL Olivenöl
400 g Kürbis(se) (Hokkaido)
200 g Pfifferlinge
80 g Margarine
200 ml Gemüsebrühe
300 g „Vrischkäse" (Siehe Speisen zum Bevorraten)
12 Cannelloni
250 g Pflanzensahne (Soja-, Hafer- oder Reiscousine)
100 g Hefeflocken
Kräuter, Salz, Pfeffer, Zucker

PROCEDERE

Die Pfifferlinge putzen und in grobe Stücke schneiden.

Eine Zwiebel und 2 Knoblauchzehen kleinschneiden und in einer heißen Pfanne im Öl dünsten. Anschließend die Pfifferlinge hinzugeben und ordentlich anbraten. Mit Salz und Pfeffer abschmecken.

Den Kürbis schälen, entkernen und würfeln. Zusammen mit 100 ml Gemüsebrühe für 10- 15 Minuten garen lassen, bis dieser weich ist und sich keine Flüssigkeit mehr am Boden sammelt. Den Backofen auf 180 Grad vorheizen.

Die Pfifferlinge, die Kürbismasse mit dem

„Vrischkäse" vermengen und in die Cannelloni füllen. Diese in eine vorgefettete Auflaufform geben. Die übriggebliebene Zwiebel und die Knoblauchzehe kleinschneiden und in einem heißen Topf mit Öl dünsten. Anschließend die Pflanzensahne und die restlichen 100 ml Gemüsebrühe hinzugeben und unter ständigem Rühren die Hefeflocken einrühren. Das Ganze mit den Kräutern, Salz und Pfeffer abschmecken und über die Cannelloni geben.

Den Auflauf bei 180 Grad für circa 40 Min. garen, bis die Cannelloni bissfest sind.

TIPP: Man kann über die Cannelloni auch veganen „Käse" geben. Diesen dann bitte noch mit Olivenöl beträufeln.
Sandra Seiffart

KÜRBIS & BROMBEEREN in GEWÜRZ-SI-RUP mit MANDELEIS

ZUTATEN
für 4 Portionen

¼ l Wasser
½ EL Agavendicksaft
3 EL Mandelpuree
1 Msp Vanillemark
½ kleiner Hokkaidokürbis, in Spalten geschnitten
Saft und Schale von 1 unbehandelten Zitrone
Saft und Schale von 1 unbehandelten Blutorange
1 EL Agavendicksaft
1 Zimtstange, 1 Zacken Sternanis, 2 Nelken, 2 Kardamomkapseln
150 ml Apfeltee oder Apfelsaft
1 EL Cointreau
1 Tasse Brombeeren, frisch oder tiefgekühlt
1 EL Agavendicksaft

PROCEDERE
Die ersten 4 Zutaten im Mixer pürieren und entweder in der Eismaschine oder in Dariolförmchen oder Tässchen einfrieren.

Für die gewürzten Kürbisspalten die nächsten 7 Zutaten in eine Auflaufform geben, mit Alufolie fest verschließen und bei 200 Grad 20 Minuten backen.

Die Brombeeren separat marinieren mit dem Agavendicksaft. Toll ist die Mischung aus kaltem Parfait und heißem süßem Kürbiskompott.

ZUBEREITUNGSZEIT: 25 Minuten
Christl und Gabi Kurz

DESSERT

HOLUNDERBEEREN-MANDEL-MILCH

ZUTATEN
für 4 Personen

200 g Holunderbeeren, frisch oder tiefgekühlt
2 Bio-Orangen
1 Zimtstange
60 ml Agavendicksaft
2 EL helles Mandelmus
500 ml Wasser
Eiswürfel

PROCEDERE
Die Holunderbeeren mit der Zimtstange und dem Agavendicksaft aufkochen lassen. Die Gekochten Holunderbeeren abkühlen und die Zimtstange entfernen. Die Orangen auspressen. Die Holunderbeeren, den Orangensaft,das Mandelmus und das Wasser im Mixer pürieren und durch ein feines Sieb passieren. Auf Eiswürfeln servieren.

TIPP: Wenn Sie keine Holunderbeeren zur Hand haben, können Sie auch Holundersaft aus der Flasche verwenden. Je nach dessen Geschmack brauchen Sie eventuell etwas weniger Agavendicksaft.

ZUBEREITUNGSZEIT: 40 min
Christl und Gabi Kurz

SUPPE

LINSENSUPPE

Z U T A T E N
pro Person

3 EL rote Linsen
Gemüsebrühe
geröstete Nüsse und Kürbiskerne zum Garnieren
ggf. etwas Chili, Cayennpfeffer oder Merken (Ge-
würz der Mapuche: geräucherte Chilischote und
Koriandersamen gemahlen, z.B. bei El Puente er-
hältlich)

P R O C E D E R E
Die Linsen mit der 2fachen Menge Wasser garen,
etwas gekörnte Gemüsebrühe zugeben,
mit gerösteten Nüssen / Kürbiskernen garnieren.

TIPP: Eignet sich im Winter auch ausgezeichnet als
Frühstück: wärmt schön, schmeckt lecker und hält lange
an.
Heike Piquardt

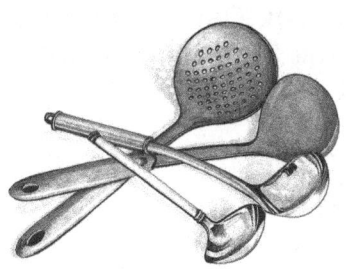

BLAUKRAUTSUPPE mit SOJAMILCH und MUSKATNUSS

ZUTATEN

3oo g Blaukraut, geputzt und in grobe Stücke geschnitten
1 kleiner Apfel, Kernhaus entfernt und in grobe
Stücke geschnitten
75o ml Gemüsefond
125 ml Sojamilch
1 EL Apfelessig
1 kleine Zwiebel geschält, 1 Lorbeerblatt, 4 Nelken,
etwas Muskatnuss-gerieben
Salz, Pfeffer

PROCEDERE

Den Gemüsefond zum Kochen bringen. Das Lor-
beerblat mit den Nelken auf der Zwiebel fest stecken und zusammen mit dem Blaukraut und dem
Apfel in den Gemüsefond geben. Zuge deckt bei
kleiner Flamme 2o Minuten simmern lassen. Die
gespickte Zwiebel herausnehmen und die Suppe im
Mixer glattpürieren. Mit Apfelessig, Salz und Pfeffer
abschmecken. Die Suppe in Schälchen füllen.
    Die Sojamilch erhitzen und leicht salzen. Die
Milch aufschäumen. Den Milchschaum auf die Suppe löffeln und mit frisch geriebener Muskatnuss bestreuen.

ZUBEREITUNGSZEIT: ca 4o Minuten
Christl und Gabi Kurz

GEGARTE ROTE BETE und APFEL mit SENFVINAIGRETTE

ZUTATEN
für 4 Personen

4 mittelgroße rote Bete
2 Äpfel
Eingelegte Gurken

Senfvinaigrette (siehe Seite 433)

PROCEDERE

Rote Bete ungeschält im Topf garen (Backofen oder Glut soll eine gute Alternative sein). Gare rote Bete (mit Handschuhen) schälen, in dünne Scheiben schneiden und in Fächern auf die Teller drappieren. Äpfel schälen, vierteln und in dünne Spälten schneiden, über den Rotebetefächern dekorieren, mit der Senfvinigraitte versehen, ggf. klein geschnittene eingelegte Gurken hinzufügen und servieren

TIPP: Wem eher nach Frischem ist, kann auch aus roher Rotebete und Äpfeln eine Rohkost zaubern. Rote Bete und Äpfel dafür schälen und reiben. Senfvinaigrette darübergeben, fertig!
    Dazu passen auch noch ein paar frisch geknackte Walnüsse.
Heike Piquardt

WIRSING-QUICHE-KÜCHLEIN

ZUTATEN

Teig: 200 g Mehl
100 g Weizengrieß
50 g weiche Pflanzenmargarine
1 TL Salz
80 ml 250 ml Pflanzenmilch (Soja, Dinkel etc.)
weiche vegane Margarine für die Form
Mehl zum Arbeiten

Füllung: 600 g Wirsing
1 Zwiebel
1 Knoblauchzehe
2 El Öl (Oliven oder Omega-3-Öl)
200 ml Gemüsebrühe
150 g selbstgemachter „Vrischkäse" (Siehe Rezepte zum Bevorraten)
3 EL Hefeflocken
250 ml Sojasahne
Salz, Pfeffer und Kräuter (z. B. Oregano)

PROCEDERE

Das Mehl mit dem Grieß vermischen und mit der Margarine, dem Salz und etwa der Hälfte der Milch zu einem Teig kneten. Schrittweise mit der Pflanzenmilch ergänzen, bis der Teig eine glatte, elastische Konsistenz hat. Noch einmal gut durchkneten und zu einer Kugel formen. Diesen dann abgedeckt im Kühlschrank ca. 30 Minuten ruhen lassen.

Den Backofen auf 200 Grad Ober- und Unterhitze vorheizen und eine Muffin-Backform gut einfetten.

Den Wirsing putzen und in feine Stücke schneiden. Zwiebel und Knoblauchzehe schälen, fein würfeln und in einer Pfanne mit Öl glasig dünsten. Anschließend den Wirsing hinzugeben und mit der Gemüsebrühe aufgießen. Nun den Wirsing köcheln lassen, bis der Wirsing weich wird und die Flüssigkeit langsam reduziert.

Die Sojasahne und die Hefeflocken hinzugeben und noch einmal aufkochen lassen.

Mit Salz und Pfeffer würzen und die Kräuter untermischen und vom Herd nehmen.

Der Teig wird nun auf einer bemehlten Arbeitsfläche durchgeknetet und in 12 gleichgroße Stücke geteilt und zu Kugeln geformt.

Nun die Kugel kreisrund ausrollen und in die Muffinform geben. Dabei die Ränder nach oben drücken. Den Boden mit einer Gabel mehrmals einstechen und mit Semmelbröseln bestreuen.

Das Wirsinggemüse mit der Vrischkäsemasse vermengen und auf dem Boden verteilen.

Die Quiche-Küchlein im Ofen bei 200 Grad für 35-40 Minuten goldbraun backen.
Sandra Seiffart

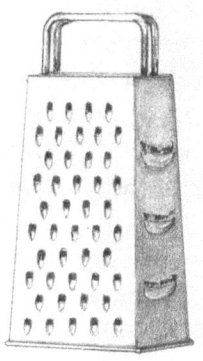

KARTOFFELPÜREE mit PANIERTEM SEL-LERIESCHNITZEL und PREISELBEER-MARMELADE

ZUTATEN
für 4 Personen

600 g Kartoffeln
1 Päckchen Sojasahne (200ml)
ca. 50 ml Olivenöl
Salz & Pfeffer
etwas Muskatnuss
2 mittelgroße Sellerieknollen
Zum Wenden:
Mehl,
Eiersatz (aus dem Bilanden oder Reformhaus) für 2 Eier,
Paniermehl
Brat- und Olivenöl zum Braten

PROCEDERE

Knollensellerie mit Sparschäler schälen und in 1 cm dicke Scheiben schneiden. Vorsichtig in etwas Salzwasser garen. Mit einer Schaumkelle behutsam herausnehmen. Abtropfen und abkühlen lassen. Vorsichtig zuerst in dem Mehl, dann im Eiersatz und zum Schluss im Paniermehl wenden. In heißem Öl braten. Heiß zusammen mit dem Kartoffelpüree und der Preiselbeermarmelade servieren.

TIPP: Wer keine selbstgemachte Preiselbeermarmelade hat, findet im Bioladen auch welche ohne Zucker (z.B. von Zwergwiese oder Allos).

Kartoffeln schälen, vierteln und in ganz knapp (Salz)wasser garen. Wasser abgießen (und auffangen), Kartoffeln stampfen, die Sojasahne und das Olivenöl hinzugeben. Ggf. mit etwas Kochwasser und noch Olivenöl cremig rühren. Bitte keinen Pürrierstab verwenden, da der Brei sonst Gummiartig wird, und nicht schön fluffig.

Statt der Sellerieschnitzel ist auch Sauerkraut / Blaukraut eine tolle winterliche Kombination zum Kartoffelpüree.

Heike Piquardt

HAUPTGERICHT

UNGARISCHES GULASCH

Z U T A T E N

400 g Seitan (alternativ auch getrocknete Sojaschnetzel)
2 Zwiebeln
3 Knoblauchzehen
2-3 Karotten
2 Pastinaken
1/4 Knollensellerie
3-4 Champignons
6-8 EL Pflanzenöl
3 EL Sojasoße
3-4 EL Tomatenmark
3-4 EL Paprikamark
200 ml Gemüsebrühe
500 ml passierte Tomaten
2 EL Paprikapulver süß
½ EL Paprikapulver scharf
Salz & Pfeffer

Kräuter (getrocknet oder frisch Thymian, Majoran, Rosmarin)
ein Bund frische Petersilie

Für die Sojaschnetzel:
500 ml Gemüsebrühe
3-4 EL Sojasoße

PROCEDERE

Das Seitan wird in grobe, mittelgroße Würfel geschnitten.

Bei der Verwendung von getrockneten Sojaschnetzel müssen diese nach Anleitung zunächst in einem Sud aus Wasser, Sojasoße oder Gemüsebrühe für 10 Minuten gegart werden. Anschließend soll der Sud abgegossen werden und die Sojaschnetzel etwas auskühlen. Dann werden diese gut ausgedrückt, sodass sie möglichst gut trocken sind.

Die Zwiebeln und die Knoblauchzehen abziehen und klein schneiden.
Die Karotten schälen und in feine Ringe schneiden. Das Sellerie-Stück und die Pastinaken ebenfalls und in feine Würfel schneiden. Die Champignons putzen und achteln.
Das Öl in einer Kasserolle oder einem große Topf erhitzen und nun die Seitanstücke oder die Tofuschnetzel scharf anbraten. Darauf achten, dass nichts am Topfboden anhängt. Das Seitan nun mit der Sojasoße vermengen. Anschließend die Zwiebeln, den Knoblauch, die Pastinaken- und Selleriewürfel, die Champignons und die Karottenscheiben hinzugeben und mitbraten. Nach circa 5 Minuten wird das Tomatenmark und das Paprikamark hinzu-

gegeben, alles gut durchmengt und weiter bei hoher Hitze köcheln lassen.

Nach und nach mit der Gemüsebrühe ablöschen.

Nun können die passierten Tomaten und das Paprikapulver hinzu gegeben und mit Pfeffer, Salz und den Kräutern abschmecken werden.

Auf mittlerer Hitze und mit gelegentlichem Umrühren circa 30 Minuten bis eine Stunde vor sich hin köcheln lassen.

Zum Schluss die frische Petersilie waschen, klein schneiden und über das Gulasch geben.

TIPP: Das Gulasch kann mit Spätzlen, Petersilienkartoffeln, Kartoffelknödeln oder in einem ausgehöhlten Brotlaib serviert werden.
Sandra Seiffart

KÜRBIS-KARTOFFEL-SUPPE mit INGWER und KOKOSMILCH

ZUTATEN
für 4 Personen

1 mittelgroße Zwiebel
1 mittlerer Hokaidokürbis
2 große Kartoffeln
3 Knoblauchzehen
20 g frischen Ingwer
ca. 1 l Wasser
1 EL gekörnte Gemüsebrühe oder 2 Würfel Gemüsebrühe
200 ml Kokosmilch

PROCEDERE
Zwiebel, Knoblauch und Kartoffeln schälen und in Würfel oder Scheiben schneiden, Kürbis mit Schale schneiden und in einen Topf mit Wasser geben, Gemüsebrühe, Kokosmilch und geschälten und klein geschnittenen Ingwer zugeben und köcheln lassen. Wenn das Gemüse gar ist pürrieren und heiß servieren.
Heike Piquardt

BRATAPFELKOMPOTT

ZUTATEN

1 kg Äpfel
3 TL Zitronensaft
200 g Rosinen
8 EL braunen Rum (optional Rumaroma)
50 g Pflanzenmargarine
1 ½ TL Zimt
4 TL Brauner Zucker (oder Xylit)
200 ml Weiß- oder Apfelwein (optional Apfelsaft)
150 g Mandelblättchen

PROCEDERE

Am Vortag die Rosinen in eine verschließbare Dose geben und mit dem Rum beträufeln. Über Nacht in der geschlossenen Dose stehen lassen.

Äpfel zunächst schälen, entkernen und in kleine Stücke schneiden. Um ein schnelles Bräunen zu verhindern werden diese dann mit dem Zitronensaft beträufelt.

Die Pflanzenmargarine in einem Topf zerlassen und die Apfelstücke dazugeben. Nun werden diese kurz angebraten und mit etwas Wasser aufgegossen.

Anschließend mit Zimt und Zucker würzen und köcheln lassen, bis die Äpfel leicht bissfest sind.

Die Rumrosinen zum Apfel-Kompott geben und kurz mitköcheln lassen.

Zum Schluss die Mandelblättchen in einer nicht gefetteten Pfanne leicht anbräunen und zum Servieren über das Bratapfelkompott geben.

TIPP: Wer mag kann dem Bratapfelkompott auch noch Marzipan zugeben und dieses mit Vanillesauce servieren.

Eine schlichte, aber leckere Alternative ist ein Kompott nur aus Äfeln, Rosinen, Zimtpulver und ganz wenig Wasser gegart.

Sandra Seiffart

Menuvorschläge

Grundsätzliches

Die Gründe für 5-,7-,9-, 11 GängeMenus, merkwürdigerweise gibt es fast immer eine ungrade Anzahl von aufeinanderfolgenden Speisen, die wir seit langem schon Gänge nennen, weil der Service, immer und immer wieder, uns die neuen Speisen aus der Küche bringen muss, die früher oft sehr weit vom Speisesaal entfernt war. Das ist ja heute ganz anders: Die KöchInnen lassen sich gerne, nur durch eine „HygieneGlasBarriere" getrennt, von den Gästen bewundern. Und, wenn sie wirklich kochen, und das kommt noch oft vor, ist das legitim und berufserhaltend.

Restaurants können ohne Menus, nur mit einem plat de jour, nur selten überleben.
Damit wird gesundheitlich der verbale Ausgangspunkt von Restaurant restaurer (sich stärken) wissentlich oder unwissentlich ignoriert: Das häufige, gar zwanghafte, weil Geschäftsessen halt so sein müssen?, Speisen im Restaurant, dem Restaurant modernerer Fasson (mindestens 5 Gänge und die adäquaten Spirituosen), führt ganz sicher nicht zur Restaurierung des Körpers, hin und wieder aber doch zur Gesundung der Seele.

Moderne Restaurants, vor allem die hochpreisigen, auf Völlerei & Sauferei oder anders ausgedrückt und auch oft, glücklicherweise, anders gehandhabt, auf hochsensible, künstlerische Zelebrierungen von Wohlgeschmack und Harmonie ausgerichtet, können für seltenere Besuche ein Hochgenuß für die Seele sein; und ein dann aushaltbares und vielleicht auch die Leistungsfähigkeit steigerndes und nicht nur belastendes Ereignis für den körperlichen Verdauungstrakt.

Machen wir uns nichts vor! Regelmäßiges, mehrgängiges Essen in Restaurants ist für uns bewegungsarmen, gegenwärtigen Menschen nicht gesund! Basta! (genug!)

Glücklicherweise hat sich eine facettenreiche Erlebnis-,Bistrogastronomie, angeregt von der Könnerschaft der RestaurantköchInnen, entwickelt, die, auch Geschäftsessen, nicht mehr zum Märtyrium (Leiden und Sterben) machen muss.
Genießen wir diese Möglichkeiten.

Vielleicht können wir auch, bei unseren vorgesehenen AußerhausEssen, berücksichtigen, dass die Kosten für ein Restaurant in allererster Linie durch die Bereitstellung von Platz, Atmosphäre, Qualität der Küchencrew, des Service entstehen. Und weit, weit weniger von den verwendeten Lebensmitteln.

Die Menuzusammenstellung der Köchinnen in dieser Kochfibel sind ausgerichtet am gesundheitlich Vernünftigen, nicht an den „zulässigen" und vielleicht auch für besondere Anlässe angestrebten kulinarischen Highligths.

2-3 „Gänge" scheinen für mittags sinnvoll zu sein, auch unter den Blickwinkeln von „Trennkost" und einfachen Geschmacksimpulsen, abends sind's dann eher 1-2 Speisen, die sich vielleicht auch kombinieren, Suppe mit „Brot" zum Beispiel.

Aber das moderne Leben lässt im Trubel von Arbeit, Kindern und eigenen Bedürfnissen nicht alles ideal zu. Für die Älteren unter uns gibt's dann weniger Gründe für nicht optimales Koordinieren des Zeitpunkts für gesundes, genussorientiertes Speisen.

Um es, noch einmal, ganz deutlich zu sagen: Ausnahmen sollen sein. Sie müssen genossen werden. Darauf freuen wir uns.
Doch für „alle Tage" gibt es andere Maßstäbe.

VORSCHLÄGE

FESTLICH LOCKER IM FRÜHLING

VS: Roher Spargelsalat mit Erdbeeren (S. 493)
HG: Grünes Kartoffelpüree mit gebratenem Löwenzahn (S. 490 f.)
Dessert: Rhababergrütze (S. 492)

GESELLIG

L'Aioli (S. 499)
oder
APERITIF: Kürbis-Saltimboca (S. 503 f.), Foccacia (S. 485), Zucchini-Chips (S. 531) und Zucchini-Kräcker (Grundrezept z. B. S. 502) mit Humus (S. 446), Tapenade (S. 444 f.), Auberginenkaviar (S. 445)...und

Spälten von Möhren, Gurken und Staudensellerie...zum Dipen.
Dessert: Rosenpralinen (S. 533 f.)

HERBSTLICH

VS: Blaukrautsuppe mit Sojaschaum (S. 514)
HG: Bohnen und Birnen mit Räuchertofu (S. 508)
Dessert: Kürbis und Brombeeren in Gewürz-Sirup mit Mandeleis (S. 511)

BISTROESSEN WINTERLICH

Variation von grünem Salat (S. 462 f.) mit Wirsing Quiche-Küchlein (S. 516)
Dessert: Bratapfelkompott (S. 523)

Aus der Vielfalt der Rezepte lassen sich eine ähnliche Vielfalt an Menüs zusammenstellen.

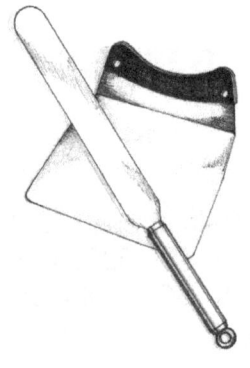

Erlaubtes für Zwischendurch

Meine Hohelieder auf grüne und schwarze Oliven, also Oliven verschiedenen Reifegrads und Konservierungsmethode sind im Gespräch kaum auszuhalten. Da habe ich noch nicht die richtige Bremse fürs Mundwerk gefunden, denn meine Lieblinge für Zwischendurch, wenn das ZwischendurchNaschen denn schon sein muss, sind ja nicht regional zu erzeugen. Dazu fehlt uns ausreichend Sonne, kalkhaltige Böden und ausreichend Trockenheit in Deutschland.

Sehr gerne stelle ich mir auch ein Schälchen mit getrockneten oder eingelegten Lupinen, und die sind nun wirklich regional zu erzeugen, weit genug weg vom Schreibtisch, aber doch leichter erreichbar als der Kühlschrank, hin.

Trockenobst, meine Favoriten, sind Apfel und Birne, helfen mir auch. Manchmal ist's auch, wieder leider nicht regional, Studentenfutter.

Geröstete Brotwürfel knabbere ich auch mit schuldfreien Gefühlen.

An Tagen, an denen ich noch bewußter an meine Gesundheit denke, und das geschieht immer häufiger, habe ich nur ein Schälchen mit Bitterpulver auf dem Schreibtisch stehen. Ich habe mich sehr daran gewöhnt. Und mit 3 Schlücken Kräutertee danach kommt es mir fast wie eine Delikatesse vor; eigentlich unvorstellbar.

Was für mich garnicht geht, sind Kekse, es sei denn sie wurden abgezählt und die Restpackung in den Vorratsschrank zurückgestellt. Viel geringer ist das Problem des Nichtaufhörenkönnens bevor die „Verpackungseinheit" leer ist, wenn Heike den Nachmittagstee vorbereitet und für jeden 2? Kekse oder 1 Stück Trockenkuchen portioniert sind.

Jede, jeder von uns muss sein Konzept für zwischendurch finden.
Am wenigsten sinnvoll scheint es, das dem Zufall zu überlassen. Am Erfolgversprechendsten scheint das Portionieren unmittelbar nach den Mahlzeiten zu sein, wenn wir satt entscheiden. Schlussendlich: Die geringste Widerstandsenergie verbraucht ein klarer Plan.

Kaffeetanten und süße Jungs unter uns, sollten sich ihr Stück Kuchen, vielleicht auch nur einmal in der Woche mit Sahne und vielleicht häufiger Obstkuchen, verdienen. Vielleicht geben auch die folgenden Rezepturen Anregungen für „gesündere" süße Alternativen, und Ideen für freudvolle Sonntagnachmittage.
Ein längerer Spaziergang davor oder danach wäre zusätzlich genau das Richtige, sowohl für den Darm als auch für's Gewicht.

ZUCCHINICHIPS

ZUTATEN

1 kg Zucchini
2 EL frischen Zitronensaft3 EL Olivenöl

3 EL Sojasauce
4 EL Hefeflocken
Rosmarin und Tymian

PROCEDERE

Schneide die Zucchini mit Hilfe eines Sparschälers in feine Streifen (am Besten längs oder schräg längs, je nach Größe der Zucchini). Stelle aus den restlichen Zutaten eine Marinade her, in der Du die Zucchinistreifen für ca. 2 Std. marinieren lässt. Danach breite die Streifen auf den Dörr- oder Backofenblechen, die Du mit Backpapier bzw. Dörrfolie ausgelegt hast, aus. Langsam bei nicht mehr als 40-50 Grad dörren.

Sind die Chips gut durchgetrocknet, halten sie sich „ewig". Ein beliebtes Mitbringsel.

Aus was Du Chips machst ist Deiner Phantasie überlassen.

TIPP: Am Besten trocknest Du sie natürlich an der Sonne, dann hast Du noch mehr Sonnenenergie in Deinen Chips!
Anne Blumenthal

ROHE APFELKEKSE

ZUTATEN

1 kg säuerliche Äpfel
200 g Datteln oder Dattelpaste
200 g Rosinen
200 g Erdmandelmehl
100 g eingeweichte Haselnüsse
Zimt, Abrieb einer Zitrone

PROCEDERE

Weicht die Haselnüsse über Nacht in Quellwasser ein. Reibt die Äpfel mit einer Küchenreibe (gerne mit Schale), spült die Haselnüsse durch und lasst sie wieder trocknen. Malt sie nach dem Trocknen zu Haselnussmehl. Mixt die Datteln zu einer Paste. Mischt alle Zutaten zusammen. Eventuell ist die Masse zu feucht, dann fügt noch etwas Erdmandel- oder Haselnussmehl hinzu. Schmeckt das ganze mit Zimt und Zitronenschale ab. Dann formt kleine Kekse und lasst sie in einem Dörrgerät oder im Backofen auf kleinster Stufe durchtrocknen.

TIPP: Variationen: Probiert diese Kekse auch mit Walnüssen oder Mandeln. Ein köstlicher Energieschub! Ideal zum Mitnehmen auf einer Wanderung.
Anne Blumenthal

ROHE TRÜFFEL

ZUTATEN
für ca. 20 Stück

200 g Datteln, entsteint und gehackt
120 g Mandeln, mittelfein gerieben
30 ml Rosenwasser
Prise Vollmeersalz
etwas abgeriebene Zitronenschale
40 g Sesam
10 g getrocknete Hibiskusblüten, geribbelt

PROCEDERE
Die Datteln mit dem Rosenwasser, Mandeln, Salz und Zitronenschale verkneten.
Mit feuchten Händen kleine Kugeln formen und diese in Sesam und Hibiskus wälzen.

Die Trüffel können ggf. eingefroren werden, wenn Sie sie nicht gleich verbrauchen. Einige Tage halten sie sich auch so.
Christl und Gabi Kurz

ROSENPRALINEN

ZUTATEN
für 25 Pralinen

½ Rezept heller Biskuit (siehe S. 475)
80 g Mandeln, gehäutet
4 EL Rosenwasser
1 Bio-Zitrone
100 g Pflanzenmargarine

80 g Sojasahne
30 ml Agavendicksaft
10 g getrocknete Rosenblütenblätter
5 EL Kokosblütenzucker

P R O C E D E R E

Den Biskuit in kleine Stücke zupfen. Mit dem Rosenwasser tränken. Die Mandeln grob hacken und dazugeben. Etwas Schale von der Zitrone abreiben. Die Margarine zusammen mit der Zitronenschale mit dem Schneebesen schaumig schlagen, nach und nach den Agavendicksaft und die Sojasahne einarbeiten. Mit den Biskuitstücken mischen und 30 Minuten kaltstellen. Die getrockneten Rosenblütenblätter zerreiben und mit dem Kokoszucker mischen. Aus der gekühlten Pralinenmasse mit einem Teelöffel kleine Portionen abstechen, Würfel formen und in dem Blütenzucker wenden. Bis zum Servieren kaltstellen.

ZUBEREITUNGSZEIT: 25 Minuten plus 30 Minuten zum Kühlen
Christl und Gabi Kurz

KOKOSKUGELN

Z U T A T E N
für ca. 25 Pralinen

¼ Rezept heller Biskuit (Seite 475)
80 g Pflanzenmargarine
1 Päckchen Vanillepuddingpulver
125 ml Kokoscreme
1 Bio-Orange

4 EL Kokosraspeln
3 EL Agavendicksaft
4 EL Kokosraspeln, pulverisiert

PROCEDERE

Den Biskuit in kleine Stücke zupfen. Die Pflanzenmargarine mit dem Agavendicksaft schaumig schlagen mit dem Schneebesen. Etwas Schale von der Orange abreiben. Die Kokosmilch, die Kokosraspeln, die Orangenschale und das Puddingpulver hineinrühren. Die Masse mit den Biskuitstücken mischen und 20 Minuten kaltstellen. Kleine Kugeln aus der Masse formen und die Kugeln in Kokospulver wälzen.

Die Pralinen bis zum Servieren ins Tiefkühlfach stellen.

ZUBEREITUNGSZEIT: 20 Minuten plus 20 Minuten zum Kühlen
Christl und Gabi Kurz

KAFFEE-KAKAO-KUGELN

ZUTATEN
für ca. 25 Pralinen

½ Rezept Kakaobiskuit (Seite 476)
50 g Mandeln, grob gehackt
100 g Pflanzenmargarine
4 EL Agavendicksaft
100 ml starken Kaffee
6 EL Kakaopulver

PROCEDERE

Den Biskuit in kleine Stücke zupfen. Den Biskuit mit dem Kaffee tränken. Die Mandeln dazugeben. Die Pflanzenmargarine mit dem Agavendicksaft schaumig schlagen mit dem Schneebesen. Die Masse mit den Biskuitstücken mischen und 20 Minuten kaltstellen. Kleine Kugeln aus der Masse formen und die Kugeln in Kakaopulver wälzen. Die Pralinen bis zum Servieren ins Tiefkühlfach stellen.

ZUBEREITUNGSZEIT: 20 Minuten plus 20 Minuten zum Kühlen
Christl und Gabi Kurz

HAFERFLOCKENKUCHEN

ZUTATEN

300 g Haferflocken (am besten frisch gequetscht: gerne auch gemischt: Hirse, Buchweizen, Dinkel....)
100 g Reis (oder Lupinen)mehl
½ Glas Dattel- oder Reissirup (240 g)
1 Msp. Bikarbonat
1 EL Olivenöl
mind. ¼ l lauwarmes Wasser
Zimt oder Vanille
1 Glas Marmelade, Fruchtpürree oder frische Früchte
(reife Aprikosen eignen sich gut, Äpfel müssten leicht vorgegart werden)

PROCEDERE

Flocken in einer Rührschüssel mit dem Mehl vermischen, Bikarbonat, Sirup und Olivenöl dazugeben, unter Zugabe des lauwarmen Wassers verrühren bis ein fast dickflüssiger (nicht flüssiger!!) Teig entsteht.

Eine Hälfte des Teiges in eine (mit Öl) eingefettete Quicheform geben und mit benässten Fingern verteilen. Marmelade oder Früchte darauf verteilen. Mit den nassen aus dem restlichen Teig „Fladen" formen und in die Kuchenform gleiten lassen...bis der ganze, mit Marmelade bestrichene, Boden bedeckt ist.

Bei 180° C ungefähr 30 Minuten goldbraun backen.
Heike Piquardt

Heiße (scharfe) WASSER-SCHOKOLADE

ZUTATEN

pro Becher
1 gehäufter TL Kakao
etwas abgeriebenen Ingwer
1 knappen TL Agavendicksaft
etwas Chilipulver
Becher Wasser

PROCEDERE

Kakao im Wasser verquierlen, Ingwer (oder andere Gewürze) dazugeben, gut erhitzen, mit Agavendicksaft und Chilipulver abschmecken und im Becher servieren.

TIPP: Diese Art der Kakaozubereitung ist ursprünglich, lecker und hat den Vorteil schneller zufrieden zu machen. Eine heiße scharfe Wasser-Schokolade wärmt im Herbst / Winter schön durch.

Heike Piquardt

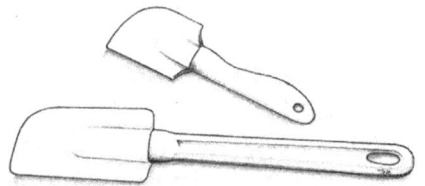

Mögliche Lieblingsgerichte für Kinder

PIZZASCHNECKEN

ZUTATEN

Teig: 45o g Mehl
1 Päckchen Trockenhefe oder etwa ½ Würfel
Frischhefe
4 EL Olivenöl
2oo ml Wasser (lauwarm)
1 TL Zucker, 2 TL Salz

Füllung: 2oo ml passierte Tomaten
3oo g Champignons
1 kleine Paprika
1 Zwiebel, 3 Knoblauchzehen
Kräuter (Oregano, Basilikum etc)
Paprika, Salz Pfeffer
optional: Veganer Käse oder Hefeflocken

PROCEDERE

Das Mehl in eine Schüssel geben und eine Mulde hineindrücken. Die Hefe, das Salz und den Zucker in die Mulde geben. Das Olivenöl am äußeren Rand der Mulde verteilen und anschließend das handwarme Wasser in die Mulde geben. Nun alles zu einem

T eig verkneten.Dann den Teig etwa eine Stunde an einem warmen Platz abgedeckt ruhen lassen Die Champignons, die Zwiebel und die Paprika in kleine Stück schneiden und Knoblauch klein hacken. Alles gemeinsam mit den passierten Tomaten in einer Schüssel vermengen. Mit Salz, Paprika und Pfeffer abschmecken und mit den Kräutern würzen.

In der Zwischenzeit den Backofen auf 18o Grad vorheizen.

Den Pizzateig auf einer bemehlten Fläche ausrollen. Die Füllung gleichmäßig auf dem ausgerollten Teig verteilen. Achtung: den unteren Rand aussparen. Nun wird der Teig langsam und vorsichtig gerollt und anschließend in 2cm dicke Scheiben geschnitten.

Die Schnecken mit etwas Abstand zueinander auf ein mit Backpapier ausgelegtes Backblech legen, leicht andrücken und noch etwa 1o Minuten ruhen lassen.

Die Pizzaschnecken bei 18o Grad in etwa 15-2o Minuten goldbraun backen.
Sandra Seiffart

BANDNUDELN mit KÜRBISBOLOGNAISE

ZUTATEN
für 4 Personen

350 g Hokkaidokürbis, mit Schale, entkernt und grob geraspelt
1 Knoblauchzehe, geschält, Keim entfernt und zerdrückt
etwas abgeriebene Schale von 1 Bio-Zitrone

125 ml Gemüsefond oder Wasser
1 gelbe Paprikaschote, Samen und Scheidewände
entfernt
6 EL Olivenöl
4 Portionen eifreie Bandnudeln
12 Kirschtomaten
2 Zweige Basilikum, Blätter abgezupft
Salz & Pfeffer

PROCEDERE

Den Gemüsefond zum Kochen bringen. Die Paprika darin weich garen und anschließend mit dem verbleibenden Fond im Mixer glatt pürieren und durch ein mittelfeines Sieb passieren. Die Kürbisraspel mit dem Knoblauch in 4 EL Olivenöl anbraten. Mit dem Paprikapüree aufgießen und 5 Minuten köcheln lassen. Mit Zitronenschale, Salz und Pfeffer abschmecken.

In einem ausreichend großen Topf Wasser zum Kochen bringen. Die Bandnudeln darin 4 Minuten gar kochen, abgießen und mit der Kürbisbolognaise mischen.

Die Kirschtomaten vierteln und in 1 EL Olivenöl 2 Minuten in einer Pfanne erhitzen. Mit Salz und Pfeffer abschmecken. Die Nudeln in tiefen Tellern anrichten und mit den Tomaten und dem Basilikum bestreuen. Sofort servieren.

ZUBEREITUNGSZEIT: 25 Minuten
Christl und Gabi Kurz

SOCCASCHMARRN

ZUTATEN
für 4 Personen

Für den Teig:
500 g Kichererbsenmehl
2 EL Olivenöl
mind. 1L Wasser
dicke Prise Salz
Bratöl
Zimt & Honig
Apfelmus

PROCEDERE
Kichererbsenmehl in eine Rührschüssel geben mit dem kalten Wasser glatt verrühren. Öl und Salz dazugeben und quellen lassen (mind. 1 Stunde). Es soll ein dickflüssiger Teig entstehen. Wenn der Teig zu dick ist, rührt man noch etwas Wasser ein. Wenn er zu dünn ist, muss noch etwas Kichererbsenmehl hinzugefügt werden.

Eine Kelle Teig im heißem Öl einer Pfanne einlaufen lassen, über Schwenken auf dem Pfannenboden verteilen. Wenn der Teig anfängt zu stocken, die Ränder lösen und das Gebilde in mehreren Teilen wenden. Dann wie Kaiserschmarrn zerstoßen. Heiß auf Tellern servieren.

TIPP: Der Kichererbsenschmarrn ist herzhaft oder süß, für kleine und große eine Köstlichkeit: als Nachtisch oder Hauptspeise. Entweder mit Salz und einem Hauch frisch gemahlenem Pfeffer oder süß, mit Zimt und Honig / Agavendicksaft/ Ahornsirup servieren / essen. Socca ist eine italienische Spezialität, die in Nizza übernommen wurde.
Heike Piquardt

AMERICAN PANCAKES

ZUTATEN

200 g Mehl (Typ 405)
125 ml Pflanzenmilch (Soja, Mandel, Kokos, Dinkel etc.)
125 ml Sprudelwasser
20 g Zucker (oder Xylit)
1 Pck. Vanillezucker
2 TL Backpulver
1 EL geschmacksneutrales Pflanzenöl

PROCEDERE

Alle Zutaten werden in eine hohe Schüssel gegeben und mit einem Handrührgerät für circa zwei Minuten cremig verrührt.

Der Teig soll dann für circa eine halbe Stunde im Kühlschrank ruhen.

Nun den Teig peu à peu mit einem Schöpflöffel in eine leicht geölte Pfanne geben. Wenn keine „Feuchtigkeit" auf der Oberfläche der Pancakes zu erkennen ist, können diese gewendet werden.

Nun die Pancakes so lange backen und wenden, bis der gewünschte Bräunungsgrad erreicht wurde.

TIPP: Die Pancakes können nach Herzenslust mit diversen süßen Früchten und Fruchtsoßen, Agavendicksaft, Ahornsirup, Marmeladen oder auch Nusscremes serviert werden.

Sandra Seiffart

NOUGATCREME

beliebtes IGS-Mühlenberg (Leonore-Goldschmidt-Schule) Schüler-Kiosk-Rezept

ZUTATEN

4 EL Haselnussmus
4 EL Honig / Agavendicksaft/ oder Honig
2 EL Kakao
100 g Butter / Magarine
etwas Vanillepulver

PROCEDERE

Haselnussmus in eine Rührschüssel geben, Agavendicksaft und Kakao dazugeben, weiche Magarine (oder Butter) in die Schüssel klein schneiden/ geben. Mit der Hand (oder dem Handrührer) zu einer cremigen Creme verrühren. Mit Vanillepulver abschmecken, ggf. nachsüßen oder noch Kakao hinzufügen. In ein ausgekochtes Schraubglas füllen.

Heike Piquardt

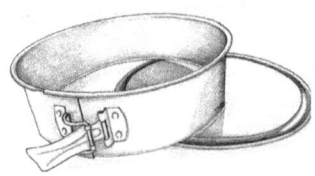

APFELRINGE

Ich liebte die Zeit, als meine Kinder klein waren und Peterson und Findus vorgelesen bekommen wollten. Ein Bild blieb nachhaltig in mir haften und ich dachte mir: Was Peterson kann, das kann ich auch: Apfelringe herstellen!

ZUTATEN

Äpfel,
einen Apfelstecher,
eine Paketschnur
... und das war's auch schon.

PROCEDERE

Ich verwende die Äpfel immer mit Schale. Ihr stecht das Kerngehäuse aus, fädelt die Ringe auf eine Paketschnur und hängt sie auf. Ich liebte es, wenn in unserer Küche die Apfelringgirlanden kreuz und quer hingen. Und sie waren so lecker, dass sie meist schon vor Weihnachten aufgefuttert waren.

TIPP: Wenn Ihr Euch etwas mehr Mühe machen wollt, dann könnt Ihr die Apfelringe vorher in Zitronensaft und Zimt marinieren, aber meiner Meinung nach braucht es das nicht. Der pure Geschmack ist großartig. Nehmt am besten Apfelsorten, die leicht säuerlich sind. Auch Augustäpfel eigenen sich sehr gut, sie dürfen aber einen gewissen Reifegrad nicht überschritten haben, denn dann werden sie mehlig.
Anne Blumenthal

Teilfasten

Zum Teilfasten ist eigentlich (ein merkwürdiges Wort; in seiner Substantivierung Eigentlichkeit dann auch umstritten von Schopenhauper, Heidegger, Adorno und Co.) nicht viel zum Inhalt des Buchkapitels Teilfasten hinzuzufügen.

Vielleicht zur Bestätigung - aber vielleicht bewirkt die folgende euphorische Stellungnahme auch das Gegenteil? -der folgende klare Satz: Ich bin ein großer Freund des Teilfastens. Jeder Inhalt ist geeignet, bis auf das Fasten von positiven Gedanken und vom Lächeln. Aber auch das ist schon mitgeteilt.

Für viele von uns ist Teilfasten möglicherweise überhaupt die einzig praktizierbare Form des Fastens, wenn nicht der Urlaub oder das „unmittelbare" Familienglück fürs Komplettfasten eingesetzt würden. Das scheint nur im Notfall sinnvoll.

Für das Nichtumsetzen der vielen individuellen Varianten des Teilfastens gibt es allerdings, auf Dauer, keine Entschuldigungsgründe.

Teilfasten gehört zum bewussten Leben. Und macht es spannender, bewusster, schöner.

Für ComplementerInnen eine zwingende Teilfastenart: Tagelang, ganz bewusst, auf tierische Nahrung verzichten! Das hilft, ganz nebenbei, zusätzlich zu den anderen positiven Auswirkungn, auch, der Pyramide der ComplementerInnen leichter zu entsprechen.

ENTGIFTENDER SPRUDEL

ZUTATEN
für 1 Portion

½ TL fein geriebener frischer Ingwer
2 EL Honig oder Agavendicksaft
1 EL Apfelessig
1 EL Zitronensaft
250 ml sprudelndes Mineralwasser
Eiswürfel

Alle Zutaten mischen und mit Eiswürfeln servieren.
Christl und Gabi Kurz

VITAMIN SAFT

ZUTATEN

2 Karotten
2 Äpfel
½ geschälte Zitrone
1 kleines Stück frischer Ingwer

PROCEDERE
Alle Zutaten entsaften.

Dieser Saft hat die richtige Balance von fruchtiger Frische und herzhafter gemüsiger Note. Er gibt beim Teilfasten eine Vitaminspritze.

Christl und Gabi Kurz

CHLORELLA-BANANEN-SHAKE

ZUTATEN

1 Banane
1 EL Chlorellapulver oder Granulat
Wasser

PROCEDERE

Alles mixen und Schlückchenweise zu sich nehmen!

TIPP: Man kann das Chlorellapulver auch einfach über den Salat geben oder mit Wasser mischen und trinken. Das mögen aber nicht alle. Chlorellaalgen uterstützen hervorragend die Entgiftung!
Anne Blumenthal

Hallo wach – SMOOTHIE!

ZUTATEN

1 Birne
1 Mango
1 Apfel
1 Avocado
eine Handvoll frischer Bioblattspinat
2 TL Matcha
2 TL Kokosblütenzucker
2 EL Chiasamen
2 EL Baobabpulver
2 EL Weizengraspulver
2 ½ Gläser kalziumreiches Wasser

PROCEDERE

Die Birne und den Apfel entkernen und in grobe Stücke schneiden. Die Mango schälen und vom Kern lösen. Die Avocado halbieren und den Kern aus der Frucht herauslösen. Das Fruchtfleisch mit einem großen Löffel von der Schale gelösen. Den Bioblattspinat mit kaltem Wasser waschen und anschließend mit den anderen Zutaten in einen Blender geben.

Nun wird alles auf höchster Stufe für zwei Minuten zu einem cremigen Smoothie zerkleinert.

TIPP: Wer mag kann den Smoothie auch mit Bananen, Zitronensaft, Kokosmilch und oder anderen Obstsorten verfeinern.

Sandra Seiffart

KLARE GEMÜSEESSENZ mit Gemüseeinlage

ZUTATEN
6 - 8 Portionen

2 Selleriestangen
1 Zwiebel, geschält und halbiert
1 Rote Paprikaschote
2 Karotten
1 Lauchstange
¼ Stück Sellerieknolle
etwas vom Kohl: Blumenkohl oder Broccolistiele,
oder ¼ Weißkraut...

für die Einlage:
dünne Scheiben von einer Karotte

dünne Scheiben von einer Petersilienwurzel
dünne Scheiben von ½ Lauchstange

P R O C E D E R E
Die Zwiebelhälften in einem großen Topf ohne Fett auf dem Topfboden leicht anbräunen. Dann mit Wasser auffüllen (2 - 3 Liter) und die restlichen Zutaten grob geschnitten dazugeben. Bis kurz unter den Siedepunkt erhitzen und dann ca. 1 Stunde ohne zu kochen ziehen lassen. Abseihen.
Später die Wurzelgemüse in dem fertigen Gemüsesud garen, zuletzt die Lauchringe dazugeben. Mit Salz und Pfeffer abschmecken.
Christl und Gabi Kurz

FLADEN
nach Dr. Erich Rauch

Z U T A T E N
für 8 Fladen

250 g Dinkelvollkornmehl (fein)
250 ml Mineralwasser mit Kohlensäure
Meersalz, Anis oder gemahlenen Kümmel

P R O C E D E R E
Dinkelmehl mit Mineralwasser verrühren und den Teig würzen. Den Teig mit Helfe eines Löffels auf ein gefettetes Backblech auftragen und mit einer Gabel mehrmal einstechen.
Im vorgeheizten Bachofen bei 220°C 10 Minuten backen. Dann mit Hilfe eines Spachtels umdrehen und nochmals ca. 5 Min. nachbacken. Auf einem Gitter erkalten lassen.

TIPP: Die Fladen sind ein wunderbares Kautraining (siehe Mayr-Diät).

BASENFASTEN
nach Dr. Renate Collier

Morgens und Mittags :

GEDÄMFTES GEMÜSE und PELLKARTOFFELN

Z U T A T E N
pro Person

2-3 mittelgroße Kartoffeln
(bei großem Appetit eine mehr für die Suppe)
2 Möhren
¼ Brokoli
1 Apfel (mittags)
1 Trockenpflaum (mittags)

Vorweg: Grüner Blattsalat
Zitronensaft
Rohes Sauerkraut
Eingeweichte Sonnenblumkerne

Zum Würzen: Gomasio
Sojasauce
Misopaste

Öle zur Wahl: Lein,
Sesam,
Olive,
Sonnenblume,
Kürbis,

Raps,
Hanf...

P R O C E D E R E
Gemüse waschen bzw. schälen, grob zerkleinern und im Dampf bissfest garen. Das Kochwasser für die Suppe am Abend aufbewahren. Kartoffeln waschen und ebenfalls im Wasserdampf garen. Salat waschen, schleudern und grob rupfen ggf. mit essbaren Blüten auf einer Platte garnieren.

TIPP: Morgens und Mittags sind möglichst verschiedene Gemüse zu verwenden. Bei der Auswahl richtet man sich nach der Saison, möglichst einer großen Farbvielfalt (grün, weiß, rot oder orange) und einer Mischung aus Wurzel, Frucht- und Blattgemüse. Zu jeder Mahlzeit Pellkartoffeln und 2-3 verschiedene Gemüse.
Heike Piquardt

Abends
SANFTE GEMÜSESUPPE

Z U T A T E N

Restliche Gemüse und Kartoffeln,
vom Morgen und Mittag,
etwas Gemüsekochwasser (Kartoffelkochwasser ist
wegzugießen!)
Salz

P R O C E D E R E
Pellkartoffel(n) schälen und zerkleinern, zusammen mit dem restlichen Gemüse (und Apfel) und Kochwasser in einem Topf erhitzen und pürieren. Mit einer Prise Salz würzen.

Zu der Suppe können 2-3 Reiswaffeln (gut kauen) mit Streichfett, Gomasio, Misopaste...gegessen werde. Idealerweise isst man nach 19.00 nichts mehr.

TIPP: Diese schonende und bekömmliche Zubereitungsart eignet sich auch hervorragend als Entlastungstag: einmal in der Woche oder einmal im Monat.

Sollten wir dieses Basenfasten daheim nicht praktiziert bekommen, könnte dann eine Einwöchihe Basenkur genau das richtige für uns sein (siehe dazu: Empfehlungen im Anhang).
Heike Piquardt

Complements (Ergänzungen)

Dies ist eine vegane Kochfibel. Aus guten Gründen und mit besten Absichten:
Die liebevoll ausgewählten Rezepte mit ihren absichtlich unterschiedlichen „Schwierigkeitsgraden" möchten uns helfen, das „Kochen" mit 1oo Prozent pflanzlichen Produkten zu erlernen.

Es ist ziemlich leicht, ein Rezept von vegan auf vegetarisch zu „trimmen", umgekehrt ist das, in erster Linie, weil die meisten von uns keine Erfahrungen damit haben, deutlich schwieriger.
Deshalb ist diese Kochfibel für die ComplementerInnen vegan.

Möchten wir unsere Ernährung, der Ernährungspyramide entsprechend, gestalten, verändern, ganz bewusst - unumstößlich, trotz sicherer „Rückfälle" – und freudvoll, dann ist uns aufgegeben, das „VEGANE KOCHEN" zu erlernen.
Andernfalls kommen wir nie und nimmer auf die sorgfältig ausgwählten Prozente der Pyramide.

Wenn uns danach ist, falls wir an den veganen Speisengenuss noch nicht ganz gewöhnt sind, dann helfen wir uns reuelos in die Freude hinein. Hin und wieder.
Dann genießen wir die Geschmeidigkeit, unsere Erinnerungen an Butter und Sahne.
Hin und wieder.
Wir werden feststellen, falls wir auch nur einigermaßen konsequent sein sollten, dass diese

Wünsche nach Eiern, Milch und Käse immer seltener werden.
Genießen wir, glücklich überrascht, dieses überraschende Geschenk.

Unsere Ergänzungswünsche mit tierischen Produkten werden innerhalb unserer individuellen Lebensgemeinschaft unterschiedlich sein. Gestatten wir dem einen den Käse zum Wein und der anderen die Sahne zum Kakao. Gestatten wir uns *unterschiedliche* Ausnahmen. Üben wir uns, immer und immer wieder, in Tolerenz, uns selbst und allen anderen gegenüber.

Und wem von uns, ab und an- ich höre garnicht auf, diese Floskel zu gebrauchen - nach einer Bratwurst am SamstagsfussballNachmittag ist, der sollte sie auf dem Weg ins Stadion bei einem BioSchlachter essen. Im Stadion findet er bestimmt noch keine BioBratwurst. Aber auch das wird sich ändern, ganz sicher, vielleicht sogar zuerst in München?

Von Eckart Witzigmann, einem der Köche des Jahrhunderts, wobei unklar ist, ob diese journalistische Auszeichnung für das 20. oder das 21. Jahrhundert gemeint ist, oder gar für beide, hat sich „Hannovers Tafelrunde", einem Zusammenschluss von sogenannten Spitzenrestaurants, einen „Hauptgang" in einem der frühen Zelt-Palazzo-Varianten servieren lassen, als Dankeschön für unsere Empfangsgesten in Hannover Richtung Maestro (Witzigmann: „Sowas Herzliches habe ich von Köchen selten erlebt."). Und da hat es ein weiteres Mal Klick gemacht bei mir: Es wurde ein Bohnenpurée mit angebratenen Hartwurstscheiben / Chorizo (Ursprung: spanische „Wildschweine") serviert. Das war köstlich und für alle angestammten Fleischesser der „Tafelrunde", für alle überraschend, war das „bißchen" ausreichend viel Tierisches.

Immer wieder haben wir in unserem Restaurant listenreich versucht, das Gemüse ins Zentrum des Tellers zu rücken. Im Hernach sind wir stolz darauf, dass uns dies erfolgreich gelungen ist. Wirtschaftlich hätten wir mit BIO-Fleisch als kulinarische Hauptsache kaum überleben können.
Also! Bergkäse hauchdünn gehobelt, Schimmelkäse als Nuance aufs Brot geschmiert, gebratene Hartwurstscheiben, gebratener Speck als Geschmacks- und Erinnerungsbringer, das zurückhaltend verwendete Ei im Aioli ... das sind reizvolle Möglichkeiten der ComplementerInnen ihrem Wunsch nach tierischen Lebensmitteln sparsam und zurückhaltend zu entsprechen.

UND: Alles vom Tier soll achtungs- oder ehrfurchtsvoll „verwendet" werden, so wie ich es bei den IndianerInnen vermute, aber auch die SüdeuropäerInnen sind mit ihren traditionellen Rezepturen von Kutteln, Hirn, Herz ... in der Lage, uns ComplementerInnen über die gelegentliche Sehnsucht nach Tierischem hinwegzuhelfen.

In dieser VEGAN-Fibel sind nur wenige Zitate verwendet. Doch jetzt folgen einige, die uns und unseren veganen FreundInnen helfen könnten, wohlwollend tolerant zu sein:

Zwischen dem Ähnlichsten gerade lügt der Schein am schönsten; denn die kleinste Kluft ist am schwersten zu überbrücken.
Friedrich Nietzsche

Ähnlichkeit und Unterschied sind die Beine, mit denen unser Geist laufen lernt.
Nico Liebe

Wirst du deinesgleichen kennenlernen, so wirst du dich gleich wieder entfernen.
Johann Wolfgang von Goethe

Wo das Wissen genügt, bedürfen wir freilich des Glaubens nicht, wo aber das Wissen seine Kraft nicht bewährt oder ungenügend erscheint, sollen wir auch dem Glauben seine Rechte nicht streitig machen. Sobald man nur von dem Grundsatz ausgeht, dass Wissen und Glauben nicht dazu da sind, um einander aufzuheben, sondern um einander zu ergänzen, so wird schon überall das Rechte ausgemittelt werden.
Johann Wolfgang von Goethe

Anhang

Danke

Dieses, den Autor in dieser Gestalt, überraschende Buch hat viele GeburtshelferInnen und PatInnen.

Sonne, Mond und Sternen und Minguinelle, so heisst das unheimlich heile Stückchen Erde an dem dieses Buch dann letztendlich nach vielen Jahren des wunderbaren Zusammenspiels von irren, hoffen, finden, verwerfen, hoffen, gestalten entstand, danke ich zu allererst.

Und dann?
Mir fällt es nicht mehr schwer, dankbar zu sein, obwohl ich weiß, dass es noch deutlich intensivere, umfassendere Formen dieses entlastenden, befreienden und im besten Sinne Freude bereitenden Lebensausdrucks gibt, als ich in der Lage bin, zu fühlen und zu versenden.

Jetzt treibt mich die Bange um, schon seit Tagen sind die „Dankworte" vorgesehen, dass ich Mitmenschen vergessen könnte, die in dem grundsätzlichen Danke allem Leben gegenüber eine besondere „Rolle" gespielt haben und/oder spielen.
Mein Dank gilt Euch in besonderer Weise, auch weil ich weiß, was ich fühle, wenn ich mir vergessen oder vernachlässigt vorkomme.
Ich werde versuchen, dies bei „nächster Gelegenheit", sofern Ihr mir diese gebt, und darum bitte ich Euch, gut zu machen. Verzeiht mir. Danke.

Ich hoffe, dass beim Lesen dieses optimistischen Streitbuchs klar geworden ist, wie sehr ich mich bemühe, die natürlicheren Lebewesen, den Holunder, die Rose, den Kaktus, die Katze, den Kolibri und, vor allem,vor allem für mich, den Olivenbaum als Vorbilder zu erleben. Auch um das Verständnis für die Lebensweisen von Bakterien und sonstigen Kleinstlebewesen habe ich mich bemüht.

Ich bin mir sicher, dass ich ohne die von meiner Mutti geliebten Tulpenblüten, ohne die Zuneigung meiner Klassenkameraden der ersten Jahre, ohne Jochen, Ludwig, Gerd, Günther, Volker, Joachim, oh weih, Dich, Joachim, hätte ich beinahe vergessen, dass ich ohne Frida, unseren ersten Hund, der 4 weiße Pfoten hatte und sonst schwarz war, ausgenommen die Seele, ein anderes, nicht so reiches Leben gehabt hätte. Ohne Frida hätte ich die „Pionierzeit" im einsamen, Ehrfurcht und Angst einflößenden, und Liebe erzeugenden Minguinelle nicht überstanden.

Wie kann ich mich bedanken? Wie kann ich mich an dieser Buchstelle noch deutlicher und und noch freudestiftender erklären? Meine sehr eng gefügten Ausdrucksgrenzen machen mich, immer und immer wieder, traurig. Verzeiht mir das bitte.

...

Nun habe ich tief durchgeatmet, siehe dazu das Kapitel „Wir atmen tief", und traue mich freudvoll an's Namennennen.

Ich danke (und dabei habe ich mich für eine Vermengung von GeburtshelferInnen und PatInnen und an eine nicht alphabetische und eine vom konzentrierten Zufall bestimmte Reihenfolge entschieden): Meiner großen Schwester, oh, was machen 2 Jahre in der Kindheit aus, für ihre unerschütterliche Zuneigung, ihr grundsätzliches Redlich- und Ehrlichsein.

Meiner kleinen Schwester, die auch älter war als ich, für ihr natürliches Einssein mit Wellensittichen und Kaninchen und- darüber hinaus? - auch mit den Menschen.

Meine Eltern hätten nich unterschiedlicher sein können. Dafür danke ich dem Schicksal.

Und dem, was beide daraus machen konnten.

Mein jüngerer Bruder, hat mich immer und immer wieder überrascht, wie er mit der erborenen Überheblichkeit des großen Bruders umgegangen ist. Ich danke Dir dafür.

Aber nicht nur dafür. Die Berührungen mit Deiner eigenen und der ungarischen Grossfamilie haben mich auch reicher gemacht.

Weiter zum Dank Richtung Verwandte:

Was haben sie nicht alles in mir bewirkt? Gerade ihr leicht erkennbares Unterschiedlichsein hat mir das Leben näher gebracht. Oh, der strenge Großvater „mütterlicherseits", oh, der früh im Krieg gebliebene Patenonkel. Was habe ich den Cousinen und Cousins zu danken? Ganz sicher das merkwürdige Erleben eines Jungen von „Ost" und „ West": Schokolade statt Vitalade, Apfelsinen und Bananen, zum Schwindeligwerden viele Automarken, verbotene, aber letztendlich doch gestattete Geldspielautomaten, „Eintritts- geld" für öffentliche Toiletten ... eine deutlich andere Welt, nicht nur wegen des anderen Dialekts von Cousins und Cousinen.

Ich danke dem Schulsystem der DDR: Wir, die SchülerInnen der Klasse 12B3, hatten 4 Jahre Zeit, von der Grundschul"delegation" bis zum Abitur, FreundInnen zu werden. Diese Chance haben wir reichlich genutzt. Dafür bin ich allen, anfangs 31 SchülerInnen, dankbar. Ganz im Besonderen haben wir bei den KartoffelErnteeinsätzen im fernen Mecklenburg erfahren dürfen, dass wir beim Erwachsenwerden ähnliche Probleme hatten; Versteckspielen war kaum möglich, bei den einfachen, naturnahen Verhältnissen.

Dankbar bin ich für die Charaktervielfalt des SchillerSchulLehrkörpers. Es waren Ehrfurcht oder zumindestens Achtung einflößende StudienrätInnen aus der „Vorkriegszeit" dabei, knallharte, auf Seitenwegen ausgebildete Geschichts- und GegenwartskundelehrerInnen, es gab WissenschaftlerInnen, Architekten unter ihnen, weil nicht genügend „linientreue", ausgebildete StudienrätInnen nach dem Aussortieren der „Schulkörper" durch die Partei „übrig" waren . Allen habe ich für ihr dialektisches Zusammenwirken zu danken und einigen für ihre umfassende Bildung und ihre Geduld mit uns Heranwachsenden.

Ich danke den Studienkameraden in Weimar und jenen- nach dem Seitenwechsel von Ost nach West, der für mich nur bedingt einer war, denn ich war ja ausgezogen, um den Westen sozialistisch zu machen - in Hannover.
Viele haben mir gestattet, meine Träume weiter zu träumen, vor allem Wolfgang Pfeiffer und „Professor" Bastian „dort" und Kawi Achterberg und Hartmut Schmidt hier.

Wo wäre mein Leben hingelaufen, hätte es beim Start in der BRD nicht das enge Zusammenleben mit Knobi (Wolfgang Knobloch) und Kalle (Karl- Heinz Busch) gegeben, die aus ganz anderen Gründen als ich die DDR verlassen hatten. Für unsere Jungmännerfreundschaft bin ich Euch dankbar. Und auch dafür, dass Ihr beeindruckende Lebenswege gegangen seid, das macht unsere frühe, intensive Feundschaft beim Erinnern zusätzlich wertvoll.

Wo wäre mein Leben hingelaufen, hätte ich nicht Orientierungshilfen der ersehnten Art bekommen: Ilse und Hartmut Kulf haben mir geholfen, die linke Scene im Westen zu finden, irgendwie heimisch zu werden, fernab der Familie und vom geliebten Thüringen. Ich danke Euch lebenslang. Auch Irmchen, Eurer Freundin, deren Nachnamen ich nicht vergessen habe, sondern nie wusste, vertraut auf besondere, ganz herzliche Art.

Die lustlose Fortsetzung des Ingenieurstudiums wurde erleichtert durch das phantastische Angebot „studium generale": Professor Hans Mayer, der von den DDR-Oberen ausgebürgerte Germanistikprofessor inscenierte das. Was für eine Zeit, was für Möglichkeiten. Ich fand mich, wie im Traum, im Lyrikoberseminar des verehrten Professors wieder. Ihm und diesem Erlebnis, die Muttersprache anders erfassen zu lernen, danke ich, tief bewegt jetzt beim Schreiben.

Deshalb hier keine zeitliche Fortsetzung des Danksagens, sondern: Im Laufe eines langen Lebens wird viel ärztlicher Rat und ärztliche Tatkraft gebraucht.

Ich danke all' meinen erfolgreichen HeilerInnen, BeraterInnen. Die Liste wird lang, viel länger als es meinen gegenwärtigen Empfindungen für Gesund- und Kranksein entspricht.

Ich danke meinem längjährigen Kinderarzt, der immer sehr lieb war und dessen Namen ich nicht mehr erinnere, einigen ZahnärztInnen, jener der letzten 2 Jahrzehnte, Dr. Kristiane Bleinroth, danke ich besonders für ihre robuste, gradlinige, ganzheitliche Auseinandersetzung mit mir und meinem Gebiss – kein Tag mit Zahnschmerzen in den 2 Entstehungsjahren des Buchs.

Ich danke meinen Medizinfrauen und Medizinmännern für ihren Mut, mich zur Selbstheilung anzuregen, für ihre Verweigerung der WunderSofortheilungsMedikamentenBehandlung, besonders danke ich Dr. Peter Wolf, der mich in meiner Frühfindungsphase normalisiert hat, Dr. Ingeborg Oppermann, die mir verständlich machen konnte, dass der Mensch ein Gemeinschaftswesen ist, das ohne Glauben an sich und die anderen nur selten auskommen kann.

Mein Dank gilt den MayrärztInnen, die ich erleben durfte. Ohne Dr. Erich Rauch wäre ich nicht der, auf den ich heutzutage hin und wieder stolz bin. Ein wunderbar fähiger, konsequenter, anspruchsvoller, spirituell begabter Berater. Von ihm wurde ich in so scheinbar verschiedene Selbstheilungsmethoden wie Kauen und Autosuggestion eingeführt. Ich bedanke mich bei seinen „ Schülern" Dr.Ingo Wachernig und Dr. Christian Kieberl-Wigoschnik für ihre jugendlich-eigenwillige Umsetzung der Mayr-Medizin; auch an und mit mir.

Renate, Frau Dr. Renate Collier, die ganz frühe Kämpferin gegen „Kuhmilch für Menschen" und die Begründerin der Azidosetherapie und der Lehre vom Säure-Basen-Gleichgewicht, Renate hat die Leben von Heike und mir in unseren letzten 3 Jahrzehnten deutlich beeinflusst und die Veränderung unserer Ernährung mitbestimmt. So geht ein besonderer Dank in den Himmel für charakterstarke MedizinerInnen.

Dr. Jürgen Redmann, bei ihm ist der anspruchsvolle „Zusatz" ganzheitlicher Mediziner (Traditionelle Chinesische Medizin, Psychotherapie, Naturheilkunde, Mayrarzt, Kinesiologe...) fraglos angebracht, hat unserer Familie, der Familie in Not, beeindruckend mutig helfen können. Danke.

Jetzt nur niemanden vergessen! Gudrun Schmidt habe ich bei Renate Collier bei einem „Kurkurs" in Steyerberg kennengelernt. Sie hat auf „selbstverständlichste" Art danach, uns bei kleineren Gesundheitsproblemen heilkundig helfen können.

Und jetzt kommt nach tiefem Durchatmen das Danke an Ravi Roy. Es ist für einen ungläubigen Laien nicht fassbar, welche tief- und weitreichenden Möglichkeiten die Homöopathie hat, uns wieder zu unserem Eigentlichem zu bringen, uns gesunden zu lassen. Das Gespräch mit Ravi Roy vor vielen Jahren und die kleinen Kügelchen, die er in unterschiedlichsten Potenzen in meine Richtung geschickt hat, beides miteinander verwoben, hat positivste Wirkungen bei mir verursacht. Und den Glauben an das mir Unfassbare, Unerklärliche, soweit es das positiv Suchende umfasst, bestärkt. Dieses Gefühl, dass andere für mich denken, fühlen und arbeiten, dass andere Menschen, Tiere, Pflanzen und Bäume mein Leben wohlwollend begleiten und fördern, ist ein ganz wunderbares.

Ähnliches empfinde ich, wenn ich an Dr. Hartmut Fischer denke: Nichts habe ich wirklich begriffen von DMSO. Aber es hat mir geholfen. Es hilft uns. Es hilft uns auch dort, wo wir es nicht für möglich halten. Danke.

Wer fehlt noch? Die jüngere Vergangenheit und Gegenwart kommt hier zuletzt: Frau Dr. Renate Prigge-Stein, eine Biologin, Heilkundige und fundamentale „Meisterin", da „ererbt", der Dunkelfeldmikroskopie, hat mir Bilder gezeigt, die ich so anfangs nicht verstehen wollte. Jetzt kann ich versuchen, dank der einfühlsamen, aber dennoch gradlinigen Übersetzungen der Blutanalyse, meine Gewohnheiten den Analysebildern entsprechend zu verändern. Was für eine

Herausforderung. Danke.

Seit fünf Jahren leben wir in der Provence. Glücklicherweise ist das Hinzuziehen von ÄrztInnen nur sehr selten nötig gewesen. Ich vermute, dass dies auf meine Basis-„Medizinerin", meine Geliebte, zurückzuführen ist. Aber es ist ein großartiges Gefühl, in der Nähe eine zu uns passende Nothilfe zu haben: Die Naturheilärztin Dr. Veronique Gaudfernau entspricht ganz wunderbar den Vorstellungen des Patienten: Sie fordert meine Selbsthilfe ein, aber sie überfordert mich nicht. Dazu ist viel Einfühlungsvermögen die Voraussetzung.Danke.

Nun wird das Dankesagen einfacher, vermute ich: Es geht um meine „Kneipenwirte", um meine Lieblingskneipen. Wo fange ich da an? Eigentlich sollte das keine Frage sein!

Im „schmalen Handtuch", offiziell „ Zum Goethebrunnen" (schräg gegenüber vom Wohnhaus meines Lieblingsdichters), habe ich mit den schon vertrauteren Klassenkameraden der Oberschule sechzehnjährig Skatspielen und Biertrinken gelernt, immer sonntags am Nachmittag, bis zum frühen Abend. Das war, auch im Rückblick, berauschend schön und hat allen beteiligten, unbeholfenen großen Knaben gut getan, vielleicht, aus dem Altenblickwinkel heraus, in bezug auf's Bier, und nur in dieser Beziehung, etwas zu gut. Danke Euch allen, für den Versuch, maß (Biermaß bayrisch: 1,o69 Liter) zu halten.

Auch in der Weimarer Studentenzeit habe ich dort häufiger mittags ein Bauernfrühstück gegessen, mit „Brilli" (Wolfgang Pfeiffer) und dem „Professor" Bastian, so wie ich versponnene junge Männer, die den „wahren"Sozialismus nicht infrage gestellt haben und deshalb, so verrückt war die enge DDR-Welt, als gefährlich gebrandmarkt waren, wie sich dann viel später „amtlich" herausgestellt hat.

Ich bedanke mich bei Euch beiden, nicht mehr lebendig Verfügbaren, für die vielen gemeinsamen Stunden.

Und bin beim Schreiben jetzt mit Tränen in den Augen traurig, traurig darüber, dass die sogenannte Wiedervereinigung so ungerecht viel unaushaltbares Leid in den Seelen meiner „Ost"Freunde erzeugt hat.

Aber ich bin ja beim Danksagen und nicht beim Schreiben der Biographie eines nach wie vor verträumten Sozialisten.

Nach dem „schmalen Handtuch" gab' es lange keine Kneipe, die nach Heimat roch.

Aber dann! Nach 2 bundesdeutschen Jahren in Hannover bin

ich im „Kleinen Museum" von „Onkel Rudi" gelandet. Was für eine Welt, für einen jungen Mann aus der DDR.?! „Onkel Rudi", so nannte sich Rudolf Reese selber, war auf westlich-individuelle Art ein Revoluzzer und Heilsbringer: 120.000km ist er durch die Welt gelaufen, auf sogenannten Wohlfahrtsmärschen, um Geld und PatInnen für arme Kinder in der Welt zu sammeln. Wie haben wir mitgelitten als ihm sein linkes Bein amputiert werden musste, aus uns unverständlichen Gründen. Wer waren wir: Heiko (Heiko Bergmann), der nicht nur gut Skat spielte, sondern auch leidenschaftlich davon träumte, Rechtsanwalt für die Ärmeren im damals proletarischen Linden, in dem das „Kleine Museum" als kleines Wunder platziert war, zu werden. Was er dann auch wurde. Und ein lebensbegleitender Freund und dauerhafter Rechtsberater der Familie hinzu. Ich danke Dir. Kurt (Kurt Schmidt) war als Skatspieler unschlagbar und ein brillianter Dauerredner am Stammtisch. Er war der Älteste unter uns. Sein intimster Freund war Heiko, der auch als einziger wusste, dass Kurt nur noch ein eingeschriebener Student war und die Uni schon 4 Semester nicht mehr aufgesucht hatte. Seine Eltern wussten das nicht; lange nicht. Kurt hat später, ohne Diplom, eine stramme Karriere als Programmierer hingelegt, sicherlich hat das frühere Intensivskatspielen dabei geholfen. Dein Lebensweg, mit später großer Familie, eine Deiner Töchter, Luise, war eine Azubine in unserer „Provence"küche, hat mich optimistisch gestimmt und vorurteilsfreier gemacht für besondere Lebens-Läufe.

Linden, dieser Stadtteil im Aufbruch, vielleicht war das Aufbrechen von Strukturen dort einfacher als in den bürgerlichen Stadtteilen List, Südstadt und Kirchrode hat dann auch die erste JungMännerWohngemeinschaft erlebt. Offene, unverkrampfte VermieterInnen brauchte das im Jahre 1963 noch. Den Namen des Hausbesitzers habe ich vergessen, nicht aber sein überraschtes Gesicht als er unsere 4 Zimmerwohnung inspizierte. Vom großen Gemeinschaftsflur führten 6 Türen in die Zimmer, in Küche und Badezimmer. Alle Türrahmen waren schwarz gestrichen, die Türen in unterschiedlichen Rottönen, entsprechend des Revoluzzergrads des Bewohners. Der mittelalte, seriöse Mann war deutlich überrascht, aber er lächelte. Mehr interessierte ihn offensichtlich die Sauberkeit von unserer „Nudelküche" und vom Badezimmer, das eine Dusche und eine Toilette war, trotzdem Luxus in der damaligen Zeit. Auch diesem Manne bin ich dankbar. Er hätte uns kündigen können; hat er aber nicht. Und so wurde der 1.Stock der Limmerstrasse 63 zur Anlaufstelle für all' jene, die auf der Suche waren. Was für eine Zeit! Harald (Harald Buchwieser) gab' die vielfältigen Töne an, in der Gemeinschaft. Es schien so, als könnte er alles: Viele Sprachen, fast jedes Handwerk, Segeln, Tennis, Autos, Frauen ... und er vertrug saagenhafte Mengen Alkohol und ging auf neue Pirsch, wenn wir anderen erschöpft in die Betten fielen. Ich habe durch ihn erfahren, wie lebendig das Leben durch Tatmenschen werden kann. Danke. Danke auch all' den anderen 63ern. Pelle, der Architekt und Briefmarkensammler, Thomas, der selbstverständliche Frauenheld, Buschmeier, der joviale Verbinder und Streitschlichter ... an alle denke ich gerne. Und weiß, nichts wäre so wie es ist, ohne Euch.

In Linden tummelte sich eine Miniliteraturscene. Das war spannend. Im Hinterhof, bei Harald (Harald Klenner) in der Limmerstrasse 56, experimentierten wir am Zusammenspiel von Lyrik und Haschisch. Mit miserablem Ergebnis. Aber eine Erfahrung, die mich reicher, da erfahrener gemacht hat. Danke.

Wer war da nicht alles auf dem Weg: Timm, der abgebrochene Architekturstudent und Eisverkäufer, der später als Timm Ulrichs einer der eigenwilligsten Künstler dieser Welt wurde.Ab und an kommen wir in Lister Bistros dazu,über das Leben in dieser Zeit, über das Leben unserer Generation zu reden. Dein konsequenter Lebensweg und das bisher Erreichte, haben den eigenen Weg, deutlich bescheidener allerdings, mitbestimmt. Danke. Freund Hans (Dr.Dr.Hans Haindl), den damals schon genialen Patenteentwickler, kenne ich auch aus der Lindener Zeit. Tief beeindruckt hat mich Dein Wissen und Dein praktisches Kombinationsvermögen.

Bei einer alkoholschwangeren Gedichtelesung auf dem Flur von Limmer 63 habe ich Jobst (Prof. Jobst Meyer) kennengelernt. Und durch und über ihn die Künstlergarde Hannovers. Jobst und Gabi sind IntensivstFreundInnen geworden: Immer und immer wieder haben die beiden in mein Leben hineingewirkt. Auch eine Studentenkneipe haben wir gemeinsam betrieben. Jahrelang: Jobst, der Architekturprofessor, Gabi, die akribische Künstlerin und wir beiden Suchenden, Heike und ich. Jobst war und ist sieben Jahre älter, was für eine mächtige Zeitspanne in jungen Jahren und welch' Vorsprung zum Weisewerden im Alter. Danke für die lange, gemeinsame Zeit, bisher.

Architekten sind überproportional viele in unseren Leben aufgetaucht. Sie haben deutliche Spuren hinterlassen, nach wie vor erkennbare: Rolf Ramcke, der die hannoversche Stadtlandschaft 3o Jahre mitgestaltet hat, der begeisterte Wilhelm-Busch-Zitierer und Marion, die, nachdem die Kinder groß waren, noch eine alternative Kleintierpraxis eröffnete. Wir haben die spannenden Zusammentreffen folgenreich genossen: die fest eingebauten „Möbel" in Minguinelle erinnern daran. Danke. Ohne Dieter Keyl als Architekt und Bauleiter vom Ricklinger „Paradies" wäre das Gastronomieprojekt lange Zeit nicht vorangekommen. Wolf Marhenke, der auch als Bankettleiter umsichtig bei uns agierte, hat den Stil „unserer" Bauten zum Klareren hin beeinflusst. Und da sind noch die Architekten vom „Am Papehof", diesem Wohnmodell für größere, aber lockere Gemeinschaften, die dort das Leben der weiteren Nachbarschaft mitgestaltet haben. Danke an Euch alle. Wer fehlt da noch: Dr. Peter Ehmke, der dem Stammtisch vom „Provence", trotz meiner heiterplatten Sprüche, oft das Niveau rettete, immer wohlgemut und den Mitmenschen zugeneigt. Danke.

Richtig sesshaft geworden sind wir erst im vor langer Zeit eingemeindeten Ricklingen, im Zusammenhang mit Paulis Geburt. Seitdem gibt es „uns 4" als richtige Familie, mit all' den FreundInnen von Euch und von uns, mit all' den Problemen, die das Führen eines Restaurants mit sich brachte. Als Ausgleich gab's die Ferien in Minguinelle. Ich danke Euch sehr, dass Ihr fast immer mitgefahren seid, wenn wir zu unseren Bau- und Pflanzeinsätzen aufgebrochen sind. In jede Richtung 1500 Kilometer und das oft im unbequemen, aber von allen geliebten VW-Kübel.

Dies Danksagen , so ist es ja angedeutet, hat keinerlei Chronologie, aber jetzt wird es hohe Zeit, mich bei einem mir nicht mehr benennbaren, flüchtigen Freund zu bedanken, der mich überredet hatte, an einem Abend, der zum Studieren vorgesehen war, mit in „die Stadt zu ziehen". Ohne dieses kleine Kunststück hätte ich Heike wohl nicht kennengelernt. Wie wäre das Leben dann verlaufen? Unvorstellbar. Wem danke ich dafür? Vielleicht reichen die Versuche, demütiger zu werden, jenen Mächten gegenüber, die das so fügten? Habe ich meine Liebe auch den „verschlungenen" russischen Dichtern zu verdanken, die mich erahnen ließen, was das sein könnte, die Liebe, die Liebe, die nichts mehr hinterfragt, die keinen Zweifel kennt. 48 Jahre glückliche, spannende Ehe, „trotz" dieser 2 Schreib-Jahre an diesem „Pfadfinder". Wo führt das Glück uns noch hin? Dankbar werden wir auch das erfahren.

Es gibt Freundschaften, die sind nur für kürzere Zeiten angelegt, ohne dass wird selber das so einschätzen oder wissen können: Als die Kinder klein waren, haben wir uns gemeinsam mit Ulrike und Andy Enders um das Heranwachsen von Kilian, Anna, Zeno und Paul gekümmert. Da waren für eine sehr schöne Zeit zwei Familien in Einklang: in alle Richtungen freundschaftliche Gefühle. Danke für diese Zeit. Eine Freundschaft auf Zeit war, gleichfalls so ungewollt, die zwischen „Peter (Peter Rauhaus) und Jürgen". Die Freundschaft zu Peters Mutter, die uns mutig für ein gemeinsames Projekt einen Kredit gab, ist noch tief im Herzen verankert. Danke. So und so.

Es gibt Freundschaften, die nie zu ende gehen, solange mindestens noch einer von beiden lebt. Auch solche Freundschaften bringt das Älterwerden mit sich. Sie sind der Grund, weshalb einige Olivenbäume in Minguinelle Namen haben: Gernot (Dr. Gernot Nebes), der Narkosearzt (so wie sein Patenkind Paul jetzt), der mächtige Bariton und fundamental Gebildete. Fred (Fred Diedrich), der naturliebende Rugbyspieler und Bauleiter, bei dem ich viel gelernt habe. Victor (Victor Jürgen von der Osten), der Freund mit 2 Seelen in der Brust. Wie schwer ist es gleichzeitig der Tradition des Adels zu entsprechen und den Sehnsüchten und Seelenwünschen. Eure Freundschaften waren Geschenke. Und sind es noch immer. Der Dank kommt aus den Tiefen der Seele.

Der Olivenbaum „Axel" fehlt noch. Die Freundschaft von Axel und mir habe ich versucht, im Buch zu beschreiben. Der steinige Grasweg zu ihm ist besonders ausgetreten; ich bin oft bei ihm. „Gernot" ist sein Nachbar. So wie früher sind wir oft zusammen.

Victor, Floh (Joachim / Joachim Binczik) und ich, wir drei waren über viele Jahre, auch räumlich, fast nicht zu trennen. Wir wohnten dicht beieinander; kaum eine Sommernacht, in der wir nicht eine Karaffe Rosé miteinander getrunken hätten. Mit Joachim im Dreier-FreundschaftsPakt waren Victors 2 Seelen leicht zu erleben. Joachim, Du bist ein Wunder an selbstverständlicher, einfühlsamer, praktischer Freundschaft. Ich danke Dir. Ich danke Dir und Michi (Michaela B.) und Euren Kindern … Ihr alle habt das Herz größer werden lassen. Danke.

Größere Gemeinschaften habe ich mehrere erlebt, mitgestaltet oder gegründet. Immer war das, zumindestens phasenweise, wunderschön. Und lehrreich sowieso. Die ÖKOBande, ein Zusammenschluss von alternativen Ernährungsunternehmern. Wir (Michael Valenta, Manfred Middendorff, Fritz Harke jun.,Manfred Dust, Friedrich Maage, Roland Koch, Sven Hartmann, Karl Buchheister) und andere erlebten uns wie große Jungen.

Wunderbar, wie wir den Oberbürgermeister Herbert Schmalstieg im Rathaus gefesselt haben, um ihn erst gegen seine Zusage, vier Wochen biologische einzukaufen und dann die Belege vorzuweisen, wieder freigelassen haben. Überhaupt die PolitikerInnen. Ich bin vielen von ihnen „zu Dank verpflichtet": Sie haben mir es sehr leicht gemacht, meinen Fundamental-Vorsatz „Keiner über, keiner unter mir" selbstverständlich werden zu lassen. Wer gehörte dazu: Pico Jordan (da stehen noch Gespräche aus, oh ja), Stephan Weil (Der Freund der Herrenhäuser Pfingsttafel und der originelle Geleitwortschreiber), Stefan Schostok (Herzlicher kann kein Mensch sein), Gerhard Schröder (eine intensive Begegnung reichte dazu), Bernd Strauch (so ausschließlich positiv umtriebig- das ist selten), Mike Gehrke (der von vielen Verkannte, weil auf Jazz Festgelegte), Enno Hagenah (ganz selbstverständlich und dran an den BürgerInnen), Jürgen Trittin (mehrfach hat er zielgerichtet in unser Leben eingegriffen) Jutta Schiecke (Ihr haben wir den „ÖKOOskar" der Grünen zu verdanken, der uns innerlich und „äußerlich" stabilisiert hat), Wolfgang Jüttner (Er und seine Frau Marion haben unser gastronomisches Leben wunderbar einfühlsam begleitet), Hans Mönninghoff (Der Besuch in Minguinelle war nur der vorläufige Höhepunkt unserer, von gegenseitiger Achtung und Zuneigung bestimmten, Freundschaft. Was für eine gemeinsame Ökogeschichte) – Ich danke Euch/ Ihnen solidarisch und hoffnungsfroh ... wieder habe ich sicherlich einige, das „Credo" (Keiner über , keiner unter mir) stabilisierende PolitikerInnen vergessen.

Bitte verzeihen Sie mir, bitte verzeiht mir. Das wird in der nächsten Auflage nachgeholt. Ganz sicher!

Zurück zu den Gemeinschaften:
Das bionetz war auch eine der uns stabilisierenden Gemeinschaftsversuche. Wir haben es, unabhänig von Freundschaften, die entstanden sind, zu einer regionalen BIOMesse und zu einem BIOWeihnachtsmarkt geschafft. Wer war aktiv im bionetz: Ursula Rössel, Gisele Harms-Pitet, Kawitta Scholz, Petra Christine Bauke, Fritz Harke jun., Gemüsekiste Kampfelder Hof, Concept Naturhaus, Jens Grasdorf, Gemüsekiste Kampfelder Hof ...

Hannovers Tafelrunde ... was für eine gastronomische Aufbruchstimmung 1996. Ich danke Euch allen, Heinrich im Besonderen. Er hat uns in der „KöcheNot" nach seiner grandiosen, aktiven Laufbahn wunderbar freundschaftlich gehofen. Wir waren eine spannungsvolle Gemeinschaft von eigenwilligen Typen, voller Achtung füreinander. Das hat zu schönen Ergebnissen geführt. Die Namensliste: Helmut Ammann, Rainer Feuchter, Andreas und Ernst-August Gehrke, Ekkehard Reimann, Heinrich Stern, Wilhelm Strohdach. Ich danke Euch allen voller Achtung.

Und da ist noch die große Gemeinde der BoulespielerInnen. Was haben wir da auf den Weg gebracht. Boule als selbstverständlicher Sport und noch selbstverständlicheres Spiel in Niedersachsen. Ich danke den MitstreiterInnen: Erich Braun, Hans-Jörg Dahl, Renate Bäßmann, Jörg Landmann, Ernst Buckschat, Werner Dzoiny, Nils Allwardt, Ulli Brülls und so phantastisch vielen anderen .

Das Hannoversche Boulefestival, diese für die Verbreitung von Boule als Spiel und Sport wichtige Event, hat seine 18jährige Existenz auch oder vor allem dem Engagement der Privatbrauerei Herrenhausen, einem Regionalunternehmen, zu verdanken. René Hagemann und Jörg Politze waren die mutigen Unterstützer, abgesichert durch das Wittinger Mutterunternehmen und ihren Geschäftsführer Christian Schulz-Hausbrandt. Zuvor hatte der ansonsten oft unglücklich agierende, letzte Familienpatron der Herrenhäuser Brauerei, Manfred Middendorff das Festival großzügig unterstützt.

Und jetzt drängt die Zeit! In einer Stunde muss das Manuskript beim Setzer sein, morgenfrüh beginnt der Buchdruck.
So zähle ich nur schnell auf, wer mir von den vielen, vielen wichtigen intensiv erlebten ZeitgenossInnen, die dafür gesorgt haben, dass ich ein vorwiegend heiterer Mensch bin, gerade gegenwärtig ist: Karl Heinz Bastian (Mein Künstlerhoratio aus Weimar), Holger Off (Heikes Couins und liebstes Bild von einem lyrischen Tenor), Rudi Richter (Der Patron der Richterfamilie), Heikes Pongauer , wunderbar herzliche Verwandtschaft (Die Wazlawiks in ihrer Gesamtheit) , die JournalistInnen und Photographen :Reinhard Stroetmann, Hans-Peter Wiechers, Claudia und Stephan Kwiecinski, Julia Braun, Andrea Tratner, Frank Wilde, Rainer Dröse, Ralf Decker, Rainer Surrey, Robert Zarajewski ;Günther Bohnecke (Der Feingeist aus der Altstadt und Motivierer), René Schweimler und Ute Bauch (was wären unsere Ideen ohne das Fahrgastfernsehen und deren Engagement gewesen) , Walter Lampe (er hat mich zum 11jährigen Kolumenschreiben für

„seine" Straßenzeitschrift asphalt „ verdonnert" … was für eine für mich wichtige Attacke), Anne Lüftl (Sie hat uns während des Buchschreibens mit Blutegeln und Eigenblutbehandlung überrascht. Wer weiß, was ohne diese Behalndlungen geschehen wäre?), Monika Haas und Kurt Schnaubelt (Wiederum wer weiß, was ohne ihre Aromen mit dem Buch geschehen wäre),,mein Adlerpfarrer und seine Geliebte (Die beiden werden erkennen, dass sie gemeint sind), Achim Flebbe (das "apollo", schräg gegenüber von Limmer 63 wird mich immer an den Filmtheatererneuerer und fast immer heiteren Achim erinnern. Es ist mein liebstes Kino, nach wie vor, auch wenn ich anfangs dem Sperrholzgestühl nachgetrauert habe.) …

Nicht erwähnt werden jetzt, das sind ganze Anhänge für sich und es wäre ungerecht, das salopp und flüchtig aufzuführen, die wichtigen Mitmenschen und FreundInnen aus 36 Jahren Restaurant, aus 50 Jahren Zusammenleben mit KünstlerInnen, aus 45 Jahren Leben in der Provence … aus 33 Jahren BIO in Niedersachsen …aus 10 Jahren "a capella " in der "Provencescheune". Das wird nachgeholt!
Ganz sicher.

Jetzt ist Abgabetermin für ein Buch, an dem zwei Jahre zukunftsfroh gearbeitet wurde.
Was für ein Erlebnis. Noch unbegreifbar. Vielleicht in den nächsten Tagen.
Dankbar bin ich schon jetzt, auch dafür, dass ich am „Ende" bin.

Aber trotzdem noch was! Die Urfreunde Horst (Horst Körber), Ludwig (Ludwig Malsch) und zuallerguterletzt Eckart (Rainer Herrmann) … Euch hatte ich mir für den Schluss aufgehoben, um unseren Beziehungen gerechter werden zu können.
Verzeiht. Verzeiht, dass meine Dankbarkeit Euch gegenüber hier nicht begründet werden kann.

Glücklicherweise ist hingegen das Dankeschön an die BuchmacherInnen schon vorab geschrieben worden:

Zum ganz aktuellen Danksagen, zum Entstehen dieses Buchs:
Was geschieht, wenn ein kleiner, unerfahrener Verleger in Personalunion mit dem Autor ein 600-Seiten-Buch „herausgibt"? Zusätzliche Erschwernis: Er hat wenig Geld. Wie wunderbar ist es dann, wenn ein solches Buch trotzdem entstehen kann. Ich bin umfassend dankbar und glücklich, und umarme Euch lieben und zu-

kunfts-optimistischen „MitarbeiterInnen", denn Ihr bekommt Eure Arbeit nur über den Erfolg des Buchs bezahlt. Wir sind ein Team: Jutta Barten,Wolfgang Becker, Anne Blumenthal, Hanne Boermann, Alexandra Hauser, Karen und Oliver Ihlow, Michael Klasche, Jens Krause, Christl und Gabi Kurz, Oliver Nöthel, Kerstin Jelinski, Anna und Heike Piquardt, Axel Schebitz, Bernhard Schimmelpfennig, Sandra Seiffart, Hilmar Steppat, Ludmilla Zind.

Wolfgang hat Mut gemacht und Korrekturen gelesen, Anne hat die Entstehungsgeschichte von „Lust auf Pflanzenkost", trotz aller „Sprünge" geduldig und aufmunternd begleitet. Und früh ihre reizvollen Rohkostrezepte vorbeigebracht. Hanne und Jutta haben am Register mitgewirkt. Die junge Freundschaft mit den FastNeuProvencalinnen hat dem Positiven im Buch gut getan. Alexandra ist die klardenkende, hartnäckige Lektorin, die ganz früh ihr Vertrauen in Autor und Buch mitteilen konnte. Und eine Freundin der Familie ist sie außerdem. Karen und Oliver sind die absoluten ÜberraschungstäterInnen. Wir kannten uns eine halbe Stunde und waren FreundInnen. Karen hat einfühlsam die Arbeit von Axel an den Küchenutensilien fortgesetzt. Oliver hat, wieder und wieder, nachwirkende Strukturvorschläge gemacht. Die Zeichnungen von Axel, dem sich weiterhin intensiv einmischenden, komplizierten Freund , sind im Lüneburger Hospiz entstanden, bis zwei Tage vor dem Tod seines Körpers. Die Zeichnungen haben mich ermuntert, nicht aufzugeben. Hilmar und Sandra leben die Zukunft des Veganismus. Das und vielmehr haben sie freundschaftlich- enthustiastmisch eingebracht. Von Sandra sind „zusätzlich" Lebensmittelpyramide, ComplementismusLogo und die veganen „Thüringer Rezepte.

Ludmilla ist das plötzlich erschienene Wunder: Sie war in der Frühphase des „Buchs" für zwei Tage in Minguinelle. Ich habe mich erinnert an die Designerin, glücklicherweise. Ludmilla hat einfühlsam und professionell die Gestaltung des Umschlags, was für ein besonderer Lebenslauf von ihm, vollendet und die schönen Zeichnungen für das Buch bearbeitet. Mutter und Tochter Kurz sind die Überraschungstäterinnen im allerschönsten Sinne. Life habe ich Gabi einen Tag bei einem Treffen der BIOSpitzenköche erlebt.

Alles Weitere ist kurz nicht zu beschreibendes Vertrauen. Wie geschieht so etwas?

Kerstin und Jens sind nicht mehr nach Niedersachsen zurückzudenkende NeuprovencalInnen. Unsere Freundschaft ist nicht nur ein Geschenk für die Gegenwart; sie stablisiert die Zukunft. Beide haben es geduldig ausgehalten, wenn ich nicht aufhörte, zu fragen.

Jens hat mein heiter-melancholisches Mantralied vertont. Kerstin war in der „Register- und Korrektur-Crew". Unseren Buchhändler Bernhard Schimmelpfennig habe ich immer wieder mit Marketingfragen drangsaliert. Die Reaktionen waren immer aufbauend. Erstmals haben wir ein so umfangreiches Buch wirklich selber verlegt. Unseren Druckereiberater Michael Klasche von CPI haben wir viele Fragen stellen müssen, die ausnahmslos geduldig und herzlich beantwortet wurden. Und nun zum Hausteam Piquardt in Minguinelle. Geduldig, wohlwollend und liebevoll hat Heike die zwei Schaffensjahre ausgehalten. Und sich dennoch in die Endphase praktisch eingeklinkt, als alles im Chaos zu enden drohte. Anna hat zwei Wochen, bis tief in die Nächte hinein, das ist ihre Art, an der genauen,präzisen Umsetzung von Kochfibel und Anhang gearbeitet. Wir werden später sicher gerührt und auch ein bißchen stolz an diese umfassend turbolente Lebensphase sein. Wenn dies „Danke" geschrieben ist, hat nur noch der Setzer alles ins „Reine" zu bringen, dann wird er es „massiv" erleichtert zur Druckerei schicken. Als ich meinen geschätzten Webmaster Oliver Nöthel vor über zwei Jahren zur Mitarbeit überreden konnte, hatten wir beide keine Ahnung, was wir da in Gang bringen. Von 200 Seiten war die Rede, ein unbebildertes, unspektakuläres Buch. Bravorös, aufmunternd und bescheiden hat er „alles" einfühlsam zusammengebracht.

Weil es so ganz weit oben steht und dadurch vielleicht nicht mehr so präsent ist: Ich bin Euch allen umfassend dankbar.

Die Geleitschreiben von Declan Kennedy und Claus Leitzmann sind während des Buchschreibens zu mir gekommen. Ein Großteil war fertig, aber das Weiterarbeiten war stokelig, unbeholfen und unsicher. So kamen die verpflichtenden Lobschreiben in wichtigen Momenten. Ich bedanke mich gerührt für das in ihnen liegende Vertrauen.

Und nun bekommt das Danke eine unklare und anders tief empfundene Dimension: „Seien wir realistisch und versuchen das Unmögliche". Besonders dieser Spruch von Che Guevara braucht Nahrung, damit er lebensmitbestimmend wird. Lieber Pariser Chlochard, hättest Du nicht einen wertvollen Gemeischaftsrücksack „mitgehen lassen", den die LaProvenceKüchenChefin, wir waren auf einem Betriebsausflug in Paris, wegen der engen Wege zwischen den Regalen eines traditionellen Küchenbedarfgeschäfts, abgestellt hatte, wäre kein Sonnenschein gewesen, der mich bewog, draußen auf einem „Ruhestein" zu warten, hättest Du nicht ein körperliches Handicap gehabt, den Hinkefuß , wäre ich Dir nicht eine halbe Stunde nach dem „Diebstahl" nachgerannt, im großen Paris. Verrückt. Ja, aber. Du hast den Sack in einer Mülltonne vor Dir hergeschoben. Ich glaube, mein Herz hat nie wieder so gepocht, als ich sah Judiths Rucksack wieder, 300 m vom Geschäft entfernt, in „Deiner" Tonne. Merci, merci beaucoup habe ich wohl mehrmals gestottert, bevor ich mit dem Rucksack inclusive wertvoller Kamera und der Schatulle mit dem gesammelten Küchentrinkgeld zu „meinen Leuten" zurückging. Das Unmögliche gibt es nicht. Leider weder im Guten noch im Bösen. Beides können wir provozieren. Wenn wir Glück haben, erleben wir es im Guten. Dir, liebem Pariser Hinkefuß, danke ich seit diesem unmöglichen Erlebnis oft. Und bin Dir tief verbunden.

Zuguterletzt: Ich war mit dem alten Güldnertraktor, Baujahr 1956, den mir Heike zum 4o.Geburtstag geschenkt hatte, unterwegs von uns zum Nachbargehöft. Der Mistral tobte intensiv, trotzdem hörte ich ein dumpfes, kantiges Geräusch. Und ich sah den mächtigen Kiefernstamm noch fallen 2Meter hinter mir. Den „Donner" hatten die gleichfalls mächtigen Äste beim Erdaufprallen erzeugt. Zufall? Fügung? Die tiefe Empfindung war: Geschenktes Leben. Geschenkte Fortsetzung des Lebens.Macht es einen Unterschied, ob wir Zufall oder Fügung sagen? Ich glaube ja. Ich bin dem Unfassbaren, dem Nichtbenennbaren dankbar. Dankbar für mein Leben. „Die Lust auf Pflanzenkost" inbegriffen.

Die ERD-CHARTA

Auszüge

(„Earth Charter" – Final-Version vom 24.3.2000)

Präambel

Wir stehen an einem kritischen Punkt der Erdgeschichte, an dem die Menschheit den Weg in ihre Zukunft wählen muss. Da die Welt zunehmend miteinander verflochten ist und ökologisch zerbrechlicher wird, birgt die Zukunft gleichzeitig große Gefahren und große Chancen. Wollen wir vorankommen, müssen wir anerkennen, dass wir trotz und gerade in der großartigen Vielfalt von Kulturen und Lebensformen eine einzige menschliche Familiesind, eine globale Gemeinschaft mit einem gemeinsamen Schicksal.

Wir müssen uns zusammentun, um eine nachhaltige Weltgesellschaft zu schaffen, die sich auf Achtung gegenüber der Natur, die allgemeinen Menschenrechte, wirtschaftliche Gerechtigkeit und eine Kultur des Friedens gründet. Auf dem Weg dahin ist es unabdingbar, dass wir, die Völker der Erde, Verantwortung übernehmen füreinander, für die größere Gemeinschaft allen Lebens und für zukünftige Generationen.

Die Erde, unsere Heimat

... Die globale Umwelt mit ihren endlichen Resssourcen ist der gemeinsamen Sorge allerVölker anvertraut. Die Lebensfähigkeit, Vielfalt und Schönheit der Erde zu schützen, ist eine heilige Pflicht.

Die Herausforderungen

Wir haben die Wahl: Entweder bilden wir eine globale Partnerschaft, um für die Erde und füreinander zu sorgen, oder wir riskieren, uns selbst und die Vielfalt des Lebens zugrunde zurichten. ... Wir müssen uns klar machen: sind die Grundbedürfnisse erst einmal befriedigt, dann bedeutet menschliche Entwicklung vorrangig „mehr Sein" und nicht „mehr Haben" ...

Weltweite Verantwortung

... Jeder Mensch ist mitverantwortlich für das gegenwärtige und zukünftige Wohlergehen der Menschheitsfamilie und für das Leben auf der Erde ...

Für das ethische Fundament der entstehenden Weltgemeinschaft brauchen wir dringend eine gemeinsame Vision von Grundwerten für einen nachhaltigen Lebensstil.

GRUNDSÄTZE

I Achtung vorm dem Leben und Sorge für die Gemeinschaft des Lebens

1. Achtung haben vor der Erde und dem Leben in seiner ganzen Vielfalt.
2. Für die Gemeinschaft des Lebens in Verständnis, Mitgefühl und Liebe sorgen.
3. Gerechte, partizpatorische, nachhaltige und friedliche demokratische Gesellschaften aufbauen.
4. Die Fülle und Schönheit der Erde für heutige und zukünftige Generationen sichern.

Um diese vier weitrechenden Selbstverpflichtungen zu erfüllen, ist Folgendes notwendig:

II Ökologische Ganzheit

5. Die Ganzheit der Ökosysteme der Erde schützen und wiederherstellen, vor allem die biologische Vielfalt und die natürlichen Prozesse, die das Leben erhalten.
6. Schäden vermeiden, bevor sie entstehen, ist die beste Umweltschutzpolitik. Bei begrenztem Wissen gilt es, das Vorsorgeprinzip anzuwenden.
7. Produktion, Konsum und Reproduktion so gestalten, dass sie die Erneuerungskräfte der Erde, die Menschrechte und das Gemeinwohl sichern.
8. Das Studium ökologischer Nachhaltigkeit vorantreiben und den offenen Austausch der erworbenen Erkenntnisse und deren weltweite Anwendung fördern.

III Soziale und wirtschaftliche Gerechtigkeit

9. Armut beseitigen als ethisches, soziales und ökologisches Gebot.
1o. Sicherstellen, dass wirtschaftliche Tätigkeiten und Einrichtungen auf allen Ebenen die gerechte und nachhaltige Entwicklung voranbringen.
11. Die Gleichberechtigung der Geschlechter als Voraussetzung für nachhaltige Entwicklung bejahen und den universellen Zugang zu Bildung, Gesundheitswesen und Wirtschaftsmöglichkeiten gewährleisten.
12. Am Recht aller – ohne Ausnahme – auf eine natürliche und soziale Umwelt festhalten, welche Menschenwürde, körperliche Ge-

sundheit und spirituelles Wohlergehen unterstützt. Besondere Aufmerksamkeit gilt dabei den Rechten von indigenen Völkern und Minderheiten.

IV Demokratie, Gewaltfreiheit und Frieden

13. Demokratische Einrichtungen auf allen Ebenen stärken, für Transparenz und Rechenschaftspflicht bei der Ausübung von Macht sorgen, einschließlich Mitbestimmung und rechtlichem Gehör.
14. In die formale Bildung und in das lebenslange Lernen das Wissen, die Werte und Fähigkeiten integrieren, die für eine nachhaltige Lebensweise nötig sind.
15. Alle Lebewesen rücksichtsvoll und mit Achtung behandeln.
16. Eine Kultur der Toleranz, der Gewaltlosigkeit und des Friedens fördern.

Der Weg, der vor uns liegt

Wie nie zuvor in der Geschichte der Menschheit fordert uns unser gemeinsames Schicksal dazu auf, einen neuen Anfang zu wagen ... Das erfordert einen Wandel in unserem Bewusstsein und in unseren Herzen.

Es geht darum, weltweite gegenseitige Abhängigkeit und universale Verantwortung neu zu begreifen.

Wir müssen die Vision eines nachhaltigen Lebensstils mit viel Fantasie entwickeln und an wenden, und zwar auf lokaler, nationaler, regionaler und globaler Ebene. Unsere kulturelle Vielfalt ist ein unschätzbares Erbe und die verschiedenen Kulturen werden auf eigenen, unterschiedlichen Wegen diese Vision verwirklichen. Wir müssen den globalen Dialog, aus dem die Erd-Charta entstanden ist, vertiefen und ausdehnen; denn wir können bei der andauernden gemeinsamen Suche nach Wahrheit und Weisheit viel von einander lernen.

Lasst uns unsere Zeit so gestalten, dass man sich an sie erinnern wird
als eine Zeit, in der eine neue Ehrfurcht vor dem Leben erwachte,
als eine Zeit, in der nachhaltige Entwicklung entschlossen auf den Weg gebracht wurde,
als eine Zeit, in der das Streben nach Gerechtigkeit und Frieden neuen Auftrieb bekam
und als eine Zeit der freudigen Feier des Lebens.

Quelle: Ökumenische Initiative Eine Welt e.V. / BUND

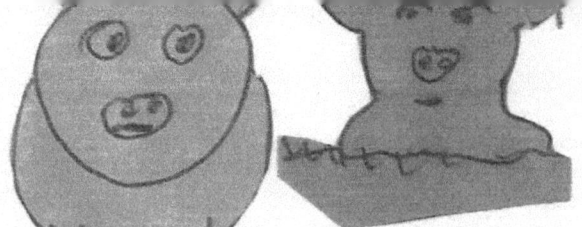

PÉTITION des petits cochons de Gigery de l'an 2017.

Nous vous saluons, vous, nos amis de la Provence, chez qui nous vivons depuis peu à Gigery!.

Nous savons que si nous sommes chez vous, c'est pour être un jour abattus pour que vous puissiez manger notre viande.

Nos derniers ancêtres de jadis nous ont fait savoir qu'ils avaient vécu heureux chez vous. Voilà ce qu'ils disaient: *"Nous avions beaucoup de place pour nous mouvoir ainsi qu'une **BAUGE** et c'était extraordinaire. Résultat: Notre viande était délicieuse. C'est notre façon de leur dire merci!*

Vu que nous pouvions bouger aisément, nous vivions plus longtemps puisqu'il nous fallait plus de temps pour atteindre le poids idéal pour être abattus.

Nous aimerions vivre dans les mêmes conditions qu'eux et vous demandons de faire le nécessaire pour que ce soit possible!

Le conseil des Sages des mondes animal, végétal et humain nous ont dit qu'on disait ceci:

Plus l'homme créera des conditions d'élevage idéales
pour la vie végétale et animale
plus légère sa conscience se sentira
le jour où il nous tuera!"

Son sentiment de culpabilité par rapport à notre mort sera d'autant plus réduite, si les animaux auront eu une bonne vie qui leur correspondait.

Plus l'homme traitera l'animal avec justesse et attention, le mieux celui-ci s'en portera. Un animal heureux donne, logiquement, de la bonne viande, donc, l'homme récoltera lui-même les fruits de sa peine!

Ainsi nous vous implorons de nous traiter avec bienveillance!

Signature: *Les petits cochons de Gigery*

PS:

Laissez-nous juste évoquer un dernier détail. Vos scientifiques on découvert que les gens qui consommaient moins de viande étaient – en général – en meilleure santé
donc plus heureux. À présent, chacun est libre de faire son choix!

Text: Couchons et Minguinelle / Dessins: Ulli Hesselmann / Translation: Jamila Paiter

Weiterführende Adressen
anregend, aber unvollständig

Ernährung

Deutsche Gesellschaft für
Ernährung e.V. Der Wissenschaft
verpflichtet – Ihr Partner für
Essen und Trinken (DGE)
www.dge.de

Unabhängige Gesundheitsberater
(UGB) www.ugb.de

FoodWatch. Die Essensretter
www.foodwatch.org/de

Slow Food Deutschland e.V.
www.slowfood.de

ChipListe. Vernünftig essen.
Spielend abnehmen
www.chipliste.de
Praxis Dr. Mildenstein www.praxis-
mildenstein.de

Verbraucherzentrale
www.verbraucherzentrale.de

Bio-Spitzenköche
www.oekolandbau.de/verbraucher
/biospitzenkoeche/

Bioland-Hotels
www.bioland.de/infos-fuer-
verbraucher/urlaub-im-
bioland.html

Bio Hotels www.biohotels.info/de

Biohotel Kurz (Bio-Spitzenköchin)
in Berchtesgaden mit Kochschule
www.biohotel-kurz.de

Ayurvedische Kochschule von
Mayoori Buchhalter (Bio-

Spitzenköchin)
www.biogourmetclub.de/

Das große Leben – Makrobiotische
Kochrezepte www.das-grosse-
leben.de/htm%20open/Makrobioti
k-Rezepte.htm

Zeitschriften

Bioboom. Das Magazin für Kopf
und Bauch www.bioboom.de

Schrot & Korn. Das Naturkost-
Magazin nah am Alltag
www.schrotundkorn.de

eve Magazin – ernährung vitalität
erleben www.eve-magazin.de

Veganismus

Vegane Gesellschaft Deutschland
e.V. www.vegane.org

Pro Vegan Stiftung
www.provegan.info

Vegan World www.veganworld.de

Zeitschriften

Das VEGAN Magazin
www.veganmagazin.de

Kochen ohne Knochen. Das vegane
Magazin
www.kochenohneknochen.wordpr
ess.com

Welt Vegan Magazin www.welt-
vegan-magazin.de

Vegan Blatt. Das vegane Magazin
www.veganblatt.com

Vegetarismus

Vegetariererbund Deutschland/
Vebu - Die Zukunft isst
pflanzlich. www.vebu.de

Mit Restaurant Finder, veganen
Rezepten und Broschüren zu
„Speisen auf Reisen"

VEBU wird zu ProVeg International
– die internationale Stimme für
den pflanzlichen Lebensstil
www.proveg.com/de/

Vegetarisch Leben/ Plattform und
Verlag www.vegetarisch-leben.de

Internationale Initiative Veggieday

Vegetarian Society www.vegsoc.org

Zeitschriften

Natürlich vegetarisch – das VEBU-
Magazin

Vegetarisch fit! – Das gesunde
Magazin www.vegetarischfit.de

Rohkost
Keimling Naturkost. Fit mit Vegan-
und Rohkost www.keimling.de
Glossar und Shop

Govinda. Rohkost in Spitzenqualität
www.govinda-natur.de

Wildkräuterwanderungen im
deutschsprachigen Raum auf
WildpflanzenLiebe
www.wildpflanzenliebe.wordpres
s.com/plz/

Medizin & Heilkunde

Internationale Gesellschaft der Mayr
Ärzte www.fxmayr.com

Empfehlungen des Autors:
Dr. Jürgen Redmann www.dr-
juergen-redmann.de

Dr. Ingo Wachernig www.fxmayr-
tradition.at

Dr. Christian Kiebel-Wigoschnig
www.livemid.at

Sanum-Kehlbeck –
Therapeutenverzeichnis
www.sanum.com

Empfehlung des Autors für
Dunkelfeldmikroskopie: Dr.
Renate Prigge-Stein

Deutsche Gesellschaft für klassische
Homöopathie e.V. www.dgkh-
homoeopathie.de/

Deutscher Zentralverein
homöopatischer Ärzte
www.dzvhae.de

Heilpraktikerverbände: siehe
Internet

Narayana Verlag. Homöopathie und
Naturheilverfahren/ Ravi Roy und
Carola Lage-Roy www.narayana-
verlag.de

Ayurveda Klinik Kassel Bad
Wilhelmshöhe www.ayurveda-
klinik.de

Azidosetherapie nach Dr. Renate
Collier im Kloster Gerode/ Verein
Weg der Mitte e.V.
www.wegdermitte.de

Naturheilpraxis Helga Wuttke, Kur-Seminare www.naturheilpraxis-wuttke.de

Gesundheitsresort Steiermark Dr. Dahlke: Taman Ga www.tamanga.at/gesundheitsresort-steiermark.html

Hippocrates Health Institute www.hippocratesinst.de

Pacific Institute of Aromatherapy www.pacificinstituteofaromatherapy.com

Selbstheilungskonferenz/ Schwerpunkt Krebs. www.selbstheilungskonferenz.com

Selbstheilungssymposium/ Schwerpunkt Sucht www.suchtsymposium.com

Zeitschriften

natur & heilen. Die Monatszeitschrift für gesundes Leben. www.naturundheilen.de

point. Patient-orientiert-informiert. Gesundheit aktiv, anthroposophische heilkunst e.V. www.gesundheit-aktiv.de/

Der Wassermann. Zeitschrift der deutschsprachigen Mazdaznan-Bewegung. Atem- und Gesundheits-Kunde. www.mazdaznan.de

Der Naturarzt. Ihr Gesundheits-Ratgeber. www.naturarzt-access.de

Nachhaltigkeit

Lokale Agenda 21 Büros (Sie bringen viele Akteure zusammen und liefern Orientierungshilfen für fairen, regionalen, bio Konsum)

Heinrich Böll Stiftung www.boell.de

Albert Schweitzer Stiftung. Für unsere Mitwelt www.albert-schweitzer- stiftung.de

Utpia. Nachhatligkeitsplattform www.utopia.de

attac International - eine andere Welt ist möglich www.attac.org/de

Transition Town Initiativen www.transition-initiativen.de

Postwachstumsökonomie www.postwachstumsoekonomie.de

Gemeinwohl Ökonomie – Ein Wirtschaftsmodell mit Zukunft www.ecogood.org/de

Colibri-Bewegung/ Colobris. Faire sa part. Le Mouvement (von Pierre Rabhi gegründet) www.colibris-lemouvement.org

Permakutur Info. Permakulturprojekte in Deutschland und weltweit www.permakultur-info.de

Permakultur Institut e.V. und Permakultur Akademie www.permakultur.de

PaLS Permakulturpark am Lebensgarten Steyerberg www.permakulturpark.de

Lebensgarten Steyerberg e.V.
www.lebensgarten.de

Andy & Jessie Darlington
www.lepaysagecomestible.com/

Terra Preta International
www.terrapretaprogram.org/

Terra Preta www.bund-
niedersachsen.de/themen/natur-
landwirtschaft/moore/fokusthemen/t
erra-preta- moorschutz-im-
eigenen-garten/

Effektive Mikroorganismen
www.emiko.de

Stitung Anstiftung. Offene
Werkstätten, Reperatur-
Initiativen, Interkulturelle und
Urbane

Gemeinschaftsgärten u.a. urbane
Gemeinschaftsgärten im
Überblick/
www.anstiftung.de/urbane-
gaerten/gaerten- im-ueberblick

Zeitschriften

OYA anders denken. Anders leben.
www.oya-online.de

info3 - Anthroposophie im Dialog
www.info3-magazin.de/

**Alternative / biologische
Landwirtschaft (und
Lebensweise)**

IFOAM, Internationale Vereinigung
der ökologischen
Landbaubewegungen
www.ifoam.bio

La Via Campesina, Internationale
Vereinigung von Kleinbauern und
Landarbeitern
www.viacampesina.org

Arbeitsgemeinschaft Ökologischer
Landbau e.V. AGÖL
www.agoel.de

BÖLW Bund Ökologische
Lebensmittelwirtschaft
www.boelw.de

Biokreis – Wir machen Bio lebendig
www.biokreis.de/biokreis.php

BIOLAND Verband
www.bioland.de

Biopark – Ökologischer Landbau
www.biopark.de

Demeter e.V. www.demeter.de

Ecoland – weltweit tätige
Vereinigung für die Entwicklung
des ökologischen Landbaus
www.ecoland.de/

ECOVIN Bundesverband
ökologisch arbeitender Weingüter
www.ecovin.de

Gäa e.V. – Vereinigung
ökologischer Landbau –
Anbauverband und Zertifizierer
www.gaea.de

NATURLAND www.naturland.de
Naturland e.V. www.naturland.org

Netzwerk Solidarische
Landwirtschaft www.solidarische-
landwirtschaft.org

Verbund Ökohöfe e.V.
www.verbund-oekohoefe.de

Freies Saatgut

Navdanya e.V., Verein für
Artenvielfalt & Schutz der
Rechte von Kleinbauern/ mit
aatgutbank (von Vandana Shiva
gegründet)
http://www.navdanya.org/site/

Freies Saatgut für alle
www.saatgutfueralle.de

Gesellschaft für die Erhaltung der
Kulturpflanzenvielfalt & ihre
Entwicklung Arche Noah
www.arche-noah.at

VEN Verein zum Erhalt der
Nutzpflanzenvielfalt e.V.
www.nutzpflanzenvielfalt.de

Kokopelli Verein www.kokopelli-
semences.fr

Femmes Semencières
www.femmes-semencieres.com

Umwelt- und Meeresschutz

Bund für Umwelt und Naturschutz
Deutschland e.V. (BUND)
www.bund.de

Naturschutzbund Deutschland
NABU www.nabu.de

Greenpeace (auch als
Stromanbieter)
www.greenpeace.de

Robin Wood www.robinwood.de

Sea Shepherd Deutschland,
internationale
Meeresschutzorganisation
www.sea-shepherd.de

OCEAN SOUNDS Whale &
Dolphin - Research &
Conservation www.ocean-
sounds.org

Internationale WWF Zentrum für
Meeresschutz
www.wwf.de/themen-
projekte/meere-
kuesten/wwf-zentrum- fuer-
meeresschutz/

Weil der neue Kontinent im Meer
aus Platik ist - Tipps von Vegan
Blatt zum Thema Plastikfrei
www.veganblatt.com/t/plastikfrei
& der link zu Zero Waste Germany
www.0waste.de

Klima-Allianz Deutschland
www.klima-allianz.de

Klima Bündnis. Europäische
Kommunen in Partnerschaft mit
indigenen Völkern – für lokale
Antworten auf den globalen
Klimawandel
www.klimabuendnis.org

Lokale Umweltzentren; aus
beruflicher Verbundenheit des
Autors: Umweltzentrum
Hannover mit den Projekten
„Natürlich vegetarisch" und
„Klimahelden"

Regionalität

Bauernmärkte, Hofläden,
Solidarische Landwirtschaft,
regionales
Lebensmittelhandwerk...

Kleine Anfrage der Fraktion
Bündnis 90/ die Grünen zur
Stärkung des regionalen

Lebensmittelhandwerks
http://dip21.bundestag.de/dip21/btd/
18/042/1804260.pdf

Erdrechtsethik

Global Alliance for the Rights of
Nature www.therightsofnature.org

Pachamama Alliance
www.pachamama.org

Rechte der Natur. Biokratie
www.rechte-der-natur.de

Die Erd Charta. Vision. Aktion.
Ethik www.erdcharta.de

PDF Broschüre „Buen Vivir – Recht
auf ein gutes Leben" der Heinrich
Böll Stiftung
https://www.boell.de/sites/default/
files/Endf_Buen_Vivir.pdf

Wasser

Commons. Für eine Politik jenseits
von Markt & Staat: Wasser ist
Gemeingut
www.band1.dieweltdercommons.
de/essays/maude-barlow-wasser-
ist-gemeingut-vorschlage-zu-
seiner-rettung/

Dafür wird (wurde) weltweit
gekämpft: La lucha contra la
privatización del agua en
Cochabamba (Bolivien) / National
Coalition Against Privatisation of
Water (in Ghana)…
…Stand with standing Rock
www.standwithstandingrock.org
In Frankreich France liberté droit
à l'eau www.france-libertés.org

Gemeingut in Bürgerinnenhand GiB
www.gemeingut.org

Lösungsansätze durch
Trockentoiletten Non Water
Sanitation
www.nonwatersanitation.de/

Ein praktisches Beispiel
www.shambala-
land.com/technologien/trockentoil
etten/

Eine Adresse zum Leihen von
Trockentoiletten für events &
Festivals: EcoToiletten Berlin
sind auch darüber hinaus sehr
engagiert www.ecotoiletten.de

Wasserenergetisierungsmethoden, eine kleine Auswahl

Levitation nach Hacheney
www.kristallklar.de/hacheney

Aqua Levis Levitiertes Wasser
www.aqua-levis.com

Umkehrosmoseverfahren

Granderwasser www.grander.com

Lebendiges Wasser
www.lebendigeswasser.de/

Energetisierung durch Edelsteine

Solidarität Menschenrechtsethik

Amnesty International
www.amnesty.de

Medico International – eine andere
Welt braucht eine andere Hilfe

www.medico.de

Ärzte ohne Grenzen www.aerzte-ohne-grenzen.de

Survival International – Die Bewegung für Indigene Völker www.survivalinternational.de/

Gesellschaft für bedrohte Völker www.gfbv.de

Tierrechtsethik

Bündnis 90/ Die Grünen https://www.gruene-bundestag.de/no_cache/termin/10 0-prozent-faire-tierhaltung-wege-zu-einer-landwirtschaft-mit-zukunft.html

Deutscher Tierschutzbund e.V. www.tierschutzbund.de

Vegetarismus und Tierschutz. Tierliebe fängt beim Essen an

Tierschutzverbände – Alles rund um den Tierschutz www.der-tierschutz.net

PETA Deutschland e.V. www.peta.de

Tierschutzstiftung und Kuh-Altersheim Hof Butenland www.stiftung-fuer-tierschutz.de

Ärzte gegen Tierversuche www.aerzte-gegen-tierversuche.de

Fairer Handel

Forum Fairer Handel. Die Stimme des Fairen Handels www.forum-fairer-handel.de

Weltladen Dachverband e.V. www.weltladen.de

El Puente. Fairer Handel www.el-puente.de

Gepa Gesellschaft zur Förderung der Partnerschaft ... www.gepa-shop.de

dwp Fairhandelsgenossenschaft www.dwp-rv.de

BanaFair e.V. - Bio-Bananen aus Fairem Handel www.banafair.de

Literaturhinweis zum Thema Gewürze: Mendi, Peter/ Villinger, Esther, Gewürze: biologischer Anbau – Fairer Handel – Rezepte, Fona Verlag 2007

Clean Clothes Campaign (CCC) Deutschland: Kampagne für Saubere Kleidung www.sauberekleidung.de

Bundesverband Die Verbraucher Initiative e.V. öko –fair www.oeko-fair.de/wir-ueber-uns/oeko-fairde

Ökumenische Initiative Eine Welt e.V. www.oeiew.de

Filme & Filmfestivals – eine kleine Auswahl

Alphabet, Erwin Wagenhofer, 113 min, 2013

Gabel statt Skalpell, 92 min, 2012

Los Veganeros, Lars Oppermann/ Francis Gaviria, 85 min, 2015

More than honey, Markus Imhoff, 95 min, 2012We feed the world,

Erwin Wagenhofer, 90 min, 2005

Plastik Planet, Werner Boote, 95 min, 2009

10. Milliarden, wie werden wir alle satt? Valentin Thurn, 107 min,

SEED, the untold story, Taggart Siegel/ Jan Betz, 94 min, 2016

Bauer unser, Robert Schabus, 92 min, 2016

Tomorrow. Die Welt ist voller Lösungen, Cyril Dion/ Melanie Laurent, 120 min, 2016

L'eveil de la permaculture, Adrien Bellay, 82 min, 2016

Ökonomie des Glücks, Helena Norberg-Hodge, 68 min, 2012

Sacred Lands – Indigenous Worldviews www.sacredland.org

Filme für die Erde – Filme zu Nachhaltigkeit und Umwelt www.filmefuerdieerde.org

Allimenterre www.alimenterre.org

Utopianale. Weil es ein morgen gibt www.wissenschaftsladen-hannover.de/projekte/9-utopianale
....

Problematik "Speisen ausser Haus"

Oft und intensiv habe ich mit FreundInnen nach einer Vorgehensweise gesucht, wie auf gerechte, aktuelle, dem Inhalt dieses Buchs entsprechende Art Hinweise zum Themenkomplex "Speisen ausser Haus" hier im Anhang aufgeführt werden könnten. Als ein am Genuss des Einfachen orientierter, verläßlicher Führer zum Essen ausser Haus.

Die Aufgabe war zu schwer. Ihre Erfüllung hätte sehr viel Zeit in Anspruch genommen, sofern überhaupt eine Methode zum Recherchieren und dann "KritikerInnen" zum Entscheiden gefunden worden wären.

Nun haben wir uns mehrheitlich für die nächsten Ausgaben so entschieden: RestaurantbesitzerInnen, KantinenbetreiberInnen, MensenleiterInnen können sich beim Verlag melden, oder sich in der "Rubrik" Speisen ausser Haus auf der Homepage von Lust auf Pflanzenkost registrieren. LeserInnen des Buchs, HörerInnen der CD, BesucherInnen der Homepage können Empfehlungen schicken.

Solange keine berechtigte Kritik an den "Meldungen" oder Empfehlungen kommt, bleiben diese erhalten. Und werden auch im Buch veröffentlicht, vielleicht mit Minicharakteristiken. 'Mal sehen, wie sich dieser ganzheitliche Fressführer entwickeln wird?

Zu den Kriterien:

1 - Voraussetzung ist BIO und "wild" (mindestens 3 /4 der Lebensmittel und Getränke. Bei großen Weinkarten muss das Verhältnis nicht eingehalten werden, als Gegenleistung sollten Weine aus Übersee nur minimal vertreten sein.)

2 - Die Herkunft der Lebensmittel ist nachvollziehbar, am Einfachsten wohl mit Hilfe eines Vorspanns oder Anhangs zur Speisenkarte. Der Einkauf von regionalen Produkten spielt eine wichtige Rolle.

3 - Das Kochen mit saisonalen Lebensmitteln spiegelt sich bei den Speisenankündigungen wider.

4 - Lebensmittel aus anderen Kontinenten sind aus fairem Handel.

5 - Das Verhältnis der Lebensmittel"gruppen" ist in etwa an der Lebensmittel -Pyramide der ComplementerInnen ausgerichtet.

6 - Es gibt nicht nur belanglose vegane Gerichte.

7 - Die Speisen sind lecker, die Atmosphäre des Lokals heiter und heil.

Fleisch"lastige" Lokalitäten werden keine Anerkennungschance haben können, auch nicht, wenn die tierischen Produkte in regionaler BIO-Qualität sind. Das ist, bei dem vermuteten Engagement der BetreiberInnen, schade, aber es ist konsequent. Vegetarisch ausgerichtete LokalbetreiberInnen haben es viel leichter, den Complementismus-Kriterien zu entsprechen. Vegane Restaurants, Bistros,Party- Service- Unternehmen, Suppenküchen ... haben es, "selbstredend", am Einfachsten.

Auch wenn es vorerst nur wenige Betriebe sein werden, die den ganzheitlichen Vorstellungen des Complementismus entsprechen, ist die Hoffnung deutlich, dass es schnell immer mehr werden. Die Vision: Im Jahr 2050 sind Führer dieser Art überflüssig, da alle Betriebe mindestens diesen Kriterien entsprechen.

Aber vorerst ist es am Schönsten, selber zu kochen und sich manchmal von FreundInnen mit ähnlichen Ernährungsstilen einladen zu lassen. Sich in Einklang zu fühlen, beim Gestalten der Zukunft, ist notwendig und wunderbar zugleich.

G5 Netz –Verlag für ganzheitliches Leben
Minguinelle – 83670 Barjols, Frankreich
Internet: www.g5netz-verlag.de
Email : vertrieb@g5netz-verlag.de
Telefon 00 33 4 94 77 10 32

Das Buch

Lust auf Pflanzenkost wurde im Laufe von 2 Jahren
auf dem BIO-Bauernhof des Autors in der Provence
geschrieben

Das Hörbuch

wird im März 2o18 im Capitano-Studio von Kerstin
und Jens Krause produziert, gleichfalls in der Provence

Um eine große, solidarische Verbreitung
und kommunikative Nutzung anzuregen,
gibt es eine Rabattstaffel besonderer Art:

Beim Kauf von 4 Büchern gibt es 1 Buch dazu
Beim Kauf von 10 Büchern gibt es 3 kostenlose
Exemplare zusätzlich. Sollten also „Betuchtere"
als Gemeinschaft einkaufen, hätten sie Bücher
zum Verschenken an weniger Finanzstarke.

Das CAPITANO- STUDIO
in 8367o Barjols, Frankreich

Kurzbiografie
von Studio und BetreiberInnen

1987	Gründung des Peppermint Park Studios durch Jens Krause und Wolfgang Sick
seit 1990	Zusammenarbeit des Musik produzenten Jens Krause mit internationalen Künstlern/ regelmäßige Arbeit als Dozent
2oo3	Capitano-Studio- Jens Krause
2oo6	Kerstin Jelinski und Jens Krau-se betreuen die KünstlerInnen umfassend
2o17	Umzug des Studios von Niedersachsen in die Provence
2o18	Capitano produziert im neuen Studio

Kontakt: capitano@capitano-studio.de

Genaueres: Jens Krause- wikipedia

Entsäuern
Entgiften
Darm gesunden
Gewicht normalisieren

7 Tage Kur-Seminar

Intensive Hilfe zur Selbsthilfe –
Einstieg oder neuer Anstoß für notwendige
Veränderungen Ihrer Ess-und Lebensgewohnheiten

Helga Wuttke

Weitere Informationen unter:
www.naturheilpraxis-wuttke.de

Lust auf Pflanzenkost, praktisch: Ganzheitliche Koch-Ferien in der Provence

Einfache und mediterrane Gerichte für den Alltag, als Basis für eine dauerhafte Gesundheit

Gemeinsames kauen, lachen, diskutieren, erholen, genießen und lernen

Üben und Festigen von gesundheitsförderlichen Praktiken in der Natur; im Paradies.

Heike und Jürgen Piquardt

Weitere Informationen unter:
www.kochferien.de

Genutzte und empfohlene Bücher

Besson, Philippe-Gaston, *Dynamisch leben durch Säure Basen Gleichgewicht*, Ritterhude Waldthausen Verlag, 1995

Bloch, Ernst, Werkausgabe Band 5: *Das Prinzip Hoffnung*, Frankfurt am Main, Suhrkamp Verlag, 1985

Bockholt, Werner/ Frauenberger, Herbert, *Das Johann Wolfgang von Goethe Kochbuch. Ein literarisches Kochbuch*, Warendorf, Schnell Verlag, 1996

Buchmann, Diana D., *Die natürliche Heilkraft des Wassers*, Bern – München – Wien, Scherz Verlag, 1983

Budwig, Johanna, *Öl-Eiweiss-Kost. Das wissenschaftlich fundierte Kochbuch der weltbekannten Krebsforscherin*, Kernen, Sensei Verlag, 2000 (überarbeitete Neuauflage)

Calatin, Anne (Hrsg.), *Ernährung und Psyche. Erkenntnisse der klinischen Ökologie und der Orthomolekularen Psychatrie*, Heidelberg, C.F. Müller Verlag, 1995

Campbell, T. Colin/ Campbell, Thomas M., *China Study. Die wissenschaftliche Begründung für eine vegane Ernährungsweise*, Bad Kötzting, Verlag systemische Medizin, 2011 (2. Auflage) .

Capra, Fritjof, *Das Tao der Physik. Die Konvergenz von westlicher Wissenschaft und östlicher Philosophie*, Frankfurt am Main, O.W. Barth/ FischerVerlag, 2008 (4. Auflage), Erstausgabe: 1975

Chopra, Deepak, *Gesundsein aus eigener Kraft. Mit Ayurveda zu neuem Denken über Krankheit und Gesundheit*, München, BLV Verlag, 1989, Erstausgabe: Boston, 1987
Ders., *Die heilende Kraft, Quantum Healing. Ayurveda, das altindische Wissen vom Leben, und die modernen Naturwissenschaften*, Driediger Verlag, 2011, Erstausgabe: Bastei Lübbe. 1990

Collier, Renate, *Wie neugeboren durch Darmreinigung. Entgiften, entschlacken, Wohlbefinden steigern*, München, Gräfe und Unzer Verlag, 1995
Dies., *Milchallergie. Eine unterschätzte Gefahr, Nahrungsmittel-Unverträglichkeiten, Asthma, Ekzeme (Neurodermitis), Bluthochdruck, Darmerkrankungen, Colitis ulcerosa, Morbus Crohn, Infektionen, Diabetes, Krebs und andere chronische Leiden verhindern*, Bad Schönborn, Verlag Ganzheitlicher Gesundheit, 2000 (2. Auflage)

Coué, Emile, *Auto-Suggestion. Wie man die Herrschaft über sich selbst ge-*

winnt. Die Kraft der Selbstbeeinflussung durch positives Denken, Zürich, Oesch Verlag, 2010 (6. ergänzte Auflage)

da Silva, Kim, *Richtig essen zur richtigen Zeit. Ernährung und Kinesiologie*, München, Knaur Verlag, 1990

Dahlke, Ruediger, *Peace Food. Wie der Verzicht auf Fleisch und Milch Körper und Seele heilt*, München, Gräfe und Unzer Verlag, 2011

Dänzer, A.W., *Die unsichtbare Kraft in Lebensmitteln. Bio und Nichtbio im Vergleich*, Schlieren-Zürich, Bewusstes Dasein Verlag, 2014

Delgado, Pat/ Andrews, Colin, *Kreisrunde Zeichen. Eine Untersuchung des Phänomens der spiralförmigen Bodenmuster in Kornfeldern. Neue Fakten und Fotos im Anhang. Die Zeichen mehren sich*, Frankfurt am Main, Zweitausendeins Verlag, 1991 (13. Auflage), Erstausgabe: englische Originalausgabe, 1989

Descamps, Hubert, *Hippokrates hatte recht „Deine Nahrung soll dein ertses Heilmittel sein"*, Illmensee, Ost West Verlag, 1996, Erstausgabe: Saint-Pierre-Eynac, Edition Kl, 1989

Diamond, John, *Der Körper lügt nicht. Eine neue, revolutionäre Wissenschaft, die ihr Leben verändern wird*, Freiburg im Breisgau, Verlag für Angewandte Kinesiologie, 1990 (6. Auflage), Erstausgabe: 1978/ auf deutsch 1983

Drewermann, Eugen, *Der tödliche Fortschritt. Von der Zerstörung der Erde und des Menschen im Erbe des Christentums*, Freiburg im Bresgau, Herder Verlag, 1991 (3. Auflage)

Duve, Karen, *Anständig essen. Ein Selbstversuch*, Berlin, Galiani Verlag, 2011

Emoto, Masaru, *Wasserkristalle. Was das Wasser zu sagen hat*, Burgrain, KOHA Verlag, 2002 (3. Auflage), Erstausgabe: Tokio, Japan, 2001

Enders, Giulia, *Darm mit Charme. Alles über ein unterschätztes Organ*, Berlin, Ullstein Verlag, 2014 (19. Auflage)

Eisenstein, Charles, *Der Geist von Occupy. Keine Forderung kann groß genug sein. Die Revolution der Liebe*, Berlin, Scorpio Verlag, 2012

Fromm, Erich, *Haben oder sein*, München, Deutscher Taschenbuch Verlag, 1976

Goethe, Johann-Wolfgang von, *Gesammelte Werke*, München, Deutscher Taschenbuch Verlag, 1998

Glaesel, Karl O., *Heilung ohne Wunder und Nebenwirkungen. Gesundheit biologisch gesteuert*, Konstanz, Labor Glaesel Verlag, 2009 (6. Auflage)

Grabolle, Andreas, *Kein Fleisch macht glücklich. Mit gutem Gefühl essen und genießen*, München, Goldmann Verlag, 2012

Grasdorf, Erich/ Brunner, Peter, *Zu Tisch mit Goethe. Rezepte aus der Zeit der deutschen Klassiker*, Aarau, AT Verlag, 1995

Grof, Stanislaf/ Laszlo, Ervin/ Russel, Peter, *Die Bewußtseinsrevolution*, Riemann Verlag, One Earth Spirit, 1999 (deutsche Erstausgabe)

Gümbel, Dietrich, *Ganzheitliche Therapie mit Heilkräuter-Essenzen*, Heidelberg, Haug Verlag, 1993 (4. erweiterte Auflage), Erstausgabe: 1984

Haas, Monika, *Quick Reference Guide for 114 important essential Oils*, San Rafael, Terra Linda Scent, 2004

Harding, Stephan, Lebendige Erde. GAIA - vom respektvollen Umgang mit der Natur, München, Heinrich Hugendubel Verlag, 2008, Erstausgabe: Green Books, 2006

Helmke Hausen, Monika, *Schüßlersalze. Wohlfühl-Kuren mit Früchten und Gemüse*, Freiburg im Breisgau, Bauer Verlag, 2001

Hendel, Barbara/ Ferreira, Peter, *Wasser & Salz Urquell des Lebens. Über die heilenden Kräfte der Natur*, ina Verlag, 2001

Hesse, Hermann, *Bäume. Betrachtungen und Gedichte*, Frankfurt am Main, Insel Verlag, 1984

Hessel, Stéphane, *Engagiert Euch!*, Berlin, Ullstein Verlag, 2011, Erstausgabe: Éditions de l'Aube, 2011

Hobhouse, Henry, *Sechs Pflanzen verändern die Welt*, Stuttgart, Klett-Cotta Verlag, 1987, Erstausgabe: London, 1999

Jentschura, Peter/ Lohkämper, Josef, *Gesundheit durch Entschlackung*, Münster, Jentschura Verlag, 1998

Karstädt, Uwe, *entgiften statt vergiften*, London, TAS Verlag, 2007
Ders., *Die 7 Revolutionen der Medizin*, London, TAS Verlag, 2008

Kehlbeck, Heinrich, *Strahlungen ein Grundphänomen des Lebens. Verborgene Wirkung und ihre Erforschung*, Hoya, Semmelweis Verlag, 1994

Kennedy, Margrit/ mit Stephanie Ehrenschwendner, *Occupy money. Damit wir zukünftig alle die Gewinner sind*, Bielef., J. Kamph. Verlag, 2011

Kieberl-Wigoschnig, Christian, *gesünder. Ein Stimmungsbericht sowie Gedanken zur gesundheitlichen Erneuerung nach Dr. Franz Xaver Mayr*, KW Eigenverlag ISBN: 2 978-3-902210-02-9

Kousmine, Catherine, *Gesundheit auf dem Teller. Wohlbefinden bis über 80 Jahre*, Lausanne, Verlag de la Chaux et Nistle, 1984

Krishnamurti, Jiddu, *Das Wesentliche ist einfach. Antworten auf Fragen des Lebens*, Freiburg im Breisgau, Herder Verlag, 2008 (4. Auflage)
Ders., *Selbsterkenntnis. Auf dem Weg zum befreiten Geist*, München, O.W. Barth/ Fischer Verlag, 1995/ 2014, Erstausgabe: Krishnamurti Foundation Trust, 1972

Leitzmann, Claus/ Elmadfa, Ibrahim, *Ernährung des Menschen*, Stuttgart, Eugen Ulmer Verlag, 1990 (2. überarbeitete Auflage)

Leitzmann, Claus, *Vegetarismus. Grundlagen, Vorteile, Risiken*, München, C.H. Beck, Berlag, 2007 (2. aktualisierte Ausgabe)

Löwenstein, Felix zu, *Food Crash. Wir werden uns ökologisch ernähren oder gar nicht mehr*, München?, Pattloch Verlag, 2011

Lüpke, Geseko von, *Politik des Herzens. Nachhaltige Konzepte für das 21. Jahrhundert. Gespräche mit den Weisen unserer Zeit*, Uhlstädt-Kirchhasel, Arun Verlag, 2003 (2. komplett überarbeitete Auflage)

Macy, Joanna, *Reise ins lebendige Leben*, Paderborn, Junfermann Verlag, 2011

Mayr, Franz Xavier, *Schönheit und Verdauung, die Verjüngung des Menschen durch sachgemäße Wartung des Darmes*, Alberschwende, Verlag Neues Leben, 1991 (7. Auflage)

Meier, Toni, *Umweltschutz mit Messer und Gabel. Der ökollogische Rucksack der Ernährung in Deutschland*, München, Oekom Verlag, 2014

Mollison, Bill/ Holmgren, David, *Permakultur – Landwirtschaft und Siedlungen in Harmonie mit der Natur*, pala Verlag, 1984, Erstausgabe: Australien, Transworld Publishers, 1978

Montgomery, David R., *Dreck. Warum unsere Zivilisation den Boden unter den Füßen verliert*, München, Oekom Verlag, 2010, Erstausgabe: Kalifornien, 2007

Morrison, Judith H., *Ayurveda. Ein Weg zu Gesundheit und Lebensfreude. Wie wir das Wissen der traditionellen indischen Medizin nutzen können*, Stuttgart, Trias Verlag, 1995, Erstausgabe: London, 1994

Nager, Frank, *Goethe. Der heilkundige Dichter*, Frankfurt am Main, Insel Verlag, 1994

Niestroj, Irmgard, *Praxis der Orthomolekularen Medizin. Physiologische Grundlagen. Therapie mit Mikro-Nährstoffen*, Stuttgart, Hippokrates Verlag, 1999

Nietzsche, Friedrich, Menschliches, *Allzumenschliches. Ein Buch für freie Geister*, München, Goldmann Verlag, 1960
Ders. *Also sprach Zarathustra*, Augsburg, Goldmann Verlag, 1961
Ders. *Jenseits von Gut und Böse*, Augsburg, Goldmann Verlag, 1969
Ders. *Der Antichrist*, Augsburg, Goldmann Verlag, 1984
Ders. *Zur Genialogie der Moral*, Augsburg, Goldmann Verlag, 1969
Ders. *Die fröhliche Wissenschaft*, Augsburg, Goldmann Verlag, 1980

Oberbeil, Klaus, *Die Zuckerfalle. Wie uns das weiße Kristall dick und krank macht und was wir dagegen tun können*, München, Herbig Verlag, 2004

Olney, Richard, *Nährmittel und Hülsenfrüchte*, Amsterdam, Time Life Books, 1980

Pfeiffer, Carl C., *Nährstoff-Therapie bei psychischen Störungen*, Heidelberg, Haug Verlag, 1993 (4.Auflage)

Piquardt, Jürgen, *Der Genuss des Einfachen*, Hannover, Lutherisches Verlagshaus, 2007
Ders., Erkenne Dich und Handle!, Hannover, G5Netz Verlag, 2011

Rabhi, Pierre, *Glückliche Genügsamkeit*, Berlin, Matthes & Seitz Verlag, 2015, Erstausgabe: Actes Sud, 2010

Rauch, Erich, *Die Darm-Reinigung nach Dr. med. F. X. Mayr*, Heidelberg, Haug Verlag, 1992 (39. Auflage), Erstausgabe: 1950
Ders. *Blut- und Säfte-Reinigung. Milde Ableitungskur*, Heidelberg, Haug Verlag, 1994 (20. Auflage)
Ders. *Autosuggestion und Heilung. Die innere Selbst-Mithilfe*, Heidelberg, Haug Verlag, 1994 (6.Auflage)

Rieger, Berndt, *Venenschwäche. Krampfadern, Hämorriden und Besenreiser. Naturheilkunde und Schulmedizin*, München, Herbig Verlag, 2010

Rinpoche, Sogyal, *Das Tibetische Buch vom Leben und Sterben. Ein Schlüssel zum tieferen Verständnis von Leben und Tod*, Frankfurt am Main, Fischer Verlag, 2009 (7. Auflage), Erstausgabe: San Francisco, Harpercollins Publisher, 2002

Risi, Armin/ Zürrer, Ronald, *Vegetarisch leben. Vorteile einer fleischlosen*

Ernährung, Zürich, Govinda Verlag, 2015 (11. erneut aktualisierte Auflage), Erstausgabe: 2006

Rusch, Hans Peter, *Bodenfruchtbarkeit*, Organischer Landbau Verlag, 2016

Sander, Friedrich F., *Der Säure-Basenhaushalt des menschlichen Organismus und sein Zusammenspiel mit dem Kochsalzkreislauf und Leberrhythmus*, Stuttgart, Hippokrates Verlag, 1953/ 1985 (Unveränderter Nachdruck der ersten Auflage)

Scheub, Ute/ Pieplow, Haio/ Schmidt Hans-Peter, *Terra Preta. Die schwarze Revolution aus dem Regenwald. Mit Klimagärtnern die Welt retten und gesunde Lebensmittel produzieren*, München, Oekom, 2013

Schiller, Friedrich, *Schillers sämtliche Werke in 12 Bänden*, Lepzig, Gustav Fock Verlag,

Schilling, Jürgen, *Kau Dich gesund! Schlank und vital ohne Diät*, Heidelberg, Haug Verlag, 2003 (5. Auflage)

Schopenhauer, Arthur, *Sämtliche Werke in fünf Bänden*, Berlin, Suhrkamp Verlag, 1986

Schumacher, Ernst Friedrich, *Small is beautiful, die Rückkehr zum menschlichen Maß*, München, oekom Verlag, 2013 (Erstausgabe: England, 1973)

Seeling, W.-D./ Ahnenfeld, F.W., *Störungen des Wasser-, Elektrolyt- und Säuren-Basen-Status. Ein Basisbuch*, Stuttgart, Wissenschaftliche Verlagsgesellschaft, 1988

Sheldrake, Rupert, *Der Wissenschaftswahn. Warum der Materialismus ausgedient hat*, Frankfurt am Main, O.W. Barth/ Fischer Verlag, 2012 (deutsche Erstausgabe)

Shioya, Nobuo, *Die Kraft strahlender Gesundheit. Neue Vitalität für Millionen Körperzellen*, München, Arkana Verlag, 2006, Erstausgabe: Tokio, Golf Digest Sha Verlag, 1997

Shockey, Kirsten/ Shockey, Christopher, *Fermentieren. Gemüse einach und natürlich haltbar machen*, Innsbruck, Löwenzahn Verlag, 2018

Sieper, Burkhard/ Eisenmann, Michael, *Fit in die Kiste. Die Basismethode*, 2010 (9. Auflage), Erstausgabe 2004???

Snyder, Gary, *Lektionen der Wildnis*, Berlin, Matthes & Seitz Verlag, 2014 (2. Auflage), Erstausgabe: San Francisco, 1990

Steiner, Rudolf, *Ernährung und Bewusstsein*, Themen aus dem Gesamtwerk 7, Stuttgart, Verlag Freies Geistesleben, 1989 (3.Auflage)

Storl, Wolf-Dieter, *Pflanzendevas. Die geistig-seelischen Dimensionen der Pflanzen*, Aarau, AT Verlag, 2014 (6. Auflage), Erstausgabe: 1997

Stossier, Harald/ Baronin von Hahn, Monika, *F. X. Mayr. Medizin der Zukunft*, Stuttgart, 2002

Swimme, Brian, *Das Universum ist ein grüner Drache. Ein Dialog über die Schöpfung und die mystische Liebe zum Kosmos*, Bielefeld, Aurum Verlag, 2013 (3. Auflage), Erstausgabe: Bear & Company, 1985

Treutwein, Norbert, *Das Selbsthilfe-Programm Übersäuerung. Den Säure-Basen-Haushalt sanft und natürlich regulieren und Krankheiten vermeiden*, München Süd West Verlag, 1998

Vithoulkas, Georges, *Die neue Dimension der Medizin. Die eigentlichen Ursachen von Tuberkulose, Aids, Allergien, MS, Alzheimer, Krebs und anderen chronischen Leiden*, Kassel, Georges Wenderoth Verlag, 1997

Wacker, Sabine, *Basenfasten plus. Mit Schüssler-Salzen sanft entsäuern*, Stuttgart, Haug Verlag, 2004

Wendt, Lothar, *Gesund werden durch Abbau von Eiweißüberschüssen*, St. Georgen, Schnitzer Verlag, 1992

Weiss, Helmut, *Kranker Darm – kranker Körper*, Heidelberg, Haug Verlag, 1990

Worlitschek, Michael, *Praxis des Säure-Basen-Haushaltes. Grundlagen und Therapie*, Heidelberg, Haug Verlag, 1991

Sachregister

Personenregister